SK 이노베이션

SK에너지 · SK지오센트릭 · SK엔무브

생산직 / 기술직 / 교육·훈련생 채용

2024 최신판 SD에듀 All-New SK이노베이션 생산직 / 기술직 / 교육 · 훈련생
온라인 필기시험 4개년 기출 + 모의고사 5회 + 무료생산직특강

Always **with you**

사람의 인연은 길에서 우연하게 만나거나 함께 살아가는 것만을 의미하지는 않습니다.
책을 펴내는 출판사와 그 책을 읽는 독자의 만남도 소중한 인연입니다.
SD에듀는 항상 독자의 마음을 헤아리기 위해 노력하고 있습니다. 늘 독자와 함께하겠습니다.

PREFACE

머리말

SK이노베이션은 국내 최초 정유 · 화학회사인 대한석유공사로 출범하여 대한민국의 경제발전을 견인해 왔으며, 석유개발 · 정유 · 화학 · 윤활유사업에서 미래에너지 사업까지 대한민국을 대표하는 글로벌 에너지 · 화학기업으로 성장하였다.

SK이노베이션은 대한민국 No.1 정유회사 SK에너지, 국내 석유화학의 선도자 SK지오센트릭, 글로벌 윤활유 전문기업 SK엔무브, 석유 · 화학 전문기업 SK인천석유화학, 원유 및 석유 · 화학제품 수출입 전문기업 SK트레이딩인터내셔널과 함께 Global 일류 에너지 · 화학기업의 꿈을 향해 전진하고자 한다. 이를 위해 기본기가 탄탄하고 직무역량이 우수한 인재를 확보하고자 인적성검사를 실시한다.

대졸 채용의 경우 SK그룹의 인적성검사인 SKCT를 시행하지만, 현장 · 생산직/기술직/교육 · 훈련생 채용에는 별도의 필기시험을 시행하며 난도가 낮기 때문에 SKCT 도서로 학습하기에 어려움이 있다.

이에 SD에듀에서는 SK이노베이션 및 자회사에 입사하고자 하는 수험생들에게 좋은 길잡이가 되어주고자 다음과 같은 특징을 가진 본서를 출간하게 되었다.

도서의 특징

❶ 4개년 기출복원문제를 수록하여 영역별로 출제되는 유형을 한눈에 파악할 수 있게 하였다.

❷ 영역별 핵심이론과 적중예상문제를 통해 문제 유형에 익숙해지고 시간을 단축할 수 있도록 구성하였다.

❸ 인성검사에 대비할 수 있도록 인성검사 모의연습을 수록하였으며, SK그룹 계열사들의 면접 기출 질문을 수록하여 인적성검사는 물론 면접까지 한 권으로 대비할 수 있도록 하였다.

끝으로, SK이노베이션 생산직/기술직/교육 · 훈련생 채용 시험을 준비하는 여러분 모두에게 합격의 영광이 함께하기를 진심으로 기원한다.

SDC(Sidae Data Center) 씀

자회사

구분	내용
SK에너지	대한민국 경제 발전을 선도해 온 SK에너지는 차별화된 고객서비스 제공, 운영 최적화 등을 통해 지속적으로 경쟁력을 강화하고 있다. 앞으로도 사업 구조의 진화와 지속적인 성장을 추진하여 '지구와 소통하고 인정받는 세계적 친환경 에너지 기업'으로 자리매김해 나갈 것이다.
SK지오센트릭	SK지오센트릭은 끊임없는 시설 투자와 연구개발, 기술력 강화를 통해 국내 화학 산업의 발전을 주도해 왔다. SK지오센트릭은 고부가 핵심 화학소재를 기반으로, 고객에게 환경 친화적이고(Greener), 삶의 질을 높이는(Better) 혁신적인 솔루션을 제공하고 있다.
SK온	SK온은 세계에서 가장 안전하고, 가장 빠르게 충전되며, 에너지밀도가 높고 오래 쓸 수 있는 최고의 배터리로 보다 깨끗하고 편리한 세상을 만들어 가고 있다. SK온은 끊임없는 기술 혁신과 글로벌 파트너십을 기반으로 미래 에너지를 선도하는 Global No.1 기업으로 도약할 것이다.
SK엔무브	SK엔무브는 Group Ⅲ / Ⅲ+ 프리미엄 윤활기유 점유율 1위로 글로벌 시장을 이끌고 있다. 연료 효율성(Fuel Efficiency)을 높여 자동차 연비를 개선하는 프리미엄 기유와 초저점도 윤활유 제품으로 시장 입지를 강화해 나가고 있으며, 전기적 효율성(Electrical Efficiency)을 높이는 데이터센터 액침냉각, 배터리 열관리 등 신규 사업을 강화하며 'Energy Saving Company'로 도약을 목표하고 있다.
SK인천석유화학	2013년 SK에너지의 인천 Complex가 인적 분할되어 새롭게 출범한 SK인천석유화학은 수도권 및 국제공항의 안정적인 에너지 공급을 담당하고 있다. 2014년 초경질 원유(콘덴세이트)를 바탕으로 PX(파라자일렌)를 비롯한 고부가가치 제품을 생산할 수 있는 설비를 완공하였으며, 중국과 동남아 수출에 유리한 지리적 이점을 활용하여 글로벌 시장을 본격적으로 공략하고 있다. SK인천석유화학은 엄격한 공정관리와 환경경영을 통해 세계적 수준의 인당 생산성을 지닌 글로벌 일류 정유 및 석유화학회사로 발돋움할 것이다.
SK트레이딩인터내셔널	SK트레이딩인터내셔널은 2013년 원유 및 석유 제품 전문 트레이딩 회사로 출범하였다. 이후 글로벌 시장에서 차별화된 트레이딩 경쟁력을 쌓으며, 석유 수출입 최적화를 통해 석유 사업의 가치 제고에 기여해 왔다. 특히 싱가포르 · 유럽 · 북미 · 중동 등 석유 트레이딩 허브 지역에서 SK가 보유한 유 · 무형의 경쟁력과 파트너십을 기반으로 차별화된 트레이딩 플랫폼을 구축 · 확장하고 있으며, 글로벌 경쟁력을 갖춘 전문 트레이더를 양성 및 확보하고 있다.
SK아이이테크놀로지	SK아이이테크놀로지는 차별적 기술 경쟁력을 바탕으로 글로벌 Top-tier 소재 솔루션 기업으로 성장하고 있다. 2019년 4월 사업 전문성 강화를 위해 SK이노베이션에서 물적 분할해 출범한 SK아이이테크놀로지는 리튬이온 배터리의 핵심 소재인 LiBS(Lithium-ion Battery Separator)와 폴더블폰 등 플렉시블 디스플레이의 소재인 FCW(Flexible Cover Window) 사업을 영위하고 있다.
SK어스온	SK어스온은 Upstream과 Green 분야로 구성된 두 성장 축의 단계적 추진을 통해 Carbon Neutral E & P Company로 향하는 BM 혁신을 끊임없이 추구하고 있다.

사업영역

구분		내용
SK이노베이션	포트폴리오 개발 및 관리	SK이노베이션 계열의 포트폴리오 디자이너 및 개발자(Portfolio-Designer & Developer)는 그린 포트폴리오 확대를 위해 폐배터리 재활용(Battery Metal Recycle, BMR) 등의 분야에 전략적 투자를 진행하고 있다.
SK어스온	석유개발 및 기타	전 세계의 주요 광구를 탐사하고 석유와 LNG를 생산하여 자원 불모지인 대한민국의 에너지원을 확보하며 CCS 기술 확보를 추진하고 있다.
SK에너지 · SK인천석유화학	석유	원유를 정제하여 친환경성과 성능이 뛰어난 연료와 가스, 아스팔트, 그리고 화학제품의 원료가 되는 나프타를 생산한다.
SK지오센트릭 · SK엔무브 · SK인천석유화학	화학 · 윤활유	정유 공정에서 생산되는 부산물을 원료로 개질 공정, 불순물 제거 공정 등을 거쳐 다양한 분야에 사용되는 화학제품과 자동차 엔진 윤활유를 생산한다.
SK트레이딩인터네셔널	트레이딩	석유 제품 생산에 필요한 원유 및 나프타를 수입하고 SK에너지, SK인천석유화학의 제품을 글로벌 고객에게 수출하기 위한 트레이딩 사업을 운영한다.
SK온	배터리	자동차 및 ESS(Energy Storage System)용 이차전지를 생산하고 있으며, 글로벌 메이저 자동차 업체로부터 우수한 기술력을 인정받고 있다.
SK아이이테크놀로지	소재	리튬이온 배터리의 핵심소재인 분리막(LiBS)과 플렉서블 디스플레이에서 유리를 대체하는 핵심소재인 FCW(Flexible Cover Window)를 생산한다.
SK에너지	석유제품 마케팅	SK주유소 및 충전소에서 국내 소비자들에게 석유 제품을 공급하며, 친환경 에너지 및 모빌리티 기반의 미래 에너지 사업을 추진한다.
환경과학기술원	R & D	기술혁신을 통해 기존 사업의 경쟁력을 높이고 미래의 성장 사업을 창출함으로써 고객에게 새로운 가치를 제공한다.

신입사원 채용안내 INFORMATION

모집시기

교육 · 훈련생 선발 (계약직 채용) → 이론교육/현장실습교육(1년) 평가 및 선발 → 현장심화교육(6개월) 평가 및 선발 → 정규직 전환

※ 단계별 평가결과에 따라 다음 단계 참가여부 결정

지원자격

❶ 고등학교 졸업자, 전문대학 졸업자 및 졸업예정자
- 교육 · 훈련생 입사일 기준이며, 이에 준하는 학력 소지자 지원 가능

❷ 학업성적
- 고등학교 졸업 석차 상위 30% 이내
- 전문대 재학/졸업자의 경우 평점 3.5/4.5 이상(전문대 재학생의 경우 최소 2학기 이상 이수자)

❸ 울산 지역 근무 가능한 자

❹ 군필 또는 군면제자로 해외여행에 결격사유가 없는 자

❺ 교대근무 수행에 결격사유가 없는 자

❻ 관련 분야 자격증 소지자 우대

❼ (안전 직무 限) 소방 관련 학과 졸업(예정)자 및 관련 자격증 소지자 우대

❽ 취업보호대상자 및 장애인은 관련 법령에 의거 우대

전형절차

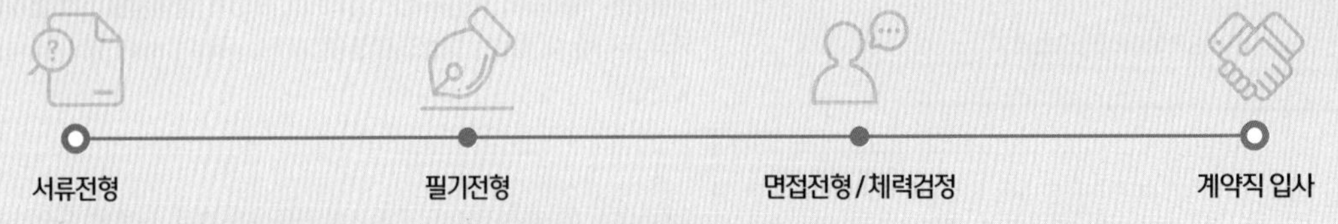

❶ 결과발표 : 개별 통보(E-mail) 및 채용사이트(recruit.skinnovation.com)에서 조회

❷ 전형 세부 안내
- 필기전형 : 인적성검사
- 면접전형 : 인성면접 등
- 체력검정 : 직무수행에 필요한 기초 체력 측정

합격 선배들이 알려주는

SK이노베이션 필기시험 합격기

“인적성이 처음이라면!”

처음 SD에듀 책을 펼쳤을 때는 쉬운 문제가 보여 괜히 걱정해서 헛되이 돈을 쓴 것이 아닐까 생각했지만 이후 수리나 영어, 그리고 기초과학시험을 풀면서 자만했던 자신을 되돌아보는 계기가 되었던 것 같습니다. 처음 1회독을 할 때는 문제를 하나하나 꼼꼼히 푸는 연습을 했고, 2회독부터는 정해진 시간 내에 최대한 많은 문제를 푸는 연습을 했습니다. 가끔 기분 전환 겸 인성검사와 면접을 준비하기도 했구요. 실제 면접에서 의외로 큰 도움이 되었습니다. 고졸 수준이다, 초대졸 수준이다 말들은 많았지만 점점 취업난이 심해지는 요즘이기 때문에 시험의 난이도는 점점 오를 수 밖에 없고, 그럴 때일수록 필요한 것은 결국 노력뿐이라고 생각합니다. 모두들 파이팅입니다!

“한 권으로 준비하세요.”

SK이노베이션 인적성 시험을 처음 준비하면서 눈앞이 막막했으나 SD에듀 책을 통해서 채용 정보뿐만 아니라 시험과목에 맞는 유형을 접하고 문제를 풀어봄으로써 시험에 점점 익숙해졌습니다. 그 결과 실제 시험장에서도 긴장을 덜하게 되었고 시간분배도 잘해서 걱정했던것보다 문제 난이도가 어렵지 않게 느껴졌습니다. 그리고 인성검사와 면접을 준비하려면 책을 따로 사야 하는 경우가 많았는데 SD에듀의 책은 한 권으로 여러 가지를 준비할 수 있어서 효율적인 것 같아 좋았습니다. 인적성 시험을 처음 준비하시는 분들도 이 책으로 준비하시면 걱정 안하셔도 될 것 같습니다.

❖ 본 독자 후기는 실제 SD에듀의 도서를 통해 공부하여 합격한 독자들께서 보내주신 후기를 재구성한 것입니다.

이 책의 차례 CONTENTS

SK이노베이션

4개년 기출복원문제

4개년 기출복원문제

※ 기출복원문제는 수험생들의 후기를 통해 SD에듀에서 복원한 문제로 실제 문제와 다소 차이가 있을 수 있으며, 본 저작물의 무단전재 및 복원을 금합니다.

01 ▸ 언어능력

※ 다음 제시된 단어의 대응 관계로 볼 때 빈칸에 들어갈 가장 적절한 것을 고르시오. [1~8]

| 2023년 하반기

01

제한하다 : 통제하다 = 만족하다 : ( )

① 번잡하다
② 부족하다
③ 탐탁하다
④ 모자라다
⑤ 듬직하다

| 2023년 상반기

02

암상 : 시기심 = ( ) : 답습

① 장난
② 흉내
③ 지원
④ 소풍
⑤ 그림자

정답 및 해설

01 제시된 단어는 유의 관계이다.
'제한하다'의 유의어는 '통제하다'이며, '만족하다'의 유의어는 '탐탁하다'이다.

02 제시된 단어는 유의 관계이다.
남을 시기하고 샘을 잘 내는 마음이나 행동을 의미하는 '암상'의 유의어는 '시기심'이고, 예로부터 해 오던 방식이나 수법을 좇아 그대로 행함을 의미하는 '답습'의 유의어는 '흉내'이다.

01 ③ 02 ② 《정답

| 2022년 하반기

03

음식 : 젓갈 = (　　) : 영어

① 미국　② 언어
③ 유학　④ 국어
⑤ 영국

| 2022년 상반기

04

소화불량 : 과식 = (　　) : 폭우

① 여름　② 홍수
③ 가뭄　④ 지진
⑤ 장마

| 2021년 하반기

05

풀 : 접착 = (　　) : 연주

① 노래　② 감상
③ 감명　④ 음악
⑤ 악기

정답 및 해설

03 제시된 단어는 상하 관계이다.
'젓갈'은 '음식'에 포함되며, '영어'는 '언어'에 포함된다.

04 제시된 단어는 원인과 결과의 관계이다.
'과식'으로 인해 '소화불량'이 발생하고, '폭우'로 인해 '홍수'가 발생한다.

05 제시된 단어는 물건과 용도의 관계이다.
'풀'은 '접착'하는 데 쓰이고, '악기'는 '연주'하는 데 쓰인다.

03 ②　04 ②　05 ⑤ 정답

| 2021년 상반기

06

글러브 : 야구공 = 바늘 : (　　)

① 가위　② 옷핀
③ 실　④ 칼
⑤ 송곳

| 2020년 하반기

07

허약 : 건강 = (　　) : 거부

① 거시　② 거절
③ 승낙　④ 불가
⑤ 의지

| 2020년 상반기

08

요리사 : 주방 = 선생님 : (　　)

① 교복　② 책
③ 공부　④ 선생님
⑤ 학교

정답 및 해설

06 '글러브'는 '야구공'과 함께 사용하고, '바늘'은 '실'과 함께 사용한다.

07 제시된 단어는 반의 관계이다.
'건강'의 반의어는 '허약'이며, '거부'의 반의어는 '승낙'이다.

오답분석

① 거시 : 어떤 대상을 전체적으로 크게 봄

08 제시된 단어는 직업과 근무 장소의 관계이다.
'요리사'는 '주방'에서 요리를 하고, '선생님'은 '학교'에서 학생들을 가르친다.

06 ③　07 ③　08 ⑤ 《정답

| 2023년 하반기

09 다음 명제가 모두 참일 때, 반드시 참인 명제는?

> • 도보로 걷는 사람은 자가용을 타지 않는다.
> • 자전거를 타는 사람은 자가용을 탄다.
> • 자전거를 타지 않는 사람은 버스를 탄다.

① 자가용을 타는 사람은 도보로 걷는다.
② 버스를 타지 않는 사람은 자전거를 타지 않는다.
③ 버스를 타는 사람은 도보로 걷는다.
④ 도보로 걷는 사람은 버스를 탄다.
⑤ 도보로 걷는 사람은 자전거를 탄다.

| 2023년 하반기

10 제시문 A를 읽고, 제시문 B가 참인지 거짓인지 혹은 알 수 없는지 고르면?

> [제시문 A]
> • 갑이 시험에 통과한다면, 을은 시험에 통과하지 못한다.
> • 병이 시험에 통과한다면, 을도 시험에 통과한다.
> • 정이 시험에 통과하지 못한다면, 병은 시험에 통과한다.
>
> [제시문 B]
> 정이 시험에 통과하지 못한다면, 갑도 시험에 통과하지 못한다.

① 참　　② 거짓　　③ 알 수 없음

정답 및 해설

09 '도보로 걸음'을 p, '자가용 이용'을 q, '자전거 이용'을 r, '버스 이용'을 s라고 하면 $p \to \sim q$, $r \to q$, $\sim r \to s$이며, 두 번째 명제의 대우인 $\sim q \to \sim r$이 성립함에 따라 $p \to \sim q \to \sim r \to s$가 성립한다. 따라서 '도보로 걷는 사람은 버스를 탄다.'는 반드시 참이다.

10 각 명제를 식으로 정리하면 다음과 같다.
• 갑 → ~을
• 병 → 을 (~을 → ~병)
• ~정 → 병 (~병 → 정)
이를 관계식으로 표현하면 갑 → ~을 → ~병 → 정이다. 제시문 B의 대우인 갑 → 정이 성립하므로 '정이 시험에 통과하지 못한다면, 갑도 시험에 통과하지 못한다.'는 참이다.

09 ④　10 ① 정답

11 **제시된 내용을 바탕으로 내린 A, B의 결론에 대한 판단으로 옳은 것은?**

- 면접 시험장에 간 현진, 유미, 윤수, 영주, 태희, 선우는 각각 1번부터 6번까지의 번호를 부여받아, 번호 순서대로 면접을 보았다.
- 1, 2, 3번은 오전에, 4, 5, 6번은 오후에 면접을 보았다.
- 윤수, 선우는 오전에 면접을 보았다.
- 윤수 다음에는 현진, 현진 다음에는 영주가 면접을 보았다.
- 유미는 2번 아니면 6번이고, 현진은 3번이다.

A : 첫 번째로 면접을 보는 사람은 선우이다.
B : 태희는 5번이다.

① A만 옳다.
② B만 옳다.
③ A, B 모두 옳다.
④ A, B 모두 틀리다.
⑤ A, B 모두 옳은지 틀린지 판단할 수 없다.

정답 및 해설

11 현진이 3번이면, 네 번째 조건에 의해 윤수는 2번이고, 영주는 4번이다. 그러면 다섯 번째 조건에 의해 유미는 6번이고, 세 번째 조건에 의해 태희는 5번이며 첫 번째로 면접을 보는 사람은 선우다. 따라서 A, B 모두 옳다.

11 ③ 정답

※ 다음 제시문을 읽고 각 문제가 항상 참이면 ①, 거짓이면 ②, 알 수 없으면 ③을 고르시오. [12~14]

- A, B, C, D 네 개의 상자에 사탕이 총 15개 들어 있다.
- 사탕이 들어 있지 않은 상자는 없다.
- A상자에는 B상자보다 사탕이 4개 더 많이 들어 있다.
- B상자와 C상자에 들어 있는 사탕의 개수는 3개 차이가 난다.

| 2022년 하반기

12 같은 개수의 사탕이 들어 있는 상자가 있다.

① 참 ② 거짓 ③ 알 수 없음

| 2022년 하반기

13 D상자에 사탕이 홀수 개 들어 있다면, C상자에는 짝수 개 들어 있다.

① 참 ② 거짓 ③ 알 수 없음

| 2022년 하반기

14 사탕이 3개 들어 있는 상자가 있다.

① 참 ② 거짓 ③ 알 수 없음

정답 및 해설

12 제시된 조건을 다음의 세 가지 경우로 정리할 수 있다.

구분	A	B	C	D
경우 1	5	1	4	5
경우 2	6	2	5	2
경우 3	8	4	1	2

경우 1과 경우 2에서는 똑같은 개수의 사탕이 들어 있는 상자가 있지만, 경우 3에서는 그렇지 않다. 따라서 똑같은 개수의 사탕이 들어 있는 상자가 있는지의 여부는 주어진 조건만으로 알 수 없다.

13 D상자에 사탕이 홀수 개 들어 있는 경우는 경우 1이다. 이때 C상자에는 사탕이 짝수 개 들어 있다.

14 어떠한 경우에서도 사탕이 3개 들어 있는 상자는 없다.

12 ③ 13 ① 14 ② 정답

※ 다음 제시문을 읽고 각 문제가 항상 참이면 ①, 거짓이면 ②, 알 수 없으면 ③을 고르시오. [15~17]

- 영어를 좋아하는 사람은 수학을 좋아하지 않는다.
- 수학을 좋아하는 사람은 영어를 좋아하지 않는다.
- 수학을 좋아하지 않는 사람은 과학을 좋아한다.

| 2022년 상반기

15 영어를 좋아하지 않는 사람은 과학을 좋아한다.

① 참 ② 거짓 ③ 알 수 없음

| 2022년 상반기

16 과학을 좋아하지 않는 사람은 영어를 좋아하지 않는다.

① 참 ② 거짓 ③ 알 수 없음

| 2022년 상반기

17 수학을 좋아하지 않는 사람은 영어를 좋아한다.

① 참 ② 거짓 ③ 알 수 없음

정답 및 해설

15 '영어를 좋아하는 사람 → 수학을 좋아하지 않는 사람 → 과학을 좋아하는 사람'이므로 영어를 좋아하는 사람은 과학을 좋아하지만, 영어를 좋아하지 않는 사람이 과학을 좋아하는지 아닌지는 알 수 없다.

16 '영어를 좋아하는 사람 → 수학을 좋아하지 않는 사람 → 과학을 좋아하는 사람'이므로 '영어를 좋아하는 사람 → 과학을 좋아하는 사람'이 성립하며, 그 대우인 '과학을 좋아하지 않는 사람 → 영어를 좋아하지 않는 사람'은 참이다.

17 어떤 명제가 참이면 그 대우는 참이지만, 이와 역은 참인지 거짓인지 알 수 없다. 따라서 '수학을 좋아하는 사람 → 영어를 좋아하지 않는 사람'은 참이지만, 그 이인 '수학을 좋아하지 않는 사람 → 영어를 좋아하는 사람'이 참인지는 알 수 없다.

15 ③ 16 ① 17 ③ 《정답

18 다음 기사를 읽고 이해한 내용으로 적절한 것은?

> 녹내장은 안구 내 여러 가지 원인에 의하여 시신경이 손상되고, 이에 따른 시야 결손이 발생하는 진행성의 시신경 질환이다. 현재까지 녹내장 발병 원인에 대한 많은 연구가 진행되었으나, 지금까지 가장 확실한 원인은 안구 내 안압의 상승이다. 상승된 안압이 망막 시신경 섬유층과 시신경을 압박함으로써 시신경이 손상되거나 시신경으로 공급되는 혈류량이 감소됨으로써 시신경 손상이 발생될 수 있다.
> 녹내장은 일반적으로 주변 시야부터 좁아지는 것이 주된 증상이며, 그래서 초기에는 환자가 느낄 수 있는 자각 증상이 없는 경우가 대부분이다. 그래서 결국은 중심 시야까지 침범한 말기가 돼서야 병원을 찾는 경우가 많다. 녹내장은 제대로 관리되지 않으면 각막 혼탁, 안구로(眼球癆)※, 실명의 합병증이 동반될 수 있다.
> 녹내장을 예방할 수 있는 방법은 아직 알려져 있지 않다. 단지 녹내장은 대부분 장기간에 걸쳐 천천히 진행되는 경우가 많으므로 조기에 발견하는 것이 가장 좋은 예방법이라고 할 수 있다. 정기적인 검진으로 자신의 시신경 상태를 파악하고 그에 맞는 생활 패턴의 변화를 주는 것이 도움이 된다. 녹내장으로 진단이 되면 금연을 해야 하며, 가능하면 안압이 올라가는 상황을 피하는 것이 좋다. 예를 들면 무거운 물건을 든다든지, 목이 졸리게 넥타이를 꽉 맨다든지, 트럼펫과 같은 악기를 부는 경우에는 병의 경과를 악화시킬 가능성이 있으므로 피해야 한다.
>
> ※ 안구로(眼球癆) : 눈알이 쭈그러지고 작아져서 그 기능이 약해진 상태

① 녹내장은 일반적으로 중심 시야부터 시작하여 주변 시야로 시야 결손이 확대된다.
② 상승된 안압이 시신경으로 공급되는 혈류량을 증폭시켜 시신경 손상이 발생한다.
③ 녹내장 진단 후 안압이 하강할 수 있는 상황은 되도록 피해야 한다.
④ 녹내장의 발병을 예방할 수 있는 방법은 아직 없다.
⑤ 녹내장은 단기간에 빠르게 진행되는 경우가 대부분이다.

정답 및 해설

18 세 번째 문단에서 녹내장을 예방할 수 있는 방법은 아직 알려져 있지 않고, 가장 좋은 예방법이 조기에 발견하는 것이라고 하였다. 따라서 녹내장 발병을 예방할 수 있는 방법은 아직 없다고 볼 수 있다.

오답분석

① 녹내장은 일반적으로 주변 시야부터 좁아지기 시작해 중심 시야로 진행되는 병이다.
② 상승된 안압이 시신경으로 공급되는 혈류량을 감소시켜 시신경 손상이 발생될 수 있다.
③ 녹내장은 안압이 상승하여 발생하는 병이므로 안압이 상승할 수 있는 상황은 되도록 피해야 한다.
⑤ 녹내장은 대부분 장기간에 걸쳐 천천히 진행되는 경우가 많다.

18 ④ 《정답

19 다음 글의 주제로 가장 적절한 것은?

> 우리사회는 타의 추종을 불허할 정도로 빠르게 변화하고 있다. 가족정책도 4인 가족 중심에서 1 ~ 2인 가구 중심으로 변하며, 청년실업율과 비정규직화, 독거노인의 증가를 더 이상 개인의 문제가 아닌 사회문제로 다뤄야 하는 시기이다. 여러 유형의 가구와 생애주기 변화, 다양해지는 수요에 맞춘 공동체 주택이야말로 최고의 주거복지사업이다. 공동체 주택은 공동의 목표와 가치를 가진 사람들이 커뮤니티를 이뤄 사회문제에 공동으로 대처해나가도록 돕고, 나아가 지역사회와도 연결시키는 작업을 진행하고 있다.
>
> 임대료 부담으로 작품 활동이나 생계에 어려움을 겪는 예술인을 위한 공동주택, 1인 창업과 취업을 위해 골몰하는 청년을 위한 주택, 지속적인 의료서비스가 필요한 환자나 고령자를 위한 의료안심주택은 모두 시민의 삶의 질을 높이고 선별적 복지가 아닌 복지사회를 이루기 위한 노력의 일환이다. 혼자가 아닌 함께 가는 길에 더 나은 삶이 있기 때문에 오늘도 수요자 맞춤형 공공주택은 수요자에 맞게 진화하고 있다.

① 주거난에 대비하는 주거복지 정책
② 4차 산업혁명과 주거복지
③ 선별적 복지 정책의 긍정적 결과
④ 수요자 중심의 대출규제 완화
⑤ 다양성을 수용하는 주거복지 정책

정답 및 해설

19 제시문은 빠른 사회변화 속 다양해지는 수요에 맞춘 주거복지 정책의 예로 예술인을 위한 공동주택, 창업 및 취업자를 위한 주택, 의료안심주택을 들고 있다. 따라서 이 글의 주제로 적절한 것은 '다양성을 수용하는 주거복지 정책'이다.

19 ⑤ 《정답

20 다음 글의 내용으로 적절하지 않은 것은?

오늘날 여성들은 체중에 상관없이 스스로를 뚱뚱하다고 생각하는 경우가 많다. 빈부, 노소를 떠나서 하나같이 날씬해지기를 원하고 그러한 욕망은 다이어트 열풍으로 이어진다. 몸이 우리의 다양한 욕구나 자기표현과 관련된다는 점에서 다이어트 열풍은 우리 사회를 읽어 내는 하나의 거울이 될 수 있다.
몸에 대한 관심은 어제오늘의 일이 아니다. 한 사회학 보고서에 따르면, 미국에서 1930년대에는 바싹 마른 몸매의 여성이, 1950년대에는 마릴린 먼로와 같이 풍만한 몸매의 여성이 인기를 끌었다고 한다. 대공황으로 경제 사정이 좋지 않았던 1930년대에는 일하는 여성이 필요했기에 민첩해 보이는 마른 여성이 매력의 상징이 되었다. 하지만 경제 사정이 좋아지기 시작한 1950년대에는 여성이 행복한 가정을 꾸리기를 바라는 풍조로 바뀌면서 사람들은 풍만한 곡선미를 지닌 여배우의 이미지를 선호하였다.
소비 사회에서 몸은 자연스럽게 자기표현의 중심이 된다. 산업의 발달로 물질이 풍요해지자 인간은 다양한 소비를 통해 자신의 욕구를 충족할 수 있게 되었고 소비를 통해 자신을 표현한다고 믿게 되었다. 오늘날 소비는 대중 매체에 의해 조정되고 조절되는 경향이 짙다. 또한 인간은 영상 매체에서 본 이미지를 모방하여 자신을 표현하고자 한다. 이러한 점에서 소비를 통한 자기표현은 타인의 시선에 의해 규정된다고 할 수 있으며, 주체적이고 능동적인 자기 이미지를 만드는 과정으로 보기 어렵다. 결국 소비를 통해 자신의 이미지를 형성하려는 행위는 자신의 상품 가치를 높이는 것에 불과할 뿐이다.
날씬한 여성의 이미지를 선호하는 것도 이와 밀접하게 닿아 있다. 모든 유형의 다이어트가 오늘날과 같은 이유로 행해진 것은 아니다. 중세에 다이어트는 종교적 생활양식에서 영혼을 통제하려는 훈육의 한 방법이었고, 18세기에는 특정 집단에 속한 사람들이 음식의 양과 유형을 조절하는 방식이었다. 이와 달리 오늘날의 다이어트는 대부분 날씬한 몸매를 만들어서 자신의 상품 가치를 높이려는 목적에서 이루어진다. 외모에 대한 그릇된 인식은 이러한 다이어트 열풍을 부추겼으며, 대중 매체를 통해 점점 더 확대되고 재생산되고 있다.
자기를 표현하는 수단으로써의 몸에 대한 관심은 자본주의의 상품화 논리에 지배되면서 오히려 자기 몸을 소외시키고 있다. 대중 매체를 통해 확산되는 상품으로써의 몸 이미지와 외모 지향적 가치관은 매력적인 몸에 대한 강박 관념을 강화하고, 사람들을 다이어트를 통한 날씬한 몸매 만들기 대열에 합류시킨다. 이처럼 대중 매체 속에서 만들어진 획일화된 몸 이미지는 우리에게 더 이상 몸은 없고 몸 이미지만 남게 한다.

① 18세기의 여성들은 날씬한 몸매로 자신의 상품 가치를 높이고자 하였다.
② 소비 사회에서 사람들은 영상 매체에서 얻은 몸의 이미지를 모방한다.
③ 경제 상황이 사람들의 몸 이미지를 형성하는 데 영향을 미친다.
④ 사람들이 선호하는 몸의 이미지는 시대에 따라 변화해 왔다.
⑤ 1950년대 미국에서는 풍만한 몸매의 여성이 인기를 끌었다.

정답 및 해설

20 네 번째 문단에 따르면 18세기의 다이어트는 '특정 집단에 속한 사람들이 음식의 양과 유형을 조절하는 방식'이었으며, '날씬한 몸매를 만들어서 자신의 상품 가치를 높이려는 목적'에서 이루어지는 것은 현대의 다이어트이다.

오답분석

②는 세 번째 문단의 내용과, ③·④·⑤는 두 번째 문단의 내용과 일치하므로 적절하다.

20 ① 정답

02 ▸ 수리능력

| 2023년 하반기

01 제시된 식을 계산한 값으로 옳은 것은?

$$342\div6\times13-101$$

① 610　② 620
③ 630　④ 640
⑤ 650

| 2022년 하반기

02 철수는 아버지와 나이 차이가 25살 난다. 3년 후엔 아버지의 나이가 철수 나이의 2배가 된다고 하면 현재 철수의 나이는?

① 20세　② 22세
③ 24세　④ 26세
⑤ 28세

정답 및 해설

01 $342\div6\times13-101$
$=57\times13-101$
$=741-101$
$=640$

02 현재 철수의 나이를 x세라고 하자.
철수와 아버지의 나이 차는 25세이므로 아버지의 나이는 $(x+25)$세이다.
3년 후 아버지의 나이가 철수 나이의 2배가 되므로
$2(x+3)=(x+25)+3$
$\therefore\ x=22$

01 ④　02 ② 《정답

| 2021년 하반기

03 양궁 대회에 참가한 진수, 민영, 지율, 보라 네 명의 최고점이 모두 달랐다. 진수의 최고점과 민영이의 최고점의 2배를 합한 점수가 10점이었고, 지율이의 최고점과 보라의 최고점의 2배를 합한 점수가 35점이었다. 진수의 2배, 민영이의 4배와 지율이의 5배를 한 점수의 합이 85점이었다면, 보라의 최고점은?

① 8점　② 9점
③ 10점　④ 11점
⑤ 12점

| 2020년 하반기

04 농도 8%의 소금물 24g에 4% 소금물을 몇 g 넣으면 농도 5%의 소금물이 되겠는가?

① 12g　② 24g
③ 36g　④ 48g
⑤ 72g

정답 및 해설

03 진수, 민영, 지율, 보라 네 명의 최고점을 각각 a, b, c, d점이라고 하자.

$a+2b=10 \cdots$ ㉠

$c+2d=35 \cdots$ ㉡

$2a+4b+5c=85 \cdots$ ㉢

㉢과 ㉠을 연립하면 $2\times10+5c=85 \rightarrow 5c=65 \rightarrow c=13$

c의 값을 ㉡에 대입하여 d를 구하면 $13+2d=35 \rightarrow 2d=22 \rightarrow d=11$

따라서 보라의 최고점은 11점이다.

04 농도 4% 소금물의 양을 xg이라 하자.

$$\frac{24\times\frac{8}{100}+x\times\frac{4}{100}}{24+x}\times100=5 \rightarrow \frac{192+4x}{24+x}=5$$

$192+4x=5(24+x) \rightarrow 192+4x=120+5x$

$\therefore x=72$

따라서 소금물 72g을 넣으면 농도 5%의 소금물이 된다.

03 ④　04 ⑤ 《정답

| 2020년 상반기

05 A, B, C 세 사람은 주기적으로 집안 청소를 한다. A는 6일마다, B는 8일마다, C는 9일마다 청소를 할 때, 세 명이 9월 10일에 모두 같이 청소를 했다면, 다음에 같이 청소하게 되는 날은?

① 11월 5일
② 11월 12일
③ 11월 16일
④ 11월 21일
⑤ 11월 29일

| 2020년 상반기

06 아현이가 소고기 100g당 4,000원인 부위 500g, 돼지고기 100g당 1,700원을 하는 부위 xg을 구매하였더니 총금액이 28,500원이 되었다. 돼지고기는 몇 g을 구매하였는가?

① 200g
② 300g
③ 400g
④ 500g
⑤ 600g

정답 및 해설

05 A, B, C에 해당되는 청소 주기 6, 8, 9일의 최소공배수는 $2\times3\times4\times3=72$이다. 9월은 30일, 10월은 31일까지 있으므로 9월 10일에 청소를 하고 72일 이후인 11월 21일에 세 사람이 같이 청소하게 된다.

06 소고기 금액은 $4,000\times5=20,000$원이고, $28,500-20,000=8,500$원이 돼지고기를 구매하는 데 사용한 금액이다. 따라서 돼지고기는 $8,500\div1,700\times100=500$g을 구매하였다.

05 ④ 06 ④ 정답

07 S마트 물류팀에 근무하는 G사원은 6월 라면 입고량과 판매량을 확인하던 중 11일과 15일 기록이 누락되어 있는 것을 발견했다. 6월 11일의 전체 라면 재고량 중 A업체는 10%, B업체는 9%를 차지하고, 6월 15일의 A업체 라면 재고량은 B업체보다 500개가 더 많았다면 6월 11일의 전체 라면 재고량은 몇 개인가?

〈S마트 6월 라면 입고량 및 판매량〉

(단위 : 개)

구분		6월 12일	6월 13일	6월 14일
A업체	입고량	300	0	200
	판매량	150	100	0
B업체	입고량	0	250	0
	판매량	200	150	50

① 10,000개
② 15,000개
③ 20,000개
④ 25,000개
⑤ 30,000개

정답 및 해설

07 6월 11일 전체 라면 재고량을 x개라고 하자.
A, B업체의 6월 11일 라면 재고량은 각각 $0.1x$개, $0.09x$개이므로
6월 15일 A, B업체의 재고량을 구하면
• A업체 : $0.1x+300+200-150-100=0.1x+250$
• B업체 : $0.09x+250-200-150-50=0.09x-150$
6월 15일의 A업체 재고량이 B업체보다 500개가 더 많으므로
$0.1x+250=0.09x-150+500$
$\therefore x=10,000$
따라서 6월 11일의 전체 라면 재고량은 10,000개이다.

07 ① 《정답

08 다음은 전자인증서 인증 수단별 선호도를 조사한 자료이다. 다음 자료에 대한 설명으로 옳지 않은 것은?(단, 평균점수는 소수점 첫째 자리에서 반올림한다)

〈전자인증서 인증 수단별 선호도 현황〉

(단위 : 점)

구분	실용성	보안성	간편성	유효기간
공인인증서 방식	16	( )	14	1년
ID / PW 방식	18	10	16	없음
OTP 방식	15	18	14	1년 6개월
이메일 및 SNS 방식	18	8	10	없음
생체인증 방식	20	19	18	없음
I-pin 방식	16	17	15	2년

※ 선호도는 실용성, 보안성, 간편성 점수를 합한 값임
※ 유효기간이 1년 이하인 방식은 보안성 점수에 3점을 가산함

① 생체인증 방식의 선호도는 OTP 방식과 I-pin 방식 합보다 38점 낮다.
② 실용성 전체 평균점수보다 높은 방식은 총 4가지이다.
③ 유효기간이 '없음'인 인증수단 방식의 간편성 평균점수는 15점이다.
④ 공인인증서 방식의 선호도가 51점일 때, 빈칸에 들어갈 값은 18점이다.
⑤ 유효기간이 '없음'인 인증수단 방식의 실용성 점수는 모두 18점 이상이다.

정답 및 해설

08

실용성 전체 평균점수 $\frac{103}{6}$ ≒ 17점보다 높은 방식은 ID / PW 방식, 이메일 및 SNS 방식, 생체인증 방식 총 3가지이다.

오답분석

① 생체인증 방식의 선호도 점수는 20+19+18=57점이고, OTP 방식의 선호도 점수는 15+18+14=47점, I-pin 방식의 선호도 점수는 16+17+15=48점이다. 따라서 생체인증 방식의 선호도는 나머지 두 방식의 선호도 합보다 47+48−57=38점 낮다.
③ 유효기간이 '없음'인 방식들은 ID / PW 방식, 이메일 및 SNS 방식, 생체인증 방식이며, 세 인증수단 방식의 간편성 평균점수는 $\frac{16+10+18}{3}$ ≒ 15점이다.
④ 공인인증서 방식의 선호도가 51점일 때, 보안성 점수는 51−(16+14+3)=18점이다.
⑤ 유효기간이 '없음'인 방식들은 ID / PW 방식, 이메일 및 SNS 방식, 생체인증 방식이며, 실용성 점수는 모두 18점 이상이다.

08 ② 《정답

09 다음은 어느 나라의 2020년과 2021년의 노동 가능 인구구성의 변화를 나타낸 자료이다. 2020년도와 비교한 2021년도의 상황을 바르게 설명한 것은?

〈노동 가능 인구구성의 변화〉

구분	취업자	실업자	비경제활동인구
2020년	55%	25%	20%
2021년	43%	27%	30%

① 이 자료에서 실업자의 수는 알 수 없다.
② 실업자의 비율은 감소하였다.
③ 경제활동인구의 비율은 증가하였다.
④ 취업자 비율의 증감폭이 실업자 비율의 증감폭보다 작다.
⑤ 비경제활동인구의 비율은 감소하였다.

정답 및 해설

09 자료는 비율을 나타내기 때문에 실업자의 수는 알 수 없다.

오답분석

② 실업자 비율은 2%p 증가하였다.
③ 경제활동인구 비율은 80%에서 70%로 감소하였다.
④ 취업자 비율은 12%p 감소했지만, 실업자 비율은 2%p 증가하였기 때문에 취업자 비율의 증감폭이 더 크다.
⑤ 비경제활동인구의 비율은 20% → 30%로 10%p 증가하였다.

09 ① 《정답

10 **다음은 모바일 뱅킹 서비스 이용 실적에 관한 분기별 자료이다. 자료에 대한 설명으로 옳지 않은 것은?**

〈모바일 뱅킹 서비스 이용 실적〉

(단위 : 천 건, %)

구분	2021년				2022년
	1/4분기	2/4분기	3/4분기	4/4분기	1/4분기
조회 서비스	817	849	886	1,081	1,106
자금이체 서비스	25	16	13	14	25
합계	842(18.6)	865(2.7)	899(3.9)	1,095(21.8)	1,131(3.3)

※ ( )는 전 분기 대비 증가율

① 조회 서비스 이용 실적은 매 분기 계속 증가하였다.

② 2021년 2/4분기의 조회 서비스 이용 실적은 전 분기보다 3만 2천 건 증가하였다.

③ 자금이체 서비스 이용 실적은 2021년 2/4분기에 감소하였다가 다시 증가하였다.

④ 모바일 뱅킹 서비스 이용 실적의 전 분기 대비 증가율이 가장 높은 분기는 2021년 4/4분기이다.

⑤ 2021년 4/4분기의 조회 서비스 이용 실적은 자금이체 서비스 이용 실적의 약 77배이다.

정답 및 해설

10 자금이체 서비스 이용 실적은 2021년 3/4분기에도 감소하였다.

오답분석

① 조회 서비스 이용 실적은 817천 건 → 849천 건 → 886천 건 → 1,081천 건 → 1,106천 건으로 매 분기 계속 증가하였다.

② 2021년 2/4분기 조회 서비스 이용 실적은 849천 건이고, 전 분기의 이용 실적은 817천 건이므로 $849-817=32$, 즉 3만 2천 건 증가하였다.

④ 모바일 뱅킹 서비스 이용 실적의 전 분기 대비 증가율이 가장 높은 분기는 21.8%인 2021년 4/4분기이다.

⑤ 2021년 4/4분기의 조회 서비스 이용 실적은 자금이체 서비스 이용 실적의 $1,081 \div 14 \fallingdotseq 77$, 약 77배이다.

10 ③ 정답

11 **다음은 동북아시아 3개국 수도의 30년간의 인구변화를 나타낸 자료이다. 자료에 대한 설명으로 옳지 않은 것은?**

〈동북아시아 3개국 수도 인구수〉

(단위 : 천 명)

구분	1990년	2000년	2010년	2020년
서울	9,725	10,342	10,011	9,860
베이징	6,017	8,305	12,813	20,384
도쿄	30,304	33,587	35,622	38,001

① 2010년을 기점으로 인구수가 2번째로 많은 도시가 바뀐다.
② 세 도시 중 해당 기간 동안 인구가 감소한 도시가 있다.
③ 베이징은 해당 기간 동안 언제나 세 도시 중 가장 높은 인구 증가율을 보인다.
④ 연도별 인구가 최소인 도시의 인구수 대비 인구가 최대인 도시의 인구수의 비는 계속 감소한다.
⑤ 해당 기간 동안 인구가 최대인 도시와 인구가 최소인 도시의 인구의 차는 계속적으로 증가한다.

정답 및 해설

11 최소 인구인 도시의 인구수 대비 최대 인구인 도시의 인구수 비는 지속적으로 감소해 2010년에 약 3.56배까지 감소했으나 2020년 약 3.85배로 다시 증가하였다.

오답분석

① 2010년을 기점으로 서울과 베이징의 인구 순위가 뒤바뀐다.
② 서울의 경우 2000년 이후 지속적으로 인구가 줄고 있다.
③ 베이징은 해당 기간 동안 약 38%, 54%, 59%의 인구 성장률을 보이며 세 도시 중 가장 큰 성장률을 기록했다.
⑤ 1990년에는 24,287천 명, 2000년에는 25,282천 명, 2010년에는 25,611천 명, 2020년에는 28,141천 명으로 그 차는 계속적으로 증가하였다.

11 ④ 정답

| 2021년 상반기

12 다음은 S기업의 정수기 판매량에 따른 평균 수입과 평균 비용을 나타낸 자료이다. 현재 4개를 판매하고 있는 S기업이 이윤을 극대화하기 위한 판단으로 옳은 것은?

〈정수기 판매량에 따른 평균 수입 및 평균 비용〉

판매량(개)	1	2	3	4	5	6
평균 수입(만 원)	6	6	6	6	6	6
평균 비용(만 원)	6	4	4	5	6	7

※ $(\text{평균 수입})=\frac{(\text{총수입})}{(\text{판매량})}$, $(\text{평균 비용})=\frac{(\text{총비용})}{(\text{판매량})}$

① 이윤은 판매량이 1개 또는 5개일 때 극대화된다.
② 평균 수입이 평균 비용보다 높으므로 판매량을 늘려야 한다.
③ 평균 수입이 평균 비용보다 낮으므로 판매량을 줄여야 한다.
④ 판매량을 3개로 줄이면 이윤이 증가하므로 판매량을 줄여야 한다.
⑤ 판매량이 현재와 같이 유지될 때 이윤이 가장 크다.

정답 및 해설

12 제시된 자료를 보면 판매량이 4개일 경우 평균 비용은 5만 원, 평균 수입은 6만 원이다. 따라서 총비용은 20만 원, 총수입은 24만 원으로 이윤은 4만 원이다. 판매량을 3개로 줄일 경우 평균 비용은 4만 원, 평균 수입은 6만 원이다. 따라서 총비용은 12만 원, 총수입은 18만 원으로 6만 원의 이윤이 발생한다. 따라서 이윤을 증가시키기 위해서는 판매량을 3개로 줄이는 것이 합리적이다.

오답분석

① 판매량이 1개일 때와 5개일 때 이윤은 0원이다.
② 판매 개수를 늘리면 평균 수입은 변화가 없지만 평균 비용이 높아지므로 이윤이 감소한다.
③ 현재 평균 수입은 평균 비용보다 높다.
⑤ 판매량이 4개일 경우의 이윤은 $6\times4-5\times4=4$만 원이고, 판매량이 3개일 경우의 이윤은 $3\times6-3\times4=6$만 원이다. 따라서 판매량을 줄여야 이윤이 극대화된다.

12 ④ 《정답

13 다음은 어느 국가의 A ~ C지역 가구 구성비를 나타낸 자료이다. 이에 대한 분석으로 옳은 것은?

〈A ~ C지역 가구 구성비〉

(단위 : %)

구분	부부 가구	2세대 가구		3세대 이상 가구	기타 가구	소계
		부모+미혼자녀	부모+기혼자녀			
A	5	65	16	2	12	100
B	16	55	10	6	13	100
C	12	40	25	20	3	100

※ 기타 가구 : 1인 가구, 형제 가구, 비친족 가구

※ 핵가족 : 부부 또는 (한)부모와 그들의 미혼 자녀로 이루어진 가족

※ 확대가족 : (한)부모와 그들의 기혼 자녀로 이루어진 2세대 이상의 가족

① 핵가족 가구의 비중이 가장 높은 지역은 A이다.

② 1인 가구의 비중이 가장 높은 지역은 B이다.

③ 확대가족 가구 수가 가장 많은 지역은 C이다.

④ A, B, C지역 모두 핵가족 가구 수가 확대가족 가구 수보다 많다.

⑤ 부부 가구의 구성비는 C지역이 가장 높다.

정답 및 해설

13 세 지역 모두 핵가족 가구 비중이 더 높으므로, 핵가족 수가 더 많다.

오답분석

① 핵가족 가구의 비중이 가장 높은 곳은 71%인 B지역이다.

② 1인 가구는 기타 가구의 일부이므로, 1인 가구만의 비중은 알 수 없다.

③ 확대가족 가구의 비중이 가장 높은 곳은 C지역이지만 이 수치는 어디까지나 비중이므로 가구 수는 알 수가 없다.

⑤ 부부 가구의 구성비는 B지역이 가장 높다.

13 ④ 《정답

14 다음은 로봇산업현황 자료이다. 제조업용 로봇 생산액의 2018년 대비 2020년의 성장률은?(단, 소수점 둘째 자리에서 반올림한다)

〈국내시장(생산기준) 규모〉

(단위 : 억 원, %)

구분	2018년		2019년			2020년		
	생산액	구성비	생산액	구성비	전년 대비	생산액	구성비	전년 대비
제조업용 로봇	6,272	87.2	6,410	85.0	2.2	7,016	84.9	9.5
서비스용 로봇	446	6.2	441	5.9	−1.1	483	5.9	9.4
전문 서비스용	124	1.7	88	1.2	−29.1	122	1.5	38.4
개인 서비스용	323	4.5	353	4.7	9.7	361	4.4	2.2
로봇부품 및 부분품	478	6.6	691	9.2	44.5	769	9.2	11.4
합계	7,197	100.0	7,542	100.0	4.8	8,268	100.0	9.6

① 7.3%
② 8.9%
③ 10.2%
④ 11.9%
⑤ 13.4%

정답 및 해설

14 $\frac{7,016-6,272}{6,272} \times 100 \fallingdotseq 11.9\%$

14 ④ 《정답

15 **다음은 어느 도서관에서 일정 기간 도서 대여 횟수를 작성한 자료이다. 자료를 통해 얻을 수 있는 내용으로 옳지 않은 것은?**

〈도서 대여 횟수〉

(단위 : 회)

구분	비소설		소설	
	남자	여자	남자	여자
40세 미만	520	380	450	600
40세 이상	320	400	240	460

① 소설을 대여한 횟수가 비소설을 대여한 횟수보다 많다.
② 40세 미만보다 40세 이상의 대여 횟수가 더 적다.
③ 남자가 소설을 대여한 횟수가 여자가 소설을 대여한 횟수의 70% 이상이다.
④ 40세 미만 전체 대여 횟수에서 비소설 대여 횟수가 차지하는 비율은 40%를 넘는다.
⑤ 40세 이상 전체 대여 횟수에서 소설 대여 횟수가 차지하는 비율은 50% 미만이다.

정답 및 해설

15

남자가 소설을 대여한 횟수는 690회이고, 여자가 소설을 대여한 횟수는 1,060회이므로 $\frac{690}{1,060}\times100 \fallingdotseq 65\%$이다.

오답분석

① 소설 전체 대여 횟수는 1,750회, 비소설 전체 대여 횟수는 1,620회이므로 옳다.
② 40세 미만 전체 대여 횟수는 1,950회, 40세 이상 전체 대여 횟수는 1,420회이므로 옳다.
④ 40세 미만의 전체 대여 횟수는 1,950회이고, 그중 비소설 대여는 900회이므로 $\frac{900}{1,950}\times100 \fallingdotseq 46.1\%$이다.
⑤ 40세 이상의 전체 대여 횟수는 1,420회이고, 그중 소설 대여는 700회이므로 $\frac{700}{1,420}\times100 \fallingdotseq 49.3\%$이다.

15 ③ 《정답

※ 일정한 규칙으로 수를 나열할 때, 빈칸에 들어갈 알맞은 수를 고르시오. [16~20]

| 2023년 하반기

16

4 9 14 19 ( ) 29 34 39 44

① 37
② 35
③ 30
④ 28
⑤ 24

| 2022년 하반기

17

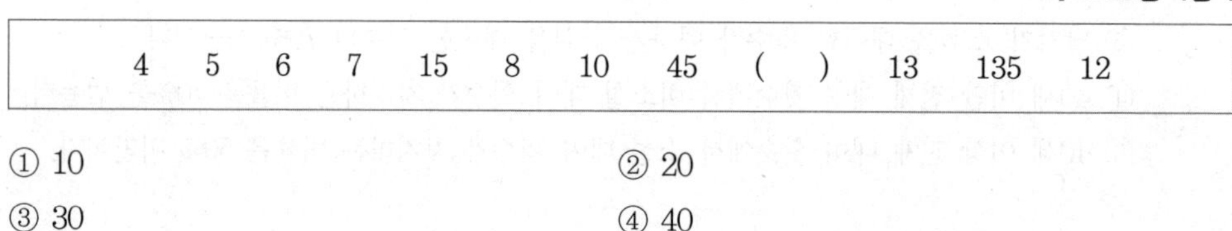

4 5 6 7 15 8 10 45 ( ) 13 135 12

① 10
② 20
③ 30
④ 40
⑤ 50

정답 및 해설

16 n을 자연수라 하면, n항이 $n\times5-1$인 수열이다.
따라서 ( )$=5\times5-1=24$이다.

17 나열된 수를 3개씩 끊어 첫 번째, 두 번째, 세 번째 항을 기준으로 각각 $+3$, $\times3$, $+2$의 규칙인 수열이다.
i) 4 7 10 13 … $+3$
ii) 5 15 45 135 … $\times3$
iii) 6 8 (10) 12 … $+2$
따라서 ( )$=8+2=10$이다.

16 ⑤ 17 ① 《정답

| 2021년 하반기

18

1 3 4 7 9 10 13 15 16 ( )

① 11 ② 14
③ 19 ④ 22
⑤ 25

| 2020년 하반기

19

4 8 10 20 22 44 ( )

① 46 ② 48
③ 60 ④ 74
⑤ 88

| 2020년 상반기

20

0.8 2.0 1.0 2.2 1.1 ( ) 1.15

① 2.0 ② 2.3
③ 2.6 ④ 2.9
⑤ 3.1

정답 및 해설

18 +2, +1, +3이 번갈아 가며 적용되는 수열이다.
따라서 ( )=16+3=19이다.

19 ×2, +2가 반복되는 수열이다.
따라서 ( )=44+2=46이다.

20 +1.2, ÷2가 번갈아 가며 적용되는 수열이다.
따라서 ( )=1.1+1.2=2.3이다.

18 ③ 19 ① 20 ② 《정답

03 ▸ 영어능력

| 2023년 하반기

01 다음 글의 주제로 가장 적절한 것은?

> Sugar's effects are ironic; that is, they have the opposite effect from the one you intended. You wanted to feel less hungry and nasty, and you ended up feeling more hungry and nasty. TV has a similar effect, but on happiness instead of hungriness. You watch TV because you want to be entertained, relaxed, involved — you want to feel happy. Unfortunately, although TV can be relaxing, it is only occasionally entertaining and very rarely involving. So, you end up bored, which makes you think you should watch more TV, and you can guess the consequences. Everyone needs a little time to watch TV or just do nothing, just like everyone needs a little sugar now and then. A problem arises when you assume that if a little is good then more must be better. I guarantee that prolonged periods of sitting in front of the TV and eating sugary snacks will not make you happy in the long run.

① 설탕과 TV가 건강에 미치는 영향
② TV 시청 시 단 음식 섭취의 위험성
③ 설탕 섭취와 TV 시청이 주는 행복감
④ TV 시청과 단 음식 섭취의 상호 연관성
⑤ 설탕 섭취와 TV 시청의 공통된 역효과

정답 및 해설

01 제시문은 설탕을 먹는 것처럼 TV도 조금 볼 때는 즐거우나 과도하게 즐길 경우 오히려 행복하지 않게 된다는 것을 설명하는 글이다. 따라서 설탕과 배고픔의 관계처럼 TV와 행복의 관계도 역효과를 지님을 주제로 하는 것이 가장 적절하다.

| 해석 |

설탕의 효과는 모순적이다; 즉, 설탕은 당신이 의도했던 것과 반대의 효과를 가진다. 당신은 배고픔을 덜고 끔찍한 기분을 달래고 싶었지만 결국 더 배고프고 더 불쾌하게 되고 만다. TV는 유사한 효과를 가지지만, 배고픔에 대해서가 아닌 행복에 대해서이다. 당신은 재미와 편안함을 느끼고 싶어서, 열중하고 싶어서, 즉 행복감을 느끼고 싶어서 TV를 본다. 불행하게도, TV가 편안함을 줄 수 있음에도 불구하고 가끔씩만 재미를 주고 거의 몰두하게 하지 못한다. 그래서 당신은 결국 지루해지는데, 이것은 TV를 더 많이 봐야겠다는 생각이 들게 하고, 그 결과는 당신이 추측할 수 있을 것이다. 누구나 때때로 약간의 설탕이 필요한 것과 같이, TV를 보거나 아무 일도 하지 않는 약간의 시간이 필요하다. 문제는 당신이 조금이 좋다면 그보다 많은 양은 틀림없이 더 좋을 것이라고 생각할 때 발생한다. 장시간 동안 TV 앞에 앉아 있는 것과 설탕이 많이 들어간 간식을 먹는 것은 결국에는 여러분을 행복하게 하지 않을 것임이 분명하다.

01 ⑤ 《정답

02 다음 글에서 필자가 주장하는 바로 가장 적절한 것은?

Some people insist that children's baseball leagues should use baseballs that are softer than those used by adult and professional leagues. Yet both kinds of balls have their risks. A softer baseball is less likely to cause harm if it hits a child's head at high speed. However, both kinds of balls can cause a sudden stopping of the heart when they hit a child in the chest. In fact, research has shown that a softer ball can also cause the heart to stop. Furthermore, in some circumstances, the softer ball triggers this rare but dangerous response even more than a harder ball does. In addition, a softer ball poses the same risk for eye injury. A softer ball may prevent a serious head injury, but a fast-moving ball of any type is likely to damage the eye socket, seriously hurting the eye.

① 어린이가 사용하는 야구공의 강도를 규제해야 한다.
② 어린이는 성인용 야구공으로 야구를 해서는 안 된다.
③ 어린이에게는 어떤 종류의 야구공이든 위험할 수 있다.
④ 어린이의 안전을 위해 새로운 야구공을 개발해야 한다.
⑤ 어린이는 심한 손상을 입을 수 있는 운동을 하지 말아야 한다.

정답 및 해설

02 제시문에서 어떤 사람들은 어린이들은 어른과 프로 리그에서 사용하는 딱딱한 공과 달리 부드러운 공을 사용해야 한다고 주장하지만 부드러운 공도 어린이들에게 위험이 될 수 있음을 설명하고 있다. 따라서 '어린이에게는 어떤 종류의 야구공도 위험할 수 있다.'는 것이 필자의 주장이다.

| 해석 |

어떤 사람들은 아이들의 야구 리그가 어른과 프로 리그에서 사용되는 것들보다 더 부드러운 야구공을 사용해야 한다고 주장한다. 그러나 두 종류의 공들은 각각 위험들을 갖고 있다. 만약 어린이들의 머리에 빠른 속도로 맞더라도 더 부드러운 공은 해를 끼칠 가능성은 적다. 그러나 어린이들의 가슴에 쳤을 때 두 공 모두 갑작스러운 심장 정지를 야기할 수 있다. 사실 연구는 부드러운 공도 또한 심정지를 야기할 수 있다고 밝혔다. 더욱이 몇몇 상황에서 부드러운 공은 단단한 공이 그런 것보다 심지어 더 적지만 위험한 반응을 촉발한다. 게다가 부드러운 공은 눈 손상에 대해서는 같은 위험을 끼친다. 부드러운 공은 심각한 머리 부상은 방지하지만 어떤 종류건 빠르게 움직이는 공은 심각하게 눈에 상처를 주며 눈을 둘러싼 기관에 손상을 입힐 수 있다.

02 ③ 《정답

※ 다음 빈칸에 들어갈 어법으로 알맞은 것을 고르시오. [3~4]

| 2022년 하반기

03

According to some physicists, approximately 1 million years after the big bang, the universe cooled to about 3,000℃, and protons and electrons ________ to make hydrogen atoms.

① to combine ② combining
③ combine ④ combined
⑤ combine with

| 2021년 상반기

04

I climbed up a mountain, ________ top was covered with snow.

① who ② what
③ which ④ whose
⑤ that

정답 및 해설

03 등위접속사 and 뒤의 'protons and electrons'가 주어이므로 빈칸에는 앞 문장의 동사 cooled와 동일한 형태인 과거형 동사가 와야 한다.

| 어휘 |

- cool : 식다, 차가워지다
- proton : 양자
- electron : 전자
- hydrogen : 수소
- atom : 원자

| 해석 |

몇몇 물리학자들에 따르면, 빅뱅 이후 대략 백만 년이 지나 우주가 약 3,000℃까지 식었고, 양자와 전자들이 결합해서 수소 원자들을 만들었다.

04 소유격 관계대명사에 대해 묻는 문법문제이다.
제시된 문장에서 whose가 이끄는 관계대명사 절은 수동태 형태로 완전한 문장이므로 목적어가 올 필요가 없다.

| 어휘 |

- climbed : 오르다, 등산을 가다
- be covered with : ~에 덮이다

| 해석 |

나는 등산을 했는데, 그 산의 정상은 눈으로 덮여 있었다.

03 ④ 04 ④ 정답

05 다음 글의 밑줄 친 부분 중 문맥상 단어의 쓰임이 적절하지 않은 것은?

> When there is a ① inconsistency between the verbal message and the nonverbal message, the latter typically weighs more in forming a judgement. For example, a friend might react to a plan for dinner with a comment like "that's good," but with little vocal enthusiasm and a muted facial expression. In spite of the ② verbal comment, the lack of expressive enthusiasm suggests that the plan isn't viewed very positively. In such a case, the purpose of the positive comment might be to avoid a disagreement and support the friend, but the lack of a positive expression unintentionally ③ leaks a more candid, negative reaction to the plan. Of course, the muted expressive display might also be strategic and ④ intentional. That is, the nonverbal message is calculated, but designed to let the partner know one's candid reaction ⑤ directly. It is then the partner's responsibility to interpret the nonverbal message and make some adjustments in the plan.

정답 및 해설

05 'directly'를 'indirectly'로 고쳐야 한다. 제시문은 언어적 메시지와 다르게 진심을 표현하는 비언어적 메시지를 다룬 글로, 자신의 솔직한 반응을 직접적 언어가 아닌 간접적 비언어 메시지로 표현한다고 해야 내용의 흐름상 적절하다.

| 어휘 |

- verbal : 언어의
- enthusiasm : 열광, 열정
- candid : 솔직한
- interpret : 해석하다

| 해석 |

> 언어적 메시지와 비언어적 메시지 사이에 차이가 있을 때, 판단을 형성하는 데 있어서 비언어적 메시지가 전형적으로 더 큰 비중을 차지한다. 예를 들어 한 친구가 저녁 식사 계획에 대해 말로는 "그거 좋은데"라고 하지만, 목소리에 열의가 거의 없고 활기 없는 얼굴 표정으로 응답할 수 있다. 이는 언어적 메시지에도 불구하고 표현적인 열정 부족은 그 계획이 그다지 긍정적으로 평가되지 않다는 것을 암시한다. 그러한 경우, 긍정적인 말의 목적은 의견의 불일치를 피하고 친구를 지지하기 위한 것일 수 있지만, 긍정적인 표정의 부족은 자신도 모르게 그 계획에 대한 보다 솔직하고 부정적인 반응을 유출하는 것이다. 물론 활기 없는 표정을 보인 것은 또한 전략적이고 의도적인 것일 수도 있다. 즉, 그 비언어적 메시지는 고의적이지만, 상대방에게 자신의 솔직한 반응을 직접적으로(→ 간접적으로) 알리려고 계획된 것이다. 그러면 그 비언어적 메시지를 해석하고 계획을 약간 조정하는 것은 상대방의 책임이 된다.

05 ⑤ 정답

06 주어진 말에 이어질 대화의 순서로 가장 알맞은 것은?

Which club are you going to join?

(A) Why do you like that one?
(B) I'd like to join the Magic Club.
(C) Because I want to learn some magic tricks.

① (A) – (B) – (C)
② (B) – (A) – (C)
③ (B) – (C) – (A)
④ (C) – (A) – (B)
⑤ (C) – (B) – (A)

정답 및 해설

06 | 해석 |

어떤 클럽에 가입할 거니?
(B) 마술 클럽에 가입하고 싶어.
(A) 왜 그 클럽을 좋아하니?
(C) 마술 묘기들을 배우고 싶기 때문이야.

06 ② 정답

07 다음 대화 중 어색한 것은?

① A : This school was established in 1975.
  B : Oh, was it?
② A : My mom is working as a teacher.
  B : Oh, is she?
③ A : We will consider your situation.
  B : Oh, will they?
④ A : You did a good job on your presentation.
  B : Oh, did I?
⑤ A : I want to give some financial rewards to you.
  B : Oh, do you?

정답 및 해설

07 '우리가' 당신의 상황을 고려하겠다고 했으므로, 이를 확인하기 위한 대답은 'Oh, will you?'가 되어야 한다. 'Oh, will they?'는 적절하지 않다.

| 해석 |

A : 우리는 당신의 상황을 고려할 것입니다.
B : 오, 그들이요?

오답분석

① A : 이 학교는 1975년에 설립되었어.
  B : 오, 그 학교가?
② A : 우리 엄마는 선생님으로 일하고 있어.
  B : 오, 네 엄마가?
④ A : 너 발표 잘 했어.
  B : 오, 제가요?
⑤ A : 전 당신에게 약간의 금전적인 보상을 드리고 싶습니다.
  B : 오, 당신이요?

07 ③ 정답

| 2022년 상반기

08 다음 글의 내용으로 적절하지 않은 것은?

> Dormitory Rules For Students
> • All students must
>   1. get up at 6:00 a.m.
>   2. go to bed at 10:00 p.m.
> • Students may
>   1. have two visitors a month.
>   2. have a pet except dogs.
> • Students may not
>   1. go outside after 6:00 p.m.
>   2. have cellular phones.

① 개를 키울 수 없다.
② 기상 시간은 오전 6시이다.
③ 휴대 전화를 가질 수 없다.
④ 한 달에 한 번 친구가 방문할 수 있다.
⑤ 오후 6시 이후에는 외출할 수 없다.

정답 및 해설

08 제시문에서 학생들은 방문객과 한 달에 두 번 면회할 수 있다고 하였다.

| 해석 |

> 기숙사의 학생 규칙
> • 모든 학생은 (해야 한다)
>   1. 오전 6시에 일어나야 한다.
>   2. 오후 10시에 자야 한다.
> • 학생들은 (할 수 있다)
>   1. 방문객과 한 달에 두 번 면회할 수 있다.
>   2. 개를 제외한 반려동물을 키울 수 있다.
> • 학생들은 (할 수 없다)
>   1. 오후 6시 이후에는 외출할 수 없다.
>   2. 휴대 전화를 가질 수 없다.

08 ④ 《정답

09 다음 글의 제목으로 적절한 것은?

> Friendships need as much care as garden flowers. Good friendships involve careful listening, honesty, respect, and trust. Without these things, friendships are as weak as glass. However, with effort, friendships can become stronger that stone.

① How Flowers Die
② How Friendships Grow
③ How Honesty Pays
④ How Glass Breaks Down
⑤ How Stone Become Stronger

정답 및 해설

09 제시문은 교우관계를 증대시키기 위해서 필요한 것들에 대해 설명하고 있으므로 글의 제목은 '어떻게 교우관계가 성장하는가(How Friendships Grow)'가 가장 적절하다.

| 어휘 |

- friendships : 교우관계
- involve : 포함하다
- careful : 조심하는, 주의 깊은
- honesty : 정직
- respect : 존경
- effort : 노력

| 해석 |

> 교우관계는 정원의 꽃처럼 많은 관심을 필요로 한다. 좋은 교우관계는 경청, 정직, 존경, 그리고 믿음을 포함한다. 이러한 것들이 없는 교우관계는 유리처럼 약하다. 그러나 노력과 함께라면 교우관계는 돌보다 단단해질 수 있다.

오답분석

① 어떻게 꽃이 죽는가
③ 어떻게 정직함이 이득이 되는가
④ 어떻게 유리가 깨지는가
⑤ 어떻게 돌이 단단해지는가

09 ② 정답

10 다음 글의 내용으로 적절하지 않은 것은?

Traditional Korean houses can be structured into an inner wing(anchae) and an outer wing(sarangchae). The individual layout largely depends on the region and the wealth of the family. Whereas aristocrats used the outer wing for receptions, poor people kept cattle in the sarangchae. The wealthier a family, the larger the house. However, it was forbidden to any family except for a king to have a residence of more than 99 kan. A kan is the distance between two pillars used in traditional houses. The inner wing consisted of a living room, a kitchen and a wooden-floored central hall. More rooms may be attached to this. Poor farmers would not have any outer wing. Floor heating(ondol) has been used in Korea for centuries. The main building materials are wood, clay, tile, stone and thatch. Because wood and clay were the most common materials used in the past, not many old buildings have survived into present times.

① There was a kitchen in the inner wing.
② Cattle could be kept in the outer wing.
③ Only a king could have a residence of 100 kan.
④ Poor people were not permitted to have the outer wing.
⑤ Wood and clay were common materials.

정답 및 해설

10 본문의 내용상 가난한 사람이 바깥 날개인 사랑채를 가지는 것이 금지된 것이 아니라 돈이 없어서 가지지 못하는 경우가 있었음을 알 수 있다. 따라서 '가난한 사람들은 바깥 날개를 가지도록 허락되지 않았다.'는 적절하지 않다.

| 어휘 |

- aristocrat : 귀족
- pillar : 기둥
- thatch : 짚, 억새, 이엉

| 해석 |

전통적인 한국의 가옥들은 안쪽 날개(안채)와 바깥 날개(사랑채) 구조로 되어 있다. 개별적인 설계는 대체로 그 지역과 가문의 부에 따라 달라진다. 귀족들은 연회를 위해 바깥 날개를 사용하였던 반면 가난한 사람들은 사랑채에서 소를 키웠다. 가문이 부유할수록 집도 더 컸다. 그러나 왕을 제외한 어떠한 가문이든 99칸 이상의 집을 가지는 것은 금지되었다. 한 칸은 전통 가옥에 사용된 두 개의 기둥들 사이의 거리이다. 안쪽 날개는 거실, 부엌 그리고 나무 바닥의 마루로 구성되었다. 더 많은 방들은 이것에 덧붙여질 수도 있다. 가난한 농부들은 바깥 날개를 가지지 못하기도 했다. 바닥난방(온돌)은 한국에서 100년 동안 사용되어왔다. 주요 건축자재들은 나무, 점토, 기와, 돌 그리고 짚이다. 나무와 점토가 과거에 사용된 가장 흔한 자재들이었기 때문에 현재까지 남아있는 건물은 많지 않다.

오답분석

① 안쪽 날개에 부엌이 있었다.
② 소는 바깥 날개에서 키워질 수 있었다.
③ 오직 왕만이 100칸의 집을 가질 수 있었다.
⑤ 나무와 점토는 흔한 자재였다.

10 ④ 정답

04 ▸ 지각능력

※ 다음 중 제시된 도형과 같은 것을 고르시오. [1~2]

| 2023년 하반기

01

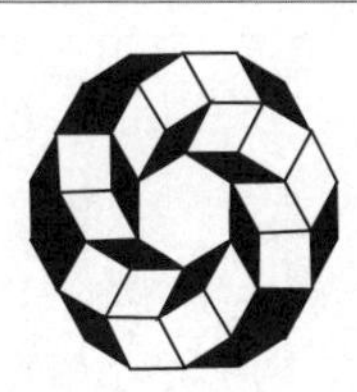

① 

② 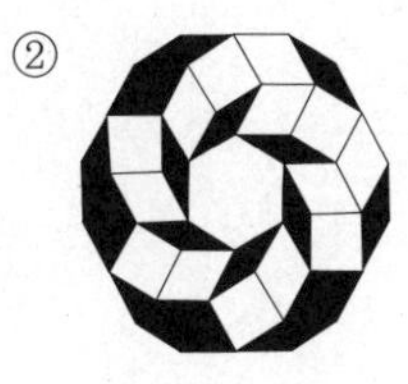

③ 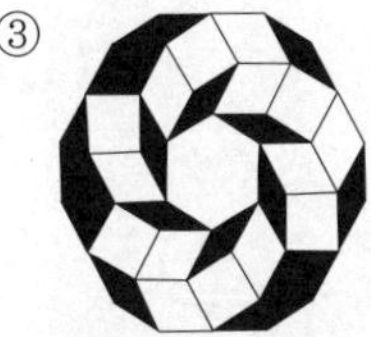

④

⑤

01 오답분석

① 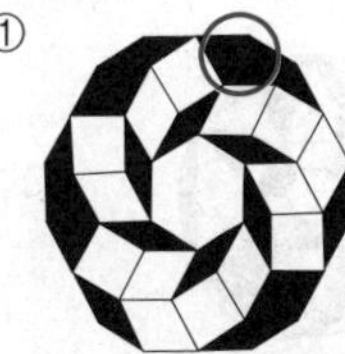

② 

④ 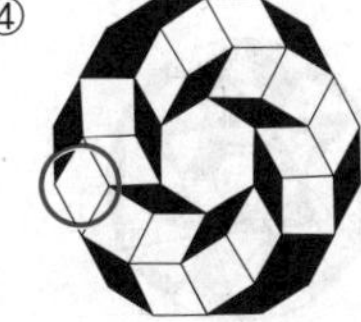

⑤ 

01 ③ 《정답

02

①

②

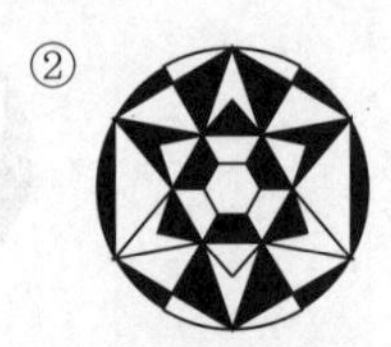

③

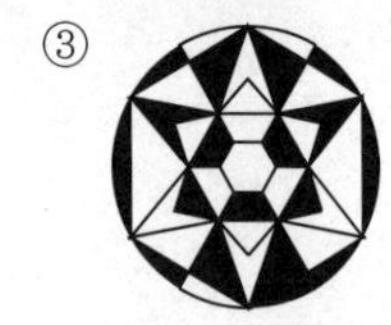

④

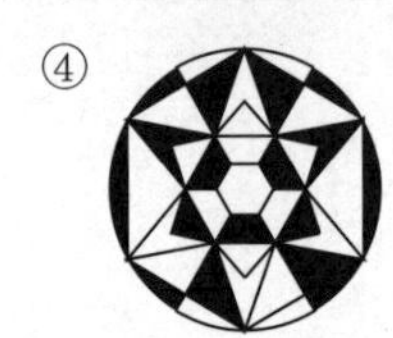

⑤

정답 및 해설

02 오답분석

①

②

③

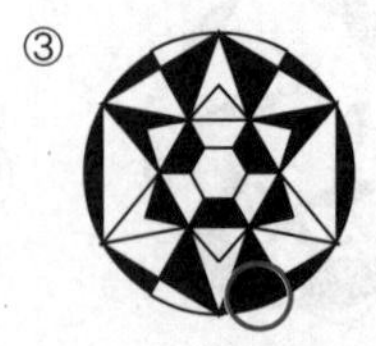

④

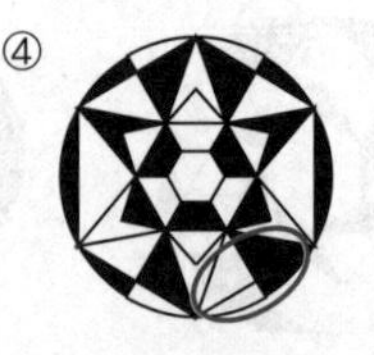

02 ⑤ 정답

※ 다음 중 나머지 도형과 다른 것을 고르시오. [3~4]

03

①

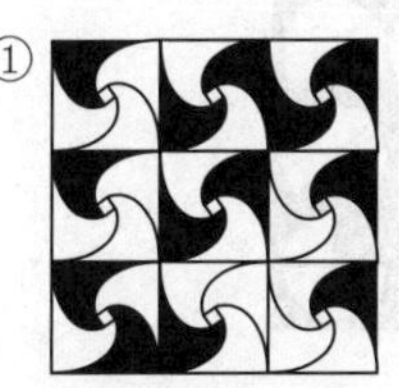

②

③

④

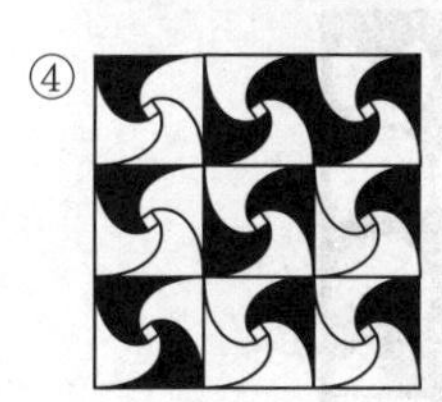

⑤

정답 및 해설

03

03 ① 정답

04 ① 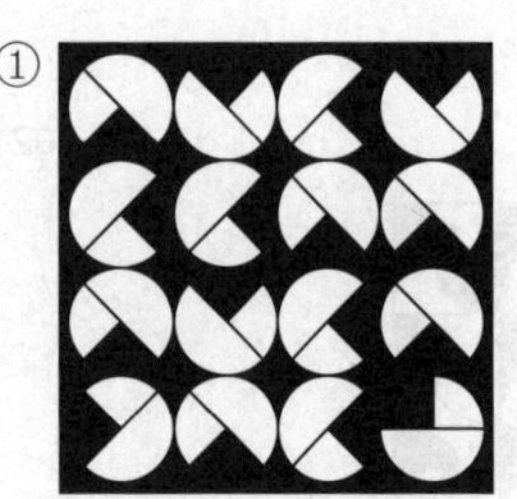

②

③ 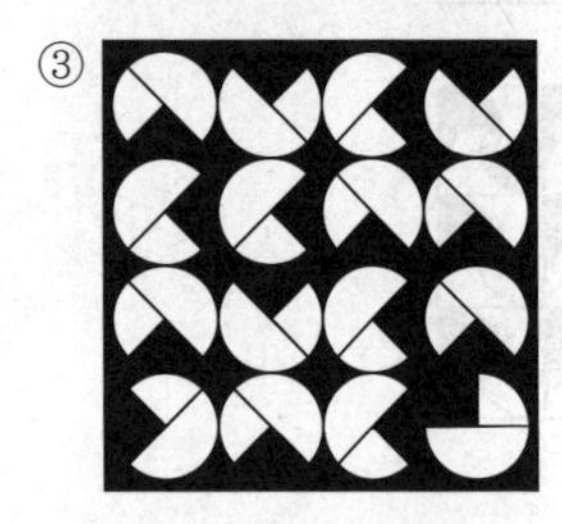

④ 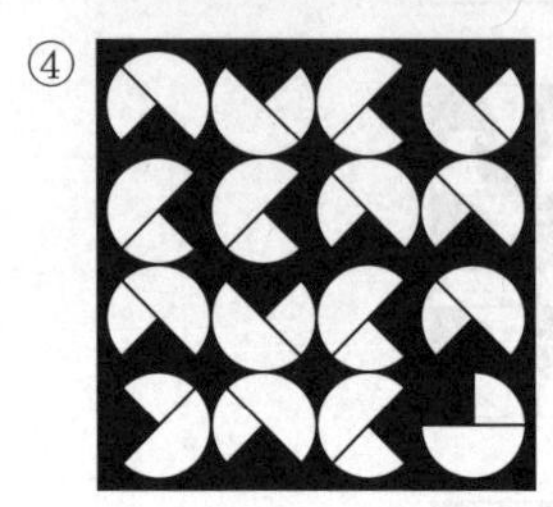

⑤ 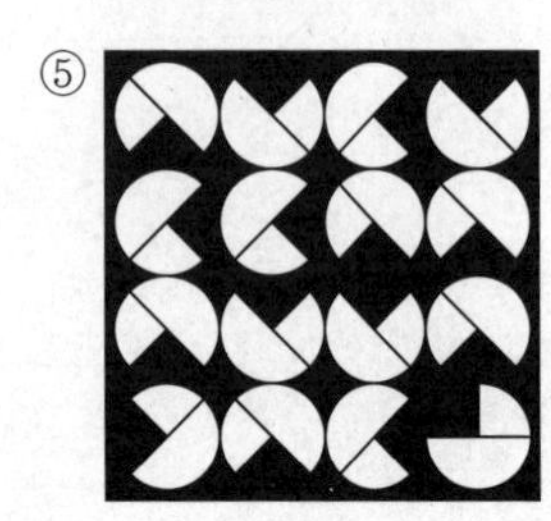

정답 및 해설

04

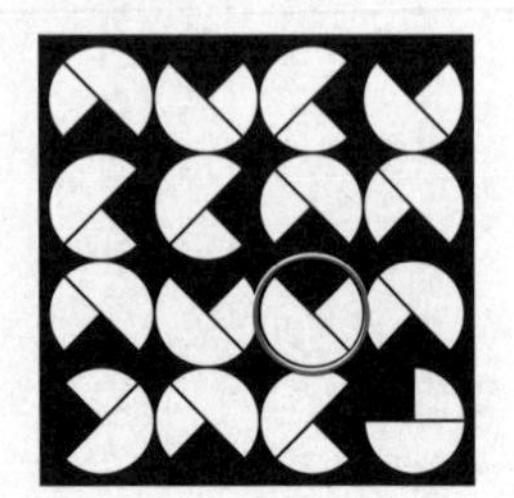

04 ⑤ 정답

※ 다음 제시된 도형의 규칙을 보고 ?에 들어갈 알맞은 것을 고르시오. [5~6]

| 2023년 상반기

05

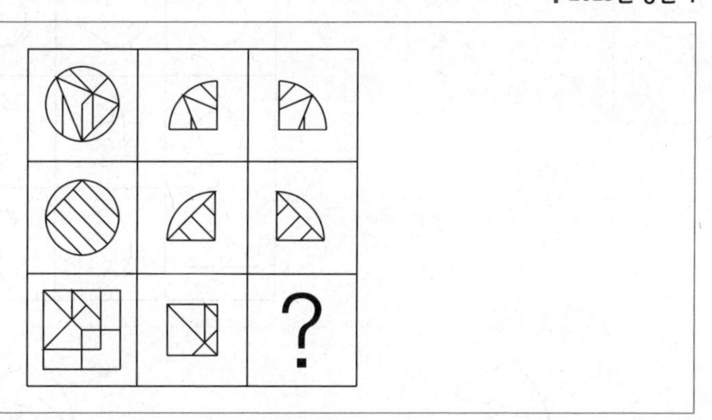

①

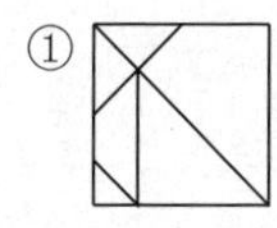

②

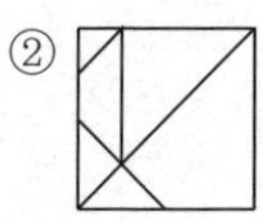

③

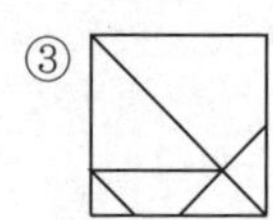

④

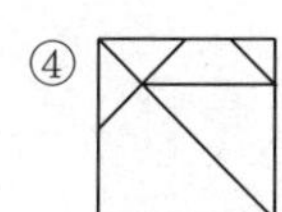

⑤

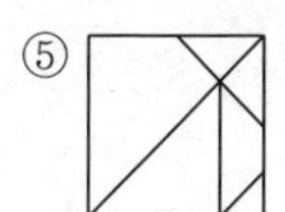

정답 및 해설

05 규칙은 가로로 적용된다.
첫 번째 도형을 상하좌우로 4등분했을 때 왼쪽 위의 도형이 두 번째 도형이고, 두 번째 도형을 y축 대칭시킨 도형이 세 번째 도형이다.

05 ② 정답

06

?

① 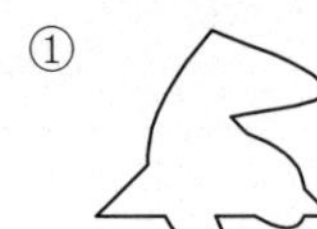

② 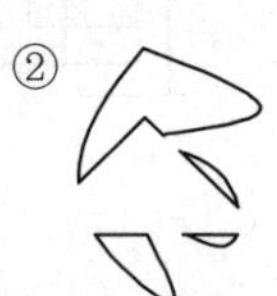

③ 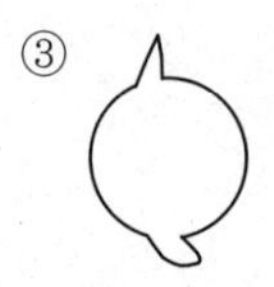

④ 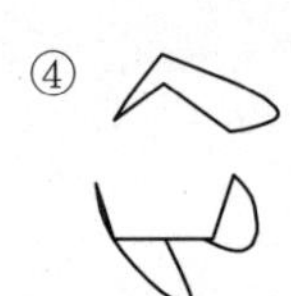

⑤ 

정답 및 해설

06 규칙은 가로로 적용된다.
두 번째 도형에서 첫 번째 도형을 빼낸 나머지가 세 번째 도형이다.

06 ② 정답

※ 제시된 전개도를 접었을 때 나타나는 도형으로 알맞은 것을 고르시오. [7~8]

| 2022년 상반기

07

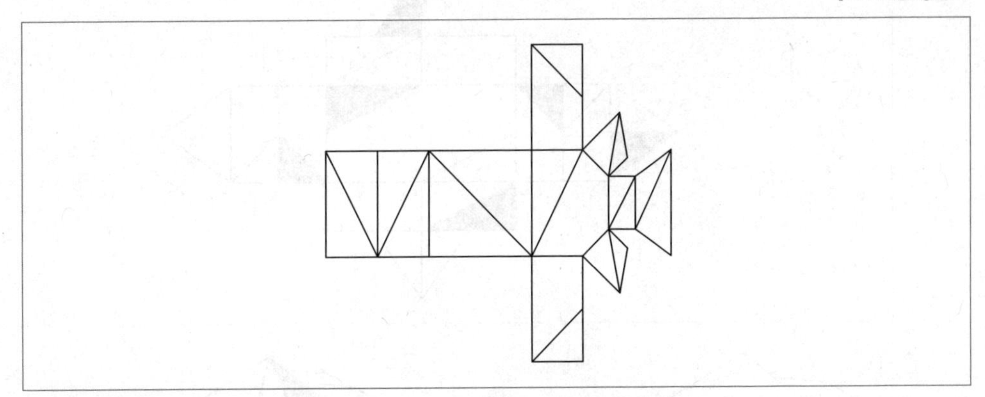

①

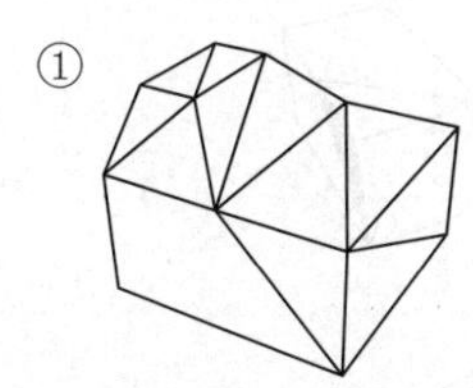

②

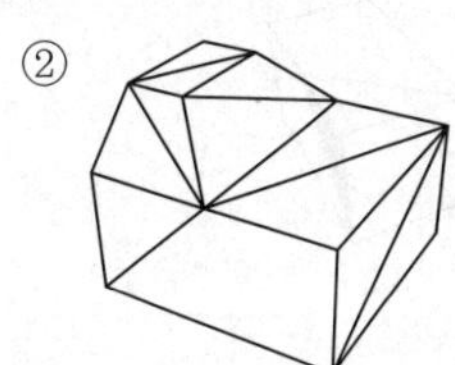

③

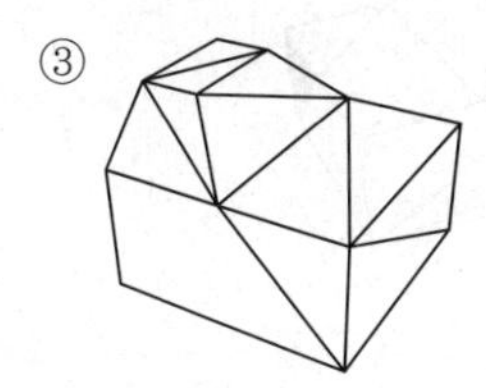

④

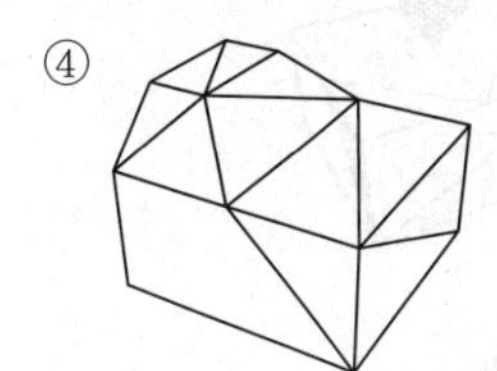

⑤

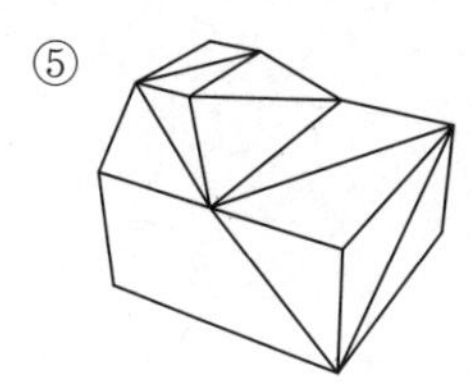

정답 및 해설

07

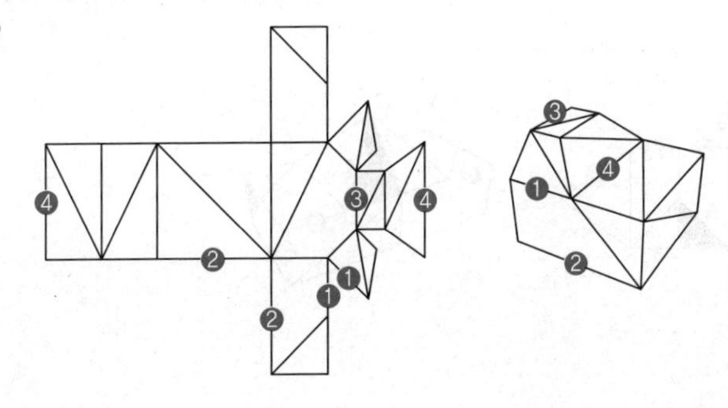

07 ③ 《정답

08

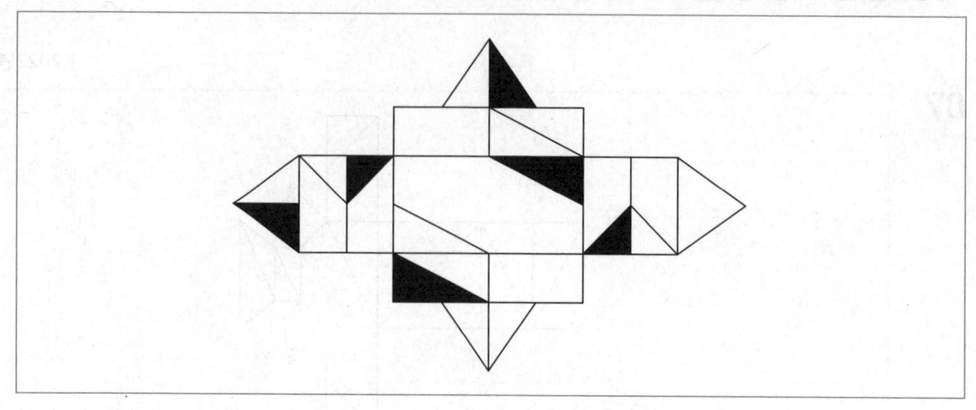

①

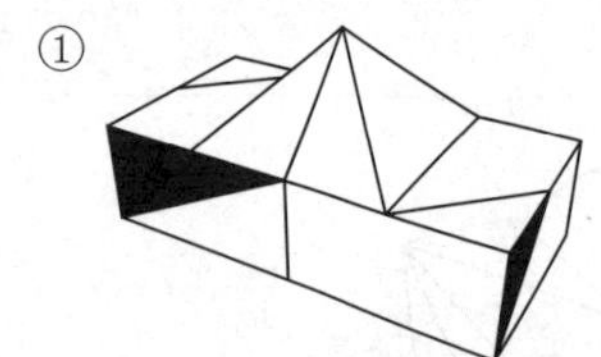

②

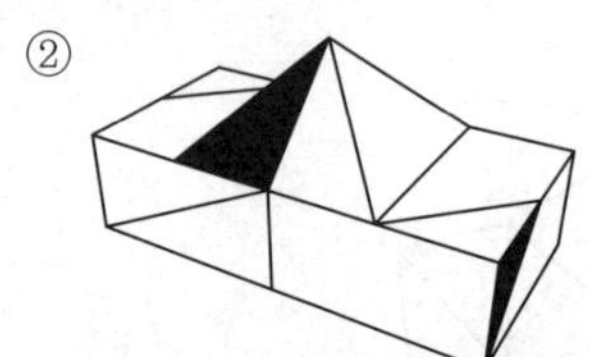

③

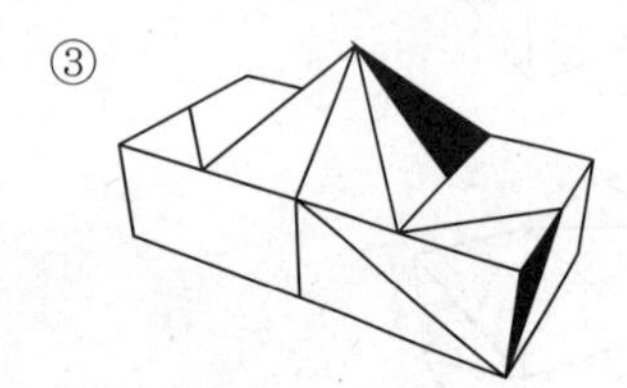

④

⑤

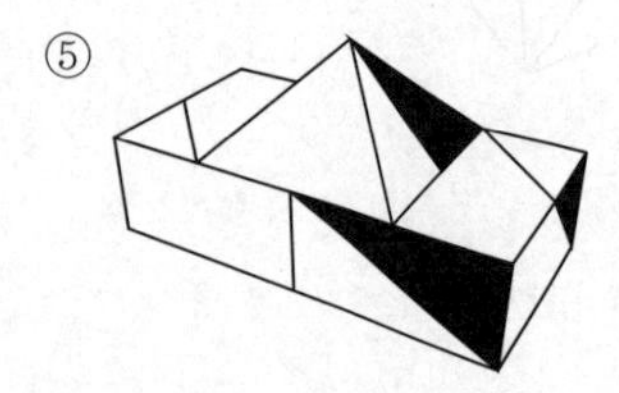

정답 및 해설

08

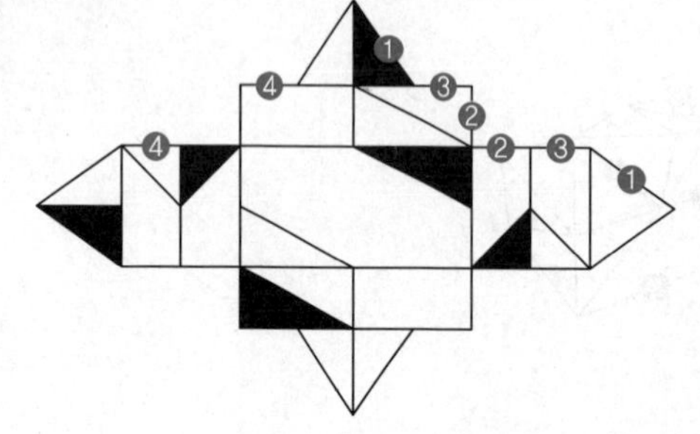

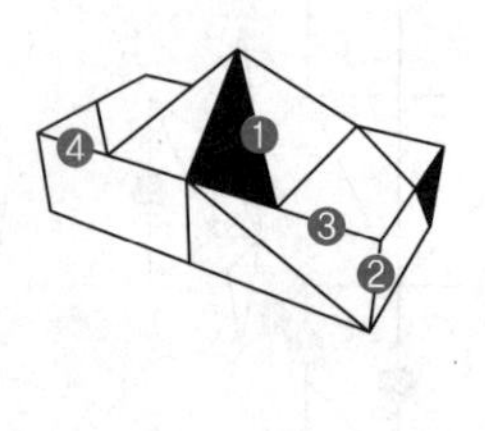

08 ④ 정답

09 다음 제시된 문자와 같은 것의 개수는?

갔

걷	갓	갔	귵	겉	값	갊	경	걀	곁	갔	걀
갯	갚	갔	걸	깡	겹	김	걔	금	뀨	겟	갑
걸	갔	김	걀	걀	겉	갚	깡	겟	겉	갊	갔
규	강	곁	겹	뀨	갯	갔	갓	귵	값	걔	경

① 1개 ② 3개
③ 4개 ④ 6개
⑤ 7개

정답 및 해설

09

걷	갓	갔	귵	겉	값	갊	경	걀	곁	갔	걀
갯	갚	갔	걸	깡	겹	김	걔	금	뀨	겟	갑
걸	갔	김	걀	걀	겉	갚	깡	겟	겉	갊	갔
규	강	곁	겹	뀨	갯	갔	갓	귵	값	걔	경

09 ④ 정답

| 2023년 하반기

10 **다음 표에 제시되지 않은 문자는?**

간자	간도	간평	간국	간주	간소	간장	간식	간판	간첩	간수	간기
간지	간수	간과	간인	간추	간격	간파	간조	간이	간포	간세	간초
간판	간인	간도	간장	간이	간수	간초	간세	간수	간격	간포	간소
간국	간식	간파	간주	간지	간과	간자	간기	간추	간조	간평	간첩

① 간판
② 간과
③ 간결
④ 간포
⑤ 간식

정답 및 해설

10

간자	간도	간평	간국	간주	간소	간장	간식	간판	간첩	간수	간기
간지	간수	간과	간인	간추	간격	간파	간조	간이	간포	간세	간초
간판	간인	간도	간장	간이	간수	간초	간세	간수	간격	간포	간소
간국	간식	간파	간주	간지	간과	간자	간기	간추	간조	간평	간첩

10 ③ 정답

PART 1 적성검사

CHAPTER

01 언어유추 핵심이론

단어의 관계를 묻는 유형은 주어진 낱말과 대응 방식이 같은 것 또는 나머지와 속성이 다른 것으로 출제되며, 문제 유형은 'a : b=( ) : d' 또는 'a : ( )=( ) : d'와 같이 빈칸을 채우는 문제이다.
보통 유의 관계, 반의 관계, 상하 관계, 부분 관계를 통해 단어의 속성을 묻는 문제로, 제시된 단어들의 관계와 속성을 바르게 파악하여 적용하는 것이 중요하다.

1. 유의 관계

두 개 이상의 어휘가 서로 소리는 다르나 의미가 비슷한 경우를 유의 관계라고 하고, 유의 관계에 있는 어휘를 유의어(類義語)라고 한다. 유의 관계의 대부분은 개념적 의미의 동일성을 전제로 한다. 그렇다고 하여 유의 관계를 이루는 단어들을 어느 경우에나 서로 바꾸어 쓸 수 있는 것은 아니다. 따라서 언어 상황에 적합한 말을 찾아 쓰도록 노력하여야 한다.

(1) 원어의 차이

한국어는 크게 고유어, 한자어, 외래어로 구성되어 있다. 따라서 하나의 사물에 대해서 각각 부르는 일이 있을 경우 유의 관계가 발생하게 된다.

① 고유어와 한자어

예 오누이 : 남매, 나이 : 연령, 사람 : 인간

② 한자어와 외래어

예 사진기 : 카메라, 탁자 : 테이블

(2) 전문성의 차이

같은 사물에 대해서 일반적으로 부르는 이름과 전문적으로 부르는 이름이 다른 경우가 많다. 이런 경우에 전문적으로 부르는 이름과 일반적으로 부르는 이름 사이에 유의 관계가 발생한다.

예 에어컨 : 공기조화기, 소금 : 염화나트륨

(3) 내포의 차이

나타내는 의미가 완전히 일치하지는 않으나, 유사한 경우에 유의 관계가 발생한다.

예 즐겁다 : 기쁘다, 친구 : 동무

(4) 완곡어법

문화적으로 금기시하는 표현을 둘러서 말하는 것을 완곡어법이라고 하며, 이러한 완곡어법 사용에 따라 유의 관계가 발생한다.

예 변소 : 화장실, 죽다 : 운명하다

핵심예제

다음 제시된 단어의 대응 관계로 볼 때, 빈칸에 들어가기에 알맞은 것은?

흉내 : 시늉 = 권장 : (　　)

① 조장　　② 조성
③ 구성　　④ 형성
⑤ 조직

| 해설 | 제시된 단어는 유의 관계이다.
'흉내'의 유의어는 '시늉'이고, '권장'의 유의어는 '조장'이다.

정답 ①

2. 반의 관계

(1) 개요

반의어(反意語)는 둘 이상의 단어에서 의미가 서로 짝을 이루어 대립하는 경우를 말한다. 어휘의 의미가 서로 대립하는 단어를 말하며, 이러한 어휘들의 관계를 반의 관계라고 한다. 한 쌍의 단어가 반의어가 되려면, 두 어휘 사이에 공통적인 의미 요소가 있으면서도 동시에 서로 다른 하나의 의미 요소만 달라야 한다.

반의어는 반드시 한 쌍으로만 존재하는 것이 아니라, 다의어(多義語)이면 그에 따라 반의어가 여러 개로 달라질 수 있다. 즉, 하나의 단어에 대하여 여러 개의 반의어가 있을 수 있다.

(2) 반의어의 종류

반의어에는 상보 반의어와 정도 반의어, 방향 반의어가 있다.

① **상보 반의어** : 한쪽 말을 부정하면 다른 쪽 말이 되는 반의어이며, 중간항은 존재하지 않는다. '있다'와 '없다'가 상보적 반의어이며, '있다'와 '없다' 사이의 중간 상태는 존재할 수 없다.

예 참 : 거짓, 합격 : 불합격

② **정도 반의어** : 한쪽 말을 부정하면 반드시 다른 쪽 말이 되는 것이 아니며, 중간항을 갖는 반의어이다. '크다'와 '작다'가 정도 반의어이며, 크지도 작지도 않은 중간이라는 중간항을 갖는다.

예 길다 : 짧다, 많다 : 적다

③ **방향 반의어** : 맞선 방향을 전제로 하여 관계나 이동의 측면에서 대립을 이루는 단어 쌍이다. 방향 반의어는 공간적 대립, 인간관계 대립, 이동적 대립 등으로 나누어 볼 수 있다.

㉠ 공간적 대립

예 위 : 아래, 처음 : 끝

㉡ 인간관계 대립

예 부모 : 자식, 남편 : 아내

㉢ 이동적 대립

예 사다 : 팔다, 열다 : 닫다

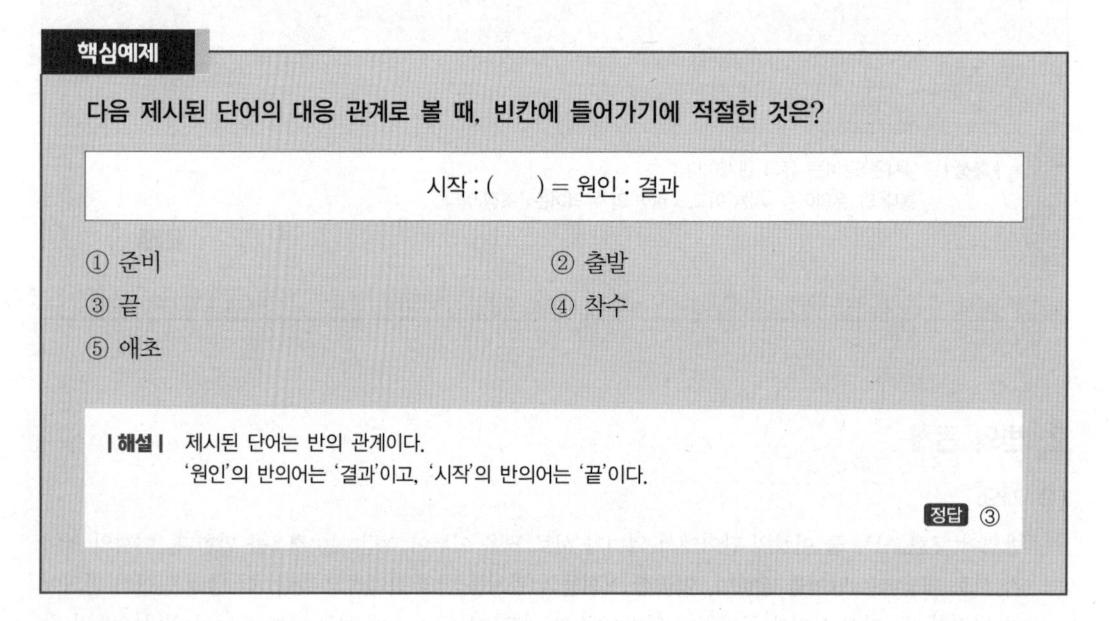

핵심예제

다음 제시된 단어의 대응 관계로 볼 때, 빈칸에 들어가기에 적절한 것은?

시작 : (   ) = 원인 : 결과

① 준비 ② 출발
③ 끝 ④ 착수
⑤ 애초

| 해설 | 제시된 단어는 반의 관계이다.
'원인'의 반의어는 '결과'이고, '시작'의 반의어는 '끝'이다.

정답 ③

3. 상하 관계

상하 관계는 단어의 의미적 계층 구조에서 한쪽이 의미상 다른 쪽을 포함하거나 다른 쪽에 포섭되는 관계를 말한다. 상하 관계를 형성하는 단어들은 상위어(上位語)일수록 일반적이고 포괄적인 의미를 지니며, 하위어(下位語)일수록 개별적이고 한정적인 의미를 지닌다. 따라서 상위어는 하위어를 의미적으로 함의하게 된다. 즉, 하위어가 가지고 있는 의미 특성을 상위어가 자동적으로 가지게 되는 것이다.

핵심예제

다음 제시된 단어의 대응 관계로 볼 때, 빈칸에 들어가기에 적절한 것은?

음악 : 힙합 = (　　) : 소서

① 명절　　② 절기
③ 풍속　　④ 연휴
⑤ 대서

| 해설 | 제시된 단어는 상하 관계이다.
'힙합'은 '음악'의 하위어이며, '소서'는 '절기'의 하위어이다.

정답 ②

4. 부분 관계

부분 관계는 한 단어가 다른 단어의 부분이 되는 관계를 말하며, 전체 – 부분 관계라고도 한다. 부분 관계에서 부분을 가리키는 단어를 부분어(部分語), 전체를 가리키는 단어를 전체어(全體語)라고 한다. 예를 들면, '머리, 팔, 몸통, 다리'는 '몸'의 부분어이며, 이러한 부분어들에 의해 이루어진 '몸'은 전체어이다.

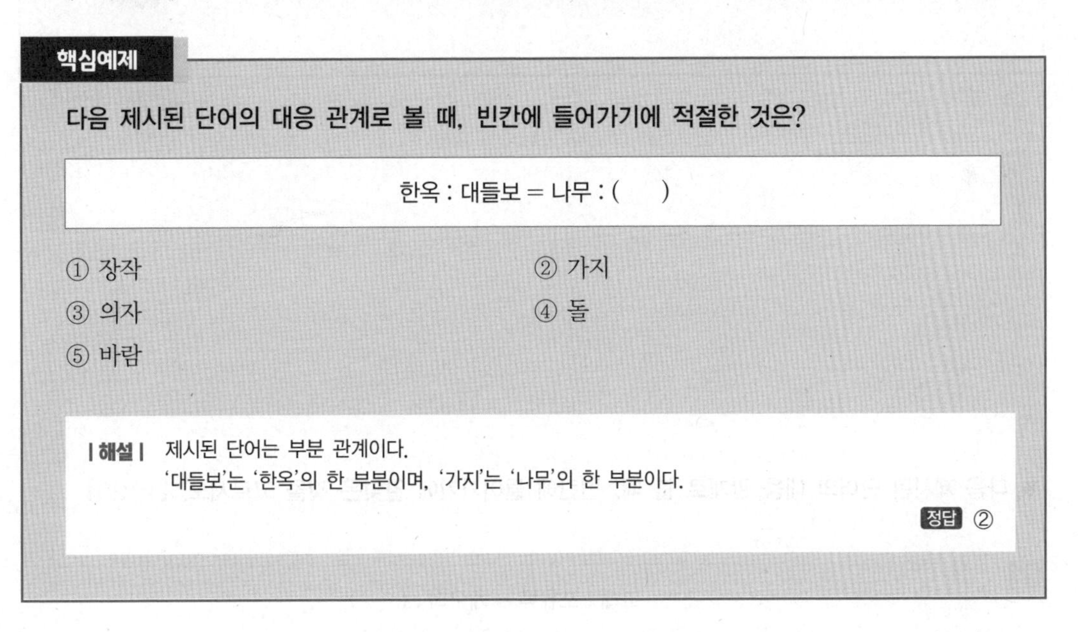

핵심예제

다음 제시된 단어의 대응 관계로 볼 때, 빈칸에 들어가기에 적절한 것은?

한옥 : 대들보 = 나무 : (　　)

① 장작　　② 가지
③ 의자　　④ 돌
⑤ 바람

| 해설 | 제시된 단어는 부분 관계이다.
'대들보'는 '한옥'의 한 부분이며, '가지'는 '나무'의 한 부분이다.

정답 ②

CHAPTER

01 언어유추 적중예상문제

정답 및 해설 p.002

대표유형 1 관계유추 1

다음 제시된 단어의 대응 관계로 볼 때, 빈칸에 들어가기에 알맞은 것은?

( ) : 보강 = 비옥 : 척박

① 상쇄
② 감소
③ 보전
④ 감쇄
⑤ 손실

| 해설 | 제시된 단어는 반의 관계이다.

• 보강 : 보태어진 것에 영향을 받음
• 상쇄 : 상반되는 것이 서로 영향을 주어 효과가 없어지는 일

오답분석

④ 감쇄 : 단순히 줄어 없어짐

정답 ①

※ 다음 제시된 단어의 대응 관계로 볼 때, 빈칸에 들어가기에 알맞은 것을 고르시오. [1~20]

01

고래 : 포유류 = 개구리 : ( )

① 파충류
② 무척추동물
③ 양서류
④ 어류
⑤ 조류

02

기혼 : (   ) = 팔다 : 사다

① 이혼
② 미혼
③ 파혼
④ 약혼
⑤ 국혼

03

근시 : 오목 = (   ) : 볼록

① 망원경
② 현미경
③ 렌즈
④ 원시
⑤ 안과

04

처서 : 절기 = (   ) : 명절

① 청명
② 곡우
③ 동지
④ 단오
⑤ 경칩

05

긍정 : 부정 = 무념 : (   )

① 사색(思索)
② 무상(無償)
③ 염원(念願)
④ 욕망(欲望)
⑤ 두뇌(頭腦)

06

떡 : 쌀 = (   ) : 밀가루

① 보리
② 밥
③ 사탕
④ 빵
⑤ 김치

07

강건체 : 우유체 = (　　) : 개가

① 수절
② 폐가
③ 개선
④ 공개
⑤ 성과

08

학생 : 중학생 = (　　) : 전철

① 기차
② 자전거
③ 대중교통
④ 버스
⑤ 오토바이

09

일연 : 삼국유사 = (　　) : 봄봄

① 김시습
② 김진명
③ 이광수
④ 황순원
⑤ 김유정

10

중국 : 베이징 = 호주 : (　　)

① 캔버라
② 브리즈번
③ 시드니
④ 멜버른
⑤ 웰링턴

11

격언 : 경구 = (　　) : 수전노

① 불량배
② 금언
③ 격언
④ 구두쇠
⑤ 노인

12

운명하다 : 사망하다 = 한가하다 : ( )

① 번거롭다
② 알리다
③ 여유롭다
④ 바쁘다
⑤ 발생하다

13

상승 : 하강 = 질서 : ( )

① 규칙
② 약속
③ 혼돈
④ 예절
⑤ 허무

14

우애 : 돈독하다 = 대립 : ( )

① 녹록하다
② 충충하다
③ 첨예하다
④ 공변되다
⑤ 일치하다

15

보리 : 맥주 = 쌀 : ( )

① 효모
② 사과
③ 막걸리
④ 밀
⑤ 물

16

보유하다 : 갖다 = 조성하다 : ( )

① 벗어나다
② 내보내다
③ 만들다
④ 받아들이다
⑤ 이탈하다

17

거드름 : 거만 = 삭임 : ( )

① 신체
② 등산
③ 소화
④ 소통
⑤ 검진

18

네덜란드 : 튤립 = 대한민국 : ( )

① 장미
② 무궁화
③ 데이지
④ 백합
⑤ 카네이션

19

하트 : 사랑 = 네잎클로버 : ( )

① 운명
② 까마귀
③ 행운
④ 불행
⑤ 우연

20

출발선 : 결승선 = 천당 : ( )

① 감옥
② 천국
③ 지옥
④ 선행
⑤ 천사

대표유형 2 관계유추 2

다음 제시된 단어의 대응 관계로 볼 때, 빈칸에 들어가기에 알맞은 것은?

한약 : (A) = 옷 : (B)

A　① 장　② 첩　③ 타　④ 톱　⑤ 쾌

B　① 벌　② 축　③ 쾌　④ 땀　⑤ 뼘

| 해설 | 제시된 낱말은 단위의 관계이다.
'한약'은 '첩'을 단위로 사용하고, '옷'은 '벌'을 단위로 사용한다.

정답 ②, ①

※ 다음 제시된 단어의 대응 관계로 볼 때, 빈칸에 들어가기에 알맞은 것을 고르시오. [21~35]

21

(A) : 연주하다 = 연필 : (B)

A　① 노래　② 소리　③ 음표　④ 피아노　⑤ 작곡

B　① 찍다　② 색칠하다　③ 지우다　④ 쓰다　⑤ 굴리다

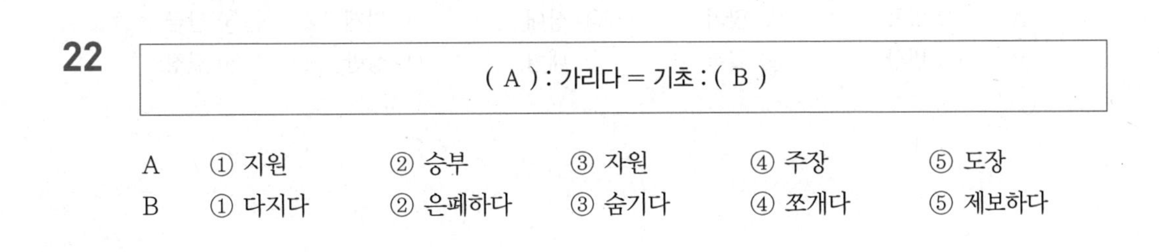

22

(A) : 가리다 = 기초 : (B)

A　① 지원　② 승부　③ 자원　④ 주장　⑤ 도장

B　① 다지다　② 은폐하다　③ 숨기다　④ 쪼개다　⑤ 제보하다

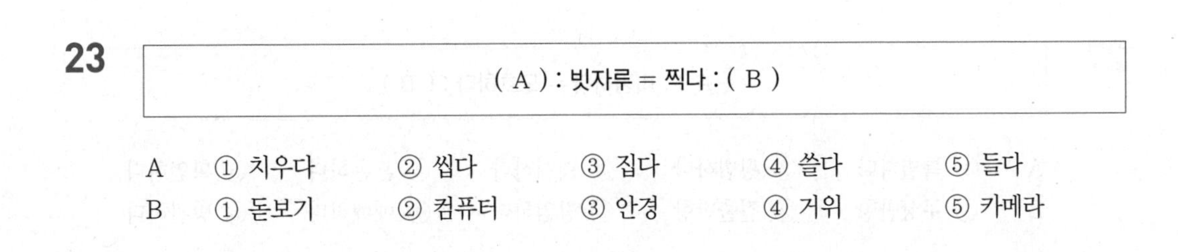

23

(A) : 빗자루 = 찍다 : (B)

A　① 치우다　② 씹다　③ 집다　④ 쓸다　⑤ 들다

B　① 돋보기　② 컴퓨터　③ 안경　④ 거위　⑤ 카메라

24

(A) : 풍문 = 격언 : (B)

A	① 신문	② 사실	③ 유언비어	④ 사진	⑤ 수다
B	① 속담	② 대사	③ 화제	④ 이동	⑤ 동화

25

분노 : (A) = (B) : 이기다

A	① 꺼리다	② 삭이다	③ 치다	④ 담담하다	⑤ 부치다
B	① 격려	② 술사	③ 칭찬	④ 유혹	⑤ 밥

26

우월 : (A) = (B) : 대항

A	① 열등	② 항거	③ 상대	④ 견제	⑤ 감금
B	① 반항	② 굴복	③ 대립	④ 상반	⑤ 결정

27

(A) : 비범하다 = 모호하다 : (B)

A	① 특별하다	② 평범하다	③ 희미하다	④ 혼돈하다	⑤ 확연하다
B	① 무상반항	② 걸출반항	③ 방임하다	④ 애매하다	⑤ 방관하다

28

고상하다 : (A) = 전업하다 : (B)

A ① 흡사하다 ② 어설프다 ③ 저속하다 ④ 불숙하다 ⑤ 능란하다
B ① 저속반항 ② 전심반항 ③ 겸임하다 ④ 견제하다 ⑤ 전임하다

29

(A) : 씻다 = 우산 : (B)

A ① 수건 ② 욕실 ③ 비누 ④ 거울 ⑤ 찜질
B ① 먹다 ② 쓰다 ③ 치우다 ④ 찢다 ⑤ 지우다

30

(A) : 비빔밥 = 카카오 : (B)

A ① 양식 ② 나물 ③ 한식 ④ 식혜 ⑤ 전주
B ① 개미 ② 바위 ③ 초콜릿 ④ 바다 ⑤ 시계

31

(A) : 슬픔 = 웃음 : (B)

A ① 편지 ② 눈물 ③ 인상 ④ 영화 ⑤ 휴지
B ① 상상 ② 추측 ③ 행복 ④ 고통 ⑤ 실패

32

(A) : 구직 = 피상 : (B)

A ① 작업 ② 실직 ③ 회사 ④ 근무 ⑤ 구인
B ① 피카소 ② 구체 ③ 그림 ④ 고흐 ⑤ 속성

33

(A) : 포도 = 신발 : (B)

A ① 채소 ② 과일 ③ 수박 ④ 사과 ⑤ 샐러드
B ① 운동 ② 양말 ③ 운동화 ④ 지갑 ⑤ 가방

34

(A) : 곤충 = (B) : 운동

A ① 비둘기 ② 잠자리 ③ 이구아나 ④ 개구리 ⑤ 참새
B ① 운동화 ② 심판 ③ 축구 ④ 경기 ⑤ 운동복

35

우수 : (A) = (B) : 풍요

A ① 가을 ② 바람 ③ 우월 ④ 눈빛 ⑤ 열등
B ① 약속 ② 빈곤 ③ 시계 ④ 제사 ⑤ 처지

대표유형 3 관계유추 3

다음 제시어를 각 관계에 맞게 적절히 배열했을 때, E와 F에 들어갈 알맞은 것은?(단, 정답의 순서는 상관없다)

한국어, 한글, 언어, 알파벳, 영어, 문자

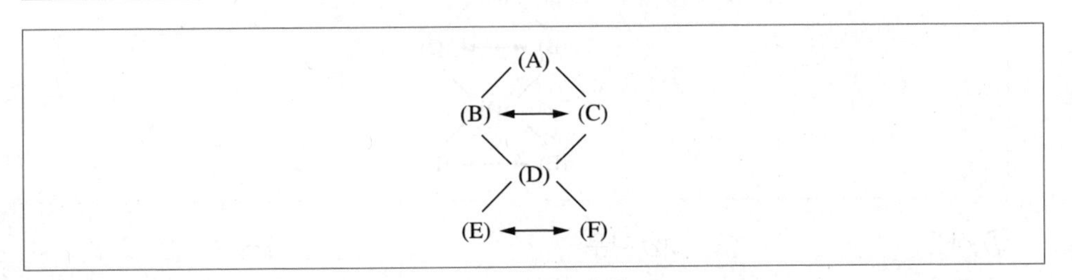

① 한국어 ② 한글 ③ 언어
④ 알파벳 ⑤ 영어 ⑥ 문자

| 해설 | 언어에는 한국어와 영어가 있으며, 이 언어들에서 사용하는 문자는 각각 한글과 알파벳이다.

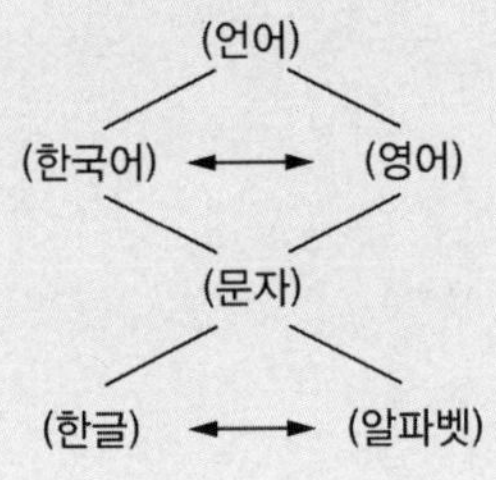

정답 ②,④

36 다음 제시어를 각 관계에 맞게 적절히 배열했을 때, B와 C에 들어갈 알맞은 것은?(단, 정답의 순서는 상관없다)

나무, 도마, 금속, 식칼, 재질, 주방도구

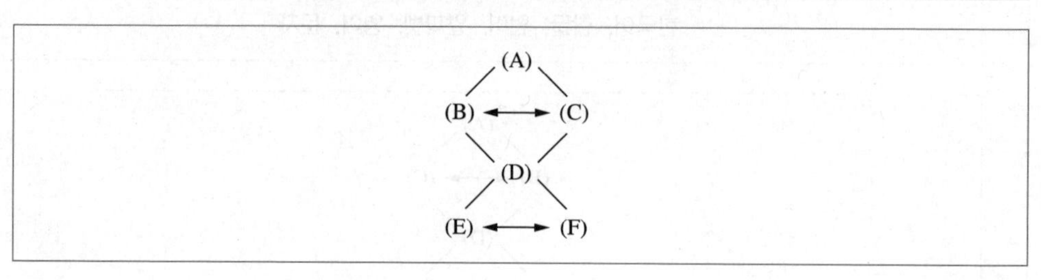

① 식칼 ② 나무 ③ 재질
④ 도마 ⑤ 주방도구 ⑥ 금속

37 다음 제시어를 각 관계에 맞게 적절히 배열했을 때, E와 F에 들어갈 알맞은 것은?(단, 정답의 순서는 상관없다)

겨울, 해수욕장, 휴가지, 여름, 계절, 스키장

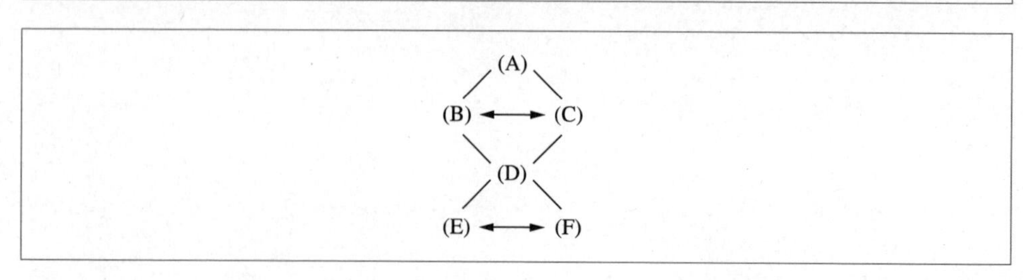

① 겨울 ② 해수욕장 ③ 휴가지
④ 여름 ⑤ 계절 ⑥ 스키장

38 다음 제시어를 각 관계에 맞게 적절히 배열했을 때, B와 C에 들어갈 알맞은 것은?(단, 정답의 순서는 상관없다)

독일, 화폐, 파운드화, 영국, 유로화, 국가

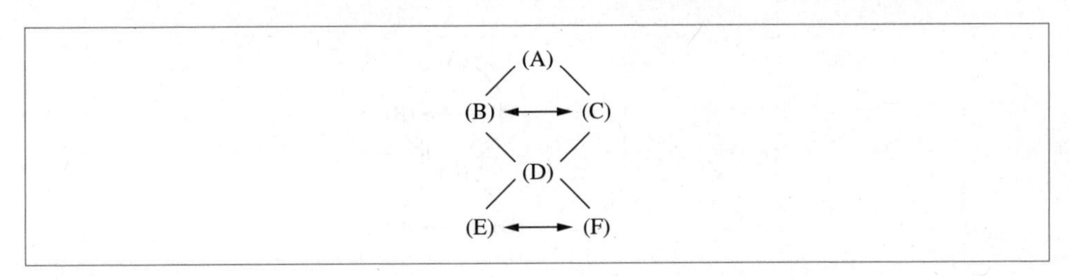

① 유로화　　② 화폐　　③ 독일
④ 파운드화　　⑤ 영국　　⑥ 국가

39 다음 제시어를 각 관계에 맞게 적절히 배열했을 때, E와 F에 들어갈 알맞은 것은?(단, 정답의 순서는 상관없다)

기독교, 교리서, 성경, 불경, 불교, 종교

(A)
(B) ←→ (C)
(D)
(E) ←→ (F)

① 기독교　　② 교리서　　③ 성경
④ 불경　　⑤ 불교　　⑥ 종교

40 다음 제시어를 각 관계에 맞게 적절히 배열했을 때, D와 E에 들어갈 알맞은 것은?(단, 정답의 순서는 상관없으며 사용하지 않는 제시어도 있다)

온, 고유어, 천, 즈믄, 수 단위, 골

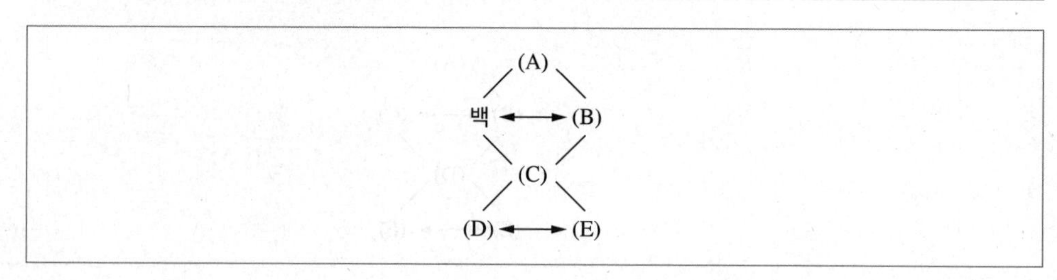

① 온 ② 고유어 ③ 천
④ 골 ⑤ 수 단위 ⑥ 즈믄

CHAPTER

01 언어추리 핵심이론

1. 연역 추론

이미 알고 있는 판단(전제)을 근거로 새로운 판단(결론)을 유도하는 추론이다. 연역 추론은 진리일 가능성을 따지는 귀납 추론과는 달리, 명제 간의 관계와 논리적 타당성을 따진다. 즉, 연역 추론은 전제들로부터 절대적인 필연성을 가진 결론을 이끌어내는 추론이다.

(1) 직접 추론

한 개의 전제로부터 중간적 매개 없이 새로운 결론을 이끌어내는 추론이며, 대우 명제가 그 대표적인 예이다.

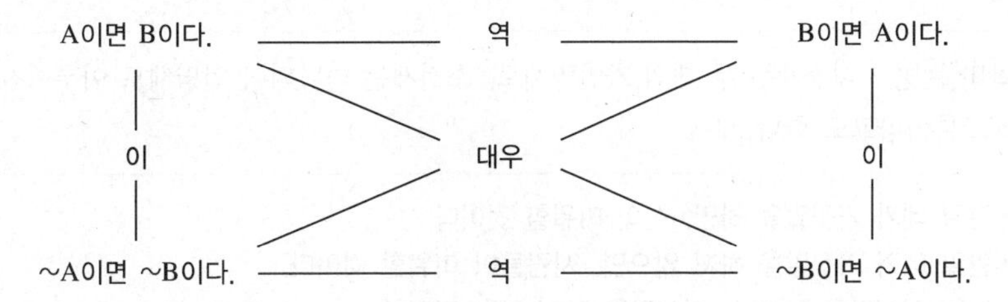

• 한국인은 모두 황인종이다.	(전제)
• 그러므로 황인종이 아닌 사람이 모두 한국인은 아니다.	(결론 1)
• 그러므로 황인종 중에는 한국인이 아닌 사람도 있다.	(결론 2)

(2) 간접 추론

둘 이상의 전제로부터 새로운 결론을 이끌어내는 추론이다. 삼단논법이 가장 대표적인 예이다.

① **정언 삼단논법** : 세 개의 정언명제로 구성된 간접추론 방식이다. 세 개의 명제 가운데 두 개의 명제는 전제이고, 나머지 한 개의 명제는 결론이다. 세 명제의 주어와 술어는 세 개의 서로 다른 개념을 표현한다.

② **가언 삼단논법** : 가언명제로 이루어진 삼단논법을 말한다. 가언명제란 두 개의 정언명제가 '만일 ~이라면'이라는 접속사에 의해 결합된 복합명제이다. 여기서 '만일'에 의해 이끌리는 명제를 전건이라고 하고, 그 뒤의 명제를 후건이라고 한다. 가언 삼단논법의 종류로는 혼합가언 삼단논법과 순수가언 삼단논법이 있다.

㉠ **혼합가언 삼단논법** : 대전제만 가언명제로 구성된 삼단논법이다. 긍정식과 부정식 두 가지가 있으며, 긍정식은 'A면 B이다. A이다. 그러므로 B이다.'이고, 부정식은 'A면 B이다. B가 아니다. 그러므로 A가 아니다.'이다.

• 만약 A라면 B이다.
• B가 아니다.
• 그러므로 A가 아니다.

㉡ 순수가언 삼단논법 : 대전제와 소전제 및 결론까지 모두 가언명제들로 구성된 삼단논법이다.

• 만약 A라면 B이다.
• 만약 B라면 C이다.
• 그러므로 만약 A라면 C이다.

③ 선언 삼단논법 : '~이거나 ~이다.'의 형식으로 표현되며 전제 속에 선언 명제를 포함하고 있는 삼단논법이다.

• 내일은 비가 오거나 눈이 온다(A 또는 B이다).
• 내일은 비가 오지 않는다(A가 아니다).
• 그러므로 내일은 눈이 온다(그러므로 B이다).

④ 딜레마 논법 : 대전제는 두 개의 가언명제로, 소전제는 하나의 선언명제로 이루어진 삼단논법으로, 양도추론이라고도 한다.

• 만일 네가 거짓말을 하면, 신이 미워할 것이다. (대전제)
• 만일 네가 거짓말을 하지 않으면, 사람들이 미워할 것이다. (대전제)
• 너는 거짓말을 하거나, 거짓말을 하지 않을 것이다. (소전제)
• 그러므로 너는 미움을 받게 될 것이다. (결론)

2. 귀납 추론

특수한 또는 개별적인 사실로부터 일반적인 결론을 이끌어내는 추론을 말한다. 귀납 추론은 구체적 사실들을 기반으로 하여 결론을 이끌어내기 때문에 필연성을 따지기보다는 개연성과 유관성, 표본성 등을 중시하게 된다. 여기서 개연성이란, 관찰된 어떤 사실이 같은 조건하에서 앞으로도 관찰될 수 있는가 하는 가능성을 말하고, 유관성은 추론에 사용된 자료가 관찰하려는 사실과 관련되어야 하는 것을 일컬으며, 표본성은 추론을 위한 자료의 표본 추출이 공정하게 이루어져야 하는 것을 가리킨다. 이러한 귀납 추론은 일상생활 속에서 많이 사용하고, 우리가 알고 있는 과학적 사실도 이와 같은 방법으로 밝혀졌다.
그러나 전제들이 참이어도 결론이 항상 참인 것은 아니다. 단 하나의 예외로 인하여 결론이 거짓이 될 수 있다.

• 성냥불은 뜨겁다.
• 연탄불도 뜨겁다.
• 그러므로 모든 불은 뜨겁다.

위 예문에서 '성냥불이나 연탄불이 뜨거우므로 모든 불은 뜨겁다.'라는 결론이 나왔는데, 반딧불은 뜨겁지 않으므로 '모든 불이 뜨겁다.'라는 결론은 거짓이 된다.

(1) 완전 귀납 추론

관찰하고자 하는 집합의 전체를 다 검증함으로써 대상의 공통 특질을 밝혀내는 방법이다. 이는 예외 없는 진실을 발견할 수 있다는 장점은 있으나, 집합의 규모가 크고 속성의 변화가 다양할 경우에는 적용하기 어려운 단점이 있다.

예 1부터 10까지의 수를 다 더하여 그 합이 55임을 밝혀내는 방법

(2) 통계적 귀납 추론

통계적 귀납 추론은 관찰하고자 하는 집합의 일부에서 발견한 몇 가지 사실을 열거함으로써 그 공통점을 결론으로 이끌어내려는 방식을 가리킨다. 관찰하려는 집합의 규모가 클 때 그 일부를 표본으로 추출하여 조사하는 방식이 이에 해당하며, 표본 추출의 기준이 얼마나 적합하고 공정한가에 따라 그 결과에 대한 신뢰도가 달라진다는 단점이 있다.

예 여론조사에서 일부 국민의 설문 내용을 바탕으로, 이를 전체 국민의 여론으로 제시하는 것

(3) 인과적 귀납 추론

관찰하고자 하는 집합의 일부 원소들이 지닌 인과 관계를 인식하여 그 원인이나 결과를 이끌어내려는 방식을 말한다.

① **일치법** : 공통적인 현상을 지닌 몇 가지 사실 중에서 각기 지닌 요소 중 어느 한 가지만 일치한다면 이 요소가 공통 현상의 원인이라고 판단

예 마을 잔칫집에서 돼지고기를 먹은 사람들이 집단 식중독을 일으켰다. 따라서 식중독의 원인은 상한 돼지고기가 아닌가 생각한다.

② **차이법** : 어떤 현상이 나타나는 경우와 나타나지 않은 경우를 놓고 보았을 때, 각 경우의 여러 조건 중 단 하나만이 차이를 보인다면 그 차이를 보이는 조건이 원인이 된다고 판단

예 현수와 승재는 둘 다 지능이나 학습 시간, 학습 환경 등이 비슷한데 공부하는 태도에는 약간의 차이가 있다. 따라서 두 사람의 성적이 차이를 보이는 것은 학습 태도 차이 때문이라고 생각된다.

③ **일치·차이 병용법** : 몇 개의 공통 현상이 나타나는 경우와 몇 개의 그렇지 않은 경우를 놓고 일치법과 차이법을 병용하여 적용함으로써 그 원인을 판단

예 학업 능력 정도가 비슷한 두 아동 집단에 대해 처음에는 같은 분량의 과제를 부여하고 나중에는 각기 다른 분량의 과제를 부여한 결과, 많이 부여한 집단의 성적이 훨씬 높게 나타났다. 이로 보아, 과제를 많이 부여하는 것이 적게 부여하는 것보다 학생의 학업 성적 향상에 도움이 된다고 판단할 수 있다.

④ **공변법** : 관찰하는 어떤 사실의 변화에 따라 현상의 변화가 일어날 때 그 변화의 원인이 무엇인지 판단

예 담배를 피우는 양이 각기 다른 사람들의 집단을 조사한 결과, 담배를 많이 피울수록 폐암에 걸릴 확률이 높다는 사실이 발견되었다.

⑤ **잉여법** : 앞의 몇 가지 현상이 뒤의 몇 가지 현상의 원인이며, 선행 현상의 일부분이 후행 현상의 일부분이라면, 선행 현상의 나머지 부분은 후행 현상의 나머지 부분의 원인임을 판단

예 어젯밤 일어난 사건의 혐의자는 정은이와 규민이 두 사람인데, 정은이는 알리바이가 성립되어 혐의 사실이 없는 것으로 밝혀졌다. 따라서 그 사건의 범인은 규민이일 가능성이 높다.

3. 유비 추론

두 개의 대상 사이에 일련의 속성이 동일하다는 사실에 근거하여 그것들의 나머지 속성도 동일하리라는 결론을 이끌어내는 추론, 즉 이미 알고 있는 것에서 다른 유사한 점을 찾아내는 추론을 말한다. 그렇기 때문에 유비 추론은 잣대(기준)가 되는 사물이나 현상이 있어야 한다. 유비 추론은 가설을 세우는 데 유용하다. 이미 알고 있는 사례로부터 아직 알지 못하는 것을 생각해 봄으로써 쉽게 가설을 세울 수 있다. 이때 유의할 점은 이미 알고 있는 사례와 이제 알고자 하는 사례가 매우 유사하다는 확신과 증거가 있어야 한다. 그렇지 않은 상태에서 유비 추론에 의해 결론을 이끌어내면, 그것은 개연성이 거의 없고 잘못된 결론이 될 수도 있다.

- 지구에는 공기, 물, 흙, 햇빛이 있다(A는 a, b, c, d의 속성을 가지고 있다).
- 화성에는 공기, 물, 흙, 햇빛이 있다(B는 a, b, c, d의 속성을 가지고 있다).
- 지구에 생물이 살고 있다(A는 e의 속성을 가지고 있다).
- 그러므로 화성에도 생물이 살고 있을 것이다(그러므로 B도 e의 속성을 가지고 있을 것이다).

핵심예제

01 **다음 중 '복권에 당첨이 되면 회사를 다니지 않는다.'의 대우 명제는?**

① 복권에 당첨이 되지 않으면 회사를 다닌다.
② 회사를 다니지 않으면 복권에 당첨된다.
③ 복권에 당첨이 되면 회사를 다닌다.
④ 회사를 다니면 복권에 당첨이 되지 않은 것이다.
⑤ 회사를 다니지 않으면 복권에 당첨이 되지 않은 것이다.

| 해설 | A → B의 대우 명제는 ~B → ~A의 형태를 취한다.

정답 ④

02 **다음에 나타난 추론 방식으로 적절한 것은?**

- 수정이는 식사로 라면을 먹거나 국수를 먹는다.
- 수정이는 점심 식사로 국수를 먹지 않았다.
- 따라서 수정이는 점심 식사로 라면을 먹었다.

① 귀납 추론
② 직접 추론
③ 간접 추론
④ 유비 추론
⑤ 연역 추론

| 해설 | 선언 삼단논법(A 또는 B이다 → A가 아니다 → 그러므로 B이다)은 간접 추론의 한 종류이다.

정답 ③

CHAPTER

01 언어추리 적중예상문제

정답 및 해설 p.005

대표유형 1 참 · 거짓 1

제시문 A를 읽고, 제시문 B가 참인지 거짓인지 혹은 알 수 없는지 고르면?

[제시문 A]
- 지혜롭고 욕심이 큰 사람은 청렴을 택한다.
- 청렴을 택하지 않는 사람은 탐욕을 택한다.

[제시문 B]
탐욕을 택하지 않는 사람은 청렴을 택하지 않는다.

① 참　　② 거짓　　③ 알 수 없음

| 해설 | '청렴을 택하지 않는 사람은 탐욕을 택한다.'에 대하여 '탐욕을 택하지 않는 사람은 청렴을 택한다.'의 대우가 성립하므로 '탐욕을 택하지 않는 사람은 청렴을 택하지 않는다.'는 거짓이다.

정답 ②

※ 제시문 A를 읽고, 제시문 B가 참인지 거짓인지 혹은 알 수 없는지 고르시오. [1~10]

01

[제시문 A]
- A는 원형 홀케이크의 절반을 가져갔다.
- B는 A가 가져가고 남은 케이크의 절반을 가져갔다.
- C는 B가 가져가고 남은 케이크의 3분의 2를 가져갔다.

[제시문 B]
D가 남은 케이크를 전부 가져갔다면 B가 가져간 양의 3분의 1이다.

① 참　　② 거짓　　③ 알 수 없음

02

[제시문 A]
스페인의 수도 마드리드에서는 매년 세계 최고의 요리행사인 '마드리드 퓨전'이 열린다. 2010년 마드리드 퓨전의 주빈국은 호주, 2012년의 주빈국은 대한민국이다.

[제시문 B]
마드리드 퓨전의 주빈국은 격년으로 바뀐다.

① 참 ② 거짓 ③ 알 수 없음

03

[제시문 A]
• 수박과 참외는 과즙이 많은 과일이다.
• 과즙이 많은 과일은 섭취하면 갈증해소와 이뇨작용에 좋다.

[제시문 B]
수박과 참외는 갈증해소와 이뇨작용에 좋다.

① 참 ② 거짓 ③ 알 수 없음

04

[제시문 A]
• 바실리카는 로마시대 법정과 같이 쓰인 장방형의 3개의 통로가 있는 건물이다.
• 바실리카의 중앙통로나 회중석은 측랑보다 높았고 측랑의 지붕 위에는 창문이 설치된다.

[제시문 B]
바실리카의 측랑과 창문은 회중석보다 높은 곳에 설치된다.

① 참 ② 거짓 ③ 알 수 없음

05

[제시문 A]
• 미세먼지 가운데 $2.5\mu m$ 이하의 입자는 초미세먼지이다.
• 초미세먼지는 호흡기에서 걸러낼 수 없다.

[제시문 B]
$2.4\mu m$입자의 미세먼지는 호흡기에서 걸러낼 수 없다.

① 참 ② 거짓 ③ 알 수 없음

06

[제시문 A]
• 아침잠이 많은 사람은 지각을 자주 한다.
• 지각을 자주 하는 사람은 해당 벌점이 높다.

[제시문 B]
아침잠이 많은 재은이는 지각 벌점이 높다.

① 참 ② 거짓 ③ 알 수 없음

07

[제시문 A]
• 일본으로 출장을 간다면 중국으로는 출장을 가지 않는다.
• 중국으로 출장을 간다면 홍콩으로도 출장을 가야 한다.

[제시문 B]
홍콩으로 출장을 간 김대리는 일본으로 출장을 가지 않는다.

① 참 ② 거짓 ③ 알 수 없음

08

[제시문 A]
• 게임을 좋아하는 사람은 만화를 좋아한다.
• 만화를 좋아하는 사람은 독서를 좋아하지 않는다.

[제시문 B]
독서를 좋아하는 영수는 게임을 좋아하지 않는다.

① 참 ② 거짓 ③ 알 수 없음

09

[제시문 A]
• 차가운 물로 샤워를 하면 순간적으로 몸의 체온이 내려간다.
• 몸의 체온이 내려가면 일정한 체온을 유지하기 위해 열이 발생한다.

[제시문 B]
차가운 물로 샤워를 하면 몸의 체온을 낮게 유지할 수 있다.

① 참 ② 거짓 ③ 알 수 없음

10

[제시문 A]
• 미희는 매주 수요일마다 요가 학원에 간다.
• 미희가 요가 학원에 가면 항상 9시에 집에 온다.

[제시문 B]
미희가 9시에 집에 오는 날은 수요일이다.

① 참 ② 거짓 ③ 알 수 없음

대표유형 2 **참 · 거짓 2**

다음 A와 B가 참일 때, C가 참인지 거짓인지 알 수 없는지 고르면?

A. 아침에 토스트를 먹는 사람은 피곤하다.
B. 피곤하면 회사에 지각한다.
C. 회사에 지각하지 않은 사람은 아침에 토스트를 먹지 않았다.

① 참 ② 거짓 ③ 알 수 없음

| 해설 | 아침에 토스트를 먹는 사람은 피곤하고, 피곤하면 회사에 지각한다.
따라서 그 대우인 C는 참이다.

정답 ①

※ 다음 A와 B가 참일 때, C가 참인지 거짓인지 알 수 없는지 고르시오. [11~20]

11

A. 민수는 정현보다 나이가 많다.
B. 철수는 정현보다 나이가 많다.
C. 민수와 철수는 동갑이다.

① 참 ② 거짓 ③ 알 수 없음

12

A. 안구 내 안압이 상승하면 시신경 손상이 발생한다.
B. 시신경이 손상되면 주변 시야가 좁아진다.
C. 안구 내 안압이 상승하면 주변 시야가 좁아진다.

① 참 ② 거짓 ③ 알 수 없음

13

A. 혜진이가 영어 회화 학원에 다니면 미진이는 중국어 회화 학원에 다닌다.
B. 미진이가 중국어 회화 학원에 다니면 아영이는 일본어 회화 학원에 다닌다.
C. 아영이가 일본어 회화 학원에 다니지 않으면 혜진이는 영어 회화 학원에 다니지 않는다.

① 참 ② 거짓 ③ 알 수 없음

14

A. 피자를 좋아하는 모든 사람은 치킨을 좋아한다.
B. 치킨을 좋아하는 모든 사람은 맥주를 좋아한다.
C. 맥주를 좋아하는 미혜는 피자를 좋아한다.

① 참 ② 거짓 ③ 알 수 없음

15

A. 주영이는 화요일에만 야근한다.
B. 주영이는 야근한 다음 날에만 친구를 만난다.
C. 주영이가 친구를 만나는 날은 월요일이다.

① 참 ② 거짓 ③ 알 수 없음

16

A. 유화를 잘 그리는 모든 화가는 수채화를 잘 그린다.
B. 수채화를 잘 그리는 모든 화가는 한국화를 잘 그린다.
C. 유화를 잘 그리는 희정이는 한국화도 잘 그린다.

① 참 ② 거짓 ③ 알 수 없음

17

A. 사람에게서는 인슐린이라는 호르몬이 나온다.
B. 인슐린은 당뇨병에 걸리지 않게 하는 호르몬이다.
C. 인슐린이 제대로 생기지 않는 사람은 당뇨병에 걸리게 된다.

① 참 ② 거짓 ③ 알 수 없음

18

A. 나무에 물을 주지 않으면 나무가 마를 것이다.
B. 나무는 마르지 않았다.
C. 나무에 물을 주었다.

① 참 ② 거짓 ③ 알 수 없음

19

A. 진수는 그림을 그리고 있다.
B. 모든 화가는 앞치마를 두르고 있다.
C. 진수는 앞치마를 두르고 있다.

① 참 ② 거짓 ③ 알 수 없음

20

A. 비판적 사고를 하는 모든 사람은 반성적 사고를 한다.
B. 반성적 사고를 하는 모든 사람은 창의적 사고를 한다.
C. 비판적 사고를 하는 사람은 창의적 사고도 한다.

① 참 ② 거짓 ③ 알 수 없음

※ **다음 글을 읽고 각각의 보기가 옳은지 그른지, 주어진 지문으로는 알 수 없는지 고르시오. [21~23]**

현대인은 대인 관계에 있어서 가면을 쓰고 살아간다. 물론 그것이 현대 사회를 살아가기 위한 인간의 기본적인 조건인지도 모른다. 사회학자들은 사람이 다른 사람과 교제를 할 때, 상대방에 대한 자신의 인상을 관리하려는 속성이 있다는 점에 동의한다. 즉, 사람들은 대체로 남 앞에 나설 때에는 가면을 쓰고 연기를 하는 배우와 같이 행동한다는 것이다.
왜 그런 상황이 발생하는 것일까? 그것은 주로 대중문화의 속성에 기인한다. 사실 20세기의 대중문화는 과거와 다른 새로운 인간형을 탄생시키는 배경이 되었다고 말할 수 있다. 특히, 광고는 '내가 다른 사람의 눈에 어떻게 보일 것인가?'하는 점을 끊임없이 반복하고 강조함으로써 그 광고를 보는 사람들에게 조바심이나 공포감을 불러일으키기까지 한다.
그중에서도 외모와 관련된 제품의 광고는 개인의 삶의 의미가 '자신이 남에게 어떤 존재로 보이느냐?'라는 것을 지속적으로 주입시킨다. 역사학자들도 '연기하는 자아'의 개념이 대중문화의 부상과 함께 더욱 의미 있는 것이 되었다고 말한다. 그들은 적어도 20세기 초부터 '성공'은 무엇을 잘하고 열심히 하는 것이 아니라 '인상 관리'를 어떻게 하느냐에 달려 있다고 한다. 이렇게 자신의 일관성을 잃고 상황에 따라 적응하게 되는 현대인들은 대중매체가 퍼뜨리는 유행에 민감하게 반응하는 과정에서 자신의 취향을 형성해 가고 있다.

21 **사람들의 인상은 타인에 의해서 관리된다.**

① 항상 옳다.
② 전혀 그렇지 않다.
③ 주어진 지문으로는 알 수 없다.

22 **20세기 대중문화는 새로운 인간형을 탄생시키는 배경이 되었다.**

① 항상 옳다.
② 전혀 그렇지 않다.
③ 주어진 지문으로는 알 수 없다.

23 **사람들은 대중문화의 부상과 함께 성공하고 있다.**

① 항상 옳다.
② 전혀 그렇지 않다.
③ 주어진 지문으로는 알 수 없다.

※ 다음 글을 읽고 각각의 보기가 옳은지 그른지, 주어진 지문으로는 알 수 없는지 고르시오. [24~26]

세계보건기구(WHO)는 급성증세가 발생한 후 즉각적으로 혹은 6시간 이내에 사망한 경우를 돌연사라고 정의한다. 현재 대다수 학자들은 돌연사의 시간을 발병 후 1시간 내로 제한한다. 특징으로는 사망이 급작스러우며, 예기치 못한 자연사이거나, 외부의 타격이 없다는 점을 들 수 있다. 돌연사의 원인이 비록 분명하지는 않지만, 가장 많이 보이는 것은 심장혈관계 질병과 뇌혈관계의 질병으로 심근경색과 뇌출혈 등이다. 현대 사회의 과중한 스트레스와 빠른 생활리듬 속에서, 일부 현대인들은 스트레스를 해소하는 방법이 비교적 단조로워 폭음 혹은 흡연을 통해 감정적인 평정과 즐거움을 추구하곤 한다. 그러나 담배와 알코올의 남용은 심혈관계 질병과 뇌혈관계 질병을 유발할 수 있다. 게다가 과도한 피로는 간접적으로 돌연사의 가능성을 증가시킨다. 돌연사는 마치 예방이 불가능한 것처럼 보인다. 하지만 규칙적이고 건강한 생활 습관을 기르고 올바른 스트레스 해소법을 찾는 등 건강을 유지하면 돌연사의 발생 비율을 낮출 수 있을 것이다.

24 돌연사는 현대의 사회구조에 의해 나타난 현대적 질병이다.

① 항상 옳다.
② 전혀 그렇지 않다.
③ 주어진 지문으로는 알 수 없다.

25 만취해 귀가하던 도중 넘어지면서 머리를 잘못 부딪쳐, 넘어진 지 한 시간 안에 사망하였다면 돌연사라 볼 수 있다.

① 항상 옳다.
② 전혀 그렇지 않다.
③ 주어진 지문으로는 알 수 없다.

26 돌연사는 완벽한 예방이 가능하다.

① 항상 옳다.
② 전혀 그렇지 않다.
③ 주어진 지문으로는 알 수 없다.

※ 다음 글을 읽고 각각의 보기가 옳은지 그른지, 주어진 지문으로는 알 수 없는지 고르시오. [27~29]

맨해튼 프로젝트는 제2차 세계대전 기간 중 미국이 주도한 원자폭탄 개발계획으로 최초의 거대과학 프로그램이었다. 우주공학과 우주과학을 포함하는 우주개발은 거대과학의 전형을 보여 준다. 소련의 스푸트니크 위성 발사는 냉전 시대 최고의 선전도구였다. 이 사건은 이듬해 미 항공우주국(NASA)을 탄생시키는 계기가 되었다. 미국은 1961년부터 우주에서의 우위를 점하기 위해 거대과학 우주 프로그램인 아폴로 계획을 출범시켰다. 1969년에는 아폴로 11호가 인간을 달에 착륙시키고 무사히 지구로 귀환했다. 우주개발 분야에서 현재 진행 중인 대표적인 거대과학이 국제우주정거장 건설이다. 미국, 유럽, 러시아, 일본 등 16개국이 참여해 지구 저궤도 350 ~ 400km에 건설 중이다. 2003년 컬럼비아 우주왕복선의 사고와 소요 재원 문제로 일부 계획이 축소됐다. 2010년 완공 예정으로 우주환경 이용 및 유인 우주활동을 위한 기반 정비를 목표로 추진 중이다. 건설과 운영에 소요되는 비용이 100조 원에 이를 것으로 예상된다. 최근에는 우주 선진국이 국제협력을 통해 달 및 화성에 대한 유인탐사를 공동으로 수행하는 방안을 협의 중이다.

27 **최초의 거대과학 프로그램으로 일본인이 다치는 결과가 발생하였다.**

① 항상 옳다.
② 전혀 그렇지 않다.
③ 주어진 지문으로는 알 수 없다.

28 **우주정거장 건설 사업에는 약 100억 달러의 비용이 소요될 것으로 예상된다.**

① 항상 옳다.
② 전혀 그렇지 않다.
③ 주어진 지문으로는 알 수 없다.

29 **국제우주정거장 건설 사업에는 한국도 참여 중이다.**

① 항상 옳다.
② 전혀 그렇지 않다.
③ 주어진 지문으로는 알 수 없다.

※ 다음 글을 읽고 각각의 보기가 옳은지 그른지, 주어진 지문으로는 알 수 없는지 고르시오. [30~32]

경제성장률은 기술 수준을 고려한 1인당 국민소득 수준과 장기균형 국민소득 수준의 격차에 비례해서 결정되고 장기적으로는 기술 증가율에 의해 결정된다. 이를 보면 기술 수준의 변화를 고려하지 않는다고 하더라도 경제성장률을 결정해주는 것은 경제규모인 총 국민소득이 아니라 1인당 국민소득 수준이라는 것을 쉽게 알 수 있다. 세계은행이 발표한 자료 중 가장 많은 국가들이 포함된 연도인 2003년의 2000년 기준 실질자료를 보면 경제규모를 반영하는 국내총생산(GDP)의 경우 세계 180개국 중 한국은 미국(1위), 일본(2위), 브라질(10위), 멕시코(11위) 다음인 12위였다. 반면 1인당 국민소득을 반영하는 1인당 GDP는 룩셈부르크(1위), 노르웨이(2위) 등에 비해 한국은 1만 2,245달러로 세계에서 35위였다. 반면에 최근 고속성장을 하는 중국과 인도를 보자. 중국은 GDP 기준으로 세계 4위에 해당되지만 1인당 GDP는 1,209달러로 세계 111위에 해당되고, 인도는 GDP로는 세계 13위이지만 1인당 GDP는 512달러로 141위에 해당한다. 경제의 성숙도를 경제규모 기준으로 본다면 중국이 한국보다 훨씬 높은 성숙단계의 국가가 되고 이는 최근 5년간 성장률이 10%에 이르는 중국이 한국(4.8%)보다 앞서는 것을 설명하기 어렵다. 또한 유사한 경제규모를 갖고 있는 인도의 경우 최근 5년간 약 7.8%의 성장률을 보여 같은 기간 우리보다 높은 경제성장률을 보여 주는 것도 설명하기 어렵다. 이는 국가의 성숙도를 경제규모가 아닌 1인당 국민소득으로 봐야 함을 뜻한다.

30 중국이 인도보다 1인당 GDP가 더 높다.

① 항상 옳다.
② 전혀 그렇지 않다.
③ 주어진 지문으로는 알 수 없다.

31 경제성장률을 결정해주는 것은 경제규모인 총 국민소득이다.

① 항상 옳다.
② 전혀 그렇지 않다.
③ 주어진 지문으로는 알 수 없다.

32 한국은 인도보다 총 국민소득이 많다.

① 항상 옳다.
② 전혀 그렇지 않다.
③ 주어진 지문으로는 알 수 없다.

대표유형 3 추론하기

다음 제시문을 바탕으로 추론할 수 있는 것은?

- 영희, 상욱, 수현이는 영어, 수학, 국어 시험을 보았다.
- 영희는 영어 2등, 수학 2등, 국어 2등을 하였다.
- 상욱이는 영어 1등, 수학 3등, 국어 1등을 하였다.
- 수현이는 수학만 1등을 하였다.
- 전체 평균 점수로 1등을 한 사람은 영희이다.

① 총점이 가장 높은 것은 영희이다.
② 수현이의 수학 점수는 상욱이의 영어 점수보다 높다.
③ 상욱이의 영어 점수는 영희의 수학 점수보다 높다.
④ 영어와 수학 점수만을 봤을 때, 상욱이가 1등일 것이다.
⑤ 상욱이의 국어 점수는 수현이의 수학 점수보다 낮다.

| 해설 | 영희가 전체 평균 점수로 1등을 했으므로 총점이 가장 높다.

오답분석

②·③·④·⑤ 등수는 알 수 있지만 각 점수는 알 수 없기 때문에 점수 간 비교는 불가능하다.

정답 ①

※ 다음 제시문을 바탕으로 추론할 수 있는 것을 고르시오. [33~36]

33

- 경란이는 5,000원을 가지고 있다.
- 재민이는 경란이보다 2,000원을 더 가지고 있다.
- 종민이는 재민이보다 1,000원을 적게 가지고 있다.

① 경란이가 돈이 제일 많다.
② 재민이가 돈이 제일 많다.
③ 종민이가 돈이 제일 많다.
④ 종민이는 경란이보다 가지고 있는 돈이 적다.
⑤ 경란이는 종민이보다 1,000원을 더 가지고 있다.

34

- 사과를 좋아하면 배를 좋아하지 않는다.
- 귤을 좋아하면 배를 좋아한다.
- 귤을 좋아하지 않으면 오이를 좋아한다.

① 사과를 좋아하면 오이를 좋아하지 않는다.
② 배를 좋아하면 오이를 좋아한다.
③ 귤을 좋아하면 사과를 좋아한다.
④ 배를 좋아하지 않으면 사과를 좋아한다.
⑤ 사과를 좋아하면 오이를 좋아한다.

35

- 정직한 사람은 이웃이 많을 것이다.
- 성실한 사람은 외롭지 않을 것이다.
- 이웃이 많은 사람은 외롭지 않을 것이다.

① 이웃이 많은 사람은 성실할 것이다.
② 성실한 사람은 정직할 것이다.
③ 정직한 사람은 외롭지 않을 것이다.
④ 외롭지 않은 사람은 정직할 것이다.
⑤ 외로운 사람은 이웃이 많지 않지만 성실하다.

36

- 커피를 좋아하는 사람은 홍차를 좋아한다.
- 우유를 좋아하는 사람은 홍차를 좋아하지 않는다.
- 우유를 좋아하지 않는 사람은 콜라를 좋아한다.

① 커피를 좋아하는 사람은 콜라를 좋아하지 않는다.
② 우유를 좋아하는 사람은 콜라를 좋아한다.
③ 커피를 좋아하는 사람은 콜라를 좋아한다.
④ 우유를 좋아하지 않는 사람은 홍차를 좋아한다.
⑤ 콜라를 좋아하는 사람은 커피를 좋아하지 않는다.

PART 1

대표유형 4 논리판단

제시된 내용을 바탕으로 내린 A, B의 결론에 대한 판단으로 옳은 것은?

- 주현이는 수지의 바로 오른쪽에 있다.
- 지은이와 지영이는 진리의 옆에 있지 않다.
- 지영이와 지은이는 주현이의 옆에 있지 않다.
- 지은이와 진리는 수지의 옆에 있지 않다.

A : 수지가 몇 번째로 서 있는지는 정확히 알 수 없다.
B : 지영이는 수지 옆에 있지 않다.

① A만 옳다.
② B만 옳다.
③ A, B 모두 옳다.
④ A, B 모두 틀리다.
⑤ A, B 모두 옳은지 틀린지 판단할 수 없다.

| 해설 | 조건에 따라 배열하면 '지은 – 지영 – 수지 – 주현 – 진리'의 순서대로 서 있다.
따라서 수지가 3번째로 서 있음을 알 수 있고, 지영이는 수지 옆에 있으므로 A와 B 모두 틀리다.

정답 ④

※ 제시된 내용을 바탕으로 내린 A, B의 결론에 대한 판단으로 옳은 것을 고르시오. [37~40]

37

- 소화된 음식물은 위를 채운다.
- 밥을 먹으면 포만감이 든다.
- 소화되지 않았다면 포만감이 들지 않는다.

A : 밥을 먹으면 위가 찬다.
B : 포만감이 들면 밥을 먹은 것이다.

① A만 옳다.
② B만 옳다.
③ A, B 모두 옳다.
④ A, B 모두 틀리다.
⑤ A, B 모두 옳은지 틀린지 판단할 수 없다.

38

- 민수는 한국인이다.
- 농구를 좋아하면 활동적이다.
- 농구를 좋아하지 않으면 한국인이 아니다.

A : 민수는 농구를 좋아한다.
B : 한국인은 활동적이지 않다.

① A만 옳다.
② B만 옳다.
③ A, B 모두 옳다.
④ A, B 모두 틀리다.
⑤ A, B 모두 옳은지 틀린지 판단할 수 없다.

39

- 월요일부터 금요일까지 초등학생 방과 후 교실 도우미(1 ~ 5)를 배치할 계획이다.
- 도우미 1은 화요일 또는 수요일에 배치한다.
- 도우미 2는 도우미 3이 배치된 다음 날에 배치한다.
- 도우미 5는 목요일에 배치한다.

A : 도우미 4는 금요일에 배치된다.
B : 도우미 2는 화요일에 배치된다.

① A만 옳다.
② B만 옳다.
③ A, B 모두 옳다.
④ A, B 모두 틀리다.
⑤ A, B 모두 옳은지 틀린지 판단할 수 없다.

40

- 정육점에는 다섯 종류의 고기를 팔고 있다.
- 소고기가 닭고기보다 비싸다.
- 오리고기보다 비싸면 돼지고기이다.
- 소고기 2kg의 가격이 염소고기 4kg의 가격과 같다.
- 오리고기가 소고기보다 비싸다.

A : 닭고기보다 비싼 고기 종류는 세 가지이다.
B : 가격의 순위를 정하는 경우의 수는 세 가지이다.

① A만 옳다.
② B만 옳다.
③ A, B 모두 옳다.
④ A, B 모두 틀리다.
⑤ A, B 모두 옳은지 틀린지 판단할 수 없다.

PART 1

CHAPTER

01 언어논리 핵심이론

1. 논리구조

논리구조에서는 주로 단락과 문장 간의 관계나 글 전체의 논리적 구조를 정확히 파악했는지를 묻는다. 글의 순서를 바르게 배열하는 유형이 출제되고 있다. 제시문의 전체적인 흐름을 바탕으로 각 문단의 특징, 단락 간의 역할 등을 논리적으로 구조화할 수 있는 능력을 길러야 한다.

(1) 문장과 문장 간의 관계

① **상세화 관계** : 주지 → 구체적 설명(비교, 대조, 유추, 분류, 분석, 인용, 예시, 비유, 부연, 상술 등)

② **문제(제기)와 해결 관계** : 한 문장이 문제를 제기하고, 다른 문장이 그 해결책을 제시하는 관계(과제 제시 → 해결 방안, 문제 제기 → 해답 제시)

③ **선후 관계** : 한 문장이 먼저 발생한 내용을 담고, 다음 문장이 나중에 발생한 내용을 담고 있는 관계

④ **원인과 결과 관계** : 한 문장이 원인이 되고, 다른 문장이 그 결과가 되는 관계(원인제시 → 결과 제시, 결과 제시 → 원인 제시)

⑤ **주장과 근거 관계** : 한 문장이 필자가 말하고자 하는 바(주지)가 되고, 다른 문장이 그 문장의 증거(근거)가 되는 관계(주장 제시 → 근거 제시, 의견 제안 → 의견 설명)

⑥ **전제와 결론 관계** : 앞 문장에서 조건이나 가정을 제시하고, 뒤 문장에서 이에 따른 결론을 제시하는 관계

(2) 문장의 연결 방식

① **순접** : 원인과 결과, 부연 설명 등의 문장 연결에 쓰임
예 그래서, 그리고, 그러므로 등

② **역접** : 앞글의 내용을 전면적 또는 부분적으로 부정
예 그러나, 그렇지만, 그래도, 하지만 등

③ **대등 · 병렬** : 앞뒤 문장의 대비와 반복에 의한 접속
예 및, 혹은, 또는, 이에 반하여 등

④ **보충 · 첨가** : 앞글의 내용을 보다 강조하거나 부족한 부분을 보충하기 위해 다른 말을 덧붙이는 문맥
예 단, 곧, 즉, 더욱이, 게다가, 왜냐하면 등

⑤ **화제 전환** : 앞글과는 다른 새로운 내용을 이야기하기 위한 문맥
예 그런데, 그러면, 다음에는, 이제, 각설하고 등

⑥ **비유 · 예시** : 앞글에 대해 비유적으로 다시 말하거나 구체적인 예를 보임
예 예를 들면, 예컨대, 마치 등

(3) 원리 접근법

앞뒤 문장의 중심 의미 파악	→	앞뒤 문장의 중심 내용이 어떤 관계인지 파악	→	문장 간의 접속어, 지시어의 의미와 기능	→	문장의 의미와 관계성 파악
각 문장의 의미를 어떤 관계로 연결해서 글을 전개하는지 파악해야 한다.		지문 안의 모든 문장은 서로 논리적 관계성이 있다.		접속어와 지시어를 음미하는 것은 독해의 길잡이 역할을 한다.		문단의 중심 내용을 알기 위한 기본 분석 과정이다.

PART 1

핵심예제

다음 문단을 논리적 순서대로 나열한 것은?

(가) 환경부 국장은 "급식인원이 하루 50만 명에 이르는 S놀이공원이 음식문화 개선에 앞장서는 것은 큰 의미가 있다."면서, "이번 협약을 계기로 대기업 중심의 범국민적인 음식문화 개선 운동이 빠르게 확산될 것으로 기대한다."라고 말했다.

(나) 놀이공원은 환경부와 하루 평균 15,000여 톤에 이르는 과도한 음식물쓰레기 발생으로 연간 20조 원의 경제적인 낭비가 초래되고 있는 심각성에 인식을 같이하고, 상호협력하여 음식물쓰레기 줄이기를 적극 추진하기로 했다.

(다) 이날 체결한 협약에 따라 S놀이공원에서 운영하는 전국 500여 단체급식 사업장과 외식사업장에서는 구매, 조리, 배식 등 단계별로 음식물쓰레기 줄이기 활동을 전개하고, 사업장별 특성에 맞는 감량 활동 및 다양한 홍보 캠페인 실시, 인센티브 제공을 통해 이용 고객들의 적극적인 참여를 유도할 계획이다.

(라) 이에, 환경부 국장과 S놀이공원 사업부장은 지난 26일, 환경부, 환경연구소 및 S놀이공원관계자 등이 참석한 가운데, 「음식문화 개선대책」에 관한 자발적 협약을 체결하였다.

① (나) – (라) – (가) – (다)
② (라) – (다) – (나) – (가)
③ (라) – (다) – (가) – (나)
④ (나) – (라) – (다) – (가)
⑤ (라) – (나) – (다) – (가)

| 해설 | 제시문은 S놀이공원이 음식물쓰레기로 인한 낭비의 심각성을 인식하여 환경부와 함께 음식문화 개선대책 협약을 맺었고, 이 협약으로 인해 대기업 중심의 국민적인 음식문화 개선 운동이 확산될 것이라는 내용의 글이다. 따라서 (나) 음식물쓰레기로 인한 낭비에 대한 심각성을 인식한 S놀이공원과 환경부 – (라) 음식문화 개선 대책 협약 체결 – (다) 협약에 따라 사업장별 특성에 맞는 음식물쓰레기 감량 활동 전개하는 S놀이공원 – (가) 협약을 계기로 대기업 중심의 범국민적 음식문화 개선 운동이 확산될 것을 기대하는 환경부 국장의 순서대로 나열하는 것이 가장 적절하다.

정답 ④

2. 논리적 이해

(1) 전제의 추론

전제의 추론은 규칙적으로 주어진 내용의 이면에 내포되어 있는 이미 옳다고 인정된 사실을 유추하는 유형이다.

① 먼저 주장이 무엇인지 명확하게 파악해야 한다.

② 주장이 성립하기 위해서 논리적으로 필요한 요건이 무엇인지 생각해 본다.

③ 선택지 중 주장과 논리적으로 인과 관계를 형성할 수 있는 조건을 찾아낸다.

(2) 결론의 추론

주어진 내용을 명확히 이해한 다음, 이를 근거로 이끌어 낼 수 있는 올바른 결론이나 관련 사항을 논리적인 관점에서 찾는 문제 유형이다. 이와 같은 문제는 평상시 비판적이고 논리적인 관점으로 글을 읽는 연습을 충분히 해 두어야 유리하다고 볼 수 있다.

자주 출제되는 유형

- 정의가 바르게 된 것
- 문맥상 삭제해도 되는 부분
- 빈칸에 들어갈 적절한 것
- 다음 글에 이어 나올 수 있는 것
- 글의 내용을 통해 알 수 없는 것
- 가장 타당한 논증
- 다음 내용이 들어가기에 가장 적절한 위치

이와 같은 유형의 문제를 풀 때는 먼저 제시문을 읽고, 그 글을 통해 타당성 여부를 검증해 가는 방법을 취하는 것이 좋다. 물론 통독(通讀)을 통해 각 문단에서 다루고 있는 내용이 무엇인지 미리 확인해 두어야만 선택지와 관련된 내용을 이끌어 낼 근거가 언급된 부분을 쉽게 찾을 수 있다.

핵심예제

다음 글의 제목으로 가장 적절한 것은?

우리는 비극을 즐긴다. 비극적인 희곡과 소설을 즐기고, 비극적인 그림과 영화 그리고 비극적인 음악과 유행가도 즐긴다. 슬픔, 애절, 우수의 심연에 빠질 것을 알면서도 소포클레스의 『안티고네』, 셰익스피어의 『햄릿』을 찾고, 베토벤의 '운명', 차이코프스키의 '비창', 피카소의 '우는 연인'을 즐긴다. 아니면 텔레비전의 멜로드라마를 보고 값싼 눈물이라도 흘린다. 이를 동정과 측은과 충격에 의한 '카타르시스', 즉 마음의 세척으로 설명한 아리스토텔레스의 주장은 유명하다. 그것은 마치 눈물로 스스로의 불안, 고민, 고통을 씻어내는 역할을 한다는 것이다.
니체는 좀 더 심각한 견해를 갖는다. 그는 "비극은 언제나 삶에 아주 긴요한 기능을 가지고 있다. 비극은 사람들에게 그들을 싸고도는 생명 파멸의 비운을 똑바로 인식해야 할 부담을 덜어주고, 동시에 비극 자체의 암울하고 음침한 원류에서 벗어나게 해서 그들의 삶의 흥취를 다시 돋우어 준다."라고 하였다. 그런 비운을 직접 전면적으로 목격하는 일, 또 더구나 스스로 직접 그것을 겪는 일이라는 것은 너무나 끔찍한 일이기에, 그것을 간접경험으로 희석한 비극을 봄으로써 '비운'이란 그런 것이라는 이해와 측은지심을 갖게 되고, 동시에 실제 비극이 아닌 그 가상적인 환영(幻影) 속에서 비극에 대한 어떤 안도감도 맛보게 된다.

① 비극의 현대적 의의
② 비극을 즐기는 이유
③ 비극의 기원과 역사
④ 비극에 반영된 삶
⑤ 문학작품 속의 비극

| 해설 | 제시문의 첫 번째 문단에서 '카타르시스'와 니체가 말한 비극의 기능을 제시하며 비극을 즐기는 이유를 설명하고 있다.

정답 ②

CHAPTER

01 언어논리 적중예상문제

정답 및 해설 p.008

대표유형 1 문장 · 문단나열

다음 문장을 논리적 순서대로 바르게 나열한 것은?

(가) 하지만 몇몇 전문가들은 유기 농업이 몇 가지 결점을 안고 있다고 말한다.
(나) 유기 농가들의 작물 수확량이 전통적인 농가보다 훨씬 낮으며, 유기농 경작지가 전통적인 경작지보다 잡초와 벌레로 인해 많은 피해를 입고 있다는 점이다.
(다) 최근 많은 소비자들이 지구에 도움이 되는 일을 하고 있고, 건강에 좀 더 좋은 음식을 먹고 있다고 확신하면서 유기농 식품 생산이 급속도로 증가하고 있다.
(라) 또한 유기 농업이 틈새시장의 부유한 소비자들에게 먹을거리를 제공하지만, 전 세계 수십억의 굶주리는 사람을 먹여 살릴 수는 없다는 점이다.

① (나) – (다) – (라) – (가)
② (다) – (가) – (나) – (라)
③ (다) – (나) – (라) – (가)
④ (라) – (가) – (나) – (다)
⑤ (라) – (가) – (다) – (나)

| 해설 | 제시된 글은 유기농 식품의 생산이 증가하고 있지만, 몇몇 전문가들은 유기 농업을 부정적으로 보고 있다는 내용을 말하고 있다. 따라서 (다) 최근 유기농 식품 생산의 증가 – (가) 유기 농업을 부정적으로 보는 몇몇 전문가들의 시선 – (나) 전통 농가에 비해 수확량도 적고 벌레의 피해가 잦은 유기 농가 – (라) 유기 농업으로는 굶주리는 사람을 충분히 먹여 살릴 수 없음 순으로 연결되어야 한다.

정답 ②

※ 주어진 문단을 논리적 순서대로 바르게 나열하시오. [1~4]

01

(가) 이렇게 버려지는 폐휴대전화 속에는 금, 은 등의 귀한 금속 자원이 들어 있으며, 이들 자원을 폐휴대전화에서 추출하여 재활용하면 자원의 낭비를 줄일 수 있다.
(나) 한편 폐휴대전화는 공해를 일으킬 수 있는 물질들이 포함되어 있고, 이런 물질들은 일반 쓰레기와 함께 태우거나 땅속에 파묻게 되면 환경오염을 유발하기도 한다.
(다) 최근 다양한 기능을 갖춘 휴대전화들이 출시되면서 휴대전화 교체 주기가 짧아지고 있고, 이에 따라 폐휴대전화 발생량도 증가하고 있다.
(라) 그래서 우리 기업에서는 소중한 금속 자원을 재활용하고 환경오염을 줄이는 데에도 기여하자는 취지에서 '폐휴대전화 수거 운동'을 벌이기로 했다.

① (가) – (나) – (다) – (라)
② (가) – (라) – (다) – (나)
③ (나) – (가) – (다) – (라)
④ (다) – (가) – (나) – (라)
⑤ (다) – (라) – (나) – (가)

02

(가) 인간의 도덕적 자각과 사회적 실천을 강조한 개인 윤리로 '충서(忠恕)'가 있다. 충서란, 공자의 모든 사상을 꿰뚫고 있는 도리로서, 인간 개인의 자아 확립과 이를 통한 만물일체의 실현을 위한 것이다.
(나) 또한 '서(恕)'란 '여심'이다. '내 마음과 같이 한다.'는 말이다. '공자는 내가 하고자 하지 않는 것을 남에게 베풀지 말라 내가 서고자 하면 남도 서게 하고 내가 이루고자 하면 남도 이루게 하라.'고 하였다.
(다) 이때, '충(忠)'이란 '중심'이다. 주희는 충을 '자기의 마음을 다하는 것'이라고 설명하였다. 이것은 자신의 내면에 대한 충실을 의미한다. 이는 자아의 확립이며 본성에 대한 깨달음이다.
(라) 즉, 역지사지(易地思之)의 마음을 지닌 상태가 '서'의 상태인 것이며 인간의 자연스러운 마음이라는 것이다.

① (가) – (다) – (나) – (라)
② (가) – (라) – (나) – (다)
③ (나) – (가) – (다) – (라)
④ (나) – (가) – (라) – (다)
⑤ (다) – (가) – (나) – (라)

03

(가) 그 중에서도 우리나라의 나전칠기는 중국이나 일본보다 단조한 편이지만, 옻칠의 질이 좋고 자개 솜씨가 뛰어나 우리나라 칠공예만의 두드러진 개성을 가진다. 전래 초기에는 주로 백색의 야광패를 사용하였으나 후대에는 청록 빛깔을 띤 복잡한 색상의 전복껍데기를 많이 사용하였다. 우리나라의 나전칠기는 일반적으로 목제품의 표면에 옻칠을 하고 그것에다 한층 치레 삼아 첨가한다.

(나) 이러한 나전칠기는 특히 통영의 것이 유명하다. 이는 예로부터 통영에는 나전의 원료가 되는 전복이 많이 생산되었으며, 인근 내륙 및 함안지역의 질 좋은 옻이 나전칠기가 발달하는 데 주요 원인이 되었기 때문이다. 이에 통영시는 지역 명물 나전칠기를 널리 알리기 위해 매년 10월 통영 나전칠기축제를 개최하여 400년을 이어온 통영지방의 우수하고 독창적인 공예법을 소개하고 작품도 전시한다.

(다) 제작방식은 우선 전복껍데기를 얇게 하여 무늬를 만들고 백골에 모시 천을 바른 뒤, 칠과 호분을 섞어 표면을 고른다. 그 후 칠죽 바르기, 삼베 붙이기, 탄회 칠하기, 토회 칠하기를 통해 제조과정을 끝마친다. 또한 문양을 내기 위해 나전을 잘라내는 방법에는 주름질(자개를 문양 형태로 오려낸 것), 이음질(문양구도에 따라 주름대로 문양을 이어가는 것), 끊음질(자개를 실같이 가늘게 썰어서 문양 부분에 모자이크 방법으로 붙이는 것)이 있다.

(라) 나전칠기는 기물에다 무늬를 나타내는 대표적인 칠공예의 장식기법의 하나로 얇게 깐 조개껍데기를 여러 가지 형태로 오려내어 기물의 표면에 감입하여 꾸미는 것을 통칭한다. 우리나라는 목기와 더불어 칠기가 발달했는데, 이러한 나전기법은 중국 주대(周代)부터 이미 유행했고 당대(唐代)에 성행하여 한국과 일본에 전해진 것으로 보인다. 나전기법은 여러 나라를 포함한 아시아 일원에 널리 보급되어 있고 지역에 따라 독특한 성격을 가진다.

① (나) – (가) – (다) – (라)
② (나) – (다) – (가) – (라)
③ (다) – (나) – (라) – (가)
④ (라) – (가) – (다) – (나)
⑤ (라) – (다) – (나) – (가)

04

(가) '인력이 필요해서 노동력을 불렀더니 사람이 왔더라.'라는 말이 있다. 인간을 경제적 요소로만 단순하게 생각했으나, 이에 따른 인권문제, 복지문제, 내국인과 이민자와의 갈등 등이 수반된다는 말이다. 프랑스처럼 우선 급하다고 이민자를 선별하지 않고 받으면 인종 갈등과 이민자의 빈곤화 등 많은 사회비용이 발생한다.

(나) 이제 다문화정책의 패러다임을 전환해야 한다. 한국에 들어온 다문화가족을 적극적으로 지원해야 한다. 다문화 가족과 더불어 살면서 다양성과 개방성을 바탕으로 상생의 발전을 도모해야 한다. 그리고 결혼이민자만 다문화가족으로 볼 것이 아니라 외국인 근로자와 유학생, 북한이탈주민까지 큰 틀에서 함께 보는 것도 필요하다.

(다) 다문화정책의 핵심은 두 가지이다. 첫째, 새로운 사회에 적응하려는 의지가 강해서 언어 배우기, 일자리, 문화 이해에 매우 적극적인 태도를 지닌 좋은 인력을 선별해서 입국하도록 하는 것이다. 둘째, 이민자가 새로운 사회에 잘 정착할 수 있도록 사회통합에 주력해야 하는 것이다. 해외 인구 유입 초기부터 사회 비용을 절약할 수 있는 사람들을 들어오게 하는 것이 중요하기 때문이다.

(라) 또한 이미 들어온 이민자에게는 적극적인 지원을 해야 한다. 언어와 문화, 환경이 모두 낯선 이민자에게는 이민 초기에 세심한 배려가 필요하다. 특히 중요한 것은 다문화 가족이 그들이 가지고 있는 강점을 활용하여 취약 계층이 아닌 주류층으로 설 수 있도록 지원해야 한다. 뿐만 아니라 이민자에 대한 지원 시기를 놓치거나 차별과 편견으로 내국인에게 증오감을 갖게 해서는 안 된다.

① (가) – (다) – (라) – (나)
② (다) – (가) – (라) – (나)
③ (다) – (나) – (라) – (가)
④ (라) – (나) – (다) – (가)
⑤ (라) – (다) – (나) – (가)

PART 1

05 다음 글에서 문맥을 고려할 때 이어진 글을 논리적 순서대로 바르게 나열한 것은?

> 구체적 행위에 대한 도덕적 판단 문제를 다루는 것이 규범 윤리학이라면, 옳음의 의미 문제, 도덕적 진리의 존재 문제 등과 같이 규범 윤리학에서 사용하는 개념과 원칙에 대해 다루는 것은 메타 윤리학이다. 메타 윤리학에서 도덕 실재론과 정서주의는 '옳음'과 '옳지 않음'의 의미를 이해하는 방식과 도덕적 진리의 존재 여부에 대해 상반된 주장을 펼친다.

> (가) 따라서 '옳다' 혹은 '옳지 않다'라는 도덕적 판단을 내리지만, 과학적 진리와 같은 도덕적 진리는 없다는 입장을 보인다.
> (나) 도덕 실재론에서는 도덕적 판단과 도덕적 진리를 과학적 판단 및 과학적 진리와 마찬가지라고 본다.
> (다) 한편, 정서주의에서는 어떤 도덕적 행위에 대해 도덕적으로 옳음이나 도덕적으로 옳지 않음이라는 성질은 객관적으로 존재하지 않는 것이고 도덕적 판단도 참 또는 거짓으로 판정되는 명제를 나타내지 않는다.
> (라) 즉, 과학적 판단이 '참' 또는 '거짓'을 판정할 수 있는 명제를 나타내고 이때 참으로 판정된 명제를 과학적 진리라고 부르는 것처럼, 도덕적 판단도 참 또는 거짓으로 판정할 수 있는 명제를 나타내고 참으로 판정된 명제가 곧 도덕적 진리라고 규정하는 것이다.

① (가) - (나) - (다) - (라)
② (나) - (가) - (다) - (라)
③ (나) - (라) - (다) - (가)
④ (다) - (가) - (나) - (라)
⑤ (다) - (라) - (나) - (가)

대표유형 2 우리말 어법

다음 밑줄 친 부분이 어법에 어긋나는 것은?

① 윗층에 누가 사는지 모르겠다.
② 오뚝이는 아무리 쓰러뜨려도 잘도 일어난다.
③ 새 컴퓨터를 살 생각에 좋아서 깡충깡충 뛰었다.
④ 그의 초라한 모습이 내 호기심에 불을 당겼다.
⑤ 형은 끼니도 거른 채 일에 몰두했다.

| 해설 | '웃-' 및 '윗-'은 명사 '위'에 맞추어 통일한다.
예 윗넓이, 윗니, 윗도리 등
다만 된소리나 거센소리 앞에서는 '위-'로 한다.
예 위짝, 위쪽, 위층 등

오답분석
⑤ '채'는 '이미 있는 상태 그대로 있다.'는 뜻을 나타내는 의존명사이므로 띄어 쓴다.

정답 ①

PART 1

06 다음 밑줄 친 단어를 어법에 따라 수정할 때, 적절하지 않은 것은?

나는 내가 시작된 일은 반드시 내가 마무리 지어야 한다는 사명감을 가지고 있었다. 그래서 이번 문제 역시 다른 사람의 도움 없이 스스로 해결해야겠다고 다짐했었다. 그러나 일은 생각만큼 쉽게 풀리지 못했다. 이번에 새로 올린 기획안이 사장님의 제가를 받기 어려울 것이라는 이야기가 들렸다. 같은 팀의 박 대리는 내게 사사로운 감정을 기획안에 투영하지 말라는 충고를 전하면서 커피를 건넸고, 화가 난 나는 뜨거운 커피를 그대로 마시다가 하얀 셔츠에 모두 쏟고 말았다. 오늘 회사 내에서 만나는 사람마다 모두 커피를 쏟은 내 셔츠의 사정에 관해 물었고, 그들에 의해 나는 오늘 온종일 칠칠한 사람이 되어야만 했다.

① 시작된 → 시작한
② 못했다 → 않았다
③ 제가 → 재가
④ 투영하지 → 투영시키지
⑤ 칠칠한 → 칠칠맞지 못한

07 다음 밑줄 친 ㉠~㉤ 중 어법상 적절한 것은?

오늘날 여성들은 지나치게 ㉠ 얇은 허리와 팔, 다리를 선호하고 있어, 과도한 다이어트가 사회적 문제로 떠오르고 있다. 심지어 온라인상에서는 특정 식품만 섭취하여 ㉡ 몇일 만에 5kg 이상을 뺄 수 있다는 이른바 '원푸드 다이어트'가 유행하고 있으며, 몇몇 여성들은 어떤 제품이 다이어트 효과가 좋다고 소문만 나면 ㉢ 서슴치 않고 검증되지 않은 다이어트약을 사서 복용하기도 한다. 그러나 무리한 다이어트는 영양실조 등으로 이어져 건강을 악화시키며, 오히려 요요현상을 부추겨 이전 몸무게로 되돌아가거나 심지어 이전 몸무게보다 체중이 더 불어나게 만들기도 한다. 전문가들은 무리하게 음식 섭취를 줄이는 대신 생활 속에서 운동량을 조금씩 ㉣ 늘여 열량을 소모할 것과, 무작정 유행하는 다이어트법을 따라할 것이 아니라 자신의 컨디션과 체질에 ㉤ 알맞은 다이어트 방법을 찾을 것을 권하고 있다.

① ㉠
② ㉡
③ ㉢
④ ㉣
⑤ ㉤

08 다음 글에서 밑줄 친 ㉠~㉤의 수정 방안으로 적절하지 않은 것은?

일반적으로 감기는 겨울에 걸린다고 생각하지만 의외로 여름에도 감기에 걸린다. 여름에는 찬 음식을 많이 먹거나 냉방기를 과도하게 사용하는 경우가 많은데, 그렇게 되면 체온이 떨어져 면역력이 약해지기 때문이다. ㉠ 감기를 순 우리말로 고뿔이라 한다.
여름철 감기를 예방하기 위해서는 찬 음식은 적당히 먹어야 하고 냉방기에 장시간 ㉡ 노출되어지는 것을 피해야 한다. ㉢ 또한 충분한 휴식을 취하고, 집에 돌아온 후에는 손발을 꼭 씻어야 한다. 만약 감기에 걸렸다면 탈수로 인한 탈진을 방지하기 위해 수분을 충분히 섭취해야 한다. 특히 감기로 인해 ㉣ 열이나 기침을 할 때에는 따뜻한 물을 여러 번에 나누어 ㉤ 소량으로 조금씩 먹는 것이 좋다.

① 글의 통일성을 해치므로 ㉠을 삭제한다.
② 피동 표현이 중복되므로 ㉡을 '노출되는'으로 고친다.
③ 문맥의 자연스러운 흐름을 위해 ㉢을 '그러므로'로 고친다.
④ 호응 관계를 고려하여 ㉣을 '열이 나거나 기침을 할 때'로 고친다.
⑤ 의미가 겹치므로 ㉤의 '소량으로'를 삭제한다.

※ 다음 ㉠~㉢에 들어갈 말을 바르게 짝지은 것을 고르시오. [9~10]

09

각 시대에는 그 시대의 특징을 나타내는 문학이 있다고 한다. 우리나라도 무릇 사천 살이 넘는 생활의 역사를 가진 만큼 그 발전 시기마다 각각 특색을 가진 문학이 없을 수 없고, 문학이 있었다면 그 중추가 되는 것은 아무래도 시가문학이라고 볼 수밖에 없다. ___㉠___ 대개 어느 민족을 막론하고 인간 사회가 성립하는 동시에 벌써 각자의 감정과 의사를 표시하려는 욕망이 생겼을 것이며, 삼라만상의 대자연은 자연 그 자체가 율동적이고 음악적이라고 할 수 있기 때문이다. 다시 말하면 인간이 생활하는 곳에는 자연적으로 시가가 발생하였다고 할 수 있다. ___㉡___ 사람의 지혜가 트이고 비교적 언어의 사용이 능란해짐에 따라 종합 예술체의 한 부분으로 있었던 서정문학적 요소가 분화・독립되어 제요나 노동요 따위의 시가의 원형을 이루고 다시 이 집단적 가요는 개인적 서정시로 발전하여 갔으리라 추측된다. ___㉢___ 다른 나라도 마찬가지이겠지만, 우리 문학사상에서 시가의 지위는 상당히 중요한 몫을 지니고 있다.

	㉠	㉡	㉢
①	왜냐하면	그리고	그러므로
②	그리고	왜냐하면	그러므로
③	그러므로	그리고	왜냐하면
④	왜냐하면	그러나	그럼에도 불구하고
⑤	그러나	왜냐하면	그러므로

10

음향은 종종 인물의 생각이나 심리를 극적으로 ㉠ 표시(表示) / 제시(提示) 하는 데 활용된다. 화면을 가득 채운 얼굴과 함께 인물의 목소리를 들려주면 인물의 속마음이 효과적으로 표현된다. 인물의 표정은 드러내지 않은 채 심장 소리만을 크게 들려줌으로써 인물의 불안정한 심정을 ㉡ 표출(表出) / 표명(表明)하는 예도 있다. 이처럼 음향은 영화의 장면 및 줄거리와 밀접한 관계를 유지하며 주제나 감독의 의도를 ㉢ 실현(實現) / 구현(具縣)하는 중요한 요소이다.

	㉠	㉡	㉢
①	표시	표명	실현
②	제시	표출	실현
③	제시	표출	구현
④	표시	표명	구현
⑤	표시	표출	구현

대표유형 3 개요 수정

'재래시장의 활성화 방안'에 대한 글을 쓰기 위해 다음과 같이 개요를 작성하였다. 개요 수정 및 자료 제시 방안으로 적절하지 않은 것은?

Ⅰ. 서론 : 재래시장의 침체 실태 ·································· ㉠
Ⅱ. 본론
  1. 재래시장 침체의 원인 ·································· ㉡
    (1) 대형 유통점 및 전자상거래 중심으로의 유통 구조 변화
    (2) 상인들의 서비스 의식 미흡
    (3) 편의시설 미비 ·································· ㉢
    (4) 매출액 감소 및 빈 점포의 증가 ·································· ㉣
  2. 재래시장 활성화 방안
    (1) 접근성과 편의성을 살려 구조 및 시설 재정비
    (2) 시장 상인들을 대상으로 한 서비스 교육 실시
    (3) 지역 특산물 육성 및 지원
Ⅲ. 결론 : 재래시장 활성화를 위한 공동체 의식의 촉구 ·········· ㉤

① ㉠ : Ⅰ의 보충자료로 최근 10년간 재래시장 매출 및 점포수를 그래프로 제시한다.
② ㉡ : Ⅱ－2－(3)과의 호응을 고려하여 '소비자를 유인할 만한 특성화 상품의 부재'를 하위항목으로 추가한다.
③ ㉢ : Ⅱ－1－(1)과 내용이 중복되고 Ⅱ－2에 대응하는 항목도 없으므로 삭제한다.
④ ㉣ : 상위 항목과 일치하지 않으므로 Ⅰ의 하위항목으로 옮긴다.
⑤ ㉤ : 'Ⅱ－2'와의 논리적 일관성을 고려해야 하므로 '재래시장의 가치 강조 및 활성화 대책 촉구'로 변경한다.

| 해설 | 편의시설 미비는 '대형 유통점 및 전자상거래 중심으로의 유통구조 변화'와 내용이 중복된다고 보기 어려우며, Ⅱ－2－(1)의 '접근성과 편의성을 살려 구조 및 시설 재정비' 항목이 이와 대응된다고 볼 수 있다. 따라서 삭제하는 것은 적절하지 않다.

정답 ③

11 다음은 '인터넷 미디어 교육의 활성화 방안'에 대한 글을 위해 쓴 개요이다. 개요의 수정·보완 및 자료 제시 방안으로 적절하지 않은 것은?

> Ⅰ. 서론
> - 사이버 범죄의 급격한 증가 ················· ㉠
> - 유해 정보의 범람
>
> Ⅱ. 본론
> 1. 인터넷 미디어 교육의 필요성
>   - 사이버 범죄의 예방과 대처
>   - 올바른 사용 자세 배양 ················· ㉡
>   - 사이버 시민 의식의 고양
> 2. 인터넷 미디어 교육의 장애 요소
>   - 교육의 중요성에 대한 인식 부족 ················· ㉢
>   - 컴퓨터 이용 기술에 치우친 교육
>   - 교육 프로그램의 부재
> 3. 인터넷 미디어 교육의 활성화 방안
>   - 불건전 정보의 올바른 이해 ················· ㉣
>   - 사이버 윤리 및 예절 교육의 강화
>   - ______________________ ················· ㉤
>
> Ⅲ. 결론
> - 인터넷 미디어 교육의 중요성 강조

① ㉠ : 사이버 범죄의 실태를 통계 수치로 제시한다.
② ㉡ : 인터넷에 자신의 정보를 노출하여 큰 피해를 입은 사례를 근거로 제시한다.
③ ㉢ : 일반인들과 정부 당국으로 항목을 구분하여 지적한다.
④ ㉣ : 'Ⅱ-2'를 고려하여 '사이버 폭력에 대한 규제 강화'로 수정한다.
⑤ ㉤ : 글의 완결성을 고려하여 '다양한 교육 프로그램의 개발'이라는 내용을 추가한다.

12 다음은 '온라인상의 저작권 침해'에 대한 글을 쓰기 위해 작성한 개요이다. 개요의 수정 · 보완 및 자료 제시 방안으로 적절하지 않은 것은?

Ⅰ. 서론 : 온라인상에서의 저작권 침해 실태 ································ ㉠
Ⅱ. 본론
  1. 온라인상에서의 저작권 침해 문제가 발생하는 원인
    가. 온라인 특성상 정보를 공유해야 한다는 의식 부족 ···· ㉡
    나. 해외 서버의 불법 복제를 단속하기 위한 다른 나라와의 협조 체제 미비
    다. 확인되지 않은 악성 루머의 유포 ································ ㉢
  2. 온라인상에서의 저작권 침해 문제의 해결 방안
    가. 온라인상에서의 저작권 보호 의식 제고를 위한 교육 실시
    나. ______________________ ······················ ㉣
Ⅲ. 결론 : 온라인상에서의 저작권 보호 ·· ㉤

① ㉠ : 온라인상에서의 저작권 침해 사례를 보도한 신문 기사를 제시한다.
② ㉡ : 상위 항목을 고려하여 '온라인 특성상 저작권을 보호해야 한다는 의식 부족'으로 고친다.
③ ㉢ : 글의 주제를 고려하여 삭제한다.
④ ㉣ : 'Ⅱ－1－나'의 내용을 고려하여 '업로드 속도를 향상하기 위한 국내 서버 증설'이라는 내용을 추가한다.
⑤ ㉤ : 내용을 구체화하기 위해 '온라인상에서의 저작권 보호를 위한 개인과 정부의 행동 촉구'로 수정한다.

13 다음은 '지역민을 위한 휴식 공간 조성'에 대한 글을 쓰기 위한 개요이다. 개요의 수정 · 보완 및 자료 제시 방안으로 적절하지 않은 것은?

> Ⅰ. 서론 ………………………………………………………… ㉠
> Ⅱ. 본론
> 1. 휴식 공간 조성의 필요성
> 가. 휴식 시간의 부족에 대한 직장인의 불만 증대 ……… ㉡
> 나. 여가를 즐길 수 있는 공간에 대한 지역민의 요구 증가
> 2. 휴식 공간 조성의 장애 요인
> 가. 휴식 공간을 조성할 지역 내 장소 확보 ………………… ㉢
> 나. 비용 마련의 어려움
> 3. 해결 방안 ……………………………………………………… ㉣
> 가. 휴식 공간을 조성할 지역 내 장소 부족
> 나. 무분별한 개발로 훼손되고 있는 도시 경관 …………… ㉤
> Ⅲ. 결론 : 지역민을 위한 휴식 공간 조성 촉구

① ㉠ : 지역 내 휴식 공간의 면적을 조사한 자료를 통해 지역의 휴식 공간 실태를 나타낸다.
② ㉡ : 글의 주제를 고려하여 '휴식 공간의 부족에 대한 지역민의 불만 증대'로 수정한다.
③ ㉢ : 상위 항목과의 연관성을 고려하여 'Ⅱ－3－가'와 위치를 바꾼다.
④ ㉣ : 'Ⅱ－2－나'의 내용을 고려하여 '지역 공동체와의 협력을 통한 비용 마련'을 하위 항목으로 추가한다.
⑤ ㉤ : 상위 항목과 어울리지 않으므로 'Ⅱ－2'의 하위 항목으로 옮긴다.

대표유형 4 **독해**

다음 글의 내용으로 적절하지 않은 것은?

인간 사유의 결정적이고도 독창적인 비약은 시각적인 표시의 코드 체계의 발명에 의해서 이루어졌다. 시각적인 표시의 코드 체계에 의해 인간은 정확한 말을 결정하여 텍스트를 마련하고, 또 이해할 수 있게 된 것이다. 이것이 바로 진정한 의미에서의 '쓰기(Writing)'이다.
이러한 '쓰기'에 의해 코드화된 시각적인 표시는 말을 사로잡게 되고, 그 결과 그때까지 소리 속에서 발전해 온 정밀하고 복잡한 구조나 지시 체계의 특수한 복잡성이 그대로 시각적으로 기록될 수 있게 되고, 나아가서는 그러한 시각적인 기록으로 인해 그보다 훨씬 정교한 구조나 지시 체계가 산출될 수 있게 된다. 그러한 정교함은 구술적인 발화가 지니는 잠재력으로써는 도저히 이룩할 수 없는 정도의 것이다. 이렇듯 '쓰기'는 인간의 모든 기술적 발명 속에서도 가장 영향력이 큰 것이었으며, 지금도 그러하다. 쓰기는 말하기에 단순히 첨가된 것이 아니다. 왜냐하면 쓰기는 말하기를 구술 – 청각의 세계에서 새로운 감각의 세계, 즉 시각의 세계로 이동시킴으로써 말하기와 사고를 함께 변화시키기 때문이다.

① 인간은 시각적 코드 체계를 사용함으로써 말하기를 한층 정교한 구조로 만들었다.
② 인간은 쓰기를 통해서 정확한 말을 사용한 텍스트의 생산과 소통이 가능하게 되었다.
③ 인간은 쓰기를 통해 지시 체계의 복잡성을 기록함으로써 말하기와 사고의 변화를 일으킨다.
④ 인간은 정밀하고 복잡한 지시 체계를 통해 시각적 코드를 발명하였다.
⑤ 인간의 모든 기술적 발명 속에서도 '쓰기'는 예전이나 지금이나 가장 영향력이 크다.

| 해설 | 제시문은 '쓰기(Writing)'의 문화사적 의의를 기술한 글이다. '복잡한 구조나 지시 체계'는 이미 '소리 속에서' 발전해왔는데 그러한 복잡한 개념들을 시각적인 코드 체계인 '쓰기'를 통해 기록할 수 있게 되었다. 또한 그러한 '쓰기'를 통해 인간의 문명과 사고가 더욱 발전하게 되었다고 나와 있다. ④는 '쓰기'가 '복잡한 구조나 지시 체계'를 이루는 시초가 되었다고 보고 있으므로 이는 잘못된 해석이다.

정답 ④

14 다음 기사의 주된 내용 전개방식으로 적절한 것은?

비만은 더 이상 개인의 문제가 아니다. 세계보건기구(WHO)는 비만을 질병으로 분류하고, 총 8종의 암(대장암 · 자궁내막암 · 난소암 · 전립선암 · 신장암 · 유방암 · 간암 · 담낭암)을 유발하는 주요 요인으로 제시하고 있다. 오늘날 기대수명이 늘어가는 상황에서 실질적인 삶의 질 향상을 위해서도 국가적으로 적극적인 비만관리가 필요해진 것이다.
이러한 비만을 예방하기 위한 국가적인 대책을 살펴보면, 우선 비만을 유발하는 과자, 빵, 탄산음료 등 고열량 · 저열량 · 고카페인 함유 식품의 판매 제한 모니터링이 강화되어야 하며, 또한 과음과 폭식 등 비만을 조장 · 유발하는 문화와 환경도 개선되어야 한다. 특히 과음은 식사량과 고열량 안주 섭취를 늘려 지방간, 간경화 등 건강 문제와 함께 복부 비만의 위험을 높이는 주요 요인이다. 따라서 회식과 접대 문화, 음주 행태 개선을 위한 가이드라인을 마련하고 음주 폐해 예방 캠페인을 추진하는 것도 하나의 방법이다.
다음으로 건강관리를 위해 운동을 권장하는 것도 중요하다. 수영, 스케이트, 볼링, 클라이밍 등 다양한 스포츠를 즐기는 문화를 조성하고, 특히 비만 환자의 경우 체계적인 체력 관리와 건강증진을 위한 운동프로그램이 요구되어진다.

① 다양한 관점들을 제시한 뒤, 예를 들어 설명하고 있다.
② 시간에 따른 현상의 변화과정에 대해 설명하고 있다.
③ 서로 다른 관점을 비교 · 분석하고 있다.
④ 주장을 제시하고, 여러 가지 근거를 들어 설득하고 있다.
⑤ 문제점을 제시하고, 그에 대한 해결방안을 제시하고 있다.

PART 1

※ 다음 글의 주제로 가장 적절한 것을 고르시오. [15~19]

15

누구나 깜빡 잊어버리는 증상을 겪을 수 있다. 나이가 들어서 자꾸 이런 증상이 나타난다면 치매가 아닐까 걱정하게 마련인데 이 중 정말 치매인 경우와 단순 건망증을 어떻게 구분해 낼 수 있을까? 치매란 기억력 장애와 함께 실행증, 집행기능의 장애 등의 증상이 나타나며 이런 증상이 사회적, 직업적 기능에 중대한 지장을 주는 경우라고 정의한다. 증상은 원인 질환의 종류 및 정도에 따라 다른데 아주 가벼운 기억장애부터 매우 심한 행동장애까지 다양하게 나타난다. 일상생활은 비교적 정상적으로 수행하지만 뚜렷한 건망증이 있는 상태를 '경도인지장애'라고 하는데 경도인지장애는 매년 10 ~ 15%가 치매로 진행되기 때문에 치매의 위험인자로 불린다. 모든 치매 환자에게서 공통으로 보이는 증상은 기억장애와 사고력, 추리력, 언어능력 등의 영역에서 동시에 장애를 보이는 것이며 인격 장애, 공격성, 성격의 변화와 비정상적인 행동들도 치매가 진행됨에 따라 나타날 수 있는 증상들이다. 국민건강보험 일산병원 신경과 교수는 "치매를 예방하기 위해서는 대뇌(Cerebrum) 활동 참여, 운동, 뇌졸중 예방, 식습관 개선 및 음주, 흡연을 자제해야 한다."라고 말했다.
한편 치매는 시간이 지나면 악화가 되고 여러 행동이상(공격성, 안절부절 못함, 수면장애, 배회 등)을 보이며 시간이 지나면서 기억력 저하 등의 증상보다는 이런 행동이상에 의한 문제가 더 크기 때문에 행동이상에 대한 조사도 적절히 시행돼야 한다.

① 치매의 의미
② 치매의 종류
③ 인지장애단계 구분
④ 건망증의 분류
⑤ 인지장애의 유형

16

일반적으로 소비자들은 합리적인 경제 행위를 추구하기 때문에 최소 비용으로 최대 효과를 얻으려 한다는 것이 소비의 기본 원칙이다. 그들은 '보이지 않는 손'이라고 일컬어지는 시장 원리 아래에서 생산자와 만난다. 그러나 이러한 일차적 의미의 합리적 소비가 언제나 유효한 것은 아니다. 생산보다는 소비가 화두가 된 소비 자본주의 시대에 소비는 단순히 필요한 재화, 그리고 경제학적으로 유리한 재화를 구매하는 행위에 머물지 않는다. 최대 효과 자체에 정서적이고 사회 심리학적인 요인이 개입하면서, 이제 소비는 개인이 세계와 만나는 다분히 심리적인 방법이 되어버린 것이다. 곧 인간의 기본적인 생존 욕구를 충족시켜 주는 합리적 소비 수준에 머물지 않고, 자신을 표현하는 상징적 행위가 된 것이다. 이처럼 오늘날의 소비문화는 물질적 소비 차원이 아닌 심리적 소비 형태를 띠게 된다.

소비 자본주의의 화두는 과소비가 아니라 '과시 소비'로 넘어간 것이다. 과시 소비의 중심에는 신분의 논리가 있다. 신분의 논리는 유용성의 논리, 나아가 시장의 논리로 설명되지 않는 것들을 설명해 준다. 혈통으로 이어지던 폐쇄적 계층 사회는 소비 행위에 대해 계급에 근거한 제한을 부여했다. 먼 옛날 부족 사회에서 수장들만이 걸칠 수 있었던 장신구에서부터, 제아무리 권문세가의 정승이라도 아흔아홉 칸을 넘을 수 없던 집이 좋은 예이다. 권력을 가진 자는 힘을 통해 자기의 취향을 주위 사람들과 분리시킴으로써 경외감을 강요하고, 그렇게 자기 취향을 과시함으로써 잠재적 경쟁자들을 통제한 것이다.

가시적 신분 제도가 사라진 현대 사회에서도 이러한 신분의 논리는 여전히 유효하다. 이제 개인은 소비를 통해 자신의 물질적 부를 표현함으로써 신분을 과시하려 한다.

① '보이지 않는 손'에 의한 합리적 소비의 필요성
② 소득을 고려하지 않은 무분별한 과소비의 폐해
③ 계층별 소비 규제의 필요성
④ 신분사회에서 의복 소비와 계층의 관계
⑤ 소비가 곧 신분이 되는 과시 소비의 원리

17

> 멸균이란 곰팡이, 세균, 박테리아, 바이러스 등 모든 미생물을 사멸시켜 무균 상태로 만드는 것을 의미한다. 멸균 방법에는 물리적, 화학적 방법이 있으며, 멸균 대상의 특성에 따라 적절한 멸균 방법을 선택하여 실시할 수 있다. 먼저 물리적 멸균법에는 열이나 화학약품을 사용하지 않고 여과기를 이용하여 세균을 제거하는 여과법, 병원체를 불에 태워 없애는 소각법, 100℃에서 10 ~ 20분간 물품을 끓이는 자비소독법, 미생물을 자외선에 직접 노출시키는 자외선 소독법, 160 ~ 170℃의 열에서 1 ~ 2시간 동안 건열 멸균기를 사용하는 건열법, 포화된 고압증기 형태의 습열로 미생물을 파괴시키는 고압증기 멸균법 등이 있다. 다음으로 화학적 멸균법은 화학약품이나 가스를 사용하여 미생물을 파괴하거나 성장을 억제하는 방법을 말한다. 여기에는 E.O 가스, 알코올, 염소 등 여러 가지 화학약품이 사용된다.

① 멸균의 중요성
② 뛰어난 멸균 효과
③ 다양한 멸균 방법
④ 멸균 시 발생할 수 있는 부작용
⑤ 실생활에서 사용되는 멸균

18

> 맥주의 주원료는 양조용수 · 보리 · 홉 등이다. 맥주를 양조하기 위해서는 일반적으로 맥주생산량의 10 ~ 20배 정도 되는 물이 필요하며, 이것을 양조용수라고 한다. 양조용수는 맥주의 종류와 품질을 좌우하며, 무색 · 무취 · 투명해야 한다. 보리를 싹틔워 맥아로 만든 것을 사용하여 맥주를 제조하는데, 맥주용 보리로는 곡립이 고르고 녹말질이 많으며 단백질이 적은 것, 그리고 곡피(穀皮)가 얇으며 발아력이 왕성한 것이 좋다. 홉은 맥주 특유의 쌉쌀한 향과 쓴맛을 만들어 내는 주요 첨가물이며, 맥주를 맑게 하고 잡균의 번식을 막아주는 역할을 한다.
> 맥주의 제조공정을 살펴보면 맥아제조, 담금, 발효, 저장, 여과의 다섯 단계로 나눌 수 있다.
> 이 중 발효공정은 맥즙이 발효되어 술이 되는 과정을 말하는데, 효모가 발효탱크 속에서 맥즙에 있는 당분을 알코올과 탄산가스로 분해한다. 이 공정은 1주일간 이어지며, 그동안 맥즙 안에 있던 당분은 점점 줄어들고 알코올과 탄산가스가 늘어나 맥주가 되는 것이다. 이때 발효 중 맥즙의 온도 상승을 막기 위해 탱크를 냉각 코일로 감고 그 표면을 하얀 폴리우레탄으로 단열시키는데, 그 모습이 마치 남극의 이글루처럼 보이기도 한다.
> 발효의 방법에 따라 하면발효 맥주와 상면발효 맥주로 구분되는데, 이는 어떤 온도에서 발효시키느냐에 달려있다. 세계 맥주 생산량의 70%를 차지하는 하면발효 맥주는 발효 중 밑으로 가라앉는 효모를 사용해 저온에서 발효시킨 맥주를 말한다. 요즘 유행하는 드래프트비어가 바로 여기에 속한다. 반면, 상면발효 맥주는 주로 영국, 미국, 캐나다, 벨기에 등에서 생산되며 발효 중 표면에 떠오르는 효모로 비교적 높은 온도에서 발효시킨 맥주를 말한다. 에일, 스타우트 등이 상면발효 맥주에 포함된다.

① 홉과 발효 방법의 종류에 따른 맥주 구분법
② 주원료에 따른 맥주의 발효 방법 분류
③ 맥주의 주원료와 발효 방법에 따른 맥주의 종류
④ 맥주의 제조공정
⑤ 맥주의 발효 과정

19

반사회적 인격장애(Antisocial Personality Disorder), 일명 사이코패스(Psychopath)는 타인의 권리를 대수롭지 않게 여기고 침해하며, 반복적인 범법행위나 거짓말, 사기성, 공격성, 무책임함 등을 보이는 인격장애이다. 사이코패스는 1920년대 독일의 쿠르트 슈나이더(Kurt Schneider)가 처음 소개한 개념으로 이들은 타인의 권리를 무시하는 무책임한 행동을 반복적, 지속적으로 보이며 다른 사람의 감정에 관심이나 걱정이 없고, 죄책감을 느끼지 못한다. 따라서 정직, 성실, 신뢰와 거리가 멀다. 반사회적 사람들 중 일부는 달변가인 경우도 있다. 다른 사람을 꾀어내기도 하고 착취하기도 한다. 대개 다른 사람이 느끼는 감정에는 관심이 없지만, 타인의 고통에서 즐거움을 얻는 가학적인 사람들도 있다.

① 사이코패스의 원인
② 사이코패스의 예방법
③ 사이코패스의 진단법
④ 사이코패스의 정의와 특성
⑤ 사이코패스의 사회생활

PART 1

※ 다음 글의 내용으로 가장 적절한 것을 고르시오. [20~22]

20

우리는 주변에서 신호등 음성 안내기, 휠체어 리프트, 점자 블록 등의 장애인 편의 시설을 많이 볼 수 있다. 우리는 이런 편의 시설을 장애인들이 지니고 있는 국민으로서의 기본 권리를 인정한 것이라는 시각에서 바라보고 있다. 물론, 장애인의 일상생활 보장이라는 측면에서 이 시각은 당연한 것이다. 하지만 이를 바라보는 또 다른 시각이 필요하다. 그것은 바로 장애인만을 위한 것이 아니라 일상생활에서 활동에 불편을 겪는 모두를 위한 것이라는 시각이다. 편리하고 안전한 시설은 장애인뿐만 아니라 우리 모두에게 유용하기 때문이다. 예를 들어, 건물의 출입구에 설치되어 있는 경사로는 장애인들의 휠체어만 다닐 수 있도록 설치해 놓은 것이 아니라, 몸이 불편해서 계단을 오르내릴 수 없는 노인이나 유모차를 끌고 다니는 사람들도 편하게 다닐 수 있도록 만들어 놓은 시설이다. 결국 이 경사로는 우리 모두에게 유용한 시설인 것이다.

그런 의미에서, 근래에 대두되고 있는 '보편적 디자인', 즉 '유니버설 디자인(Universal Design)'이라는 개념은 우리에게 좋은 시사점을 제공해 준다. 보편적 디자인이란 가능한 모든 사람이 이용할 수 있도록 제품, 건물, 공간을 디자인한다는 의미를 가지고 있기 때문이다. 이러한 시각으로 바라본다면 장애인 편의 시설이 우리 모두에게 편리하고 안전한 시설로 인식될 것이다.

① 우리 주변에서는 장애인 편의 시설을 많이 볼 수 있다.
② 보편적 디자인은 근래에 대두되고 있는 중요한 개념이다.
③ 어떤 집단의 사람들이라도 이용할 수 있는 제품을 만들어야 한다.
④ 보편적 디자인이라는 관점에서 장애인 편의 시설을 바라볼 필요가 있다.
⑤ 장애인들의 기본 권리를 보장하기 위해 장애인 편의 시설을 확충해야 한다.

21

현대 사회는 대중 매체의 영향을 많이 받는 사회이며, 그중에서도 텔레비전의 영향은 거의 절대적입니다. 언어 또한 텔레비전의 영향을 많이 받습니다. 그런데 텔레비전의 언어는 우리의 언어 습관을 부정적인 방향으로 흐르게 하고 있습니다.
텔레비전은 시청자들의 깊이 있는 사고보다는 감각적 자극에 호소하는 전달 방식을 사용하고 있습니다. 또 현대 자본주의 사회에서의 텔레비전 방송은 상업주의에 편승하여 대중을 붙잡기 위한 방편으로 쾌락과 흥미 위주의 언어를 무분별하게 사용합니다. 결국 텔레비전은 대중의 이성적 사고 과정을 마비시켜 오염된 언어 습관을 무비판적으로 수용하게 합니다. 그렇기 때문에 언어 사용을 통해 발전시킬 수 있는 상상적 사고를 기대하기 어렵게 하며, 창조적인 언어 습관보다는 단편적인 언어 습관을 갖게 만듭니다.
따라서 좋은 말 습관의 형성을 위해서는 또 다른 문화 매체가 필요합니다. 이러한 문제의 대안으로 문학 작품의 독서를 제시하려고 합니다. 문학은 작가적 현실을 언어를 매개로 형상화한 예술입니다. 작가적 현실을 작품으로 형상화하기 위해서는 작가의 복잡한 사고 과정을 거치듯이, 작품을 바르게 이해·해석·평가하기 위해서는 독자의 상상적 사고를 거치게 됩니다. 또한 문학은 아름다움을 지향하는 언어 예술로서 정제된 언어를 사용하므로 문학 작품의 감상을 통해 습득된 언어 습관은 아름답고 건전하리라 믿습니다.

① 쾌락과 흥미 위주의 언어 습관을 지양하고 사고 능력을 기를 수 있는 언어 습관을 길러야 한다.
② 사고 능력을 기르고 건전한 언어 습관을 길들이기 위해서 문학 작품의 독서가 필요하다.
③ 바른 언어 습관의 형성과 건전하고 창의적인 사고를 위해 텔레비전을 멀리 해야 한다.
④ 언어는 자신의 사상을 표현하는 매체일 뿐만 아니라 그것을 사용하는 사람의 인격을 가늠하는 척도이므로 바른 언어 습관이 중요하다.
⑤ 대중 매체가 개인의 언어 습관과 사고 과정에 미치는 영향이 절대적이므로 대중 매체에서 문학작품을 다뤄야 한다.

22

동물들의 행동을 잘 살펴보면 동물들도 우리가 사용하는 말 못지않은 의사소통 수단을 가지고 있는 듯이 보인다. 즉, 동물들도 여러 가지 소리를 내거나 몸짓을 함으로써 자신들의 감정과 기분을 나타낼 뿐 아니라 경우에 따라서는 인간과 다를 바 없이 의사를 교환하고 있는 듯하다. 그러나 그것은 단지 겉모습의 유사성에 지나지 않을 뿐이고 사람의 말과 동물의 소리에는 아주 근본적인 차이가 존재한다는 점을 잊어서는 안 된다. 동물들이 사용하는 소리는 단지 배고픔이나 고통 같은 생물학적인 조건에 대한 반응이거나, 두려움이나 분노 같은 본능적인 감정들을 표현하기 위한 것에 지나지 않는다.

① 모든 동물이 다 말을 하는 것은 아니지만, 원숭이와 같이 지능이 높은 동물은 말을 할 수 있다.
② 동물들은 인간이 알아듣지 못하는 방식으로 대화할 뿐 서로 대화를 나누고 정보를 교환하며 인간과 같이 의사소통을 한다.
③ 사육사의 지속적인 훈련을 받는다면 동물들은 인간의 소리를 똑같은 목소리로 정확하게 따라 할 수 있다.
④ 동물들이 내는 소리가 때때로 의사소통의 수단으로 이용된다고 해서 그것을 대화나 토론이나 회의와 같은 언어활동이라고 할 수는 없다.
⑤ 자라면서 언어를 익히는 인간과 달리 동물들은 태어날 때부터 소리를 내고, 이를 통해 자신들의 의사를 표현한다.

※ 다음 글의 내용으로 적절하지 않은 것을 고르시오. [23~26]

23

키덜트란 키드와 어덜트의 합성어로 20 ~ 40대의 어른이 되었음에도 불구하고 여전히 어린이의 분위기와 감성을 간직하고 추구하는 성인들을 일컫는 말이다. 한때 이들은 책임감 없고 보호받기만을 바라는 '피터팬증후군'이라는 말로 표현되기도 하였으나, 이와 달리 키덜트는 각박한 현대인의 생활 속에서 마음 한구석에 어린이의 심상을 유지하는 사람들로 긍정적인 이미지를 가지고 있다.
이들의 특징은 무엇보다 진지하고 무거운 것 대신 유치하고 재미있는 것을 추구한다는 점이다. 예를 들면 대학생이나 직장인들이 엽기토끼 같은 앙증맞은 인형을 가방이나 핸드폰에 매달고 다니는 것, 회사 책상 위에 인형을 올려놓는 것 등이다. 키덜트들은 이를 통해 얻은 영감이나 에너지가 일에 도움이 된다고 한다.
이렇게 생활하면 정서 안정과 스트레스 해소에 도움이 된다는 긍정적인 의견이 나오면서 키덜트 특유의 감성이 반영된 트렌드가 유행하고 있다. 기업들은 키덜트족을 타깃으로 하는 상품과 서비스를 만들어내고 있으며, 엔터테인먼트 쇼핑몰과 온라인 쇼핑몰도 쇼핑과 놀이를 동시에 즐기려는 키덜트족의 욕구를 적극 반영하고 있는 추세이다.

① 키덜트의 나이도 범위가 존재한다.
② 피터팬증후군과 키덜트는 혼용하여 사용해도 된다.
③ 키덜트는 현대사회와 밀접한 관련이 있다.
④ 키덜트의 행위가 긍정적인 영향을 끼치기도 한다.
⑤ 키덜트도 시장의 수요자의 한 범주에 속한다.

24

일그러진 달항아리와 휘어진 대들보. 물론 달항아리와 대들보가 언제나 그랬던 것은 아니다. 사실인즉 일그러지지 않은 달항아리와 휘어지지 않은 대들보가 더 많았을 것이다. 하지만 주목해야 할 것은 한국인들은 달항아리가 일그러졌다고 해서 깨뜨려 버리거나, 대들보가 구부러졌다고 해서 고쳐서 쓰거나 하지는 않았다는 것이다. 나아가 그들은 살짝 일그러진 달항아리나 그럴싸하게 휘어진 대들보, 입술이 약간 휘어져 삐뚜름 능청거리는 사발이 오히려 멋있다는 생각을 했던 것 같다. 일그러진 달항아리와 휘어진 대들보에서 '형(形)의 어눌함'과 함께 '상(象)의 세련됨'을 볼 수 있다. 즉, '상의 세련됨'을 머금은 '형의 어눌함'을 발견하게 된다. 대체로 평균치를 넘어서는 우아함을 갖춘 상은 어느 정도 형의 어눌함을 수반한다. 이런 형상을 가리켜 아졸하거나 고졸하다고 하는데, 한국문화는 이렇게 상의 세련됨과 형의 어눌함이 어우러진 아졸함이나 고졸함의 형상으로 넘쳐난다. 분청이나 철화, 달항아리 같은 도자기 역시 예상과는 달리 균제적이거나 대칭적이지 않은 경우가 많다. 이 같은 비균제성이나 비대칭성은 무의식(無意識)의 산물이 아니라 '형의 어눌함을 수반하는 상의 세련됨'을 추구하는 미의식(美意識)의 산물이다. 이러한 미의식은 하늘과 땅과 인간을 하나의 커다란 유기체로 파악하는 우리 민족이 자신의 삶을 통해 천지인의 조화를 이룩하기 위해 의식적으로 노력한 결과이다.

① 달항아리는 일그러진 모습, 대들보는 휘어진 모습을 한 것들이 많다.

② 한국인들은 곧은 대들보와 완벽한 모양의 달항아리를 좋아하지 않았다.

③ 상(象)의 세련됨은 형(形)의 어눌함에서도 발견할 수 있다.

④ 분청, 철화, 달항아리 같은 도자기에서는 비대칭적인 요소가 종종 발견된다.

⑤ 비대칭적 미의식은 천지인을 유기체로 파악하는 우리 민족의 의식적인 노력의 결과이다.

25

스마트팩토리는 인공지능(AI), 사물인터넷(IoT) 등 다양한 기술이 융합된 자율화 공장으로, 제품 설계와 제조, 유통, 물류 등의 산업 현장에서 생산성 향상에 초점을 맞췄다. 이곳에서는 기계, 로봇, 부품 등의 상호 간 정보 교환을 통해 제조 활동을 하고, 모든 공정 이력이 기록되며, 빅데이터 분석으로 사고나 불량을 예측할 수 있다.
스마트팩토리에서는 컨베이어 생산 활동으로 대표되는 산업 현장의 모듈형 생산이 컨베이어를 대체하고 IoT가 신경망 역할을 한다. 센서와 기기 간 다양한 데이터를 수집하고, 이를 서버에 전송하면 서버는 데이터를 분석해 결과를 도출한다. 서버는 AI 기계학습 기술이 적용돼 빅데이터를 분석하고 생산성 향상을 위한 최적의 방법을 제시한다.
스마트팩토리의 대표 사례로는 고도화된 시뮬레이션 '디지털 트윈'을 들 수 있다. 이는 데이터를 기반으로 가상공간에서 미리 시뮬레이션하는 기술이다. 시뮬레이션을 위해 빅데이터를 수집하고 분석과 예측을 위한 통신·분석 기술에 가상현실(VR), 증강현실(AR)과 같은 기술을 얹는다. 이를 통해 산업 현장에서 작업 프로세스를 미리 시뮬레이션하고, VR·AR로 검증함으로써 실제 시행에 따른 손실을 줄이고, 작업 효율성을 높일 수 있다.
한편 '에지 컴퓨팅'도 스마트팩토리의 주요 기술 중 하나이다. 에지 컴퓨팅은 산업 현장에서 발생하는 방대한 데이터를 클라우드로 한 번에 전송하지 않고, 에지에서 사전 처리한 후 데이터를 선별해서 전송한다. 서버와 에지가 연동해 데이터 분석 및 실시간 제어를 수행하여 산업 현장에서 생산되는 데이터가 기하급수로 늘어도 서버에 부하를 주지 않는다. 현재 클라우드 컴퓨팅이 중앙 데이터 센터와 직접 소통하는 방식이라면 에지 컴퓨팅은 기기 가까이에 위치한 일명 '에지 데이터 센터'와 소통하며, 저장을 중앙 클라우드에 맡기는 형식이다. 이를 통해 데이터 처리 지연 시간을 줄이고 즉각적인 현장 대처를 가능하게 한다.

① 스마트팩토리에서는 제품 생산 과정에서 발생할 수 있는 사고를 미리 예측할 수 있다.
② 스마트팩토리에서는 AI 기계학습 기술을 통해 생산성을 향상시킬 수 있다.
③ 스마트팩토리에서는 작업을 시행하기 전에 앞서 가상의 작업을 시행해볼 수 있다.
④ 스마트팩토리에서는 발생 데이터를 중앙 데이터 센터로 직접 전송함으로써 데이터 처리 지연 시간을 줄일 수 있다.
⑤ 스마트팩토리에서는 IoT를 통해 연결된 기계, 로봇 등이 상호 간 정보를 교환할 수 있다.

26

물은 상온에서 액체 상태이며, 100℃에서 끓어 기체인 수증기로 변하고, 0℃ 이하에서는 고체인 얼음으로 변한다. 만일 물이 상온 상태에서 기체이거나 또는 보다 높은 온도에서 액화돼 고체 상태라면 물이 구성 성분의 대부분을 차지하는 생명체는 존재하지 않았을 것이다.
생물체가 생명을 유지하기 위해서 물에 의존하는 것은 무엇보다 물 분자 구조의 특징에서 비롯된다. 물 1분자는 1개의 산소 원자(O)와 2개의 수소 원자(H)가 공유 결합을 이루고 있는데, 2개의 수소 원자는 약 104.5°의 각도로 산소와 결합한다. 이때 산소 원자와 수소 원자는 전자를 1개씩 내어서 전자쌍을 만들고 이를 공유한다. 하지만 전자쌍은 전자친화도가 더 큰 산소 원자 쪽에 가깝게 위치하여 산소 원자는 약한 음전하(−)를, 수소는 약한 양전하(+)를 띠게 되어 물 분자는 극성을 가지게 된다. 따라서 극성을 띤 물 분자들끼리는 서로 다른 물 분자의 수소와 산소 사이에 전기적 인력이 작용하는 결합이 형성된다. 물 분자가 극성을 가지고 있어서 물은 여러 가지 물질을 잘 녹이는 특성을 가진다.
그래서 우리 몸에서 용매 역할을 하며, 각종 물질을 운반하는 기능을 담당한다. 물은 혈액을 구성하고 있어 영양소, 산소, 호르몬, 노폐물 등을 운반하며, 대사 반응, 에너지 전달 과정의 매질 역할을 하고 있다. 또한 전기적 인력으로 결합된 구조는 물이 비열이 큰 성질을 갖게 한다.
비열은 물질 1g의 온도를 1℃ 높일 때 필요한 열량을 말하는데, 물질의 고유한 특성이다. 체액은 대부분 물로 구성되어 있어서 상당한 추위에도 어느 정도까지는 체온이 내려가는 것을 막아 준다. 특히 우리 몸의 여러 생리 작용은 효소 단백질에 의해 일어나는데, 단백질은 온도 변화에 민감하므로 체온을 유지하는 것은 매우 중요하다.

① 물 분자는 극성을 띠어 전기적 인력을 가진다.
② 물의 분자 구조는 혈액의 역할에 영향을 미친다.
③ 물은 물질의 전달 과정에서 매질로 역할을 한다.
④ 물 분자를 이루는 산소와 수소는 전자를 공유한다.
⑤ 물의 비열은 쉽게 변하는 특징이 있다.

27 **다음 중 밑줄 친 ㉠에 대해 제기할 수 있는 반론으로 가장 적절한 것은?**

기업은 상품의 사회적 마모를 촉진시키는 주체이다. 생산과 소비가 지속되어야 이윤을 남길 수 있기 때문에, 하나의 상품을 생산해서 그 상품의 물리적 마모가 끝날 때까지를 기다렸다가는 그 기업은 망하기 십상이다. 이러한 상황에서 늘 수요에 비해서 과잉 생산을 하는 기업이 살아남을 수 있는 길은 상품의 사회적 마모를 짧게 해서 사람들로 하여금 계속 소비하게 만드는 것이다.
그래서 ㉠ 기업들은 더 많은 이익을 내기 위해서는 상품의 성능을 향상시키기보다는 디자인을 변화시키는 것이 더 바람직하다고 생각한다. 산업이 발달하여 상품의 성능이나 기능, 내구성이 이전보다 더욱 향상되었는데도 불구하고 상품의 생명이 이전보다 더 짧아지는 것은 어떻게 생각하면 자본주의 상품이 지닌 모순이라고 할 수 있다. 섬유의 질은 점점 좋아지지만 그 옷을 입는 기간은 이에 비해서 점점 짧아지게 되는 것이 바로 자본주의 상품이 지니고 있는 모순이다. 산업이 계속 발달하여 상품의 성능이 향상되는데도 상품의 사회적인 마모 기간이 누군가에 의해서 엄청나게 짧아지고 있다. 상품의 질은 향상되고 내가 버는 돈은 늘어가는 것 같은데 늘 무엇인가 부족한 듯한 느낌이 드는 것도 이것과 관련이 있다.

① 상품의 성능은 그대로 두어도 향상될 수 있는가?
② 디자인에 관한 소비자들의 취향이 바뀌는 것을 막을 방안은 있는가?
③ 상품의 성능 향상을 등한시하며 디자인만 바꾼다고 소비가 증가할 것인가?
④ 사회적 마모 기간이 점차 짧아지면 디자인을 개발하는 것이 기업에 도움이 되겠는가?
⑤ 소비 성향에 맞춰 디자인을 다양화할 수 있는가?

28 다음 글의 중심 내용으로 가장 적절한 것은?

통계는 다양한 분야에서 사용되며 막강한 위력을 발휘하고 있다. 그러나 모든 도구나 방법이 그렇듯이, 통계 수치에도 함정이 있다. 함정에 빠지지 않으려면 통계 수치의 의미를 정확히 이해하고, 도구와 방법을 올바르게 사용해야 한다. 친구 5명이 만나서 이야기를 나누다가 연봉이 화제가 되었다. 2천만 원이 4명, 7천만 원이 1명이었는데, 평균을 내면 3천만 원이다. 이 숫자에 대해 4명은 "나는 봉급이 왜 이렇게 적을까?"하며 한숨을 내쉬었다. 그러나 이 평균값 3천만 원이 5명의 집단을 대표하는 데에 아무 문제가 없을까? 물론 계산 과정에는 하자가 없지만, 평균을 집단의 대푯값으로 사용하는 데에 어떤 한계가 있을 수 있는지 깊이 생각해 보지 않는다면, 우리는 잘못된 생각에 빠질 수도 있다. 평균은 극단적으로 아웃라이어(비정상적인 수치)에 민감하다. 집단 내에 아웃라이어가 하나만 있어도 평균이 크게 바뀐다는 것이다. 위의 예에서 1명의 연봉이 7천만 원이 아니라 100억 원이었다고 하자. 그러면 평균은 20억 원이 넘게 된다.
나머지 4명은 자신의 연봉이 평균치의 100분의 1밖에 안 된다며 슬퍼해야 할까? 연봉 100억 원인 사람이 아웃라이어이듯이 처음의 예에서 연봉 7천만 원인 사람도 아웃라이어인 것이다. 두드러진 아웃라이어가 있는 경우에는 평균보다는 최빈값이나 중앙값이 대푯값으로서 더 나을 수 있다.

① 평균은 집단을 대표하는 수치로서는 매우 부적당하다.
② 통계는 숫자 놀음에 불과하므로 통계 수치에 일희일비할 필요가 없다.
③ 평균보다는 최빈값이나 중앙값을 대푯값으로 사용해야 한다.
④ 통계 수치의 의미와 한계를 정확히 인식하고 사용할 필요가 있다.
⑤ 통계는 올바르게 활용하면 다양한 분야에서 사용할 수 있는 도구이다.

※ 다음 글의 빈칸에 들어갈 내용으로 가장 적절한 것을 고르시오. [29~31]

29

> 사회가 변하면 사람들은 그때까지의 생활을 그대로 수긍하지 못한다. 새로운 생활에 맞는 새로운 언어를 필요로 하게 된다. 그 언어가 자연스럽게 육성되기를 기다릴 수도 있지만, 사람들은 대개 외국으로부터 그러한 개념의 언어를 빌려오려고 한다. 돈이나 기술을 빌리는 것에 비하면 언어는 대가 없이 빌려 쓸 수 있으므로 대개는 제한 없이 외래어를 차용한다. 이처럼 ______________________________ 광복 이후 우리 사회에서 외래어가 넘쳐나는 것은 그간 우리나라의 고도성장과 결코 무관하지 않다.

① 외래어의 증가는 사회의 팽창과 함께 진행된다.
② 새로운 언어는 사회의 변화를 선도하기도 한다.
③ 외래어가 증가하면 범람한다는 비판을 받게 된다.
④ 새로운 언어는 인간의 욕망을 적절히 표현해 준다.
⑤ 새로운 언어는 외국의 개념을 빌릴 수밖에 없다.

30

> '발전'은 항상 '변화'를 내포하고 있다. 그러나 모든 형태의 변화가 전부 발전에 해당 되는 것은 아니다. 이를테면 교통 신호등이 빨강에서 파랑으로, 파랑에서 빨강으로 바뀌는 변화를 발전으로 생각할 수는 없다.
> ______________________________ 좀 더 구체적으로 말해, 사태의 진전 과정에서 나중에 나타나는 것은 적어도 그 이전 단계에 내재적으로나마 존재했던 것의 전개에 해당한다는 것이다. 이렇게 볼 때, 발전은 선적(線的)인 특성을 가지고 있다. 순전한 반복의 과정으로 보이는 것을 발전이라고 규정하지 않는 이유는 그 때문이다. 반복 과정에서는 최후에 명백히 나타나는 것이 처음에 존재했던 것과 거의 다르지 않다. 그러나 또 한편으로 우리는 비록 반복의 경우라도 때때로 그 과정 중의 특정 단계를 따로 떼 내어 그것을 발전이라고 생각하기도 한다. 즉, 전체 과정에서 어떤 종류의 질이 그 시기에 특정의 수준까지 진전된 경우이다.

① 발전은 어떤 특정한 방향으로 일어나는 변화라는 의미를 내포하고 있다.
② 변화는 특정한 방향으로 발전하는 것을 의미한다.
③ 발전은 불특정 방향으로 일어나는 변모라는 의미이다.
④ 발전은 어떤 특정한 방향으로 일어나는 변화라는 의미로 사용된다.
⑤ 변화는 어떤 특정한 방향으로 일어나는 발전이라는 의미로 사용된다.

31

오존 구멍을 비롯해 성층권의 오존이 파괴되면 어떤 문제가 생길까. 지표면에서 오존은 강력한 산화물질로 호흡기를 자극하는 대기 오염물질로 분류되지만, 성층권에서는 자외선을 막아주기 때문에 두 얼굴을 가진 물질로 불리기도 한다. 오존층은 강렬한 태양 자외선을 막아주는 역할을 하는데, 오존층이 얇아지면 자외선이 지구 표면까지 도달하게 된다.
사람의 경우 자외선에 노출되면 백내장과 피부암 등에 걸릴 위험이 커진다. 강한 자외선이 각막을 손상시키고 세포 DNA에 이상을 일으키기 때문이다. DNA 염기 중 티민(Thymine, T) 두 개가 나란히 있는 경우 자외선에 의해 티민 두 개가 한데 붙어버리는 이상이 발생하고, 세포 분열 때 DNA가 복제되면서 다른 염기가 들어가고, 이것이 암으로 이어질 수 있다.
지난 2월 '사이언스'는 극지방 성층권의 오존 구멍은 줄었지만, 많은 인구가 거주하는 중위도 지방에서는 오히려 오존층이 얇아졌다고 지적했다. 중위도 성층권에서도 상층부는 오존층이 회복되고 있지만, 저층부는 얇아졌다는 것이다. 오존층이 얇아지면 더 많은 자외선이 지구 표면에 도달하여 사람들 사이에서 피부암이나 백내장 발생 위험이 커지게 된다. 즉, ___________

① 극지방 성층권의 오존 구멍을 줄이는 데 정부는 더 많은 노력을 기울여야 한다.
② 인구가 많이 거주하는 지역일수록 오존층의 파괴가 더욱 심하게 나타난다는 것이다.
③ 극지방의 파괴된 오존층으로 인해 사람들이 더 많은 자외선에 노출되고, 세포 DNA에 이상이 발생한다.
④ 극지방의 오존 구멍보다 중위도 저층부에서 얇아진 오존층이 더 큰 피해를 가져올 수도 있는 셈이다.
⑤ 대기 오염물질로 분류되는 오존이라도 지표면에 적절하게 존재해야 사람들의 피해를 막을 수 있다.

32 다음 글을 읽은 독자의 반응으로 적절하지 않은 것은?

우주로 쏘아진 인공위성들은 지구 주위를 돌며 저마다의 임무를 충실히 수행한다. 이들의 수명은 얼마나 될까? 인공위성들은 태양 전지판으로 햇빛을 받아 전기를 발생시키는 태양전지와 재충전용 배터리를 장착하여 지구와의 통신은 물론 인공위성의 온도를 유지하고 자세와 궤도를 조정하는데, 이러한 태양전지와 재충전용 배터리의 수명은 평균 15년 정도이다.
방송 통신 위성은 원활한 통신을 위해 안테나가 늘 지구의 특정 위치를 향해 있어야 하는데, 안테나 자세 조정을 위해 추력기라는 작은 로켓에서 추진제를 소모한다. 자세 제어용 추진제가 모두 소진되면 인공위성은 자세를 유지할 수 없기 때문에 더 이상의 임무 수행이 불가능해지고 자연스럽게 수명을 다하게 된다.
첩보 위성의 경우는 임무의 특성상 아주 낮은 궤도를 비행한다. 하지만 낮은 궤도로 비행하게 될 경우 인공위성은 공기의 저항 때문에 마모가 훨씬 빨라지므로 수명이 몇 개월에서 몇 주일까지 짧아진다. 게다가 운석과의 충돌 등 예기치 못한 사고로 인하여 부품이 훼손되어 수명이 다하는 경우도 있다.

① 수명이 다 된 인공위성들은 어떻게 되는 걸까?
② 첩보 위성을 높은 궤도로 비행시키면 더욱 오래 임무를 수행할 수 있을 거야.
③ 안테나가 특정 위치를 향하지 않더라도 통신이 가능하도록 만든다면 방송 통신 위성의 수명을 늘릴 수 있을지도 모르겠군.
④ 별도의 충전 없이 오래가는 배터리를 사용한다면 인공위성의 수명을 더 늘릴 수 있지 않을까?
⑤ 아무런 사고 없이 임무를 수행한 인공위성이라도 15년 정도만 사용할 수 있겠구나.

※ 다음은 매실에 대한 글이다. 글을 읽고 물음에 답하시오. [33~34]

매실은 유기산 중에서도 구연산(시트르산)의 함량이 다른 과일에 비해 월등히 많다. 구연산은 섭취한 음식을 에너지로 바꾸는 대사 작용을 돕고, 근육에 쌓인 젖산을 분해하여 피로를 풀어주며 칼슘의 흡수를 촉진하는 역할도 한다. 피로를 느낄 때, 매실 식초와 생수를 1 : 3 비율로 희석하여 마시면 피로회복에 효과가 있다.
매실의 유기산 성분은 위장 기능을 활발하게 한다고 알려졌다. 매실의 신맛은 소화기관에 영향을 주어 위장, 십이지장 등에서 소화액 분비를 촉진시켜 주어 소화불량에 효능이 있다. 소화가 안 되거나 체했을 때 매실청을 타 먹는 것도 매실의 소화액 분비 촉진 작용 때문이다. 또한 장내부를 청소하는 정장작용은 물론 장의 연동운동을 도와 변비 예방과 피부까지 맑아질 수 있다.
매실의 해독작용은 동의보감도 인정하고 있다. 매실에 함유된 피루브산은 간의 해독작용을 도와주며, 카테킨산은 장 속 유해 세균의 번식을 억제하는 효과가 있다. 매실의 해독작용은 숙취 해소에도 효과가 있다. 매실즙이 알콜 분해 효소의 활성을 높여주기 때문이다. 또 이질균, 장티푸스균, 대장균의 발육을 억제하는 것은 물론, 장염 비브리오균에도 항균작용을 하는 것으로 알려져 있다.
매실의 유기산 성분은 참으로 다양한 곳에서 효능을 발휘하는데 혈액을 맑게 해주고 혈액순환을 돕는다. 혈액순환이 좋아지면 신진대사가 원활해지고 이는 피부를 촉촉하고 탄력 있게 만들어 준다. 또한 매실은 인스턴트나 육류 등으로 인해 점점 몸이 산성화되어가는 체질을 중화시켜 주는 역할도 한다.
매실은 칼슘이 풍부하여 여성에게서 나타날 수 있는 빈혈이나 생리 불순, 골다공증에도 좋다고 한다. 특히 갱년기 장애를 느낄 때 매실로 조청을 만들어 꾸준히 먹는 것이 좋다. 꾸준한 복용을 추천하지만 적은 양으로도 농축된 효과가 나타나므로 중년의 불쾌한 증세에 빠른 효과를 나타낸다고 알려져 있다. 또한 매실은 체지방을 분해해주어 다이어트에도 효능이 있다.

33 다음 중 윗글의 제목으로 적절한 것은?

① 알뜰살뜰, 매실청 집에서 담그는 법
② 여름철 '푸른 보약' 매실의 힘
③ 장수비법 – 제철 과일의 효과
④ 색깔의 효능 : 초록색편 – 매실
⑤ 성인병 예방의 달인, 6월의 제철 식품

34 매실의 성분과 그 효능을 연결한 것으로 적절하지 않은 것은?

① 구연산 – 숙취
② 유기산 – 소화작용 촉진
③ 피루브산 – 해독작용
④ 칼슘 – 빈혈 완화
⑤ 칼슘 – 생리 불순 완화

※ **다음은 샌드위치의 기원에 대한 글이다. 글을 읽고 물음에 답하시오. [35~36]**

(가) 1772년 프랑스 기행작가인 피에르 장 그로슬리가 쓴 『런던여행』이라는 책에 샌드위치 백작의 관련 일화가 나온다. 이 책에는 샌드위치 백작이 도박을 하다가 빵 사이에 소금에 절인 고기를 끼워 먹는 것을 보고 옆에 있던 사람이 '샌드위치와 같은 음식을 달라.'고 주문한 것에서 샌드위치라는 이름이 생겼다고 적혀있다. 하지만 샌드위치 백작의 일대기를 쓴 전기 작가 로저는 이와 다른 주장을 한다. 샌드위치 백작이 각료였을 때 업무에 바빠서 제대로 된 식사를 못 하고 책상에서 빵 사이에 고기를 끼워 먹었다는 데서 샌드위치 이름이 유래되었다는 것이다.

(나) 샌드위치는 사람의 이름이 아니고, 영국 남동부 도버 해협에 있는 중세풍 도시로 지금도 많은 사람이 찾는 유명 관광지이다. 도시명이 음식 이름으로 널리 알려진 이유는 18세기 사람으로, 이 도시의 영주였던 샌드위치 백작 4세, 존 몬태규 경 때문이다. 샌드위치 백작은 세계사에 큰 발자취를 남긴 인물로 세계 곳곳에서 그의 흔적을 찾을 수 있다.

(다) 샌드위치는 빵과 빵 사이에 햄과 치즈, 달걀 프라이와 채소 등을 끼워 먹는 것이 전부인 음식으로 도박꾼이 노름하다 만든 음식이라는 소문까지 생겼을 정도로 간단한 음식이다. 그러나 사실 샌드위치의 유래에는 복잡한 진실이 담겨 있으며, 샌드위치가 사람 이름이라고 생각하는 경우가 많지만 그렇지 않다.

(라) 샌드위치의 기원에 대해서는 이야기가 엇갈리는데, 그 이유는 ____________________ 일부에서는 샌드위치 백작을 유능한 정치인이며 군인이었다고 말하지만 또 다른 한편에서는 무능하고 부패했던 도박꾼에 지나지 않았다고 평가한다.

35 **윗글의 (가)~(라) 문단을 논리적 순서대로 바르게 나열한 것은?**

① (가) – (다) – (나) – (라)
② (나) – (가) – (라) – (다)
③ (다) – (나) – (가) – (라)
④ (다) – (나) – (라) – (가)
⑤ (라) – (가) – (나) – (다)

36 **다음 중 윗글의 빈칸에 들어갈 내용으로 가장 적절한 것은?**

① 샌드위치와 관련된 다양한 일화가 전해지고 있기 때문이다.
② 음식 이름의 주인공 직업과 관계가 있다.
③ 많은 대중들이 즐겨 먹었던 음식이기 때문이다.
④ 음식 이름의 주인공이 유명한 사람이기 때문이다.
⑤ 음식 이름의 주인공에 대한 상반된 평가와 관계가 있다.

※ 다음은 변혁적 리더십에 대한 글이다. 글을 읽고 물음에 답하시오. **[37~38]**

변혁적 리더십은 리더가 조직 구성원의 사기를 고양하기 위해 미래의 비전과 공동체적 사명감을 강조하고, 이를 통해 조직의 장기적 목표를 달성하는 것을 핵심으로 한다. 거래적 리더십이 협상과 교환을 통해 구성원의 동기를 부여한다면, 변혁적 리더십은 구성원의 변화를 통해 동기를 부여하고자 한다. 또한 거래적 리더십은 합리적 사고와 이성에 호소하는 반면, 변혁적 리더십은 감정과 정서에 호소하는 측면이 크다.
이러한 변혁적 리더십은 조직의 합병을 주도하고 신규 부서를 만들어 내며, 조직문화를 창출해 내는 등 조직 변혁을 주도하고 관리한다. 따라서 오늘날 급변하는 환경과 조직의 실정에 적합한 리더십 유형으로 주목받고 있다. 변혁적 리더는 주어진 목적의 중요성과 의미에 대한 구성원의 인식 수준을 제고시키고, 개인적 이익을 넘어서 구성원 자신과 조직 전체의 이익을 위해 일하도록 만든다. 그리고 구성원의 욕구 수준을 상위 수준으로 끌어올림으로써 구성원을 근본적으로 변혁시킨다. 즉, 거래적 리더십을 발휘하는 리더는 구성원에게서 기대되었던 성과만을 얻어내지만, 변혁적 리더는 ______________________
변혁적 리더가 변화를 이끌어내는 전문적 방법의 하나는 카리스마와 긍정적인 행동 양식을 보여주는 것이다. 이를 통해 리더는 구성원들의 신뢰와 충성심을 얻을 수 있다. 조직의 비전을 구체화하여 알려주고 어떻게 목표를 달성할 것인지를 설명해 주거나 높은 윤리적 기준으로 모범이 되는 것도 좋은 방법이 된다.
지속적으로 구성원의 동기를 부여하는 것도 매우 중요하다. 팀워크를 장려하고, 조직의 비전을 구체화하여 개인의 일상 업무에도 의미를 부여할 수 있도록 해야 한다. 변혁적 리더는 구성원이 조직의 중요한 부분이 될 수 있도록 노력하게 만드는 데에 초점을 둔다. 따라서 높지만 달성 가능한 목표를 세워 구성원의 생산력을 향상시키고, 구성원에게는 성취 경험을 제공하여 그들이 계속 성장할 수 있도록 만들어야 한다.
현재 상황에 대한 의문은 새로운 변화를 일어나게 한다. 변혁적 리더는 구성원들의 지적 자극을 불러일으켜 조직의 이슈에 대해 적극적으로 관심을 갖도록 만들며, 이를 통해서 참신한 아이디어와 긍정적인 변화가 일어날 수 있도록 한다.
변혁적 리더는 개개인의 관점을 소홀히 생각하지 않는다. 각각의 구성원들을 독특한 재능, 기술 등을 보유한 독립된 개인으로 인지한다. 리더가 구성원들을 개개인으로 인지하게 되면 그들의 능력에 적합한 역할을 부여할 수 있으며, 구성원들 역시 개인적인 목표를 용이하게 달성할 수 있게 된다. 따라서 리더는 각 구성원의 소리에 귀 기울이고, 구성원 개개인에게 관심을 표현해야 한다.

37 **다음 중 윗글의 빈칸에 들어갈 내용으로 적절한 것은?**

① 개개인의 성과를 얻어낼 수 있다.

② 구체적인 성과를 얻어낼 수 있다.

③ 기대 이상의 성과를 얻어낼 수 있다.

④ 참신한 아이디어도 함께 얻어낼 수 있다.

⑤ 구성원들의 신뢰도 함께 얻어낼 수 있다.

38 **다음 중 윗글의 내용으로 적절하지 않은 것은?**

① 변혁적 리더는 구성원의 합리적 사고와 이성에 호소한다.

② 변혁적 리더는 구성원의 변화를 통해 동기를 부여하고자 한다.

③ 변혁적 리더는 구성원이 자신과 조직 전체의 이익을 위해 일하도록 한다.

④ 변혁적 리더는 구성원에게 카리스마와 긍정적 행동 양식을 보여준다.

⑤ 변혁적 리더는 구성원 개개인에게 관심을 표현한다.

※ 다음은 스타 시스템에 대한 글이다. 글을 읽고 물음에 답하시오. [39~40]

현대 사회에서 스타는 대중문화의 성격을 규정짓는 가장 중요한 열쇠이다. 스타를 생산, 관리, 활용, 거래, 소비하는 전체적인 순환 메커니즘이 바로 스타 시스템이다. 이것이 자본주의 대중문화의 가장 핵심적인 작동 원리로 자리 잡게 되면서 사람들은 스타가 되기를 열망하고, 또 스타 만들기에 진력하게 되었다.
스크린과 TV 화면에 보이는 스타는 화려하고 강하고 영웅적이며, 누구보다 매력적인 인간형으로 비춰진다. 사람들은 스타에 열광하는 순간 스타와 자신을 무의식적으로 동일시하며 그 환상적 이미지에 빠진다. 스타를 자신들이 스스로 결여되어 있다고 느끼는 부분을 대리 충족시켜 주는 대상으로 생각하기 때문이다. 그런 과정이 가장 전형적으로 드러나는 장르가 영화이다.
영화는 어떤 환상도 쉽게 먹혀들어갈 수 있는 조건에서 상영되며 기술적으로 완벽한 이미지를 구현하여 압도적인 이미지로 관객을 끌어들인다. 컴컴한 극장 안에서 관객은 부동자세로 숨죽인 채 영화에 집중하게 되며 자연스럽게 영화가 제공하는 이미지에 매료된다. 그리고 그 순간 무의식적으로 자신을 영화 속의 주인공과 동일시하게 된다. 관객은 매력적인 대상과 자신을 동일시하면서 자신의 진짜 모습을 잊고 이상적인 인간형을 간접 체험하게 되는 것이다.
스크린과 TV 화면에 비친 대중이 선망하는 스타의 모습은 현실적인 이미지가 아니라 허구적인 이미지에 불과하다. 사람들은 스타 역시 어쩔 수 없는 약점과 한계를 안고 사는 한 인간일 수밖에 없다는 사실을 아주 쉽게 망각해 버리곤 한다. 이렇게 스타에 대한 열광의 성립은 대중과 스타의 관계가 기본적으로 익명적일 수밖에 없다는 데서 가능해진다. 자본주의의 특징 가운데 하나는 필요 이상의 물건을 생산하고 그것을 팔기 위해 갖은 방법으로 소비자들의 욕망을 부추긴다는 것이다. 스타는 그 과정에서 소비자들의 구매 욕구를 불러일으키는 가장 중요한 연결고리 역할을 함과 동시에 그들도 상품처럼 취급되어 소비되는 경향이 있다. 스타 시스템은 대중문화의 안과 밖에서 스타의 화려하고 소비적인 생활 패턴의 소개를 통해 사람들의 욕망을 자극하게 된다. 또한 스타들을 상품의 생산과 판매를 위한 도구로 이용하며, 끊임없이 오락과 소비의 영역을 확장하고 거기서 이윤을 발생시킨다. 이 모든 것이 가능한 것은 많은 대중이 스타를 닮고자 하는 욕구를 가지고 있어 스타의 패션과 스타일, 소비 패턴을 모방하기 때문이다.
스타 시스템을 건전한 대중문화의 작동 원리로 발전시키기 위해서는 우선 대중문화 산업에 종사하고 싶어 하는 사람들을 위한 활동 공간과 유통 구조를 확보하여 실험적이고 독창적인 활동을 다양하게 벌일 수 있는 토양을 마련해 주어야 한다. 나아가 이러한 예술 인력을 스타 시스템과 연결하는 중간 메커니즘도 육성해야 할 것이다.

39 제시된 글의 논지 전개상 특징에 대한 설명으로 적절한 것은?

① 상반된 이론을 제시한 후 절충적 견해를 이끌어내고 있다.
② 현상에 대한 문제점을 언급한 후 해결 방안을 제시하고 있다.
③ 권위 있는 학자의 견해를 들어 주장의 정당성을 입증하고 있다.
④ 대상을 하위 항목으로 구분하여 논의의 범주를 명확히 하고 있다.
⑤ 현상의 변천 과정을 고찰하고 향후의 발전 방향을 제시하고 있다.

40 제시된 글을 바탕으로 〈보기〉를 이해한 내용 중 적절하지 않은 것은?

보기

인간은 자기에게 욕망을 가르쳐주는 모델을 통해 자신의 욕망을 키워간다. 이런 모델을 ㉠ 욕망의 매개자라고 부른다. 욕망의 매개자가 존재한다는 사실은 욕망이 '대상 – 주체'의 이원적 구조가 아니라 '주체 – 모델 – 대상'의 삼원적 구조를 갖고 있음을 보여준다. ㉡ 욕망의 주체와 모델은 ㉢ 욕망 대상을 두고 경쟁하는 욕망의 경쟁자이다. 이런 경쟁은 종종 욕망 대상의 가치를 실제보다 높게 평가하게 된다. 이렇게 과대평가된 욕망 대상을 소유한 모델은 주체에게는 ㉣ 우상적 존재가 된다.

① ㉠은 ㉡이 무의식적으로 자신과 동일시하는 인물이다.
② ㉡은 스타를 보고 열광하는 사람들을 말한다.
③ ㉢은 ㉡이 지향하는 이상적인 대상이다.
④ ㉢은 ㉠과 ㉡이 동시에 질투를 느끼는 인물이다.
⑤ ㉣은 ㉡의 진짜 모습을 잊게 하는 환상적인 인물이다.

CHAPTER

02 응용계산 핵심이론

01 ▶ 기초계산

1. 기본 연산

(1) 사칙연산

① 사칙연산 +, −, ×, ÷

왼쪽을 기준으로 순서대로 계산하되 ×와 ÷를 먼저 계산한 뒤 +와 −를 계산한다.

예 $1+2-3\times4\div2=1+2-12\div2=1+2-6=3-6=-3$

② 괄호연산 ( ), { }, [ ]

소괄호 ( ) → 중괄호 { } → 대괄호 [ ]의 순서대로 계산한다.

예 $[\{(1+2)\times3-4\}\div5]6=\{(3\times3-4)\div5\}\times6$
$=\{(9-4)\div5\}\times6=(5\div5)\times6=1\times6=6$

(2) 연산 규칙

크고 복잡한 수들의 연산에는 반드시 쉽게 해결할 수 있는 특성이 있다. 지수법칙, 곱셈공식 등 연산 규칙을 활용하여 문제 내에 숨어 있는 수의 연결고리를 찾아야 한다.

자주 출제되는 곱셈공식

- $a^b\times a^c\div a^d=a^{b+c-d}$
- $ab\times cd=ac\times bd=ad\times bc$
- $a^2-b^2=(a+b)(a-b)$
- $(a+b)(a^2-ab+b^2)=a^3+b^3$
- $(a-b)(a^2+ab+b^2)=a^3-b^3$

2. 식의 계산

(1) 약수 · 소수

① **약수** : 0이 아닌 어떤 정수를 나누어떨어지게 하는 정수

② **소수** : 1과 자기 자신으로만 나누어지는 1보다 큰 양의 정수

예 10 이하의 소수는 2, 3, 5, 7이 있다.

③ **소인수분해** : 주어진 합성수를 소수의 곱의 형태로 나타내는 것

예 $12=2^2\times3$

④ **약수의 개수** : 양의 정수 $N=a^{\alpha}b^{\beta}$(a, b는 서로 다른 소수)일 때, N의 약수의 개수는 $(\alpha+1)(\beta+1)$개다.

⑤ **최대공약수** : 2개 이상의 자연수의 공통된 약수 중에서 가장 큰 수

예 GCD(4, 8)=4

⑥ **최소공배수** : 2개 이상의 자연수의 공통된 배수 중에서 가장 작은 수

예 LCM(4, 8)=8

⑦ **서로소** : 1 이외에 공약수를 갖지 않는 두 자연수

예 GCD(3, 7)=1이므로, 3과 7은 서로소이다.

(2) 수의 크기

분수, 지수함수, 로그함수 등 다양한 형태의 문제들이 출제된다. 분모의 통일, 지수의 통일 등 제시된 수를 일정한 형식으로 정리해 해결해야 한다. 연습을 통해 여러 가지 문제의 풀이방법을 익혀 두자.

예 $\sqrt[3]{2}$, $\sqrt[4]{4}$, $\sqrt[5]{8}$의 크기 비교

$\sqrt[3]{2}=2^{\frac{1}{3}}$, $\sqrt[4]{4}=4^{\frac{1}{4}}=(2^2)^{\frac{1}{4}}=2^{\frac{1}{2}}$, $\sqrt[5]{8}=8^{\frac{1}{5}}=(2^3)^{\frac{1}{5}}=2^{\frac{3}{5}}$이므로

지수의 크기에 따라 $\sqrt[3]{2}<\sqrt[4]{4}<\sqrt[5]{8}$임을 알 수 있다.

(3) 수의 특징

주어진 수들의 공통점 찾기, 짝수 및 홀수 연산, 자릿수 등 위에서 다루지 않았거나 복합적인 여러 가지 수의 특징을 가지고 풀이하는 문제들을 모아 놓았다. 주어진 상황에서 제시된 수들의 공통된 특징을 찾는 것이 중요한 만큼 혼동하기 쉬운 수의 자릿수별 개수와 홀수, 짝수의 개수는 꼼꼼하게 체크해가면서 풀어야 한다.

핵심예제

01 다음 식의 값을 구하면?

$$889 \div 7 + 54 - 18$$

① 166　② 165
③ 164　④ 163
⑤ 162

| 해설 | $889 \div 7 + 54 - 18 = 127 + 36 = 163$

정답 ④

02 다음 빈칸에 들어갈 수 있는 값으로 적절한 것은?

$$\frac{3}{11} < (\quad) < \frac{36}{121}$$

① $\frac{1}{11}$　② $\frac{35}{121}$
③ $\frac{4}{11}$　④ $\frac{32}{121}$
⑤ $\frac{2}{11}$

| 해설 | 문제에 주어진 분모 11과 121, 그리고 선택지에서 가장 큰 분모인 121의 최소공배수인 121로 통분해서 구한다.

$\frac{3}{11} < (\quad) < \frac{36}{121} \rightarrow \frac{33}{121} < (\quad) < \frac{36}{121}$

따라서 $\frac{35}{121}$가 빈칸에 들어갈 수 있다.

오답분석

① $\frac{1}{11} = \frac{11}{121}$, ③ $\frac{4}{11} = \frac{44}{121}$, ④ $\frac{32}{121}$, ⑤ $\frac{2}{11} = \frac{22}{121}$

정답 ②

02 ▸ 응용계산

1. 날짜 · 요일 · 시계에 관한 문제

(1) 날짜, 요일

① 1일=24시간=1,440분=86,400초

② 날짜, 요일 관련 문제는 대부분 나머지를 이용해 계산한다.

핵심예제

어느 달의 3월 2일이 금요일일 때, 한 달 후인 4월 2일은 무슨 요일인가?

① 월요일 ② 화요일

③ 수요일 ④ 목요일

⑤ 금요일

| 해설 | 3월은 31일까지 있고 일주일은 7일이므로 $31 \div 7 = 4 \cdots 3$
따라서 4월 2일은 금요일부터 3일이 지난 월요일이다.

정답 ①

(2) 시계

① 시침이 1시간 동안 이동하는 각도 : 30°
② 시침이 1분 동안 이동하는 각도 : 0.5°
③ 분침이 1분 동안 이동하는 각도 : 6°

핵심예제

시계 광고에서 시계는 항상 10시 10분을 가리킨다. 그 이유는 이 시각이 회사 로고가 가장 잘 보이며 시계 바늘이 이루는 각도도 가장 안정적이기 때문이다. 시계가 10시 10분을 가리킬 때 시침과 분침이 이루는 작은 쪽의 각도는?

① 115°
② 145°
③ 175°
④ 205°
⑤ 215°

| 해설 | 10시 10분일 때 시침과 분침의 각도를 구하면 다음과 같다.
- 10시 10분일 때 12시 정각에서부터 시침의 각도 : $30° \times 10 + 0.5° \times 10 = 305°$
- 10시 10분일 때 12시 정각에서부터 분침의 각도 : $6° \times 10 = 60°$

따라서 시침과 분침이 이루는 작은 쪽의 각도는 $(360 - 305)° + 60° = 115°$이다.

정답 ①

2. 시간 · 거리 · 속력에 관한 문제

$(시간)=\frac{(거리)}{(속력)}$, $(거리)=(속력)\times(시간)$, $(속력)=\frac{(거리)}{(시간)}$

핵심예제

영희는 집에서 50km 떨어진 할머니 댁에 가는데, 시속 90km로 버스를 타고 가다가 내려서 시속 5km로 걸어갔더니, 총 1시간 30분이 걸렸다. 영희가 걸어간 거리는 몇 km인가?

① 5km
② 10km
③ 13km
④ 20km
⑤ 22km

| 해설 | 영희가 걸어간 거리를 $x$km라고 하고, 버스를 타고 간 거리를 $y$km라고 하면

• $x+y=50$

• $\frac{x}{5}+\frac{y}{90}=\frac{3}{2} \rightarrow x=5,\ y=45$

따라서 영희가 걸어간 거리는 5km이다.

정답 ①

3. 나이 · 개수에 관한 문제

구하고자 하는 것을 미지수로 놓고 식을 세운다. 동물의 경우 다리의 개수에 유의해야 한다.

핵심예제

할머니와 지수의 나이 차는 55세이고, 아버지와 지수의 나이 차는 20세이다. 지수의 나이가 11세이면 할머니와 아버지 나이의 합은 몇 세인가?

① 96세
② 97세
③ 98세
④ 99세
⑤ 100세

| 해설 | • 할머니의 나이 : $55+11=66$세

• 아버지의 나이 : $20+11=31$세

따라서 할머니와 아버지 나이의 합은 97세이다.

정답 ②

4. 원가 · 정가에 관한 문제

(1) (정가)=(원가)+(이익), (이익)=(정가)−(원가)

(2) a원에서 b% 할인한 가격 : $a\times\left(1-\frac{b}{100}\right)$

핵심예제

가방의 원가에 40%의 이익을 붙여서 정가를 정한 후, 이벤트로 정가의 25%를 할인하여 물건을 판매하면 1,000원의 이익이 남는다. 이 가방의 원가는 얼마인가?

① 16,000원
② 18,000원
③ 20,000원
④ 22,000원
⑤ 24,000원

| 해설 | 가방의 원가를 x원이라고 하면 정가는 $1.40x$원이고, 할인 판매가는 $1.40x\times0.75=1.05x$원이다.
$1.05x-x=1,000 \rightarrow 0.05x=1,000$
$\therefore x=20,000$
따라서 가방의 원가는 20,000원이다.

정답 ③

5. 일 · 톱니바퀴에 관한 문제

(1) 일

전체 일의 양을 1로 놓고, 시간 동안 한 일의 양을 미지수로 놓고 식을 세운다.

- $(\text{일률})=\dfrac{(\text{작업량})}{(\text{작업기간})}$
- $(\text{작업기간})=\dfrac{(\text{작업량})}{(\text{일률})}$
- $(\text{작업량})=(\text{일률})\times(\text{작업기간})$

핵심예제

S사에 재직 중인 A사원이 혼자 보험안내 자료를 정리하는 데 15일이 걸리고 B사원과 같이 하면 6일 만에 끝낼 수 있다. 이때 B사원 혼자 자료를 정리하는 데 걸리는 시간은 며칠인가?

① 8일
② 9일
③ 10일
④ 11일
⑤ 12일

| 해설 | 전체 일의 양을 1이라고 하면 A사원이 혼자 일을 끝내는 데 걸리는 시간은 15일, A, B사원이 같이 할 때는 6일이 걸린다. B사원이 혼자 일하는 데 걸리는 시간을 b일이라고 하면,

$\frac{1}{15}+\frac{1}{b}=\frac{1}{6} \rightarrow \frac{b+15}{15b}=\frac{1}{6} \rightarrow 6b+6\times15=15b \rightarrow 9b=90$

$\therefore b=10$

따라서 B사원 혼자 자료를 정리하는 데 걸리는 시간은 10일이다.

③

(2) 톱니바퀴

(톱니 수)×(회전수)=(총 톱니 수)

즉, A, B 두 톱니에 대하여, (A의 톱니 수)×(A의 회전수)=(B의 톱니 수)×(B의 회전수)가 성립한다.

핵심예제

지름이 15cm인 톱니바퀴와 지름이 27cm인 톱니바퀴가 서로 맞물려 돌아가고 있다. 큰 톱니바퀴가 분당 10바퀴를 돌았다면, 작은 톱니바퀴는 분당 몇 바퀴를 돌았겠는가?

① 16바퀴
② 17바퀴
③ 18바퀴
④ 19바퀴
⑤ 20바퀴

| 해설 | 작은 톱니바퀴가 x바퀴 돌았다고 하면, 큰 톱니바퀴와 작은 톱니바퀴가 돈 길이는 같으므로

$27\pi\times10=15\pi\times x$

$\therefore x=18$

따라서 작은 톱니바퀴는 분당 18바퀴를 돌았다.

정답 ③

6. 농도에 관한 문제

(1) $(\text{농도})=\dfrac{(\text{용질의 양})}{(\text{용액의 양})}\times 100$

(2) $(\text{용질의 양})=\dfrac{(\text{농도})}{100}\times(\text{용액의 양})$

핵심예제

농도를 알 수 없는 설탕물 500g에 농도 3%의 설탕물 200g을 온전히 섞었더니 섞은 설탕물의 농도는 7%가 되었다. 처음 500g의 설탕물에 녹아있던 설탕은 몇 g인가?

① 40g
② 41g
③ 42g
④ 43g
⑤ 44g

| 해설 | 500g의 설탕물에 녹아있는 설탕의 양이 xg이라고 하면

3%의 설탕물 200g에 들어있는 설탕의 양은 $\dfrac{3}{100}\times 200=6$g이다.

$\dfrac{x+6}{500+200}\times 100=7 \rightarrow x+6=49$

$\therefore x=43$

따라서 500g의 설탕에 녹아있는 설탕의 양은 43g이다.

정답 ④

7. 수에 관한 문제(I)

(1) 연속하는 세 자연수 : $x-1,\ x,\ x+1$

(2) 연속하는 세 짝수(홀수) : $x-2,\ x,\ x+2$

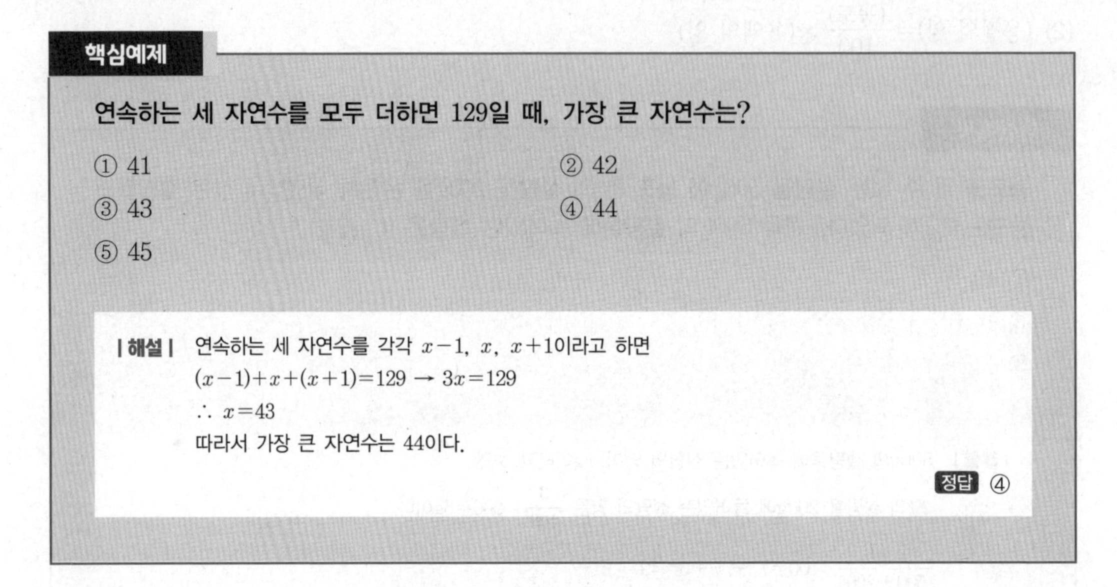

핵심예제

연속하는 세 자연수를 모두 더하면 129일 때, 가장 큰 자연수는?

① 41　　② 42

③ 43　　④ 44

⑤ 45

| 해설 | 연속하는 세 자연수를 각각 $x-1,\ x,\ x+1$이라고 하면

$(x-1)+x+(x+1)=129 \rightarrow 3x=129$

$\therefore\ x=43$

따라서 가장 큰 자연수는 44이다.

정답 ④

8. 수에 관한 문제(II)

(1) 십의 자릿수가 x, 일의 자릿수가 y인 두 자리 자연수 : $10x+y$

이 수에 대해, 십의 자리와 일의 자리를 바꾼 수 : $10y+x$

(2) 백의 자릿수가 x, 십의 자릿수가 y, 일의 자릿수가 z인 세 자리 자연수 : $100x+10y+z$

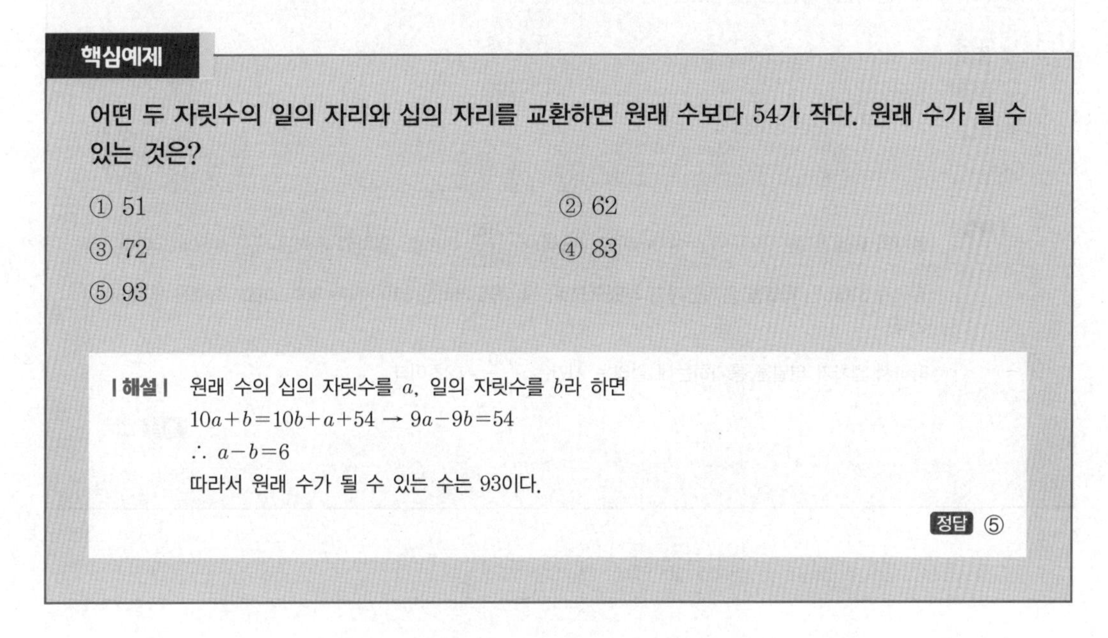

핵심예제

어떤 두 자릿수의 일의 자리와 십의 자리를 교환하면 원래 수보다 54가 작다. 원래 수가 될 수 있는 것은?

① 51 ② 62
③ 72 ④ 83
⑤ 93

| 해설 | 원래 수의 십의 자릿수를 a, 일의 자릿수를 b라 하면

$10a+b=10b+a+54 \rightarrow 9a-9b=54$

$\therefore a-b=6$

따라서 원래 수가 될 수 있는 수는 93이다.

정답 ⑤

9. 열차 · 터널에 관한 문제

(열차가 이동한 거리)=(터널의 길이)+(열차의 길이)

핵심예제

길이가 50m인 열차가 250m의 터널을 통과하는 데 10초가 걸렸다. 이 열차가 310m인 터널을 통과하는 데 걸리는 시간은 몇 초인가?

① 10초
② 11초
③ 12초
④ 13초
⑤ 14초

| 해설 | 열차의 이동거리는 250+50=300m이고, (속력)=$\frac{(거리)}{(시간)}$이므로, 열차의 속력은 $\frac{300}{10}$=30m/s이다.

길이가 310m인 터널을 통과한다고 하였으므로, 총 이동 거리는 310+50=360m이고, 속력은 30m/s이다.

따라서 열차가 터널을 통과하는데 걸리는 시간은 $\frac{360}{30}$=12초이다.

정답 ③

10. 증가 · 감소에 관한 문제

(1) x가 a% 증가하면, $\left(1+\frac{a}{100}\right)x$

(2) x가 a% 감소하면, $\left(1-\frac{a}{100}\right)x$

PART 1

핵심예제

S고등학교의 작년 중국어 수강생은 전체 학생의 20%이다. 올해 전체 학생 수가 1% 증가하고 중국어 수강생이 2% 감소했다면, 올해 중국어 수강생은 전체 학생의 몇 %인가?

① 약 19%
② 약 19.2%
③ 약 19.4%
④ 약 19.6%
⑤ 약 19.8%

| 해설 | 작년 전체 학생 수를 x명이라 하면, 중국어 수강생의 수는 $\frac{1}{5}x$명이다.

따라서 올해 1% 증가한 전체 학생 수는 $\frac{101}{100}x$, 2% 감소한 중국어 수강생의 수는 $\frac{1}{5}x\times\frac{98}{100}=\frac{98}{500}x$

이므로, 올해 중국어 수강생의 비율은 $\frac{\frac{98}{500}x}{\frac{101}{100}x}\times100≒19.4$%이다.

정답 ③

11. 그 외의 방정식 활용문제

핵심예제

혜민이는 가로 9m, 세로 11m인 집을 넓히려고 한다. 세로는 1m 이상 늘릴 수가 없는 상황에서, 가로를 최소 얼마나 늘려야 면적이 10평만큼 늘어나는 효과를 볼 수 있겠는가?(단, 1평=$3.3m^2$ 이다)

① 1m
② 2m
③ 3m
④ 4m
⑤ 5m

| 해설 | 원래 면적에서 늘어난 면적은 $10\times3.3=33m^2$이다.
(나중 면적)−(원래 면적)=$33m^2$이므로, 늘려야 할 가로 길이를 xm라 하면,
$(9+x)\times(11+1)-9\times11=33 \rightarrow 12x+108-99=33 \rightarrow 12x=24$
$\therefore x=2$
따라서 가로의 길이는 2m 늘려야 한다.

정답 ②

12. 부등식의 활용

문제에 '이상', '이하', '최대', '최소' 등이 들어간 경우로 방정식의 활용과 해법이 비슷하다.

핵심예제

01 A회사는 10분에 5개의 인형을 만들고, B회사는 1시간에 1대의 인형 뽑는 기계를 만든다. 이 두 회사가 40시간 동안 일을 하면 최대 몇 대의 인형이 들어있는 인형 뽑는 기계를 완성할 수 있는가?(단, 인형 뽑는 기계 하나에는 적어도 40개의 인형이 들어가야 한다)

① 30대
② 35대
③ 40대
④ 45대
⑤ 50대

| 해설 | A회사는 10분에 5개의 인형을 만드므로 1시간에 30개의 인형을 만든다. 따라서 40시간에 인형은 1,200개를 만들고, 인형 뽑는 기계는 40대를 만든다. 기계 하나당 적어도 40개의 인형이 들어가야 하므로 최대 30대의 인형이 들어있는 인형 뽑는 기계를 만들 수 있다.

정답 ①

02 A가게에서는 감자 한 박스에 10,000원이고 배송비는 무료이며, B가게에서는 한 박스에 8,000원이고 배송비는 3,000원이라고 할 때, 최소한 몇 박스를 사야 B가게에서 사는 것이 A가게에서 사는 것보다 저렴한가?

① 2박스
② 3박스
③ 4박스
④ 5박스
⑤ 6박스

| 해설 | 감자를 x박스를 산다고 하자.

- A가게에서 드는 돈 : $10,000x$원
- B가게에서 드는 돈 : $(8,000x+3,000)$원

$10,000x > 8,000x+3,000$

$\therefore x > 1.5$

따라서 최소한 2박스를 사야 B가게에서 사는 것이 A가게에서 사는 것보다 저렴하다.

정답 ①

03 ▶ 경우의 수, 확률

1. 경우의 수

(1) 경우의 수

어떤 사건이 일어날 수 있는 모든 가짓수

예 주사위 한 개를 던졌을 때, 나올 수 있는 모든 경우의 수는 6가지이다.

(2) 합의 법칙

① 두 사건 A, B가 동시에 일어나지 않을 때, A가 일어나는 경우의 수를 m, B가 일어나는 경우의 수를 n이라고 하면, 사건 A 또는 B가 일어나는 경우의 수는 $m+n$이다.

② '또는', '~이거나'라는 말이 나오면 합의 법칙을 사용한다.

예 한 식당의 점심 메뉴는 김밥 3종류, 라면 2종류, 우동 1종류가 있다. 이 중 한 가지의 메뉴를 고르는 경우의 수는 $3+2+1=6$가지이다.

(3) 곱의 법칙

① A가 일어나는 경우의 수를 m, B가 일어나는 경우의 수를 n이라고 하면, 사건 A와 B가 동시에 일어나는 경우의 수는 $m \times n$이다.

② '그리고', '동시에'라는 말이 나오면 곱의 법칙을 사용한다.

예 집에서 학교를 가는 방법 수는 2가지, 학교에서 집으로 오는 방법 수는 3가지이다. 집에서 학교까지 갔다가 오는 경우의 수는 $2 \times 3=6$가지이다.

(4) 여러 가지 경우의 수

① 동전 n개를 던졌을 때, 경우의 수 : 2^n

② 주사위 n개를 던졌을 때, 경우의 수 : 6^n

③ 동전 n개와 주사위 m개를 던졌을 때, 경우의 수 : $2^n \times 6^m$

예 동전 3개와 주사위 2개를 던졌을 때, 경우의 수는 $2^3 \times 6^2=288$가지

④ n명을 한 줄로 세우는 경우의 수 : $n!=n \times (n-1) \times (n-2) \times \cdots \times 2 \times 1$

⑤ n명 중, m명을 뽑아 한 줄로 세우는 경우의 수 : ${}_nP_m=n \times (n-1) \times \cdots \times (n-m+1)$

예 5명을 한 줄로 세우는 경우의 수는 $5 \times 4 \times 3 \times 2 \times 1=120$가지, 5명 중 3명을 뽑아 한 줄로 세우는 경우의 수는 $5 \times 4 \times 3=60$가지

⑥ n명을 한 줄로 세울 때, m명을 이웃하여 세우는 경우의 수 : $(n-m+1)! \times m!$

예 갑, 을, 병, 정, 무 5명을 한 줄로 세우는데, 을, 병이 이웃하여 서는 경우의 수는 $4! \times 2!=4 \times 3 \times 2 \times 1 \times 2 \times 1=48$가지

⑦ 0이 아닌 서로 다른 한 자리 숫자가 적힌 n장의 카드에서, m장을 뽑아 만들 수 있는 m자리 정수의 개수 : ${}_nP_m$

예 0이 아닌 서로 다른 한 자리 숫자가 적힌 4장의 카드에서, 3장을 뽑아 만들 수 있는 3자리 정수의 개수 : ${}_4P_3=4\times3\times2=24$가지

⑧ 0을 포함한 서로 다른 한 자리 숫자가 적힌 n장의 카드에서, m장을 뽑아 만들 수 있는 m자리 정수의 개수 : $(n-1)\times{}_{n-1}P_{m-1}$

예 0을 포함한 서로 다른 한 자리 숫자가 적힌 6장의 카드에서, 3장을 뽑아 만들 수 있는 3자리 정수의 개수는

$5\times{}_5P_2=5\times5\times4=100$가지

⑨ n명 중 자격이 다른 m명을 뽑는 경우의 수 : ${}_nP_m$

예 5명의 학생 중 반장 1명, 부반장 1명을 뽑는 경우의 수는 ${}_5P_2=5\times4=20$가지

⑩ n명 중 자격이 같은 m명을 뽑는 경우의 수 : ${}_nC_m=\frac{{}_nP_m}{m!}$

예 5명의 학생 중 부반장 2명을 뽑는 경우의 수는 ${}_5C_2=\frac{{}_5P_2}{2!}=\frac{5\times4}{2\times1}=10$가지

⑪ 원형 모양의 탁자에 n명을 앉히는 경우의 수 : $(n-1)!$

예 원형 모양의 탁자에 5명을 앉히는 경우의 수는 $4!=4\times3\times2\times1=24$가지

(5) 최단거리 문제

A에서 B 사이에 P가 주어져 있다면, A와 P의 거리, B와 P의 거리를 각각 구하여 곱한다.

핵심예제

S사에서 파견 근무를 나갈 10명을 뽑아 팀을 구성하려 한다. 새로운 팀 내에서 팀장 한 명과 회계 담당 2명을 뽑으려고 하는데, 이 인원을 뽑는 경우는 몇 가지인가?

① 300가지
② 320가지
③ 348가지
④ 360가지
⑤ 396가지

| 해설 | • 팀장 한 명을 뽑는 경우의 수 : ${}_{10}C_1=10$가지

• 회계 담당 2명을 뽑는 경우의 수 : ${}_9C_2=\frac{9\times8}{2!}=36$가지

따라서 $10\times36=360$가지이다.

정답 ④

2. 확률

(1) (사건 A가 일어날 확률)$=\frac{\text{(사건 A가 일어나는 경우의 수)}}{\text{(모든 경우의 수)}}$

예 주사위 1개를 던졌을 때, 3 또는 5가 나올 확률은 $\frac{2}{6}=\frac{1}{3}$

(2) 여사건의 확률

① 사건 A가 일어날 확률이 p일 때, 사건 A가 일어나지 않을 확률은 $(1-p)$이다.

② '적어도'라는 말이 나오면 주로 사용한다.

(3) 확률의 계산

① 확률의 덧셈

두 사건 A, B가 동시에 일어나지 않을 때, A가 일어날 확률을 p, B가 일어날 확률을 q라고 하면, 사건 A 또는 B가 일어날 확률은 $(p+q)$이다.

② 확률의 곱셈

A가 일어날 확률을 p, B가 일어날 확률을 q라고 하면, 사건 A와 B가 동시에 일어날 확률은 $(p\times q)$이다.

(4) 여러 가지 확률

① **연속하여 뽑을 때, 꺼낸 것을 다시 넣고 뽑는 경우** : 처음과 나중의 모든 경우의 수는 같다.

예 자루에 흰 구슬 4개와 검은 구슬 5개가 들어 있다. 연속하여 2번을 뽑을 때, 처음에는 흰 구슬, 두 번째는 검은 구슬을 뽑을 확률은?(단, 꺼낸 것은 다시 넣는다)

→ 처음에 흰 구슬을 뽑을 확률은 $\frac{4}{9}$이고, 꺼낸 것은 다시 넣는다고 하였으므로 두 번째에 검은 구슬을 뽑을 확률은 $\frac{5}{9}$이다. 즉, $\frac{4}{9}\times\frac{5}{9}=\frac{20}{81}$

② **연속하여 뽑을 때, 꺼낸 것을 다시 넣지 않고 뽑는 경우** : 나중의 모든 경우의 수는 처음의 모든 경우의 수보다 1만큼 작다.

예 자루에 흰 구슬 4개와 검은 구슬 5개가 들어 있다. 연속하여 2번을 뽑을 때, 처음에는 흰 구슬, 두 번째는 검은 구슬을 뽑을 확률은?(단, 꺼낸 것은 다시 넣지 않는다)

→ 처음에 흰 구슬을 뽑을 확률은 $\frac{4}{9}$이고, 꺼낸 것은 다시 넣지 않는다고 하였으므로 자루에는 흰 구슬 3개, 검은 구슬 5개가 남아 있다. 따라서 두 번째에 검은 구슬을 뽑을 확률은 $\frac{5}{8}$이므로, $\frac{4}{9}\times\frac{5}{8}=\frac{5}{18}$

③ (도형에서의 확률)$=\frac{\text{(해당하는 부분의 넓이)}}{\text{(전체 넓이)}}$

핵심예제

1부터 10까지 적힌 열 개의 공 중에서 첫 번째는 2의 배수, 두 번째는 3의 배수가 나오도록 공을 뽑을 확률은?(단, 뽑은 공은 다시 넣는다)

① $\frac{5}{18}$

② $\frac{3}{20}$

③ $\frac{1}{7}$

④ $\frac{5}{24}$

⑤ $\frac{5}{20}$

| 해설 |

• 첫 번째에 2의 배수(2, 4, 6, 8, 10)가 적힌 공을 뽑을 확률 : $\frac{5}{10}=\frac{1}{2}$

• 두 번째에 3의 배수(3, 6, 9)가 적힌 공을 뽑을 확률 : $\frac{3}{10}$(∵ 뽑은 공은 다시 넣음)

따라서 확률은 $\frac{1}{2}\times\frac{3}{10}=\frac{3}{20}$이다.

②

PART 1

CHAPTER

02 응용계산 적중예상문제

정답 및 해설 p.013

대표유형 1 미지수

01 지우가 학교로 출발한 지 5분 후, 동생이 따라 나왔다. 동생은 매분 100m의 속력으로 걷고 지우는 매분 80m의 속력으로 걷는다면, 두 사람은 동생이 출발한 뒤 몇 분 후에 만나는가?

① 15분 ② 20분
③ 25분 ④ 30분
⑤ 35분

| 해설 | 동생이 출발한 뒤 만나게 될 때까지 걸리는 시간을 x분이라 하자.

$80\times5+80x=100x$

$\therefore x=20$

따라서 두 사람은 20분 후에 만나게 된다.

정답 ②

02 농도 4%의 소금물이 들어 있는 컵에 농도 10%의 소금물을 부었더니, 농도 8%의 소금물 600g이 만들어졌다. 처음 들어 있던 농도 4%의 소금물의 양은?

① 160g ② 180g
③ 200g ④ 220g
⑤ 240g

| 해설 | 농도 4%의 소금물의 양을 xg이라고 하면, 10%의 소금물의 양은 $(600-x)$g이다.

$\frac{4}{100}x+\frac{10}{100}(600-x)=\frac{8}{100}\times600$

양변에 100을 곱하면

$4x+10(600-x)=4,800$

$6x=1,200$

$\therefore x=200$

따라서 처음 컵에 들어있던 농도 4%의 소금물의 양은 200g이다.

정답 ③

01 일정한 속력으로 달리는 10량 기차가 길이 360m인 A터널에 진입하여 완전히 빠져나가는데 12초 걸리고 같은 속력으로 길이 900m인 B터널을 완전히 빠져나가는데 24초 걸린다고 한다. 이 열차가 같은 속력으로 길이 1.5km인 C터널을 지날 때 열차 1량이 빠져나가는 데 걸리는 시간은?

① 0.2초
② 0.4초
③ 0.6초
④ 0.8초
⑤ 1초

PART 1

02 성욱이가 집에서 서점까지 갈 때에는 시속 4km의 속력으로 걷고 집으로 되돌아올 때에는 시속 3km의 속력으로 걸어왔더니 이동시간만 7시간이 걸렸다고 한다. 집에서 서점까지의 거리는?

① 10km
② 11km
③ 12km
④ 13km
⑤ 14km

03 둘레가 2km인 호수를 같은 지점에서 A는 뛰어가고 B는 걸어간다고 한다. 다른 방향으로 가면 5분 만에 다시 만나고, 같은 방향으로 가면 10분 만에 다시 만날 때 A의 속력은?(단, A는 B보다 빠르다)

① 200m/min
② 300m/min
③ 400m/min
④ 500m/min
⑤ 600m/min

04 일정한 속력으로 달리는 기차가 400m 길이의 터널을 완전히 통과하는 데 10초, 800m 길이의 터널을 완전히 통과하는 데 18초가 걸렸다. 이 기차의 속력은?

① 50m/s
② 55m/s
③ 60m/s
④ 75m/s
⑤ 100m/s

05 효진이는 집에서 4km 떨어진 회사를 150m/min의 속도로 자전거를 타고 가다가 중간에 내려 나머지 거리는 50m/min의 속도로 걸어갔다. 집에서 회사까지 도착하는 데 30분이 걸렸을 때, 효진이가 걸어간 시간은?

① 5분
② 7분
③ 10분
④ 15분
⑤ 17분

06 S사에 근무하는 은영이는 오전에 A사로 외근을 갔다. 일을 마치고 시속 3km로 걸어서 회사로 가는 반대 방향으로 1km 떨어진 우체국에 들렀다가 회사로 복귀하는 데 1시간 40분이 걸렸다. A사부터 S사까지 거리는?

① 1km
② 2km
③ 3km
④ 4km
⑤ 5km

07 신영이는 제주도로 여행을 갔다. 호텔에서 공원까지 거리는 지도상에서 10cm이고, 지도의 축척은 1 : 50,000이다. 신영이가 30km/h의 속력으로 자전거를 타고 갈 때, 호텔에서 출발하여 공원에 도착하는 데까지 걸리는 시간은?

① 10분
② 15분
③ 20분
④ 25분
⑤ 30분

08 길이가 xm인 열차가 분속 500m의 속력으로 터널을 통과하는 데 10분이 걸렸다. 터널의 길이가 4.5km일 때, 열차의 길이는?

① 400m
② 450m
③ 500m
④ 550m
⑤ 600m

09 어떤 회사에는 속도가 다른 승강기 A, B가 있다. A승강기는 1초에 1층씩 움직이며, B승강기는 1초에 2층씩 움직인다. 1층에서 A승강기를 타고 올라간 사람과 15층에서 B승강기를 타고 내려가는 사람이 동시에 승강기에 탔다면 두 사람은 몇 층에서 같은 층이 되는가?

① 4층 ② 5층
③ 6층 ④ 7층
⑤ 8층

PART 1

10 연경이와 혜정이의 현재 연령 비는 3 : 1이고, 5년 후의 연령 비는 7 : 4가 된다고 한다. 연경이와 혜정이의 현재 나이는?

	연경	혜정
①	9세	3세
②	6세	2세
③	3세	9세
④	2세	6세
⑤	4세	12세

11 4년 전 삼촌의 나이는 민지의 나이의 4배였고 3년 후 삼촌의 나이는 민지의 나이의 2배보다 7세 많아진다고 한다. 현재 삼촌과 민지의 나이 차는?

① 18세 ② 19세
③ 20세 ④ 21세
⑤ 22세

12 세 개의 톱니바퀴 A, B, C가 서로 맞물려 회전하고 있을 때, A바퀴가 1분에 5회전할 때 C바퀴는 1분에 몇 회전하는가?(단, 각 바퀴의 반지름은 A=14cm, B=9cm, C=7cm이다)

① 7회전 ② 8회전
③ 9회전 ④ 10회전
⑤ 11회전

13 지난 달 A대리의 휴대폰 요금과 B과장의 휴대폰 요금을 합한 금액은 14만 원이었다. 이번 달의 휴대폰 요금은 지난달에 비하여 A대리는 10% 감소하고, B과장은 20% 증가하여 두 사람의 휴대폰 요금은 같아졌다. 이번 달 B과장의 휴대폰 요금은?

① 65,000원　② 72,000원
③ 75,000원　④ 81,000원
⑤ 83,000원

14 종욱이는 25,000원짜리 피자 두 판과 8,000원짜리 샐러드 세 개를 주문했다. 멤버십 혜택으로 피자는 15%, 샐러드는 25%, 이벤트로 나머지 금액의 10%를 추가 할인을 받았다. 종욱이가 총 할인받은 금액은?

① 12,150원　② 13,500원
③ 18,600원　④ 19,550원
⑤ 20,850원

15 S사에서는 신제품 출시로 인한 이벤트를 다음과 같이 진행한다. 이때 이월상품은 원래 가격에서 얼마나 할인된 가격으로 판매되는가?

〈이벤트〉

- 전 품목 20% 할인
- 이월상품 추가 10% 할인

① 27%　② 28%
③ 29%　④ 30%
⑤ 31%

16 농도가 각각 10%, 6%인 설탕물을 섞어서 300g의 설탕물을 만들었다. 여기에 설탕 20g을 더 넣었더니 농도가 12%인 설탕물이 되었다면 농도 6% 설탕물의 양은?

① 10g　② 20g
③ 280g　④ 290g
⑤ 320g

17 녹차를 좋아하는 K씨는 농도가 40%인 녹차를 만들어 마시고자 한다. 뜨거운 물 120g에 녹차가루 30g을 넣었는데도 원하는 농도가 안 나와 녹차가루를 더 넣으려고 할 때, 더 넣어야 하는 녹차가루의 양은 최소 몇 g인가?

① 20g ② 30g
③ 40g ④ 50g
⑤ 60g

18 10%의 소금물 100g과 25%의 소금물 200g을 섞으면 몇 %의 소금물이 되겠는가?

① 15% ② 20%
③ 25% ④ 30%
⑤ 35%

19 9%의 소금물 800g이 있다. 이 소금물을 증발시켜 16%의 소금물을 만들려면 몇 g을 증발시켜야 하는가?

① 300g ② 325g
③ 350g ④ 375g
⑤ 400g

20 6%의 소금물과 8%의 소금물을 섞은 소금물에 물을 더 넣어 4%의 소금물 500g을 만들었다. 더 넣은 물의 양과 6% 소금물의 양이 같을 때, 더 넣은 물의 양과 8% 소금물의 양의 합은?

① 195g ② 300g
③ 405g ④ 510g
⑤ 615g

21 S사는 작년 사원수가 500명이었고, 올해 남자 사원이 작년보다 10% 감소하고, 여자 사원은 40% 증가하였다. 전체 사원수는 작년보다 8%가 늘어났을 때, 작년 남자 사원수는?

① 280명 ② 300명
③ 315명 ④ 320명
⑤ 325명

22 아이들에게 과자를 1인당 8개씩 나누어 주려고 한다. 10개씩 들어 있는 과자 17상자를 준비하였더니 과자가 남았고, 남은 과자를 1인당 1개씩 더 나누어 주려고 하니 부족했다. 만일 지금보다 9명이 더 늘어난다면 과자 6상자를 추가해야 모두에게 1인당 8개 이상씩 나누어 줄 수 있다고 할 때, 처음 아이들 수는?

① 18명 ② 19명
③ 20명 ④ 21명
⑤ 22명

23 김대리가 1호 택배상자 6개와 2호 택배상자 7개의 무게를 재보니 총 960g이었다. 택배상자 호수에 따른 무게를 비교하기 위해 양팔 저울 왼쪽에는 1호 4개와 2호 2개, 오른쪽은 1호 2개와 2호 5개를 올려놓았을 때 평형을 이루었다. 1호 상자와 2호 상자 한 개당 무게가 각각 xg, yg일 때 $x \times y$의 값은?(단, 상자의 무게는 호수별로 동일하다)

① 4,800 ② 5,000
③ 5,200 ④ 5,400
⑤ 6,400

24 등산 동아리 회원들은 경주로 놀러가기 위해 숙소를 예약하였다. 방 하나에 회원을 6명씩 배정하면 12명이 남으며, 7명씩 배정하면 한 개의 방에는 6명이 배정되고 2개의 방이 남는다. 이때 등산 동아리에서 예약한 방의 총 개수는?

① 25개 ② 26개
③ 27개 ④ 28개
⑤ 29개

25 대학교에 지원한 지원자의 남학생과 여학생의 비율은 3 : 2이었다. 지원자 중 합격자의 남녀 비율은 5 : 2이고, 불합격자 남녀 비율은 4 : 3이라고 한다. 전체 합격자 수가 280명일 때, 지원자 중 여학생은 총 몇 명인가?

① 440명 ② 480명
③ 540명 ④ 560명
⑤ 640명

26 하나에 700원짜리 양파와 1,200원짜리 감자를 섞어서 15개를 샀다. 지불한 총금액이 14,500원일 때, 구입한 양파의 개수는?

① 6개　② 7개
③ 8개　④ 9개
⑤ 10개

PART 1

대표유형 2　부등식

10,000원으로 사탕과 껌을 사려고 한다. 사탕 한 개의 가격은 300원, 껌 한 개의 가격은 500원이다. 껌을 3개 사려고 할 때, 살 수 있는 사탕의 최대 개수는?

① 27개　② 28개
③ 29개　④ 30개
⑤ 31개

| 해설 | 사탕의 개수를 x개라고 하자.

$300x+500\times3\le10,000$

$\rightarrow x\le28\frac{1}{3}$

따라서 사탕은 최대 28개를 살 수 있다.

정답 ②

27 세 자연수 5, 6, 7로 나누어도 항상 나머지가 2가 되는 가장 작은 수를 A라고 했을 때, 1,000 이하 자연수 중 A 배수의 개수는?

① 3개
② 4개
③ 5개
④ 6개
⑤ 7개

28 자연수로 30을 나누었을 때는 나머지가 0이고, 37을 나누었을 때는 나머지가 2이다. 다음 중 자연수 B는 무엇인가?

① 5
② 6
③ 7
④ 8
⑤ 9

29 가로, 세로의 길이가 각각 432m, 720m인 직사각형 모양의 공원에 나무를 심으려고 한다. 네 귀퉁이에는 반드시 나무를 심고 서로 간격이 일정하게 떨어지도록 심으려고 할 때, 최소한 몇 그루를 심을 수 있는가?

① 16그루
② 24그루
③ 36그루
④ 48그루
⑤ 60그루

30 작년 A제품과 B제품의 총 판매량은 800개였다. 올해 A제품의 판매량은 50% 증가하였고, B제품의 판매량은 작년 A제품 판매량의 3배에 70개를 뺀 것과 같았다. 올해 총 판매량이 작년 대비 60%가 증가하였다면, 올해 B제품의 판매량은 작년 대비 몇 %가 증가하였는가?

① 33%
② 44%
③ 55%
④ 66%
⑤ 77%

대표유형 3 **경우의 수**

주사위 세 개를 던졌을 때, 나오는 눈의 합이 4가 되는 경우의 수는?

① 1가지 ② 3가지
③ 5가지 ④ 7가지
⑤ 9가지

| 해설 | 주사위 세 개를 던졌을 때 나오는 눈의 합이 4가 되는 경우를 순서쌍으로 나타내면
(1, 1, 2), (1, 2, 1), (2, 1, 1)
따라서 나오는 눈의 합이 4가 되는 경우의 수는 3가지이다.

정답 ②

PART 1

31 서경이는 흰색 깃발과 검은색 깃발을 하나씩 갖고 있는데, 깃발을 총 5번 들어 신호를 표시하려고 한다. 같은 깃발은 4번까지만 사용하여 신호를 표시한다면, 만들 수 있는 신호는 총 몇 가지인가?

① 14가지 ② 16가지
③ 30가지 ④ 32가지
⑤ 36가지

32 은탁이는 1, 1, 1, 2, 2, 3을 가지고 여섯 자릿수의 암호를 만들어야 한다. 이때 가능한 암호의 개수는?

① 30가지 ② 42가지
③ 60가지 ④ 72가지
⑤ 84가지

33 A와 B는 함께 자격증 시험에 도전하였다. A가 불합격할 확률이 $\frac{2}{3}$이고 B가 합격할 확률이 60%일 때 A, B 둘 다 합격할 확률은?

① 20% ② 30%
③ 40% ④ 50%
⑤ 60%

34 6장의 서로 다른 쿠폰이 있는데 처음 오는 손님에게는 1장, 두 번째 오는 손님에게는 2장, 세 번째 오는 손님에게는 3장을 주는 경우의 수는?

① 32가지
② 48가지
③ 51가지
④ 58가지
⑤ 60가지

35 S사는 서로 같은 98개의 컨테이너를 자사 창고에 나눠 보관하려고 한다. 창고는 총 10개가 있으며 각 창고에는 10개의 컨테이너를 저장할 수 있다고 한다. 이때 보관할 수 있는 방법의 수는?

① 52가지
② 53가지
③ 54가지
④ 55가지
⑤ 56가지

36 빨강, 파랑, 노랑, 검정의 4가지 색을 다음 ㄱ, ㄴ, ㄷ, ㄹ에 칠하려고 한다. 같은 색을 여러 번 사용해도 상관없으나, 같은 색을 이웃하여 칠하면 안 된다. 색칠하는 전체 경우의 수는?

<table>
<tr><td colspan="3">ㄱ</td></tr>
<tr><td>ㄴ</td><td>ㄷ</td><td>ㄹ</td></tr>
</table>

① 24가지
② 48가지
③ 64가지
④ 72가지
⑤ 84가지

37 다음 그림과 같이 집에서 학교까지 가는 경우의 수는 3가지, 학교에서 도서관까지 가는 경우의 수는 5가지, 도서관에서 학교를 거치지 않고 집까지 가는 경우의 수는 1가지이다. 집에서 학교를 거쳐 도서관을 갔다가 다시 학교로 돌아오는 경우의 수는?

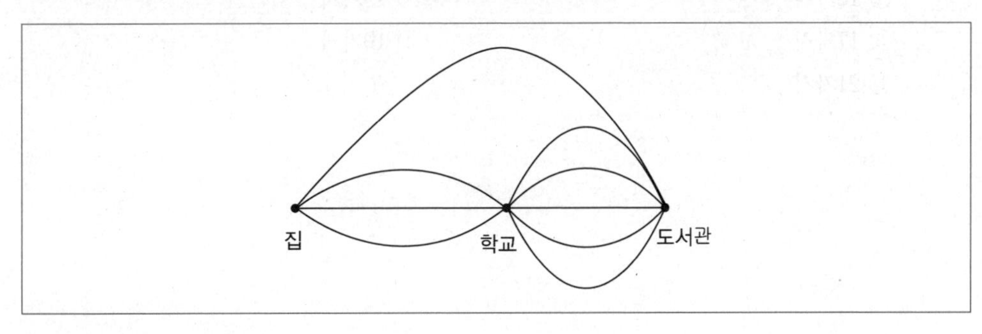

① 10가지
② 13가지
③ 30가지
④ 75가지
⑤ 80가지

38 다음에서 임의의 세 점을 연결하여 만들 수 있는 삼각형의 가짓수는?

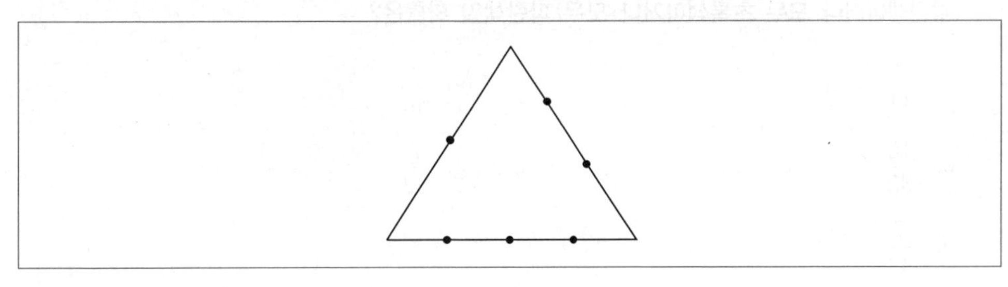

① 17가지
② 18가지
③ 19가지
④ 20가지
⑤ 21가지

39 어떤 학급에서 이어달리기 대회 대표로 A～E학생 5명 중 3명을 순서와 상관없이 뽑을 수 있는 경우의 수는?

① 5가지
② 10가지
③ 20가지
④ 60가지
⑤ 120가지

40 주머니에 1부터 40까지의 자연수가 하나씩 적힌 40개의 공이 들어 있다. 이 주머니에서 공을 1개 꺼냈을 때, 꺼낸 공에 적힌 수가 40의 약수 또는 3의 배수인 경우의 수는?

① 13가지 ② 15가지
③ 17가지 ④ 19가지
⑤ 21가지

대표유형 4 확률

주머니에 빨간색 구슬 3개, 초록색 구슬 4개, 파란색 구슬 5개가 있다. 구슬 2개를 꺼낼 때, 모두 빨간색이거나 모두 초록색이거나 모두 파란색일 확률은?

① $\frac{3}{11}$ ② $\frac{19}{66}$
③ $\frac{10}{33}$ ④ $\frac{7}{22}$
⑤ $\frac{7}{44}$

| 해설 | • 전체 구슬의 개수 : 3+4+5=12개

• 빨간색 구슬 2개를 꺼낼 확률 : $\frac{{}_3C_2}{{}_{12}C_2}=\frac{1}{22}$

• 초록색 구슬 2개를 꺼낼 확률 : $\frac{{}_4C_2}{{}_{12}C_2}=\frac{1}{11}$

• 파란색 구슬 2개를 꺼낼 확률 : $\frac{{}_5C_2}{{}_{12}C_2}=\frac{5}{33}$

따라서 구슬 2개를 꺼낼 때, 모두 빨간색이거나 모두 초록색이거나 모두 파란색일 확률은 $\frac{1}{22}+\frac{1}{11}+\frac{5}{33}=\frac{19}{66}$ 이다.

정답 ②

41 흰 구슬 3개, 검은 구슬 5개가 들어있는 주머니에서 연속해서 3개의 구슬을 뽑으려고 한다. 이때 흰 구슬 2개, 검은 구슬 1개가 나올 확률은?(단, 꺼낸 구슬은 다시 집어넣지 않는다)

① $\frac{11}{56}$
② $\frac{15}{56}$
③ $\frac{17}{56}$
④ $\frac{23}{56}$
⑤ $\frac{35}{56}$

42 A, B, C, D, E, F를 한 줄로 세울 때, A와 B가 나란히 서 있을 확률은?

① $\frac{1}{6}$
② $\frac{1}{3}$
③ $\frac{1}{2}$
④ $\frac{2}{3}$
⑤ $\frac{5}{6}$

43 두 개의 주사위가 있다. 주사위를 굴려서 눈의 합이 2 이하가 나오는 확률은?

① $\frac{1}{36}$
② $\frac{2}{36}$
③ $\frac{3}{36}$
④ $\frac{4}{36}$
⑤ $\frac{5}{36}$

44 30명의 남학생 중에서 16명, 20명의 여학생 중에서 14명이 수학여행으로 국외를 선호하였다. 전체 50명의 학생 중 임의로 선택한 한 명이 국내 여행을 선호하는 학생일 때, 이 학생이 남학생일 확률은?

① $\frac{3}{5}$
② $\frac{7}{10}$
③ $\frac{4}{5}$
④ $\frac{9}{10}$
⑤ $\frac{5}{13}$

45 서로 다른 2개의 주사위 A, B를 동시에 던졌을 때, 나온 눈의 곱이 홀수일 확률은?

① $\frac{1}{4}$
② $\frac{1}{5}$
③ $\frac{1}{6}$
④ $\frac{1}{8}$
⑤ $\frac{1}{10}$

46 1에서 10까지 적힌 숫자카드를 임의로 두 장을 동시에 뽑을 때, 뽑은 두 카드에 적힌 수의 곱이 홀수일 확률은?

① $\frac{5}{7}$
② $\frac{7}{8}$
③ $\frac{5}{9}$
④ $\frac{2}{9}$
⑤ $\frac{1}{9}$

47 주머니 A, B가 있는데 A주머니에는 흰 공 3개, 검은 공 2개가 들어있고, B주머니에는 흰 공 1개, 검은 공 4개가 들어있다. A, B주머니에서 순서대로 한 개씩 공을 꺼낼 때, 검은 공이 뽑힐 확률은?

① $\frac{16}{25}$
② $\frac{18}{25}$
③ $\frac{20}{25}$
④ $\frac{22}{25}$
⑤ $\frac{24}{25}$

48 홍은, 영훈, 성준이는 S사 공채에 지원했다. S사 직무적성검사에 합격할 확률이 각각 $\frac{6}{7}$, $\frac{3}{5}$, $\frac{1}{2}$이고, 세 사람 중 두 사람이 합격할 확률을 $\frac{b}{a}$라 할 때, $a+b$의 값은?(단 a와 b는 서로소이다)

① 51
② 64
③ 77
④ 90
⑤ 103

49 A, B, C 세 사람이 동시에 같은 문제를 풀려고 한다. A가 문제를 풀 확률은 $\frac{1}{4}$, B가 문제를 풀 확률은 $\frac{1}{3}$, C가 문제를 풀 확률은 $\frac{1}{2}$일 때, 한 사람만 문제를 풀 확률은?

① $\frac{2}{9}$
② $\frac{1}{4}$
③ $\frac{5}{12}$
④ $\frac{11}{24}$
⑤ $\frac{6}{7}$

50 같은 회사에 다니는 A사원과 B사원이 건물 맨 꼭대기 층인 10층에서 엘리베이터를 함께 타고 내려갔다. 두 사원이 서로 다른 층에 내릴 확률은?(단, 두 사원 모두 지하에서는 내리지 않는다)

① $\frac{5}{27}$
② $\frac{8}{27}$
③ $\frac{2}{3}$
④ $\frac{8}{9}$
⑤ $\frac{77}{81}$

CHAPTER

02 자료해석 핵심이론

(1) 꺾은선(절선)그래프

① 시간적 추이(시계열 변화)를 표시하는 데 적합하다.

예 연도별 매출액 추이 변화 등

② 경과·비교·분포를 비롯하여 상관관계 등을 나타날 때 사용한다.

〈중학교 장학금, 학비감면 수혜현황〉

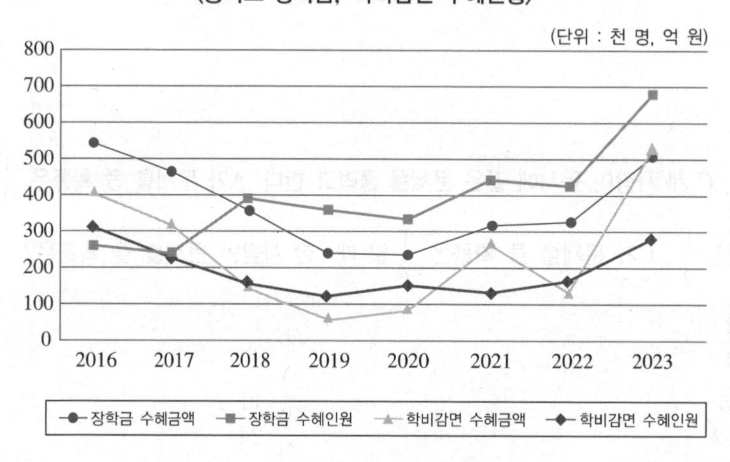

(2) 막대그래프

① 비교하고자 하는 수량을 막대 길이로 표시하고, 그 길이를 비교하여 각 수량 간의 대소 관계를 나타내는 데 적합하다.

예 영업소별 매출액, 성적별 인원분포 등

② 가장 간단한 형태로 내역·비교·경과·도수 등을 표시하는 용도로 사용한다.

〈연도별 암 발생 추이〉

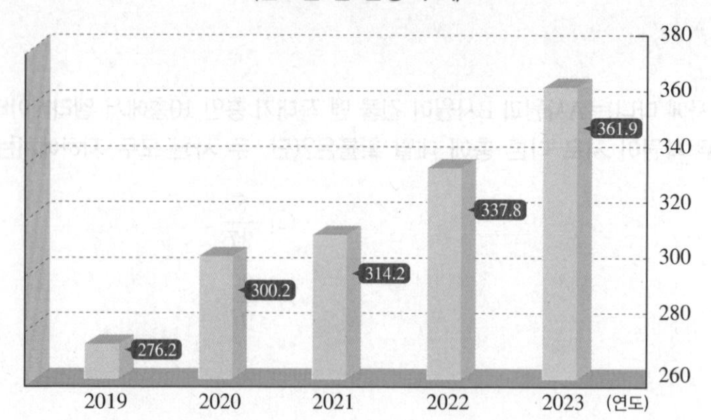

(3) 원그래프

① 내역이나 내용의 구성비를 분할하여 나타내는 데 적합하다.

예 제품별 매출액 구성비 등

② 원그래프를 정교하게 작성할 때는 수치를 각도로 환산해야 한다.

〈C국의 가계 금융자산 구성비〉

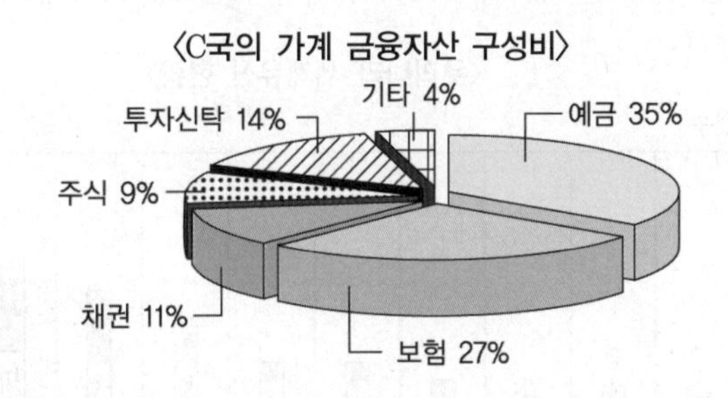

(4) 점그래프

① 지역분포를 비롯하여 도시, 지방, 기업, 상품 등의 평가나 위치, 성격을 표시하는 데 적합하다.

예 광고비율과 이익률의 관계 등

② 종축과 횡축에 두 요소를 두고, 보고자 하는 것이 어떤 위치에 있는가를 알고자 할 때 사용한다.

〈OECD 국가의 대학졸업자 취업률 및 경제활동인구 비중〉

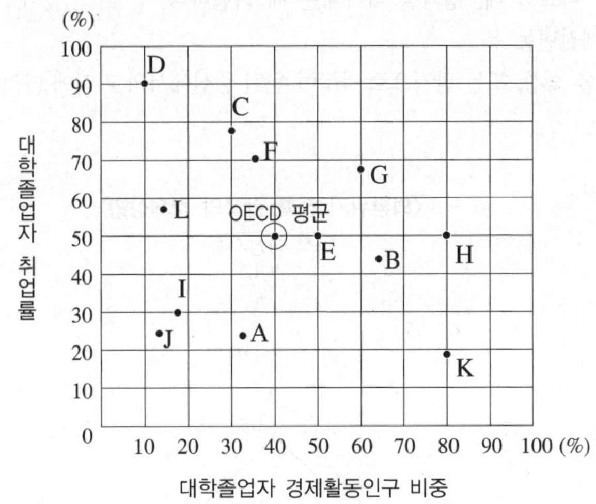

(5) 층별그래프

① 합계와 각 부분의 크기를 백분율로 나타내고 시간적 변화를 보는 데 적합하다.

② 합계와 각 부분의 크기를 실수로 나타내고 시간적 변화를 보는 데 적합하다.

예 상품별 매출액 추이 등

③ 선의 움직임보다는 선과 선 사이의 크기로써 데이터 변화를 나타내는 그래프이다.

〈우리나라 세계유산 현황〉

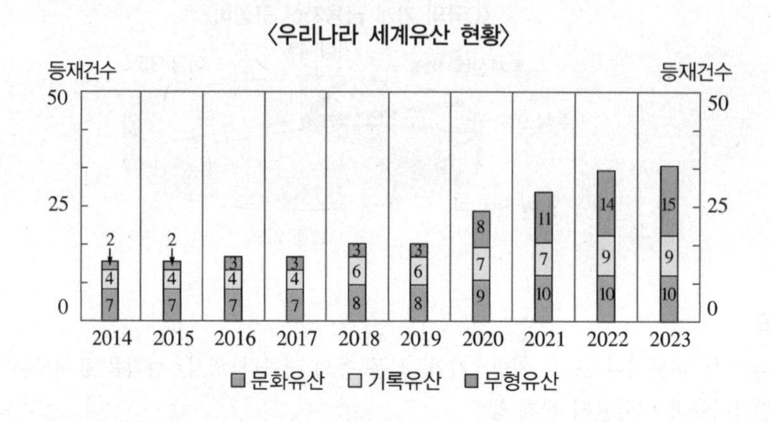

(6) 레이더 차트(거미줄그래프)

① 다양한 요소를 비교할 때, 경과를 나타내는 데 적합하다.

예 매출액의 계절변동 등

② 비교하는 수량을 직경, 또는 반경으로 나누어 원의 중심에서의 거리에 따라 각 수량의 관계를 나타내는 그래프이다.

〈외환위기 전후 한국의 경제상황〉

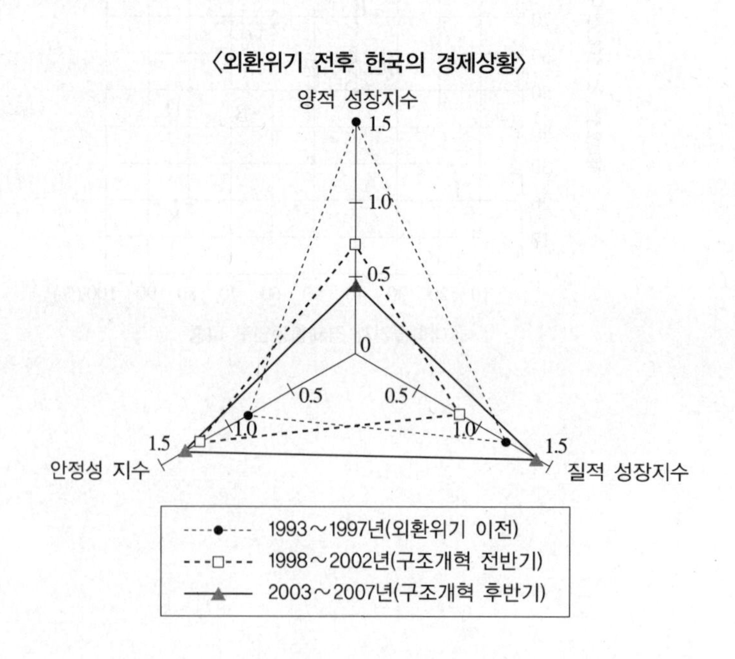

핵심예제

다음은 2023년도 관측지점별 기상 평년값을 나타낸 자료이다. 관측지점 중 최고 기온이 17℃ 이상이며, 최저 기온이 7℃ 이상인 지점의 강수량의 합은?

〈관측지점별 기상 평년값〉

(단위 : ℃, mm)

구분	평균 기온	최고 기온	최저 기온	강수량
속초	12.2	16.2	8.5	1,402
철원	10.2	16.2	4.7	1,391
춘천	11.1	17.2	5.9	1,347
강릉	13.1	17.5	9.2	1,464
동해	12.6	16.8	8.6	1,278
충주	11.2	17.7	5.9	1,212
서산	11.9	17.3	7.2	1,285

① 3,027mm
② 2,955mm
③ 2,834mm
④ 2,749mm
⑤ 2,676mm

| 해설 | 최고 기온이 17℃ 이상인 지점은 춘천, 강릉, 충주, 서산이다. 이 중 최저 기온이 7℃ 이상인 지점은 강릉과 서산으로 두 관측지점의 강수량을 합하면 1,464+1,285=2,749mm이다.

정답 ④

CHAPTER

02 자료해석 적중예상문제

정답 및 해설 p.022

대표유형 1 표

다음은 2020 ~ 2023년 소비자물가지수 지역별 동향을 나타낸 자료이다. 이 자료를 보고 판단한 내용으로 옳지 않은 것은?

〈소비자물가지수 지역별 동향〉

(단위 : %)

지역명	등락률				지역명	등락률			
	2020년	2021년	2022년	2023년		2020년	2021년	2022년	2023년
전국	2.2	1.3	1.3	0.7	충북	2.0	1.2	1.2	−0.1
서울	2.5	1.4	1.6	1.3	충남	2.4	1.2	0.5	0.2
부산	2.4	1.5	1.3	0.8	전북	2.2	1.2	1.1	0.0
대구	2.4	1.6	1.4	1.0	전남	2.0	1.4	1.0	0.0
인천	2.0	1.0	0.9	0.2	경북	2.0	1.2	1.0	0.0
경기	2.2	1.2	1.2	0.7	경남	1.9	1.3	1.4	0.6
강원	2.0	1.1	0.7	0.0	제주	1.2	1.4	1.1	0.6

① 2020년부터 부산의 등락률은 하락하고 있다.
② 2022년에 등락률이 가장 높은 곳은 서울이다.
③ 2020년에 등락률이 두 번째로 낮은 곳은 경남이다.
④ 2020 ~ 2023년 동안 모든 지역의 등락률이 하락했다.
⑤ 2023년에 등락률이 가장 낮은 곳은 충북이다.

| 해설 | 2022년에 서울과 경남의 등락률이 상승했고, 2021년에 제주의 등락률이 상승했다.

오답분석

① 2020년부터 부산의 등락률은 2.4% → 1.5% → 1.3% → 0.8%로 하락하고 있다.
② 2022년에 등락률이 가장 높은 곳은 등락률이 1.6%인 서울이다.
③ 2020년에 경남은 제주의 1.2%에 이어 1.9%로 등락률이 두 번째로 낮다.
⑤ 2023년에 충북은 등락률이 −0.1%로 가장 낮다.

정답 ④

01 다음은 시기별 1인당 스팸 문자의 내용별 수신 수를 나타낸 자료이다. 이에 대한 설명으로 옳지 않은 것은?

〈1인당 스팸 문자의 내용별 수신 수〉

(단위 : 통)

구분	2022년 하반기	2023년 상반기	2023년 하반기
대출	0.03	0.06	0.08
성인	0.00	0.01	0.01
일반	0.12	0.05	0.08
합계	0.15	0.12	0.17

① 성인 관련 스팸 문자는 2023년부터 수신되기 시작했다.
② 가장 높은 비중을 차지하는 스팸 문자의 내용은 해당 기간 동안 변화했다.
③ 내용별 스팸 문자 수에서 감소한 종류는 없다.
④ 해당 기간 동안 가장 큰 폭으로 증가한 것은 대출 관련 스팸 문자이다.
⑤ 전년 동분기 대비 2023년 하반기의 1인당 스팸 문자의 내용별 수신 수의 증가율은 약 13%이다.

02 다음은 시도별 인구변동 현황에 대한 자료이다. 이에 대한 설명으로 옳은 것을 〈보기〉에서 모두 고르면?

〈시도별 인구변동 현황〉

(단위 : 천 명)

구분	2017년	2018년	2019년	2020년	2021년	2022년	2023년
전체	49,582	49,782	49,990	50,269	50,540	50,773	51,515
서울	10,173	10,167	10,181	10,193	10,201	10,208	10,312
부산	3,666	3,638	3,612	3,587	3,565	3,543	3,568
대구	2,525	2,511	2,496	2,493	2,491	2,489	2,512
인천	2,579	2,600	2,624	2,665	2,693	2,710	2,758
광주	1,401	1,402	1,408	1,413	1,423	1,433	1,455
대전	1,443	1,455	1,466	1,476	1,481	1,484	1,504
울산	1,081	1,088	1,092	1,100	1,112	1,114	1,126
경기	10,463	10,697	10,906	11,106	11,292	11,460	11,787

보기

㉠ 서울인구와 경기인구의 차이는 2017년에 비해 2023년에 더 커졌다.
㉡ 2017년과 비교했을 때, 2023년 인구가 감소한 지역은 부산뿐이다.
㉢ 전년 대비 증가한 인구수를 비교했을 때, 광주는 2023년에 가장 많이 증가했다.
㉣ 대구는 전년 대비 2019년부터 인구가 꾸준히 감소했다.

① ㉠, ㉡　　② ㉠, ㉢
③ ㉡, ㉢　　④ ㉡, ㉣
⑤ ㉠, ㉡, ㉢

03 다음은 S사의 지역별 매장 수 증감과 관련한 표일 때, 2020년에 매장이 두 번째로 많은 지역의 매장 개수는?

〈지역별 매장 수 증감〉

(단위 : 개)

지역	2020년 대비 2021년 증감 수	2021년 대비 2022년 증감 수	2022년 대비 2023년 증감 수	2023년 매장 수
서울	2	2	−2	17
경기	2	1	−2	14
인천	−1	2	−5	10
부산	−2	−4	3	10

① 10개
② 12개
③ 14개
④ 16개
⑤ 18개

04 다음은 5월 7일부터 5월 13일까지 A제품의 도매가와 일주일간 평균 도매가를 정리한 자료이다. 5월 10일의 도매가는?

구분	5/7	5/8	5/9	5/10	5/11	5/12	5/13	평균
가격(원)	400	500	300	( )	400	550	300	400

① 300원
② 350원
③ 400원
④ 450원
⑤ 500원

05 2020년부터 2023년까지 전년 대비 가장 크게 증가한 범죄의 발생 건수 비율과 체포 건수 비율의 증가량 차이를 구한 것은?

〈범죄유형별 발생 건수 비율〉

(단위 : %)

구분	2020년	2021년	2022년	2023년
흉악범죄	2.2	1.7	0.8	1.0
조폭범죄	2.6	1.6	1.4	1.3
절도죄	57.3	76.0	81.7	88.0
지능범죄	9.7	2.9	7.8	3.4
기타	28.2	17.8	8.3	6.3

〈범죄유형별 체포 건수 비율〉

(단위 : %)

구분	2020년	2021년	2022년	2023년
흉악범죄	3.1	3.3	3.5	4.7
조폭범죄	3.6	3.5	4.6	5.7
절도죄	49.4	56.3	56.4	57.5
지능범죄	7.4	3.1	8.3	5.9
기타	36.5	33.8	27.2	26.2

① 11.7%p
② 11.8%p
③ 12.9%p
④ 13.0%p
⑤ 13.1%p

06 다음은 10대 무역수지 흑자국에 대한 자료이다. 미국의 2021년 대비 2023년의 흑자액 증가율은? (단, 소수점 둘째 자리에서 반올림한다)

〈10대 무역수지 흑자국〉

(단위 : 백만 달러)

순번	2021년		2022년		2023년	
	국가명	금액	국가명	금액	국가명	금액
1	중국	32,457	중국	45,264	중국	47,779
2	홍콩	18,174	홍콩	23,348	홍콩	28,659
3	마샬군도	9,632	미국	9,413	싱가포르	11,890
4	미국	8,610	싱가포르	7,395	미국	11,635
5	멕시코	6,161	멕시코	7,325	베트남	8,466
6	싱가포르	5,745	베트남	6,321	멕시코	7,413
7	라이베리아	4,884	인도	5,760	라이베리아	7,344
8	베트남	4,780	라이베리아	5,401	마샬군도	6,991
9	폴란드	3,913	마샬군도	4,686	브라질	5,484
10	인도	3,872	슬로바키아	4,325	인도	4,793

① 35.1%
② 37.8%
③ 39.9%
④ 41.5%
⑤ 42.3%

PART 1

07 다음은 1,000명을 대상으로 5개 제조사 타이어 제품에 대한 소비자 선호도 조사 결과에 관한 자료이다. 1차 선택 후, 일주일간 사용하고 다시 2차 선택을 하였다. 다음 두 가지 질문에 대한 답을 순서대로 짝지은 것은?

〈5개 제조사 타이어 제품에 대한 소비자 선호도 조사 결과〉

(단위 : 명)

1차 선택 \ 2차 선택	A사	B사	C사	D사	E사	합계
A사	120	17	15	23	10	185
B사	22	89	11	(가)	14	168
C사	17	11	135	13	12	188
D사	15	34	21	111	21	202
E사	11	18	13	15	200	257
합계	185	169	195	194	157	1,000

- (가)에 들어갈 수는?
- 1차에서 D사를 선택하고, 2차에서 C사를 선택한 소비자 수와 1차에서 E사를 선택하고 2차에서 B사를 선택한 소비자 수의 차이는?

① 32, 3
② 32, 6
③ 12, 11
④ 12, 3
⑤ 24, 3

08 2021년부터 2023년까지 S사 신입사원 중 여성은 매년 30명씩 증가했다. 2023년의 신입사원 총원이 500명일 때, 남녀의 성비는?(단, 남녀 성비는 여자 100명당 남자 수이고, 소수점 둘째 자리에서 반올림한다)

(단위 : 명)

구분	2021년	2022년	2023년
남자	210	200	
여자	230	260	
전체	440	460	500

① 71.0
② 72.4
③ 72.8
④ 73.1
⑤ 73.4

09 다음은 우리나라의 연도별 5대 범죄 발생과 검거에 관한 자료이다. 빈칸에 들어갈 값으로 옳은 것은?

〈우리나라의 연도별 5대 범죄 발생 건수와 검거 건수〉

(단위 : 건)

구분		2018년	2019년	2020년	2021년	2022년	2023년
살인	발생	941	1,051	957	998	1,084	1,061
	검거	955	1,076	994	1,038	1,041	1,023
강도	발생	5,461	5,692	5,906	7,292	5,834	5,172
	검거	4,524	4,670	5,957	7,165	4,941	4,021
강간	발생	6,855	6,751	6,119	6,531	6,959	7,323
	검거	6,139	6,021	5,522	5,899	6,322	6,443
절도	발생	173,876	180,704	175,457	187,352	155,393	
	검거	68,564	78,777	125,593	114,920	80,570	80,785
폭력	발생	333,630	338,045	283,930	294,893	286,570	285,331
	검거	304,905	306,341	262,293	270,097	270,563	261,817

① 159,434
② 154,278
③ 154,936
④ 152,117
⑤ 150,395

10 다음은 기업 집중도 현황을 나타낸 자료이다. 이에 대한 판단으로 옳지 않은 것은?

〈기업 집중도 현황〉

구분	2017년	2018년	2019년	
				전년 대비
상위 10대 기업	25.0%	26.9%	25.6%	▽ 1.3%p
상위 50대 기업	42.2%	44.7%	44.7%	−
상위 100대 기업	48.7%	51.2%	51.0%	▽ 0.2%p
상위 200대 기업	54.5%	56.9%	56.7%	▽ 0.2%p

① 2019년의 상위 10대 기업의 점유율은 전년도에 비해 낮아졌다.
② 2017년 상위 101～200대 기업이 차지하고 있는 비율은 5% 미만이다.
③ 전년 대비 2019년에는 상위 50대 기업을 제외하고 모두 점유율이 감소했다.
④ 전년 대비 2019년의 상위 100대 기업이 차지하고 있는 점유율은 약간 하락했다.
⑤ 2018～2019년까지 상위 10대 기업의 등락률과 상위 200대 기업의 등락률은 같은 방향을 보인다.

11 다음은 경제활동 참가율을 정리한 자료이다. 자료에 대한 설명으로 옳지 않은 것은?

〈경제활동 참가율〉

(단위 : %)

구분	2018년	2019년	2020년	2021년	2022년					2023년
					연간	1분기	2분기	3분기	4분기	1분기
경제활동 참가율	61.8	61.5	60.8	61.0	61.1	59.9	62.0	61.5	61.1	60.1
남성	74.0	73.5	73.1	73.0	73.1	72.2	73.8	73.3	73.2	72.3
여성	50.2	50.0	49.2	49.4	49.7	48.1	50.8	50.1	49.6	48.5

① 2023년 1분기 경제활동 참가율은 60.1%로 전년 동기 대비 0.2%p 상승했다.
② 2023년 1분기 여성경제활동 참가율은 남성에 비해 낮은 수준이나, 전년 동기에 비해 0.4%p 상승했다.
③ 남녀 경제활동 참가율의 합이 가장 높았던 때는 2022년 2분기이다.
④ 조사기간 중 경제활동 참가율이 가장 낮은 때는 여성경제활동 참가율이 가장 낮은 때이다.
⑤ 남녀 모두 경제활동 참가율이 가장 높았던 때와 가장 낮았던 때의 차이는 2%p 이하이다.

12 다음은 특정 기업 47개를 대상으로 제품전략, 기술개발 종류 및 기업형태별 기업 수에 관해 조사한 자료이다. 조사대상 기업에 대한 설명으로 옳은 것은?

〈제품전략, 기술개발 종류 및 기업형태별 기업 수〉

(단위 : 개)

제품전략	기술개발 종류	기업형태	
		벤처기업	대기업
시장견인	존속성 기술	3	9
	와해성 기술	7	8
기술추동	존속성 기술	5	7
	와해성 기술	5	3

※ 각 기업은 한 가지 제품전략을 취하고 한 가지 종류의 기술을 개발함

① 와해성 기술을 개발하는 기업 중에는 벤처기업의 비율이 대기업의 비율보다 낮다.
② 기술추동전략을 취하는 기업 중에는 존속성 기술을 개발하는 비율이 와해성 기술을 개발하는 비율보다 낮다.
③ 존속성 기술을 개발하는 기업의 비율이 와해성 기술을 개발하는 기업의 비율보다 높다.
④ 벤처기업 중에서 기술추동전략을 취하는 비율은 시장견인전략을 취하는 비율보다 높다.
⑤ 대기업 중에서 시장견인전략을 취하는 비율은 기술추동전략을 취하는 비율보다 낮다.

13 다음은 S사의 구성원을 대상으로 한 2023년 전·후로 가장 선호하는 언론매체에 대한 설문조사 결과 자료이다. 이에 대한 설명으로 옳은 것은?

〈2023년 전·후로 선호하는 언론매체별 S사의 구성원 수〉

(단위 : 명)

2023년 이후 / 2023년 이전	TV	인터넷	라디오	신문
TV	40	55	15	10
인터넷	50	30	10	10
라디오	40	40	15	15
신문	35	20	20	15

① 2023년 이후에 인터넷을 선호하는 구성원 모두 2023년 이전에도 인터넷을 선호했다.
② 2023년 전·후로 가장 인기 없는 매체는 라디오이다.
③ 2023년 이후에 가장 선호하는 언론매체는 인터넷이다.
④ 2023년 이후에 가장 선호하는 언론매체를 신문에서 인터넷으로 바꾼 구성원은 20명이다.
⑤ TV에서 라디오를 선호하게 된 구성원 수는 인터넷에서 라디오를 선호하게 된 구성원 수와 같다.

14 다음은 청소년의 경제의식에 대한 설문조사 결과를 정리한 자료이다. 이에 대한 설명으로 옳은 것은?

〈경제의식에 대한 설문조사 결과〉

(단위 : %)

설문 내용	구분	전체	성별		학교별	
			남	여	중학교	고등학교
용돈을 받는지 여부	예	84.2	82.9	85.4	87.6	80.8
	아니오	15.8	17.1	14.6	12.4	19.2
월간 용돈 금액	5만 원 미만	75.2	73.9	76.5	89.4	60
	5만 원 이상	24.8	26.1	23.5	10.6	40
금전출납부 기록 여부	기록함	30	22.8	35.8	31	27.5
	기록 안 함	70	77.2	64.2	69.0	72.5

① 용돈을 받는 남학생의 비율이 용돈을 받는 여학생의 비율보다 높다.
② 월간 용돈을 5만 원 미만으로 받는 비율은 중학생이 고등학생보다 높다.
③ 고등학생 전체 인원을 100명이라 한다면, 월간 용돈을 5만 원 이상 받는 학생은 40명이다.
④ 금전출납부는 기록하는 비율이 기록 안 하는 비율보다 높다.
⑤ 용돈을 받지 않는 중학생 비율이 용돈을 받지 않는 고등학생 비율보다 높다.

대표유형 2 그래프

다음은 연도별 제주도 감귤 생산량과 수확 면적을 나타낸 그래프이다. 이를 보고 2019년부터 2023년 동안 전년도에 비해 감귤 생산량의 감소량이 가장 많은 연도의 수확 면적은?

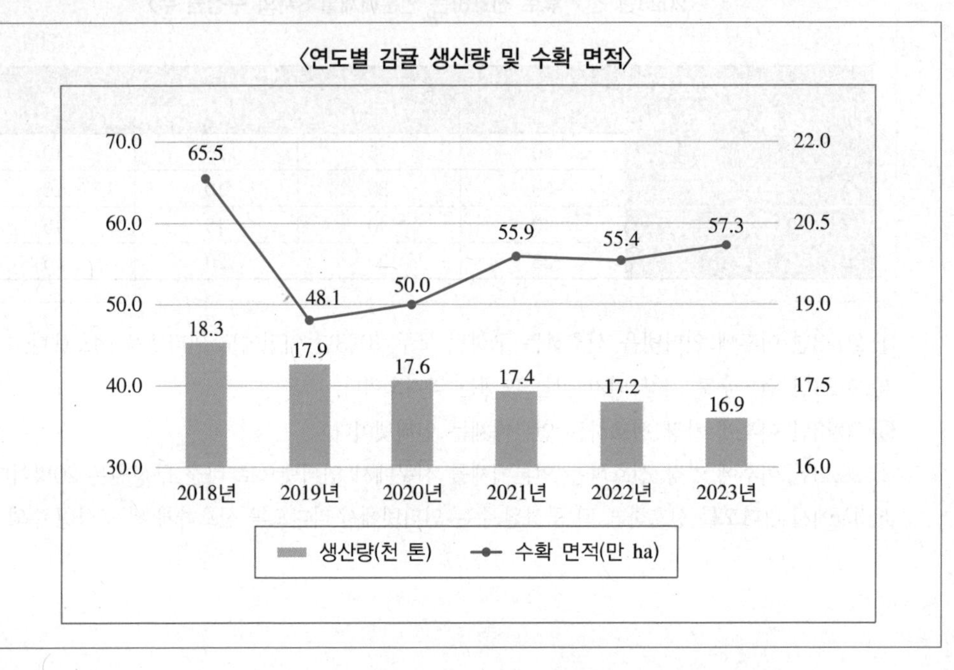

① 65.5만 ha
② 55.9만 ha
③ 50.0만 ha
④ 48.1만 ha
⑤ 57.3만 ha

| 해설 | 2019년부터 2023년 동안 전년도에 비해 감귤 생산량의 감소량이 가장 많은 연도는 2019년도로 전년 대비 0.4천 톤만큼 감소하였다.
따라서 2019년의 수확 면적은 '48.1만 ha'이다.

정답 ④

15 다음은 방송통신위원회가 발표한 2023년 지상파방송의 프로그램 수출입 현황이다. 프로그램 수입에서 영국이 차지하는 비율은?(단, 소수점 둘째 자리에서 반올림한다)

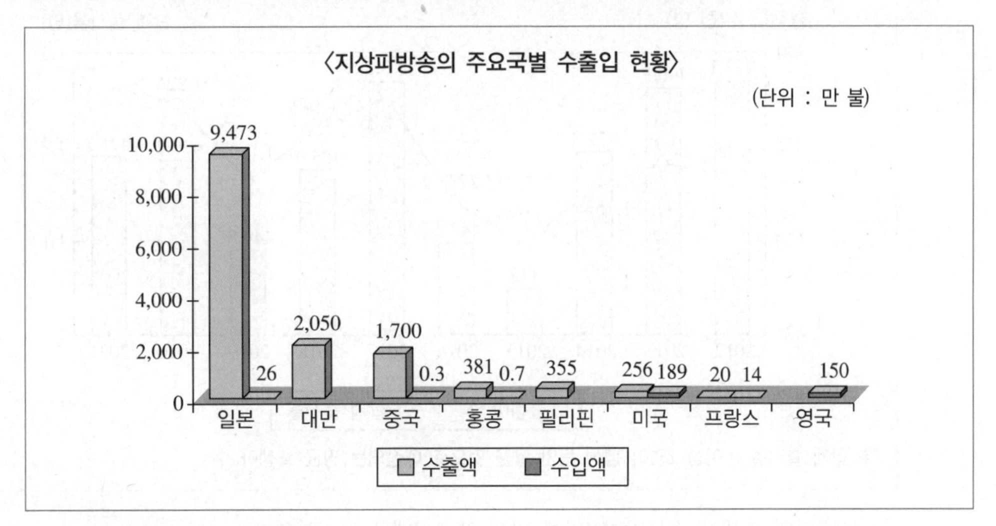

① 약 45.2%
② 약 43.8%
③ 약 41.1%
④ 약 39.5%
⑤ 약 37.7%

16 다음은 보건복지부에서 발표한 국민연금 수급자 급여실적이다. 2016년 대비 2021년의 노령연금 증가율은?(단, 소수점 둘째 자리에서 반올림한다)

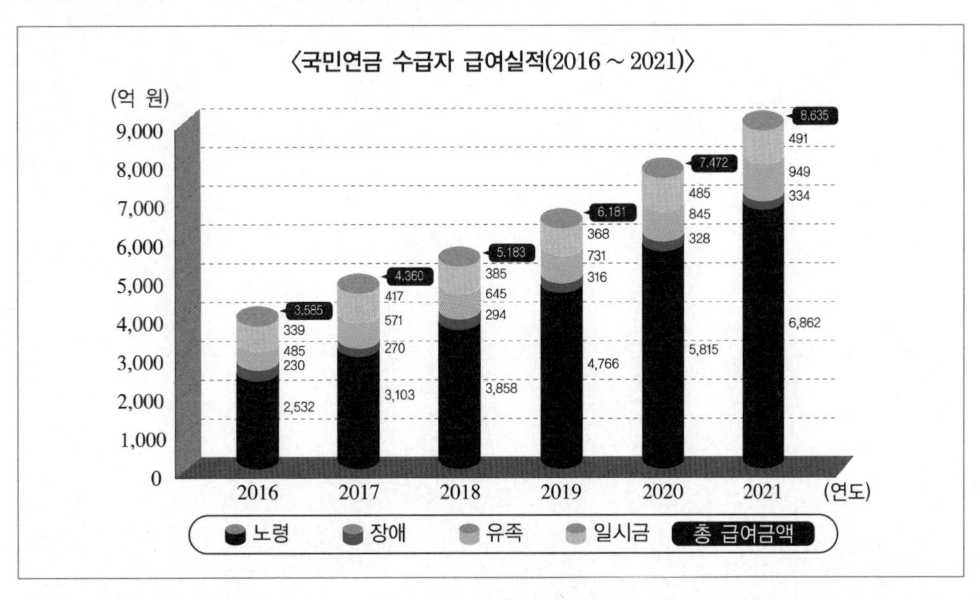

① 132.6%
② 143.7%
③ 154.4%
④ 161.3%
⑤ 171.0%

17 다음은 연도별 출생아 수 및 합계 출산율을 나타낸 그래프이다. 이에 대한 설명으로 옳은 것은?

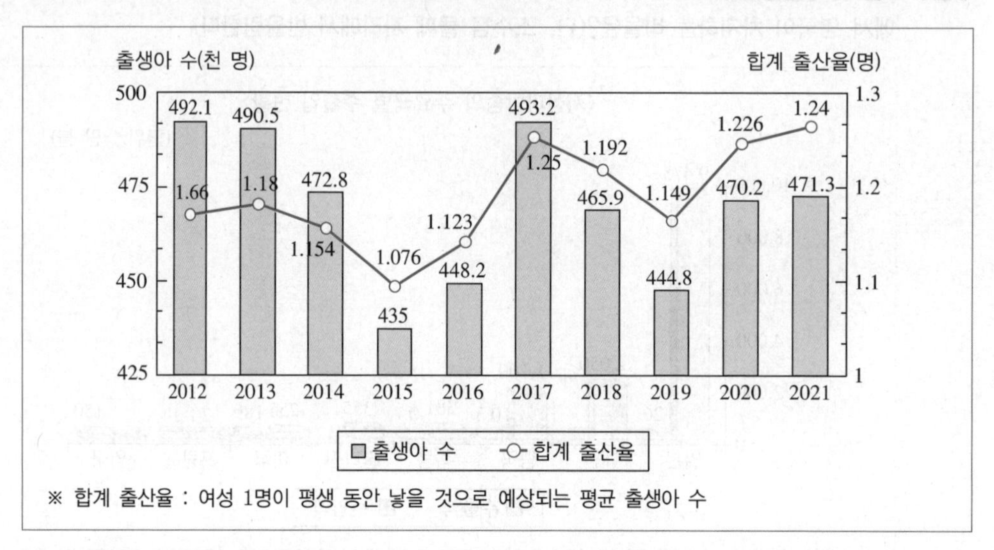

※ 합계 출산율 : 여성 1명이 평생 동안 낳을 것으로 예상되는 평균 출생아 수

① 2015년의 출생아 수는 2013년에 비해 약 0.6배로 감소하였다.

② 우리나라의 합계 출산율은 지속적으로 상승하고 있다.

③ 한 여성이 평생 동안 낳을 것으로 예상되는 평균 출생아 수는 2015년에 가장 낮다.

④ 2020년에 비해 2021년에는 합계 출산율이 0.024명 증가했다.

⑤ 2019년 이후 합계 출산율이 상승하고 있으므로 2022년에도 전년보다 증가할 것이다.

18 다음은 X고등학교, Y고등학교의 A ~ E대학 진학률을 나타낸 자료이다. 자료에 대한 설명으로 옳지 않은 것은?(단, 소수점 이하는 버림한다)

〈X고등학교 · Y고등학교 A ~ E대학별 진학률〉

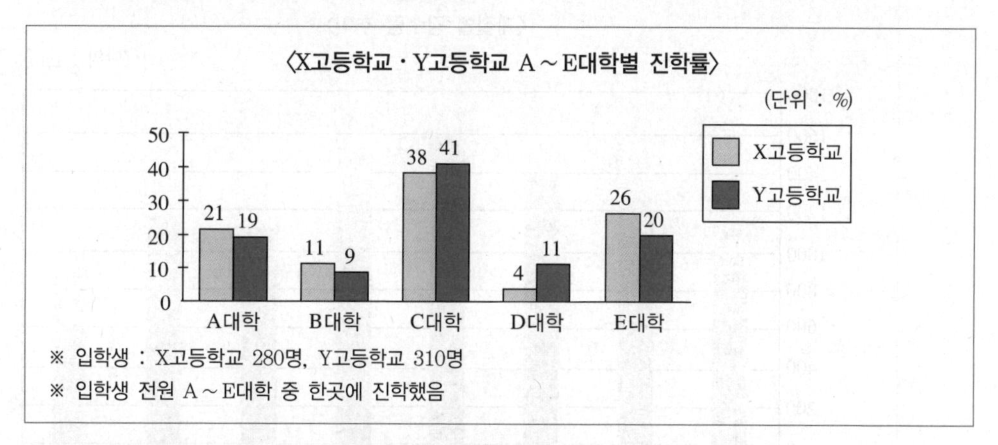

※ 입학생 : X고등학교 280명, Y고등학교 310명

※ 입학생 전원 A ~ E대학 중 한곳에 진학했음

① X고등학교와 Y고등학교의 진학률 1위 대학은 동일하다.

② X고등학교와 Y고등학교의 진학률 5위 대학은 다르다.

③ X고등학교가 Y고등학교에 비해 진학률이 낮은 대학은 C대학뿐이다.

④ X고등학교와 Y고등학교의 E대학교 진학률 차이는 10%p 미만이다.

⑤ Y고등학교 대학 진학률 중 가장 높은 대학의 진학률과 가장 낮은 대학의 진학률 차이는 30%p 이상이다.

PART 1

19 다음은 계절별 강수량 추이를 나타낸 그래프이다. 이에 대한 설명으로 옳은 것은?

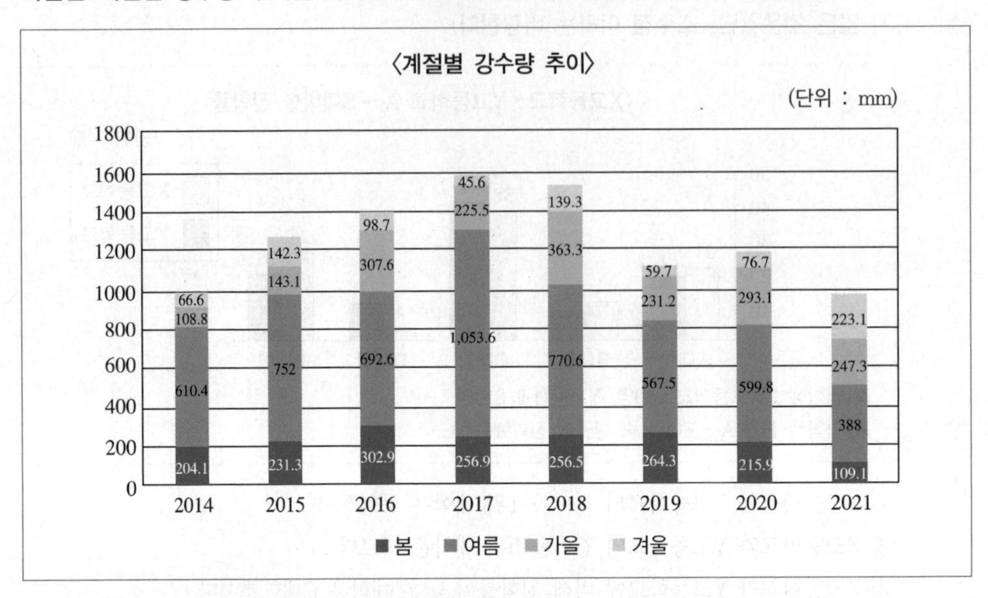

① 2014년부터 2021년까지 가을철 평균 강수량은 210mm 미만이다.

② 우리나라 여름철 강수량은 그해 강수량의 50% 이상을 차지한다.

③ 강수량이 제일 낮은 해에 우리나라는 가뭄이었다.

④ 전년 대비 강수량의 변화가 가장 큰 때는 2019년이다.

⑤ 여름철 강수량이 두 번째로 높았던 해의 가을 · 겨울철 강수량의 합은 봄철 강수량의 2배이다.

20 다음은 인구성장률을 나타낸 그래프이다. 이에 대한 설명으로 옳은 것은?

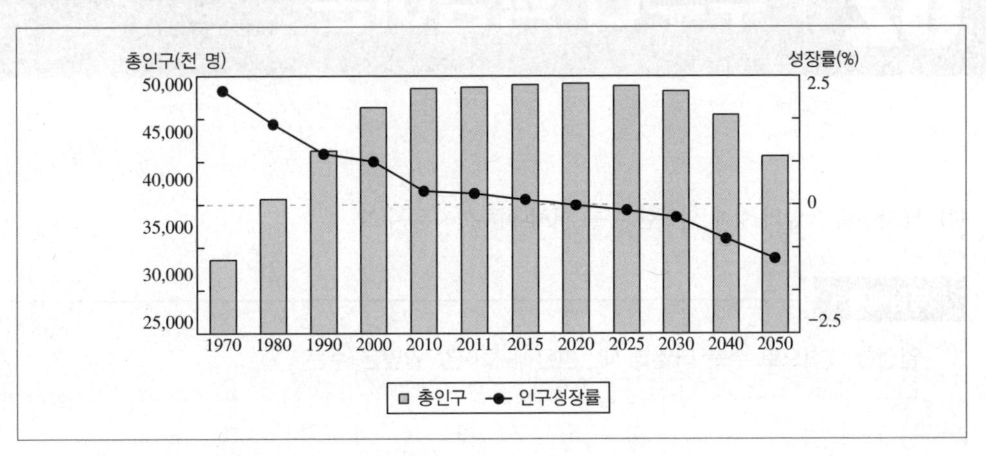

① 인구성장률은 2025년에 잠시 성장하다가 다시 감소할 것이다.

② 2011년부터 총인구는 감소할 것이다.

③ 2000 ~ 2010년 기간보다 2025 ~ 2030년 기간의 인구증가가 덜할 것이다.

④ 2040년에 총인구는 1990년 인구보다 적을 것이다.

⑤ 총인구는 2000년부터 계속해서 감소하는 모습을 보이고 있다.

02 수추리 핵심이론

(1) 등차수열 : 앞의 항에 일정한 수를 더해 이루어지는 수열

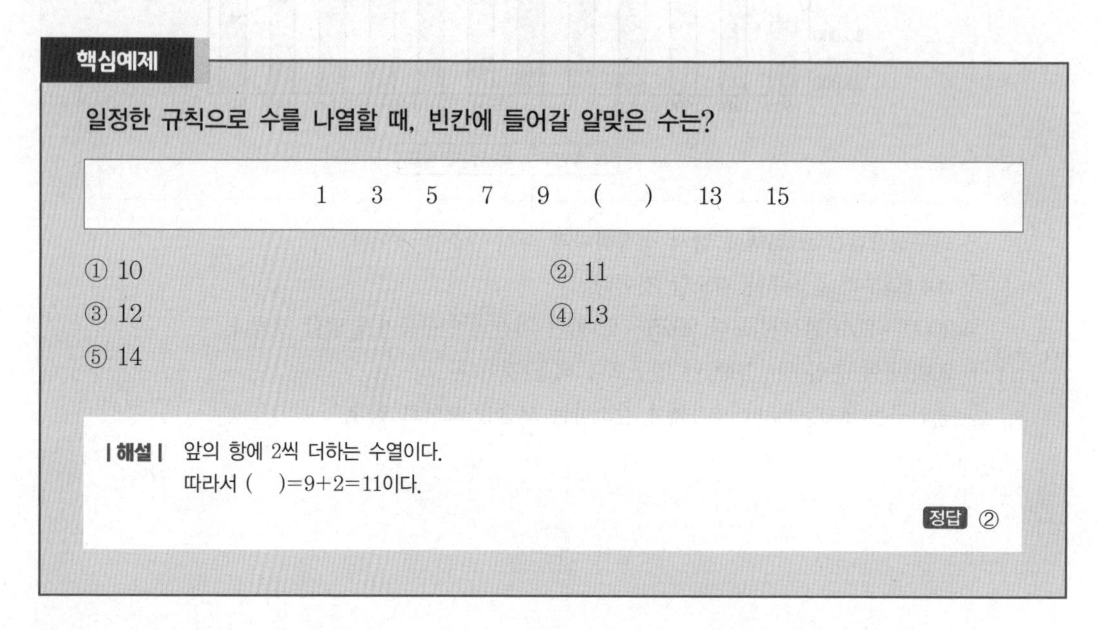

핵심예제

일정한 규칙으로 수를 나열할 때, 빈칸에 들어갈 알맞은 수는?

1　3　5　7　9　(　)　13　15

① 10　② 11
③ 12　④ 13
⑤ 14

| 해설 | 앞의 항에 2씩 더하는 수열이다.
따라서 (　)=9+2=11이다.

정답 ②

(2) 등비수열 : 앞의 항에 일정한 수를 곱해 이루어지는 수열

핵심예제

일정한 규칙으로 수를 나열할 때, 빈칸에 들어갈 알맞은 수는?

1　2　4　8　16　32　(　)　128

① 36　② 46
③ 54　④ 64
⑤ 75

| 해설 | 앞의 항에 2씩 곱하는 수열이다.
따라서 (　)=32+2=64이다.

정답 ④

(3) **계차수열** : 앞의 항과의 차가 일정한 규칙을 갖는 수열

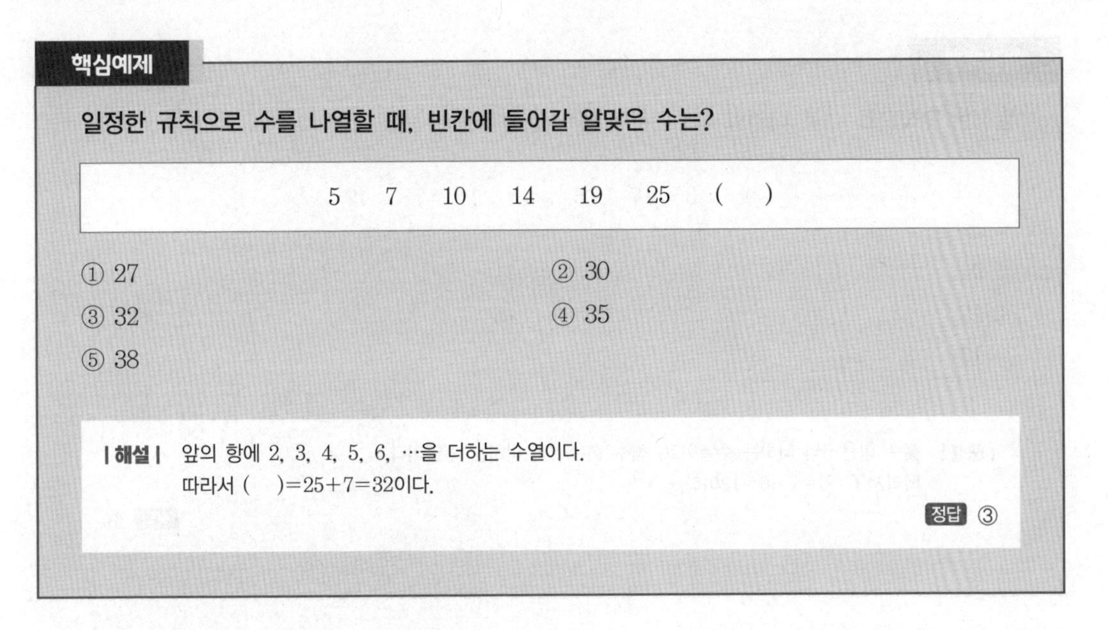

핵심예제

일정한 규칙으로 수를 나열할 때, 빈칸에 들어갈 알맞은 수는?

5 7 10 14 19 25 ( )

① 27
② 30
③ 32
④ 35
⑤ 38

| 해설 | 앞의 항에 2, 3, 4, 5, 6, …을 더하는 수열이다.
따라서 ( )=25+7=32이다.

정답 ③

(4) **피보나치 수열** : 앞의 두 항의 합이 그 다음 항의 수가 되는 수열

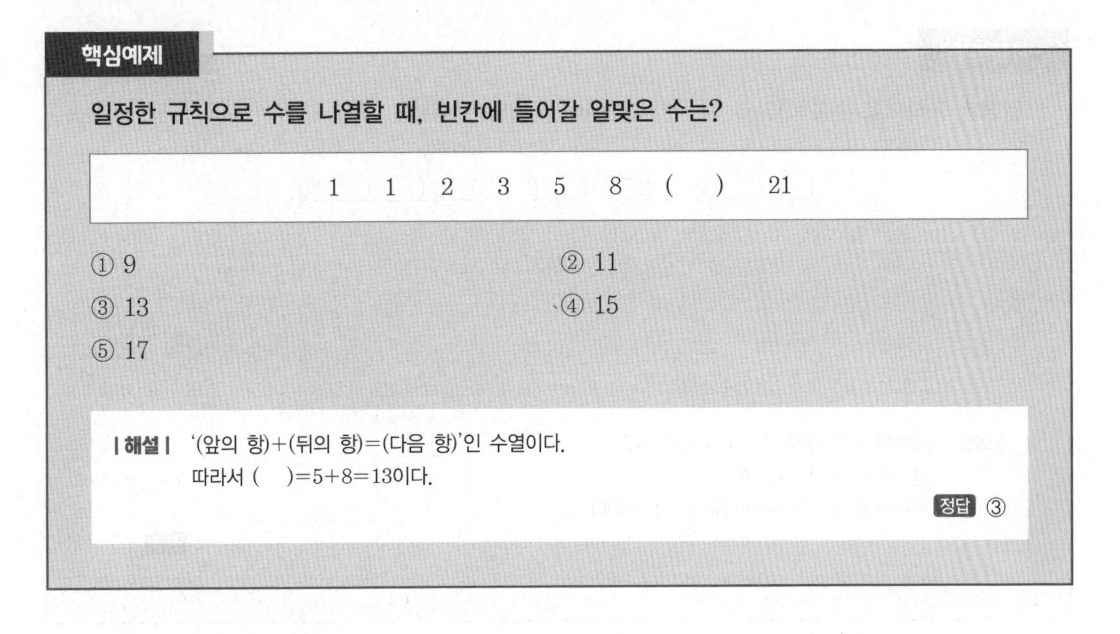

핵심예제

일정한 규칙으로 수를 나열할 때, 빈칸에 들어갈 알맞은 수는?

1 1 2 3 5 8 ( ) 21

① 9
② 11
③ 13
④ 15
⑤ 17

| 해설 | '(앞의 항)+(뒤의 항)=(다음 항)'인 수열이다.
따라서 ( )=5+8=13이다.

정답 ③

(5) **건너뛰기 수열** : 두 개 이상의 수열이 일정한 간격을 두고 번갈아가며 나타나는 수열

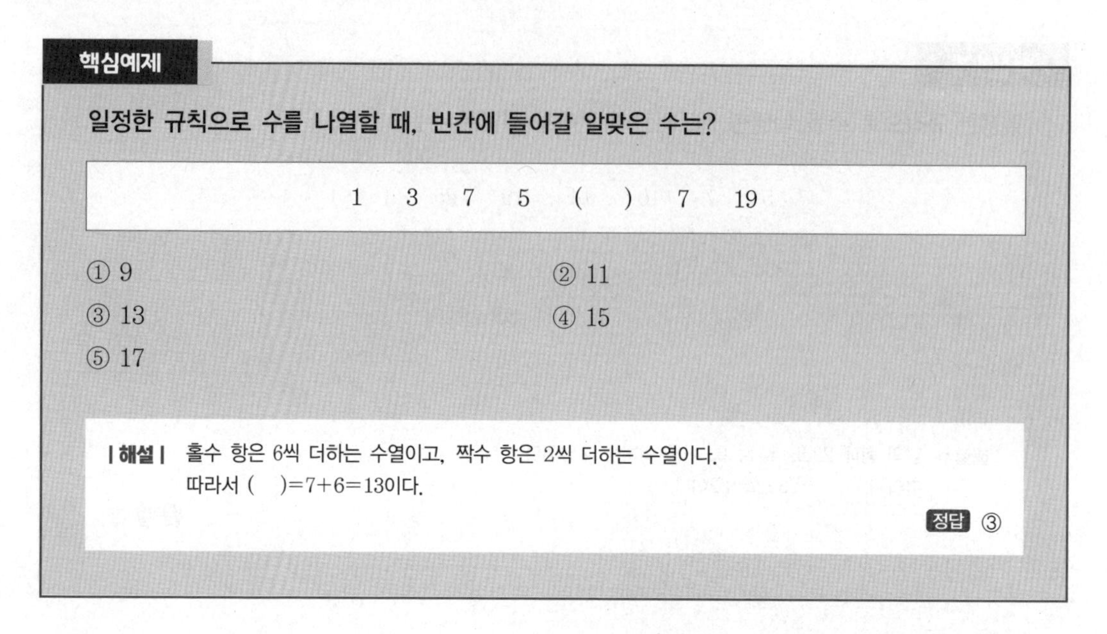

핵심예제

일정한 규칙으로 수를 나열할 때, 빈칸에 들어갈 알맞은 수는?

1　3　7　5　(　)　7　19

① 9　　② 11
③ 13　　④ 15
⑤ 17

| 해설 | 홀수 항은 6씩 더하는 수열이고, 짝수 항은 2씩 더하는 수열이다.
따라서 (　)=7+6=13이다.

정답 ③

(6) **군수열** : 일정한 규칙성으로 몇 항씩 끊어서 규칙을 이루는 수열

핵심예제

일정한 규칙으로 수를 나열할 때, 빈칸에 들어갈 알맞은 수는?

1　3　3　2　4　8　5　(　)　30

① 6　　② 7
③ 8　　④ 9
⑤ 10

| 해설 | 나열된 수를 각각 A, B, C라고 하면
$\underline{A\ B\ C} \rightarrow A\times B=C$
따라서 5×(　)=30이므로 (　)=6이다.

정답 ①

CHAPTER

02 수추리 적중예상문제

정답 및 해설 p.025

※ 일정한 규칙으로 수를 나열할 때, 빈칸에 들어갈 알맞은 수를 고르시오. [1~25]

01

3　12　6　24　12　48　(　)　96

① 16　② 20
③ 24　④ 28
⑤ 30

02

2　512　20　512　200　256　2,000　(　)

① 60　② 64
③ 128　④ 146
⑤ 164

03

27　15　13.5　30　(　)　60　3.375

① 6.45　② 6.75
③ 45　④ 50
⑤ 55

04

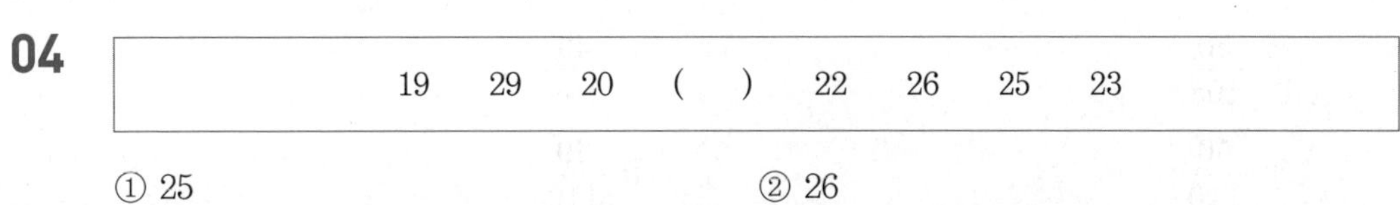

19　29　20　(　)　22　26　25　23

① 25　② 26
③ 27　④ 28
⑤ 29

05

3　4　0　16　−5　36　−12　(　)

① −36　② 64
③ 72　④ 121
⑤ 125

06

$\frac{2}{3}$　$\frac{1}{2}$　$\frac{1}{3}$　(　)　$\frac{1}{21}$

① $\frac{1}{18}$　② $\frac{1}{6}$
③ $\frac{1}{36}$　④ $\frac{1}{21}$
⑤ $\frac{1}{4}$

07

$\frac{90}{70}$　$\frac{82}{78}$　$\frac{74}{86}$　$\frac{66}{94}$　$\frac{58}{102}$　(　)

① $\frac{50}{108}$　② $\frac{49}{109}$
③ $\frac{50}{110}$　④ $\frac{49}{110}$
⑤ $\frac{51}{107}$

08

$$\frac{2}{5} \quad \frac{16}{25} \quad (\quad) \quad \frac{44}{625} \quad \frac{58}{3,125} \quad \frac{72}{15,625}$$

① $\frac{30}{125}$
② $\frac{25}{125}$
③ $\frac{30}{120}$
④ $\frac{25}{120}$
⑤ $\frac{20}{125}$

09

12.3　15　7.5　10.2　(　)　7.8　3.9

① 4.2
② 5.1
③ 6.3
④ 7.2
⑤ 8.1

10

$$1 \quad 2 \quad 3 \quad \frac{5}{2} \quad 9 \quad 3 \quad (\quad)$$

① $\frac{7}{2}$
② 7
③ $\frac{27}{2}$
④ 27
⑤ $\frac{37}{2}$

11

4　6　5　5　7　6　10　4　14　6　19　(　)　25　6

① 1
② 2
③ 3
④ 4
⑤ 5

12

$\frac{3}{5}$ $\frac{2}{5}$ $-\frac{3}{5}$ $-\frac{2}{5}$ $-\frac{7}{5}$ $-\frac{14}{15}$ ( )

① $-\frac{29}{15}$
② $-\frac{18}{15}$
③ $-\frac{21}{15}$
④ $\frac{21}{15}$
⑤ $-\frac{23}{15}$

13

68 71 ( ) 70 73 68 82 65

① 61
② 66
③ 69
④ 72
⑤ 75

14

4 6 9 14 21 32 ( )

① 41
② 45
③ 49
④ 52
⑤ 57

15

121 121 243 484 487 ( ) 975

① 918
② 964
③ 1,000
④ 1,024
⑤ 1,089

16

$$-2 \quad \frac{7}{2} \quad -4 \quad \frac{21}{2} \quad -6 \quad (\quad)$$

① -8
② $-\frac{1}{2}$
③ $\frac{54}{2}$
④ $\frac{63}{2}$
⑤ $\frac{74}{3}$

17

7　8　13　38　(　)　788

① 160
② 161
③ 162
④ 163
⑤ 164

18

25　250　62.5　625　156.25　(　)

① 1,262.5
② 12,625
③ 1,562.5
④ 15,625
⑤ 1,862.5

PART 1

19

$\frac{1}{2}$　1　$\frac{1}{3}$　$\frac{13}{12}$　(　)　$\frac{67}{60}$

① $\frac{7}{6}$
② $\frac{5}{6}$
③ $\frac{13}{24}$
④ $\frac{5}{8}$
⑤ $\frac{17}{60}$

20

2　3　1　−0.7　(　)　−4.9　$\frac{1}{4}$　−9.6

① $\frac{1}{2}$
② −1
③ −2.5
④ −3
⑤ $\frac{1}{3}$

21

0.4　0.5　0.65　0.85　1.1　(　)

① 1.35
② 1.4
③ 1.45
④ 1.5
⑤ 1.55

22

92　103　107　115　(　)　127

① 110　② 112
③ 118　④ 121
⑤ 122

23

18　13　10.5　9.25　(　)

① 6.5　② 8.5
③ 8.625　④ 9.625
⑤ 10.5

24

2　2　8　-1　3　4　2　3　10　2　4　(　)

① 10　② 11
③ 12　④ 13
⑤ 14

25

2　(　)　10　4　-3　-10　-5　2　-8

① 4　② 6
③ 8　④ 12
⑤ 14

03 영어능력 핵심이론

01 ▶ 어휘의 관계

제시된 단어와 상관관계를 파악하고, 유사·반의·종속 등의 관계를 갖는 적절한 어휘를 찾는 문제이다. 일반적으로 제시된 한 쌍의 단어와 같은 관계를 가진 단어를 찾는 문제, 4개의 보기 중 다른 관계를 가진 단어를 찾는 등의 문제가 출제된다. 어휘의 의미를 정확하게 이해하고 주어진 어휘와의 관계를 추리하는 능력을 길러야 한다.

자주 출제되는 유형
- 다음 중 두 단어의 관계가 나머지와 다른 것은?
- 다음 문장이 서로 동일한 관계가 되도록 빈칸에 들어갈 알맞은 것을 고르시오.

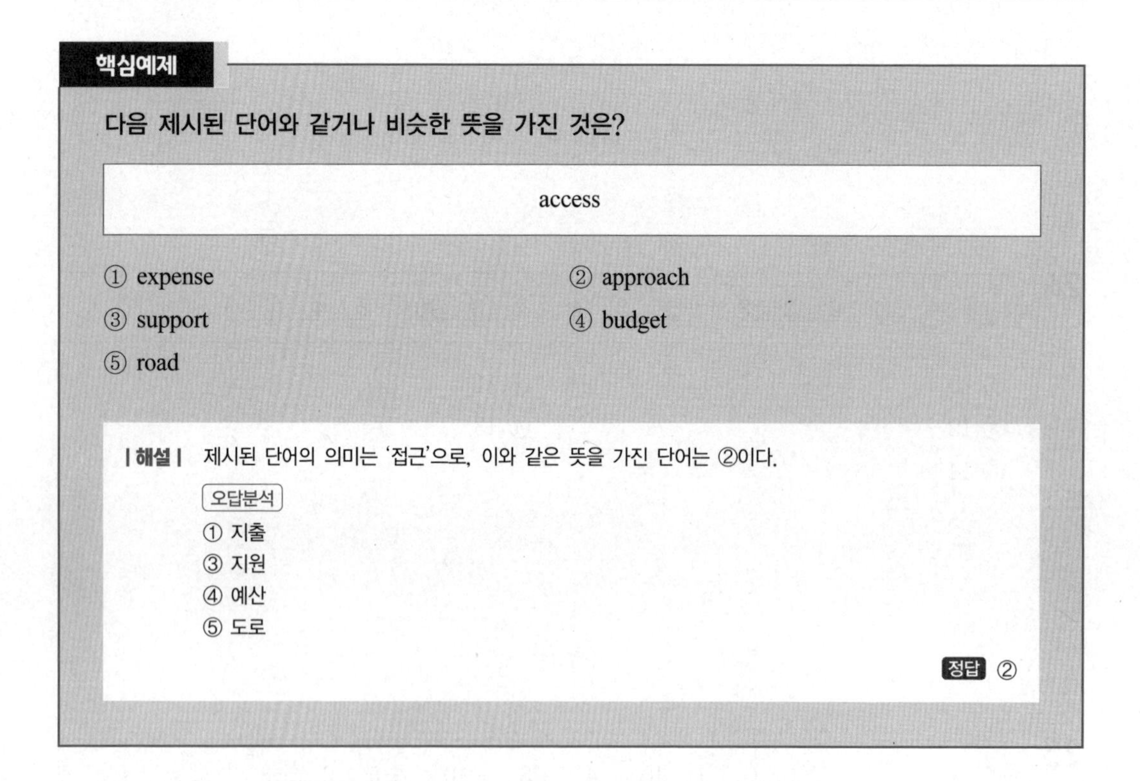
핵심예제

다음 제시된 단어와 같거나 비슷한 뜻을 가진 것은?

access

① expense
② approach
③ support
④ budget
⑤ road

| 해설 | 제시된 단어의 의미는 '접근'으로, 이와 같은 뜻을 가진 단어는 ②이다.

오답분석
① 지출
③ 지원
④ 예산
⑤ 도로

정답 ②

02 ▶ 문법

문법의 경우 어휘 및 기본적인 문법을 제대로 익히고 있는지 평가하는 부분으로, 가장 다양한 유형으로 문제가 출제된다. 문법의 범위가 굉장히 다양해서 공부를 어떻게 해야 할지 난감할 수도 있지만, 어렵지 않은 수준에서 문제들이 출제되고 있으므로, 숙어를 정리하면서 단어에 부합하는 전치사 및 품사를 정리하는 방법으로 공부를 한다면 그리 어렵지 않게 문제를 풀 수 있다.

자주 출제되는 유형
- 다음 빈칸에 들어갈 말로 적절한 것을 고르시오.
- 다음 밑줄 친 부분이 적절하지 않은 것은?

핵심예제

다음 문장의 빈칸에 들어갈 말로 적절한 것은?

The left side of the human brain ___________ language.

① controls
② to control
③ controlling
④ is controlled
⑤ are controlled

| 해설 | 주어가 3인칭 단수형이므로 동사도 3인칭 단수형인 ① 'controls'가 나와야 한다.
「인간의 왼쪽 뇌는 언어력을 통제한다.」

오답분석

④ is controled는 수동태이므로 뒤에 목적어가 올 수 없다.

정답 ①

03 ▶ 회화

영어능력의 경우, 직접 대화하는 것이 아니라면 필기시험만으로 정확한 영어능력을 테스트하기란 사실 어렵다. 최근 들어 회화 문제의 출제비중이 높아지는 것이 이러한 단점을 보완하기 위해서이다. 회화 문제를 통해 독해 및 문법 수준을 복합적으로 테스트할 수 있기 때문이다.

회화 문제는 대화의 흐름상 알맞은 말이 무엇인지, 질문에 대한 대답은 어떤 것인지 등을 질문함으로써, 간단한 생활영어 수준을 테스트하는 문제이다. 주어진 문장에 대한 의미를 정확하게 파악할 수만 있다면 어렵지 않게 풀 수 있으므로, 기본적인 어휘능력 및 독해능력을 바탕으로 문제를 풀면 된다.

자주 출제되는 유형

- 다음 질문의 대답으로 적절하지 않은 것은?
- 다음 질문의 가장 적절한 답은?
- 다음 대화의 빈칸에 들어갈 말로 가장 적절한 것은?
- 다음 중 어색한 대화는?

핵심예제

다음 대화에서 빈칸에 들어갈 말로 가장 적절한 것은?

A : Won't you come over and have some beer?
B : ____________, but I have something else to do now.

① Yes　　② Ok
③ Sure　　④ I'd like to
⑤ No

| 해설 | but으로 볼 때 빈칸에는 그러고 싶다는 내용이 나와야 한다.
「A : 와서 맥주 좀 마실래?
B : 그러고는 싶지만, 지금 다른 할 일이 있거든.」

정답 ④

04 ▸ 직업 고르기

글에서 제시되는 특정 직업을 묘사하는 어구나 특정 직업과 관계되는 어휘를 통하여 하나의 직업을 유추하는 문제이다. 다양한 직업에 해당하는 영어 단어를 숙지하고, 각각의 직업의 특징을 대표할 만한 어휘를 미리 파악해 두는 것이 좋다.

다양한 직업

- minister : 목사, 장관
- biologist : 생물학자
- chemist : 화학자
- engineer : 기술자
- plumber : 배관공
- gardener : 정원사
- actor : 배우
- clerk : 점원
- manager : 경영자
- writer : 작가
- president : 대통령
- mayor : 시장
- journalist : 신문기자
- electrician : 전기공
- official : 공무원
- architect : 건축가
- cashier : 출납원
- lawyer : 변호사
- inspector : 조사관
- magician : 마술사
- director : 감독
- sailor : 선원
- scholar : 학자
- physician : 내과의사
- mechanic : 정비공
- custodian : 관리인
- carpenter : 목수
- assembler : 조립공
- actress : 여배우
- businessman : 사업가
- merchant : 상인
- vice-president : 부통령
- statesman : 정치가
- professor : 교수
- prosecutor : 검사
- editor : 편집자
- veterinarian : 수의사
- musician : 음악가
- salesperson : 판매원
- fisher : 어부
- hairdresser : 미용사
- counselor : 상담원
- novelist : 소설가
- mailman : 우체부

자주 출제되는 유형

- 다음 글에 나타난 사람의 직업은?
- 다음 대화에서 두 사람의 관계는?

핵심예제

다음 글에 나타난 사람의 직업으로 적절한 것은?

This man is someone who performs dangerous acts in movies and television, often as a carrier. He may be used when an actor's age precludes a great amount of physical activity or when an actor is contractually prohibited from performing risky acts.

① conductor
② host
③ acrobat
④ stunt man
⑤ fire fighter

| 해설 | 마지막 문장에서 배우의 risky acts(위험한 연기)를 막는다는 내용을 통해 '스턴트맨'이 정답임을 알 수 있다.
「이 사람은 영화나 텔레비전에서 위험한 연기를 수행하는 사람이다. 그는 배우의 나이로 인해 많은 양의 신체 활동을 못하게 되거나 배우가 위험한 연기를 하는 것으로부터 계약상으로 금지되었을 때 활동한다.」

정답 ④

05 ▶ 지칭 추론

앞 문장에서 나온 인물이나 사물, 행위의 목적과 결과, 장소, 수치, 시간 등을 지칭하는 지시어나 대명사의 관계를 올바르게 파악하고 찾아내는 문제이다.
문맥의 흐름 파악을 통해 지시어가 가리키는 대상을 구체적으로 찾아야 한다. 글의 내용을 잘못 파악하게 되면 지시어나 대명사가 원래 가리키는 것을 찾는 데 혼동을 가져오기 쉬우므로 글을 읽을 때 주의한다. 대상이 사람일 경우 단수인지 복수인지, 남성인지 여성인지 정확하게 구분하는 것도 잊어서는 안 된다.

자주 출제되는 유형
- 다음 글을 읽고 밑줄 친 (A), (B)가 가리키는 것을 고르면?

핵심예제

다음 글을 읽고 밑줄 친 (A), (B)가 가리키는 것을 고르면?

I was recently searching a school that had been broken into. I had my trusty general purpose dog with me, called Louis. We had received reports that the intruders were still inside the school, so I sent the dog in first to try and locate (A) them. He had picked up the scent and as I approached the communal toilet block. As I entered the room there was a line of about twelve toilet cubicles along the wall. (B) They were all standing with the doors wide open-apart from two which were closed. I shouted that anyone inside the toilet cubicle should come out immediately. No response. I had given them the chance and they refused to open the door, so I sent Louis in who pulled them both out. They will not be breaking into anywhere else for a while.

	(A)	(B)
①	the dog	toilet cubicles
②	intruders	toilet cubicles
③	the dog	the walls
④	intruders	the walls
⑤	the dog	intruders

| 해설 | 「나는 믿을 만한 만능견 Louis를 데리고 최근 침입을 당한 학교를 수색하고 있었다. 우리는 침입자가 여전히 학교 안에 있다는 보고를 받고, 그들의 위치를 확인하기 위하여 개를 먼저 들여보냈다. 개가 냄새를 확인하자 나는 공공 화장실 쪽으로 다가갔다. 그곳에 들어갔을 때, 화장실 벽면엔 12개의 칸이 줄지어 있었다. 그 칸들은 닫혀있는 두 개만을 제외하고 모두 문이 열린 채로 있었다. 나는 그 화장실 칸 안에 있는 사람에게 당장 나오라고 소리쳤지만 응답이 없었다. 나는 다시 한 번 나와서 나와 상대하자고 불렀다. 역시 대답이 없었다. 그래서 나는 Louis를 보내 그들이 밖으로 나오도록 했다. 그들은 더 이상 어디도 침입하지 않을 것이다.」

정답 ②

06 ▶ 문장 나열하기

앞에 제시된 문장에 이어지는 글의 순서를 정하는 문제로, 글의 논리적 흐름과 연결사, 시간 및 공간적 순서에 따른 적절한 나열을 요구한다.

1. 제시된 문장이 있는 경우

제시된 문장을 읽고 다음에 이어질 내용을 추론한다. 연결사, 지시어, 대명사, 시간 표현 등을 활용하여 문장의 순서를 논리적으로 결정한다.

① **지시어** : this, that, these, those 등
② **연결사** : but, and, or, so, yet, unless 등
③ **접속부사** : in addition(게다가), afterwards(나중에), as a result(결과적으로), for example(예를 들어), fortunately(운 좋게도), otherwise(그렇지 않으면), therefore(그러므로), however(그러나), moreover(더욱이) 등
④ **부정대명사** : one(사람이나 사물의 불특정 단수 가산명사를 대신 받음), some(몇몇의, 약간의), another(지칭한 것 외의 또 다른 하나), other(지칭한 것 외의 몇몇) 등

2. 주어진 문장이 없는 경우

대개 일반적 사실이 글의 서두에 나오고, 이어서 앞에서 언급했던 사실에 대한 부가적 내용이나 개념 정리 등이 나올 수 있다. 대신 지시어나 대명사가 출제되는 문장이나 앞뒤 문장의 상반된 내용을 연결하는 역접 연결사 및 예를 설명하는 연결사가 포함된 문장은 글의 서두에 나오기 어렵다. 이밖에 문맥의 흐름과 상관없거나 문맥상 어색한 문장을 고르는 문제 유형이 나올 수도 있다.

문맥의 흐름과 상관없는 문장을 고르는 문제는 주제문과 이를 뒷받침하는 문장들의 관계에 있어 글의 흐름상 통일성이 결여된 문장을 찾아낸 후, 그 문장을 제외한 후에도 글의 내용이 자연스럽게 흘러가는지 살펴봐야 한다.

문맥상 어색한 문장을 고르는 문제의 경우 우선적으로 글을 꼼꼼하게 읽어 볼 필요가 있으며, 그 다음에 주제문을 파악한 후 이와 어울리지 않는 내용을 골라내는 순서로 문제를 해결한다.

자주 출제되는 유형

- 글의 흐름상 주어진 문장에 이어질 내용을 순서대로 바르게 나열한 것을 고르시오.
- 다음 글에서 전체 흐름과 관계없는 문장을 고르시오.

PART 1

핵심예제

글의 흐름상 주어진 문장에 이어질 내용을 순서대로 나열한 것을 고르면?

When asked to make a donation, even those who would like to support the charity in some way say no, because they assume the small amount they can afford won't do much to help the cause.

(A) After introducing himself, the researcher asked the residents, "Would you be willing to help by giving a donation?" For half of the residents, the request ended there. For the other half, however, he added, "Even a penny will help."

(B) Based on this reasoning, a researcher thought that one way to urge people to donate would be to inform them that even a small sum would be helpful. To test this hypothesis, he went to door-to-door to request donations for the American Cancer Society.

(C) When he analyzed the results, the researcher found that, consistent with his hypothesis, people in the "even-a-penny-will-help" condition were almost twice as likely as those in the other condition to donate to the cause.

① (A) – (B) – (C)
② (A) – (C) – (B)
③ (B) – (A) – (C)
④ (C) – (A) – (B)
⑤ (C) – (B) – (A)

| 해설 | • donation : 증여, 기부, 기증
• charity : 자애, 자비
• resident : 거주하는, 체류하는
• hypothesis : 가설, 가정

「기부를 요청받았을 때 어떤 방식으로든 기부하려고 했던 사람들도 거절하게 된다. 왜냐하면 그들은 그들이 할 수 있는 작은 부분이 도움이 되지 못한다고 생각하기 때문이다.

(B) 이러한 이유 때문에 조사자들은 아무리 작은 기부라도 도움이 될 수 있다고 사람들에게 설득하는 것을 생각했다. 이러한 가설을 시험하기 위해 조사자들은 집집마다 방문하여 미국암협회에게 기부할 것을 요구했다.

(A) 자신들을 소개한 후 주민들에게 요청했다. "기부를 하지 않으시겠습니까?" 조사대상자들 중 반에게는 이런 말만 하고 나머지 반에게는 "작은 기부라도 도움이 됩니다."라는 말을 덧붙였다.

(C) 조사자들이 결과를 분석해 보니 "작은 기부라도 도움이 됩니다."라는 말을 덧붙인 경우가 실제로 2배나 많은 실질적인 기부를 이끌어냈다.」

정답 ③

07 ▶ 중심내용과 제목 유추하기

글의 중심어를 포함하면서 간결하게 나타낸 것이 글의 주제나 제목이 되는데, 필자가 이야기하려는 핵심 목적을 파악하는 것이 중요하다.

글의 중심 사건을 바탕으로 주제와 핵심 어휘를 파악한다. 글을 읽다가 모르는 단어가 나와도 당황하지 말고 우선 넘기고 나서 문장의 전체적인 의미를 이해한 후에 어휘의 구체적 의미를 유추한다.

제목은 제시된 글의 내용의 범위보다 지나치게 넓거나 좁아서는 안 된다. 또한 제시된 내용에 근거하지 않고 상식적인 정황을 바탕으로 추측에 의해 성급하게 내린 결론은 결코 제목이 될 수 없다.

지문에 해당하는 질문을 먼저 읽고 해당 내용을 글에서 찾아 이를 위주로 읽어나가는 것도 시간을 절약하는 좋은 방법이다.

자주 출제되는 유형
- 다음 글의 제목으로 가장 적절한 것을 고르시오.
- 다음 글의 요지로 가장 적절한 것을 고르시오.

핵심예제

다음 글의 주제로 가장 적절한 것은?

> The same gesture can have different meanings from culture to culture. For example, the 'thumbs-up' sign, raising your thumb in the air, is commonly used to mean 'good job'. However, be sure that you don't use it in Nigeria because it is considered a very rude gesture.

① 좋은 직업의 종류
② 칭찬의 긍정적 효과
③ 나이지리아 여행의 즐거움
④ 문화에 따라 다른 제스처의 의미
⑤ 나라별 직장 예절

| 해설 |
- gesture : 몸짓
- for example : 예를 들어
- thumb : 엄지손가락
- commonly : 흔히, 보통
- rude : 무례한

「문화 사이에서 같은 몸짓이 다른 의미를 가질 수 있다. 예를 들어 엄지손가락을 들어올리는 '승인(찬성)' 표시는 흔히 '잘했다'는 의미로 쓰이곤 한다. 그러나 그 몸짓은 매우 무례한 몸짓으로 간주될 수 있기 때문에 나이지리아에서는 그 몸짓을 사용하지 않도록 해야 한다.」

정답 ④

08 ▸ 세부내용 유추하기

글의 도입, 전개, 결론 등의 흐름을 올바르게 파악하고, 세부적인 사항까지 기억해야 하는 문제이다. 글을 읽으면서 중요 어휘에는 표시를 해두거나, 반대로 보기 문항을 먼저 읽어보고 글을 읽으면서 질문에 부합하는지 따져보는 것도 하나의 방법이다.
글의 내용과 일치하지 않는 것을 고르는 문제는 글의 내용과 반대로 말하거나 글에서 언급하지 않은 것을 골라내야 한다. 객관성에 근거하여 판단하도록 하고, 섣부른 추측은 금물이다.

자주 출제되는 유형
- 글의 내용으로 적절하지 않은 것을 고르시오.
- 다음 글의 내용으로 적절한 것을 고르시오.

PART 1

핵심예제

다음 글의 내용을 토대로 추측할 수 있는 내용으로 적절하지 않은 것은?

Ecuador is asking developed countries to pay $350 million for them NOT to drill for oil in the heart of the Amazon. The sum amounts to half of the money that Ecuador would receive from drilling in the Amazon. Since Ecuador proposed the plan last year, countries such as Germany, Norway, Italy and Spain have expressed great interest.

① Norway는 Amazon의 석유개발에 반대한다.
② Ecuador는 Amazon의 석유개발로 7억 달러의 수익을 올릴 수 있다.
③ Ecuador는 Amazon의 석유개발의 대가로 선진국들에게 3억 5천만 달러를 요구하였다.
④ Ecuador가 석유개발을 포기하면, 선진국들은 Ecuador에게 석유개발 수익의 반액을 지불할 수 있다.
⑤ Spain은 Ecuador의 석유개발에 대해 Norway와 같은 입장이다.

| 해설 | 에콰도르가 아마존 심장부에서 석유개발을 하지 않는 것에 대해 선진국들에게 3억 5천만 달러를 요구한다는 내용이다.
- developed country : (이미 개발이 된) 선진국
- drill : 땅을 파다
- propose : 제안하다
- express : 표현하다
- interest : 이익, 수익

「에콰도르는 선진국들에게 석유를 위해 아마존 심장부를 파지 않는 것에 대해 3억 5천만 달러를 지불하라고 요구하고 있다. 이 액수는 아마존을 파는 것을 통해 에콰도르가 얻는 돈의 반에 달한다. 에콰도르가 이 계획을 지난해 제안한 이후로 독일, 노르웨이, 이탈리아, 스페인 같은 나라들은 큰 관심을 표명했다.」

정답 ③

03 영어능력 적중예상문제

정답 및 해설 p.029

대표유형 1 어휘

다음 제시된 단어와 같거나 비슷한 뜻을 가진 단어는?

predict

① advantage
② solitary
③ tolerable
④ foresee
⑤ embarrassing

| 해설 | 제시된 단어의 의미는 '예측하다, 예견하다'이며, 이와 같은 뜻을 지닌 단어는 ④이다.

오답분석

① 유리한 점, 이점, 장점
② 혼자 하는, 혼자 있기를 좋아하는
③ 웬만한, 참을 수 있는, 견딜 만한
⑤ 난처한, 쑥스러운

정답 ④

※ 다음 중 제시된 단어와 같거나 비슷한 뜻을 가진 단어를 고르시오. [1~5]

01

exam

① character ② audience
③ test ④ occasion
⑤ incident

02

ensure

① guarantee ② effort
③ dangerous ④ sure
⑤ miserable

03

hurt

① improve ② damage
③ flourish ④ advance
⑤ endorse

04

usually

① especially ② distinctly
③ commonly ④ naturally
⑤ surely

05

accomplish

① establish ② improve
③ enhance ④ achieve
⑤ emerge

대표유형 2 회화

다음 대화에서 두 사람이 이번 주말에 하려는 것은?

A : Do you have any plans for this weekend?
B : Why don't we go fishing?
A : That sounds great.
B : I will bring my camera to take pictures.

① 청소를 한다.
② 그림을 그린다.
③ 카메라를 수리한다.
④ 낚시하러 간다.
⑤ 영화관에 간다.

| 해설 | • Why don't we ~ : 우리 ~ 할까?
「A : 너 이번 주말에 계획 있니?
B : 우리 낚시하러 갈까?
A : 그거 좋은데.
B : 내가 사진 찍게 카메라를 가져올게.」

정답 ④

※ 다음 대화의 빈칸에 적절한 것을 고르시오. [6~9]

06

A : May I help you?
B : No, thank you. ________________ Maybe later I might need your help.
A : I hope you will. Take your time. We have a lot more upstairs.

① It is too expensive.
② I'm just looking around.
③ How much does it cost?
④ You are welcome.
⑤ What is the discounted product?

07

A : I lost my watch on the subway.
B : That's too bad! ____________________
A : Thanks. I will.

① Maybe next time.
② What are you interested in?
③ How can I get to the post office?
④ How about checking the lost-and-found?
⑤ Do you like your new watch?

PART 1

08

A : I'm so sorry to be late for school today.
B : you're not late very often. I imagine you've got reason.
A : I missed my train and had to wait twenty minutes for the next one.
B : ____________________

① That sounds good.
② You're right.
③ You're kidding.
④ That's all right.
⑤ Pardon?

09

A : Good morning, sir. ____________________?
B : Yes, I'm looking for a small telescope for my son.
A : Here's one you'll like. It's of fine quality.
B : It looks okay. What's the price?
A : It's one sale for 20 dollars.
B : That sounds fair.

① What can I do for you
② May I take your order
③ May I try it on
④ Will you do me a favor
⑤ Do you have anything else

10 다음 영어 속담의 의미로 적절하지 않은 것은?

① The grass is greener on the other side of the fence. – 남의 떡이 커 보인다.
② A little knowledge is dangerous. – 낫 놓고 기역자도 모른다.
③ A rolling stone gathers no moss. – 구르는 돌은 이끼가 끼지 않는다.
④ Every dog has his day. – 쥐구멍에도 볕들 날이 있다.
⑤ Many hands make light work. – 백짓장도 맞들면 낫다.

11 다음 글의 분위기로 가장 적절한 것은?

> There were some places of worship in the city, and the deep notes of their bells echoed over the town from morning until night. The sun was shining brightly and cheerily, and the air was warm. The streams were flowing with bubbling water, and the tender songs of birds came floating in from the fields beyond the city. The trees were already awake and embraced by the blue sky. Everything around the neighborhood, the trees, the sky, and the sun, looked so young and intimate that they were reluctant to break the spell which might last forever.

① sad and gloomy
② calm and peaceful
③ busy and comic
④ scary and frightening
⑤ weird and threatening

대표유형 3 문법

다음 빈칸에 들어갈 알맞은 것을 고르면?

I'll phone you ___________ I hear any news.

① more ② that
③ because of ④ most
⑤ as soon as

| 해설 | 문장과 문장을 이어줄 수 있는 접속사를 고르는 문제이다.
「나는 어떤 뉴스를 듣자마자 너에게 전화를 걸 것이다.」

오답분석
①·②·③·④ 접속사로 쓰이지 못하기 때문에 답이 될 수 없다.

정답 ⑤

※ 다음 빈칸에 들어갈 적절한 것을 고르시오. [12~15]

12

He ran into the room without __________ me.

① being greeted
② greeting
③ greeted
④ greet
⑤ be greeted

13

He spent a whole day on ________ funny videos.

① watch
② watches
③ watching
④ watched
⑤ be watched

14

Next week when Sam ____________ here, I will come back and talk about it.

① is
② is being
③ will be
④ will have been
⑤ being

15

Did you ever try to peel a tomato? It is difficult, isn't it? ____________, there is an easy way to do it. Place the tomato under hot water, and the skin comes off quickly.

① Moreover
② Besides
③ That is
④ For example
⑤ However

대표유형 4 독해

다음 글의 주제로 가장 적절한 것은?

Ice cream is considered to be a modern food, but ancient people also ate a kind of ice cream. For example, more than 2000 years ago, people in China would create a dish of rice mixed with frozen milk during wintertime. Likewise, it is said that Alexander the Great enjoyed eating snow flavored with honey. Isn't it interesting that ancient people could find pleasure in ice cream without the freezing technology we have today?

① Types of Modern Foods
② The Diets for Ancient Kings
③ Ice Cream in Ancient Times
④ The Variety of Modern Ice Cream
⑤ How to Make a Ice Cream

| 해설 | 제시문에서는 고대 사람들이 아이스크림을 어떻게 먹었는지에 대해 이야기하고 있기 때문에 글의 주제로 '고대의 아이스크림'이 적절하다.

오답분석
① 현대 음식의 종류
② 고대 왕들의 식사
④ 현대 아이스크림의 다양성
⑤ 아이스크림 만드는 방법

정답 ③

16 다음 글에서 로봇이 사용될 곳으로 언급되지 않은 곳은?

In the future, we might be able to use robots in many places. Scientists predict that we might use a lot of robots in factories. We might use them in hospital, on farm and in offices as well.

① 공장
② 병원
③ 교실
④ 농장
⑤ 사무실

17 다음 글에서 담배를 끊을 때 사용할 수 있는 방법으로 언급되지 않은 것은?

If you want to quit smoking, you can. A good way to quit smoking is to exercise, chew gum, drink more water and eat food with vitamins. Remember, the longer you wait to quit, the harder it will be.

① 운동하기
② 물 마시기
③ 휴식 취하기
④ 비타민 섭취하기
⑤ 껌 씹기

18 다음 글에서 언급되지 않은 것은?

• Take 2 tablets every 4 hours. • Tablets can be chewed or swallowed with water. • Keep out of reach of children.

① 복용량
② 복용 방법
③ 복용효과
④ 주의사항
⑤ 복용 간격

※ 다음 대화에서 A와 B의 관계로 가장 적절한 것을 고르시오. [19~20]

19

A : You look pale. What's the matter?
B : I have a terrible stomachache. The pain is too much. I think I'm going to throw up.
A : When did your stomach start hurting?
B : After first class.
A : Do you have any idea why?
B : It must have been something I ate.
A : Let me see. Oh, you have a fever, too. You'd better go to see the school nurse right now.

① teacher – student
② doctor – patient
③ pharmacist – customer
④ mom – son
⑤ clerk – customer

20

A : Good morning, sir. How can I help you?
B : I made a reservation.
A : May I have your name, please?
B : My name is Glen Williams.
A : You booked a single room for May 21st. Here is your key.

① hotel employee – customer
② teacher – student
③ carpenter – customer
④ pharmacist – customer
⑤ mom – son

※ 다음 글에 표현된 사람의 직업을 고르시오. [21~23]

21

"OK. Let's have a look. Umm. I think it's the flu. Let me write you a prescription. Take one teaspoon of this every four hours. And call me next week sometime. I hope you feel better soon."

① film director
② professor
③ doctor
④ plumber
⑤ nurse

22

What I do is say, "hello" to the customers when they come up to my window. When they come up to me, I usually say to them, "Can I help you?" and then I transact their business which amounts to taking money from them and putting it in their account or giving them money out of their account.

① computer programmer
② accountant
③ doorman
④ teller
⑤ street cleaner

23

Thank you for stopping by. We'll try our best to play love songs, songs for the heart. I'm here to take your calls, to share stories, to keep you company all night long. You're listening to Light Rock 93.5.

① 전화 교환원
② 관광 안내원
③ 퀴즈 프로그램 제작자
④ 음악 프로그램 진행자
⑤ 무대 연출가

24 다음 글에서 밑줄 친 two basic things가 가리키는 것은?

Driving can be fun. However, most of drivers ignore two basic things when they drive : They forget to keep enough distance from the car in front, and they don't wear seat belts.

① 차선 지키기, 신호 지키기
② 안전거리 확보, 차선 지키기
③ 안전거리 확보, 좌석벨트 착용
④ 좌석벨트 착용, 규정 속도 유지
⑤ 차선 지키기, 규정 속도 유지

※ 다음 글의 내용으로 적절한 것을 고르시오. [25~26]

25

Since the 1960's, Americans over sixty–five years of age have been living better lives because of the government programs they helped to build. Although citizens over sixty–five years of age represent only 13 percent of the population, nearly half of the federal budget goes to them in two forms : Social Security pensions paid after retirement from active work, and Medicare health benefits.

① 65세 이상의 미국인들은 정부의 도움을 받지 못한다.
② 미국 인구의 대다수는 65세 이상이다.
③ 미국 노인들은 사회 복지 연금과 의료 건강 보조금을 이용할 수 없다.
④ 정부는 미국의 노인들이 다양한 프로그램을 통해 더 나은 삶을 꾸려 나갈 수 있도록 도와주고 있다.
⑤ 많은 기업이 65세 이상의 시민들을 위해 일한다.

26

In the 1980s, there were a lot of asbestos removal projects. The government issued a set of rules that was hundreds of pages thick, describing all of the details of how to remove asbestos–containing materials from buildings. Most of the rules, such as those requiring that workers wear masks and that the asbestos be wet to reduce the amount of airborne dust, were designed to prevent people from breathing asbestos fibers. People paid so much attention to following these rules and avoiding breathing asbestos fibers that they forgot what happens when water(required to keep the asbestos wet) and electricity(needed for lights and equipment) mix. Thus, a leading cause of injury at these sites was electrocution.

① 1980년대에는 건축에 석면을 많이 사용하기 시작하였다.
② 정부는 석면 사용을 권장하는 규정을 마련하였다.
③ 석면 제거 시 물을 뿌리도록 권장하였다.
④ 많은 인부들이 석면을 흡입하여 질병을 얻었다.
⑤ 석면 제거 규정은 감전과 아무런 관련이 없었다.

※ 다음 문장을 논리적 순서대로 바르게 나열한 것을 고르시오. [27~28]

27

(A) When you met someone on the road, it became customary to extend your hands to show that you were carrying no weapons.
(B) The habit of shaking hands goes back to the old days.
(C) This gradually developed into the handshake.

① (C) – (A) – (B)
② (C) – (B) – (A)
③ (B) – (C) – (A)
④ (B) – (A) – (C)
⑤ (A) – (C) – (B)

28

(A) He pretended to be sick, a ruse to make other animals come to pay respects. Then he could eat them up, conveniently, one by one.
(B) A fox also came, but greeted the lion from outside the cave.
(C) A lion had grown old and weak.
(D) The fox replied, "Because I see the tracks of those going in, but none coming out."
(E) The lion asked why the fox didn't come in.

① (A) – (B) – (E) – (D) – (C)
② (C) – (A) – (B) – (E) – (D)
③ (A) – (C) – (B) – (E) – (D)
④ (C) – (A) – (E) – (B) – (D)
⑤ (A) – (C) – (E) – (B) – (D)

29 다음 주어진 문장에 이어질 문장 순서로 옳은 것은?

The population explosion gives rise to a number of problems.

(A) Also, this concerns getting proper medical care for all of them, especially the aged.
(B) Thus, we come face to face with more and more difficult problems.
(C) One of them has to do with finding enough food for all the people in the world.

① (A) – (B) – (C)
② (C) – (A) – (B)
③ (B) – (C) – (A)
④ (C) – (B) – (A)
⑤ (B) – (A) – (C)

30 다음 주어진 질문에 이어질 대화 순서로 옳은 것은?

I'm interested in Korean history. Which place do you recommend?

(A) No, it's closed every Monday.
(B) I recommend Hanguk History Museum.
(C) That's a good idea. Is it open on Mondays?

① (A) - (C) - (B)
② (B) - (C) - (A)
③ (B) - (A) - (C)
④ (C) - (A) - (B)
⑤ (C) - (B) - (A)

※ 다음 글의 주제로 가장 적절한 것을 고르시오. [31~35]

31

Once upon a time there lived a green frog who would never do what his mother told him. His mother grew very old and finally fell ill. She said to him, "When I die, bury me by the river, not on the mountain." That's because she well knew of her son's perverse ways. When she died, the green frog buried his mother by the river, repenting of all his misdeeds in the past. Whenever it rained, he worried lost her grave should be washed away.

① 세 살 버릇 여든까지 간다.
② 사람은 태어나면 죽게 마련이다.
③ 하늘은 스스로 돕는 자를 돕는다.
④ 불효하면 부모가 돌아가신 후에 후회한다.
⑤ 호박은 떡잎부터 좋아야 된다.

32

We are surprised to hear that a lion escaped from the zoo. We need more guards at the zoo to keep animals from running away. Once again, more guards are needed to provide safety for the public.

① 경비원 숫자를 늘려야 한다.
② 다른 장소로 이전해야 한다.
③ 관람 시간을 연장해야 한다.
④ 식물원도 함께 있어야 한다.
⑤ 시설물 보수공사를 해야 한다.

33

The telephone has become so much a part of our daily life. It is good manners to speak clearly over the telephone. It is not necessary for you to shout. You should be polite to the man with whom you are talking.

① What the telephone does for us
② How to speak over the telephone
③ How the telephone was invented
④ What you talk over the telephone
⑤ Convenience of using the telephone

34

Will cyber schools replace traditional schools someday? In spite of their problems, traditional classrooms hold many advantages over online classes.
First of all, traditional classrooms are a place where students relate to one another face to face. A keyboard will never replace a warm handshake, or a monitor a student's smile. In traditional schools, students may also take part in sports, clubs, and festivals — choices not available through computers.

① Face-to-Face Relationships
② Benefits of Traditional Schools
③ Advantages of Cyber Schools
④ Origins of Computer Use in Schools
⑤ Future of Traditional Schools

35

Eating breakfast is very good for teenagers' learning. Many researchers have shown that students who eat breakfast do better in school than those who don't eat it.

① 비만은 청소년들의 건강에 해롭다.
② 학교의 적극적인 학습지도가 필요하다.
③ 학생들의 학습량이 학업성취에 영향을 미친다.
④ 아침 식사를 하는 것이 학생들의 학습에 도움이 된다.
⑤ 균형 잡힌 식단은 건강에 도움이 된다.

36 다음 글의 내용으로 적절하지 않은 것은?

One Sunday morning, Jane and her sister Mary were talking about Christmas in the living room. Then their mother came into the room with a box. It was a very big box. "This box is a present from your aunt in Seoul," she said. There were two pretty Korean dolls in it. Mary cried, "How happy we are!" Their mother said to Jane and Mary, "Write a letter to her immediately."

① Jane과 Mary는 거실에서 이야기를 나누고 있었다.
② 매우 큰 상자에는 예쁜 한국 인형이 두 개 들어 있었다.
③ Jane과 Mary는 어머니에게 감사의 편지를 썼다.
④ 숙모는 크리스마스 선물을 Jane과 Mary에게 주었다.
⑤ 선물은 서울에 계신 숙모에게서 왔다.

37 다음 광고에서 알 수 없는 것은?

PARA CINEMA
50 Albert Street
Movie : Gandhi
Times of movie : 4:30 p.m. 7:00 p.m. 9:30 p.m.
Prices : adults $10.00 students $6.00

① 영화관 위치 ② 출연 배우
③ 상영시간 ④ 관람료
⑤ 영화 제목

38 Public Bath에 대한 글의 내용으로 적절하지 않은 것은?

> Public Bath
>
> Hot and cold pools, saunas, exercise rooms, and reading rooms. Free Towels. Available for 450 people at once. Women till 10 p.m. only. No children allowed.

① 사우나실과 독서실 등이 있다.
② 목욕 수건은 무료로 사용할 수 있다.
③ 최대 수용 인원은 450명이다.
④ 열탕과 냉탕이 있다.
⑤ 어린이는 오후 10시까지 이용할 수 있다.

39 다음 글에 드러난 Joni의 심경으로 가장 적절한 것은?

> Joni went horseback riding with her older sisters. She had a hard time keeping up with them because her pony was half the size of their horses. Her sisters, on their big horses, thought it was exciting to cross the river at the deepest part. They never seemed to notice that Joni's little pony sank a bit deeper. It had rained earlier that week and the river was brown and swollen. As her pony walked into the middle of the river, Joni turned pale, staring at the swirling waters rushing around the legs of her pony. Her heart started to race and her mouth became dry.

① happy
② bored
③ guilty
④ frightened
⑤ grateful

40 다음 중 〈보기〉의 문장이 들어가기에 가장 적절한 곳은?

> **보기**
>
> But being good at chess isn't a real measure of "intelligence."

Do you think a computer is smarter than people? (①) In the case of chess, it has been proven that a computer can store and handle more bits of information about chess moves than a human brain can. (②) In fact, there are other board games that computers are pretty hopeless at. For instance, in the complex board game Go, even the most advanced computers can't beat beginners. (③) The same goes for complex card games like poker, which computers are not good at because they can't *bluff (or even cheat) the way human players do. (④) To play poker or Go well, you need other things like intuition and creativity. (⑤)

*bluff 허세를 부리다

※ 다음 글의 목적으로 가장 알맞은 것을 고르시오. [41~44]

41

Dear Mrs. Kim,
There is a girl whom I like in my class. I want to be her boyfriend but she seems to like another boy. Should I tell her how I feel about her? Please tell me what I should do.

① 약속 확인
② 수리 요청
③ 부탁 거절
④ 고민 상담
⑤ 초대 확인

42

Our volunteer service center has many great activities for you. These activities give you a chance to help others. We hope to see you join us.

① 감사
② 권유
③ 동의
④ 항의
⑤ 알림

43

I've been a career woman for the past seven years. For a couple of years after giving birth to my first daughter, it was really tough for me to work and take care of her at the same time. So I know how necessary the babysitting service you're providing is. And I feel really grateful for the service too. There is, however, one thing I'd like you to consider. Currently, a babysitter is taking care of my second daughter for eight hours from 9 a.m. to 5 p.m. For me, it would be much more useful if the service were available from 8 a.m. to 4 p.m. Could you be more flexible with your service? I'd really appreciate it.

① 육아 휴직 기간의 연장을 신청하려고
② 육아 서비스 자원 봉사자를 모집하려고
③ 육아 서비스 제공 시간의 변경을 알려 주려고
④ 육아 시설 확충을 위한 자금 지원을 건의하려고
⑤ 육아 서비스의 탄력적인 시간 운영을 요청하려고

44

I'm taking this opportunity to say something about tests and X–rays taken at clinics and hospitals. People shouldn't assume that everything is OK just because they haven't received a report. There's a chance that the report may have been filed without the patient being notified. Last year, my husband was told by a resident physician at a highly respected teaching hospital that he would be called if anything "out of the ordinary" showed up. He heard nothing and assumed that everything was OK. Last week, he had annual check–up, and his doctor asked, "Why didn't you call to find out about the changes in your cells?" The answer was, of course, "I didn't know about it."

① 대학병원의 수련의를 칭찬하려고
② 검강검진 과정을 소개하기 위해서
③ 건강진단의 결과를 알기 위해
④ 의료검사 결과 처리의 실태를 고발하려고
⑤ 건강검진의 중요성을 강조하기 위해

※ 다음 글의 제목으로 알맞은 것을 고르시오. [45~46]

45

Taegwondo became an official sport at the 2000 Olympics. The competition was held at the State Sports Center in downtown Sydney. Eight gold medals were to be won. Each country that entered was able to send four contestants, two women and two men. As Taegwondo is a full－contact sport, contestants were required to wear protective equipment before entering the competition area. In the Sydney Olympics, Korea won three gold medals in this new official sport.

① 태권도가 공식 종목이 된 이유
② 2000년 시드니 올림픽에서의 태권도
③ 태권도의 규칙
④ 태권도를 훈련하는 사람들의 수
⑤ 태권도에서 보호 장비를 착용해야 하는 이유

46

The zoologist and specialist in human behavior, Desmond Morris, says that the reason people start to walk like each other is that they have a subconscious need to show their companions that they agree with them and so fit in with them. This is also a signal to other people that 'we are together, we are acting as one.' Other studies suggest that we adopt the mannerisms of our company as well, especially our superiors, such as crossing our legs in the same direction as others. An example often given is when, in a meeting, the boss scratches his nose and others at the table then follow him without realizing it.

① Why People Mimic Others
② Take a Walk for Your Health
③ Good Manners with Superiors
④ Benefits of Good Companionship
⑤ Differences Between Man and Animals

47 다음 대화에서 B가 배우고 있는 것으로 가장 적절한 것은?

A : Remember, come back up to the surface slowly and don't hold your breath.
B : OK, What will happen if I come up too fast?
A : Your lungs will hurt. Don't try it. It can be very painful!

① Driving a car
② Scuba diving
③ Mountain climbing
④ Horseback riding
⑤ Skiing

48 다음 글을 읽고, Kim의 일생에 가장 영향력 있는 사람을 고르면?

Considering his life, critics find it unsurprising that Kim's fate was basically determined by women. His grandmother, after all, caused his disabilities. His mother pushed him into art when his father would have made him a carpenter, so the handicapped son could support himself. But no woman was so vital to his life and work as his wife.

① 어머니
② 할머니
③ 아버지
④ 동생
⑤ 아내

※ 다음 글을 읽고 이어지는 물음에 답하시오. [49~50]

One of the common advertising techniques is to repeat the product name. Repeating the product name may increase sales. For example, imagine that you go shopping for shampoo but you haven't decided which to buy. The first shampoo that comes to your mind is the one with the name you have recently heard a lot. ____________, repeating the name can lead to consumers buying the product.

49 윗글의 빈칸에 들어갈 말로 가장 적절한 것은?

① However
② Therefore
③ In contrast
④ On the other hand
⑤ But

50 윗글의 주제로 가장 적절한 것은?

① 광고비 상승의 문제점
② 지나친 샴푸 사용을 줄이는 방법
③ 제품의 이름을 반복하는 광고 효과
④ 판매 촉진을 위한 제품의 품질 보장제도
⑤ 물건을 구매하는 소비자들의 특징

CHAPTER

04 지각능력 적중예상문제

정답 및 해설 p.038

대표유형 1 문자 비교

다음 중 좌우를 비교했을 때 다른 것의 개수는?

65794322 － 65974322

① 2개 ② 3개
③ 4개 ④ 5개
⑤ 6개

| 해설 | 65794322 － 65974322

정답 ①

※ 다음 제시된 문자와 같은 것의 개수를 구하시오. [1~4]

01

farm

film	face	film	fast	farm	fall	fail	face	fast	fall	face	farm
fast	fail	fall	face	film	fast	farm	fella	film	film	fall	fail
face	film	farm	fella	fail	face	fast	farm	fella	fail	fast	film
fail	fall	fella	farm	face	film	fall	fella	face	fella	farm	farm

① 7개
② 8개
③ 9개
④ 10개
⑤ 11개

02

가챠

기차	가치	갸챠	기챠	기차	가쟈	갸챠	가치	기차	기챠	거챠	가챠
갸챠	가쟈	기차	갸챠	거차	거챠	가챠	거챠	가쟈	기차	가치	기챠
가챠	가치	가쟈	거차	가챠	가치	거챠	가치	갸챠	가치	갸챠	기차
기챠	거챠	갸챠	기차	가쟈	갸챠	기챠	거챠	가챠	가쟈	기차	가치

① 1개
② 2개
③ 3개
④ 4개
⑤ 5개

03

5248

2489 5892 8291 4980 2842 5021 5984 1298 8951 3983 9591 5428
5248 5147 1039 7906 9023 5832 5328 1023 8492 6839 7168 9692
7178 1983 9572 5928 4726 9401 5248 5248 4557 4895 1902 5791
4789 9109 7591 8914 9827 2790 9194 3562 8752 7524 6751 1248

① 1개
② 2개
③ 3개
④ 4개
⑤ 5개

04

㉧

㉮ ① ㉮ ㉽ ⑪ ⑫ ㉽ ㉱ ㉯ ㉵ ⓙ ㉧
㉟ ㉧ ㉨ ⓞ ㉨ ㉱ ㉯ ㉳ ⑭ ㉻ ㉩ ⓢ
㉲ ⓢ ㊵ ㉼ ㉱ ㉧ ㉝ ㉰ ㉻ ㉵ ⑥ ㉾
㉧ ㉰ ⓢ ㉰ ㉻ ㉕ ⑫ ⑫ ㉻ ⓒ ㉧ ⓢ

① 1개
② 2개
③ 3개
④ 4개
⑤ 5개

※ 다음 중 좌우를 비교했을 때 같은 것의 개수를 고르시오. [5~6]

05

◎☆▽◆☆♤◑♠ – ○★▽■★♠◐♣

① 1개
② 2개
③ 3개
④ 4개
⑤ 5개

06

CVNUTQERL – CBNUKQERL

① 3개
② 4개
③ 5개
④ 6개
⑤ 7개

※ 다음 중 좌우를 비교했을 때 다른 것의 개수를 고르시오. [7~8]

07

AiioXTVcp – AlIoxTvcb

① 2개
② 3개
③ 4개
④ 5개
⑤ 6개

08

㉶㉅㉌㉻㉮㉋㉌㉃ – ㉈㉅㉂㉳㉀㉋㉌㉲

① 1개
② 2개
③ 3개
④ 4개
⑤ 5개

※ 다음 표에 제시되지 않은 문자를 고르시오. [9~11]

09

家	價	可	羅	裸	螺	多	茶	喇	馬	麻	社
事	思	亞	自	兒	車	者	次	借	加	他	波
河	打	字	韓	産	塞	水	需	難	志	只	足
存	培	伯	卞	絢	刻	釜	負	愷	价	芷	裳

① 思
② 泊
③ 塞
④ 培
⑤ 裳

10

팦	턀	밥	션	탐	폭	콕	헐	달	햡	햔	번
한	랄	발	뱦	팝	턴	핲	뽑	선	퍕	협	곡
팔	혹	곰	독	견	랄	퍌	팍	톡	변	뱜	갈
콕	합	편	던	할	폅	협	신	촉	날	햠	퍕

① 밥
② 편
③ 톡
④ 할
⑤ 선

11

1457	4841	3895	8643	3098	4751	6898	5785	6980	4617	6853	6893
1579	5875	3752	4753	4679	3686	5873	8498	8742	3573	3702	6692
3792	9293	8274	7261	6309	9014	3927	6582	2817	5902	4785	7389
3873	5789	5738	8936	4787	2981	2795	8633	4862	9592	5983	5722

① 1023
② 3895
③ 5873
④ 6582
⑤ 8936

PART 1

※ 다음 제시된 좌우의 문자 또는 기호를 비교하여 같으면 ①을, 다르면 ②를 고르시오. **[12~13]**

12

→→↓↑↓←↓↑←← [　] →→↓↑↓←↓↑←←

① 　　　　　　②

13

ETEIVIENDR [　] ETEIVIENDR

① 　　　　　　②

※ 다음 문제의 왼쪽에 표시된 숫자의 개수를 고르시오. **[14~15]**

14

6	98406198345906148075634361456234

① 4개
② 5개
③ 6개
④ 7개
⑤ 8개

15

3	8205830589867823207834085398983253

① 4개
② 5개
③ 6개
④ 7개
⑤ 8개

대표유형 2 평면도형

다음 중 제시된 도형과 같은 것은?(단, 도형은 회전이 가능하다)

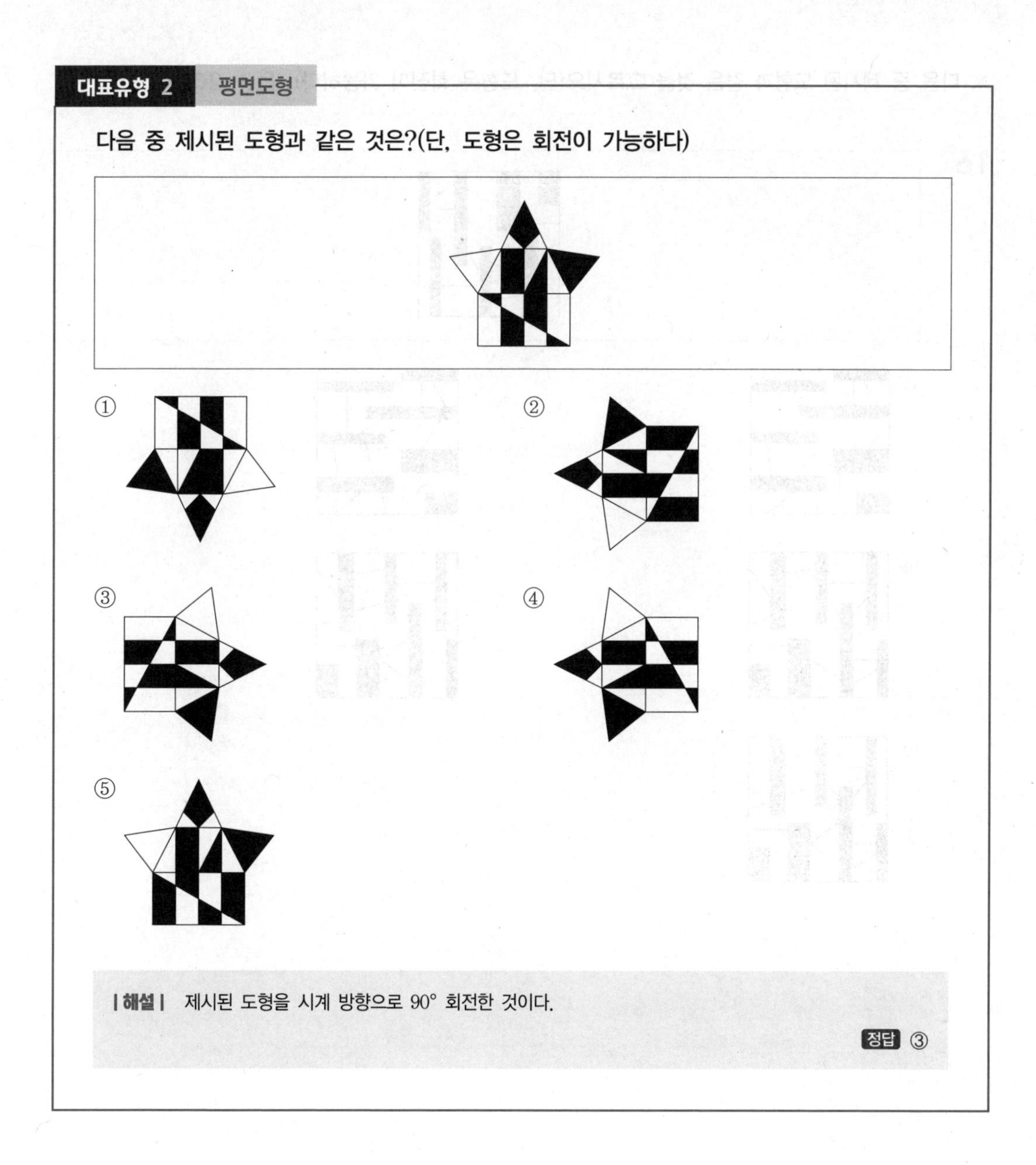

①

②

③

④

⑤

| 해설 | 제시된 도형을 시계 방향으로 90° 회전한 것이다.

정답 ③

※ 다음 중 제시된 도형과 같은 것을 고르시오(단, 도형은 회전이 가능하다). [16~20]

16

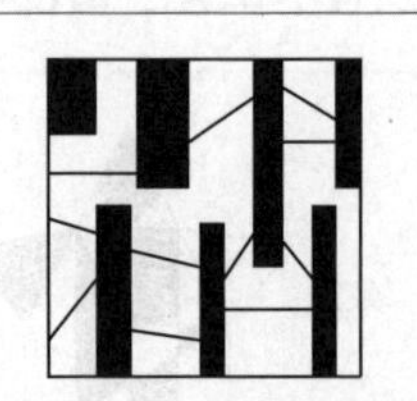

①

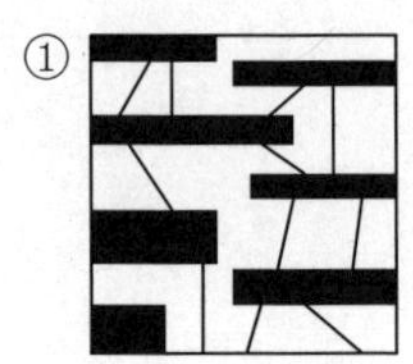

②

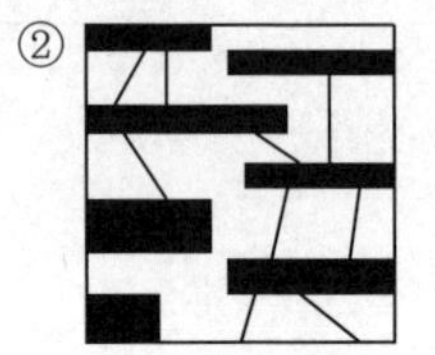

③

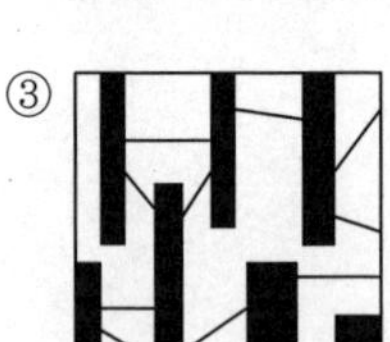

④

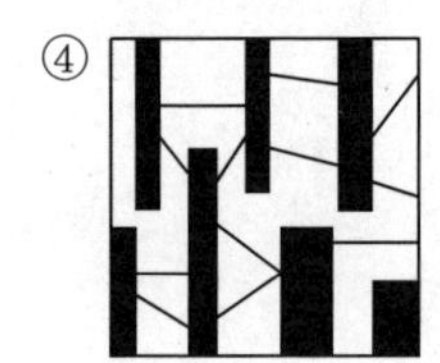

⑤

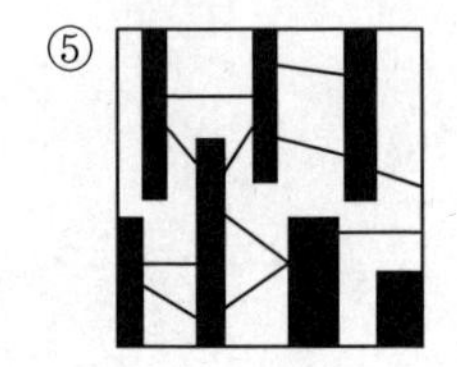

17

①

②
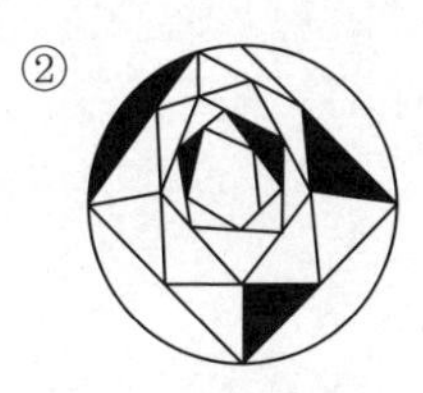

③

④

⑤

18

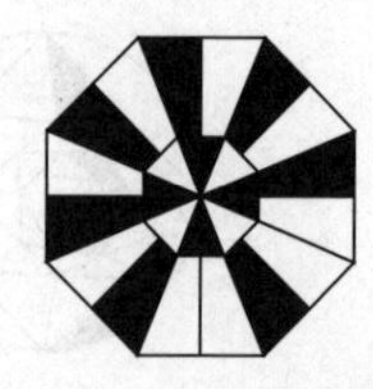

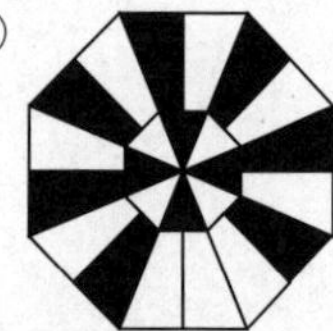

②

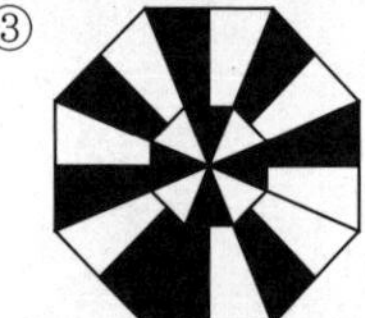

④
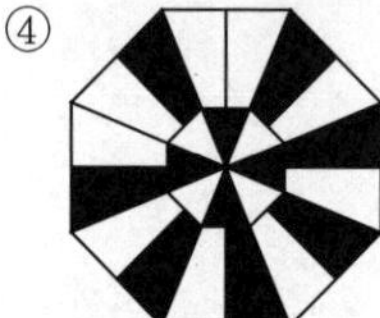

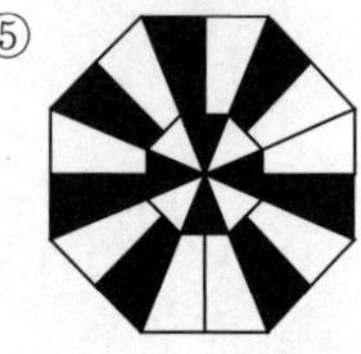

19

① 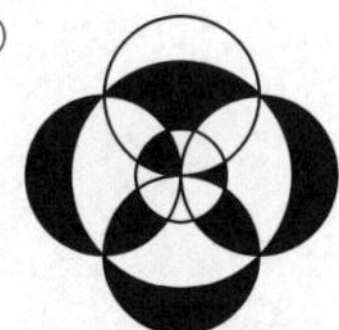

② 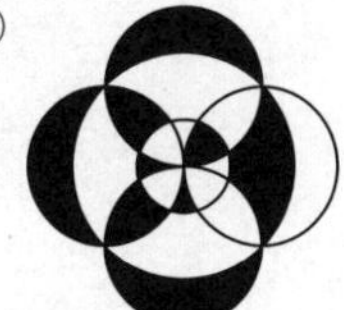

③ 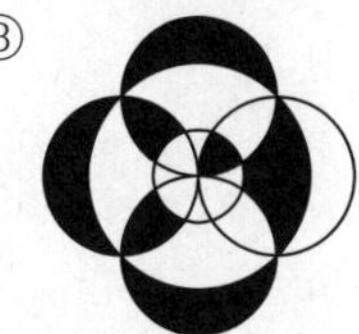

④ 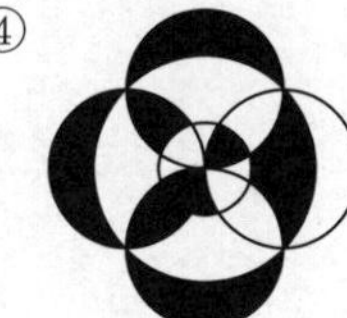

⑤ 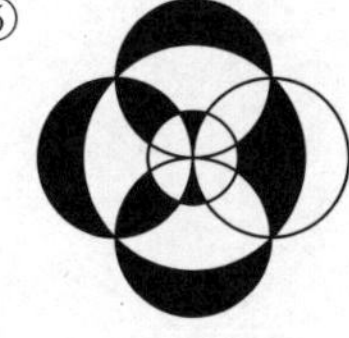

20

①

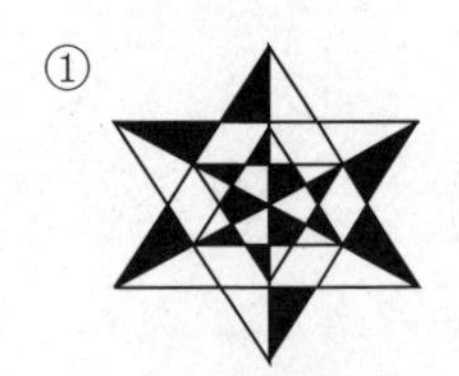

②

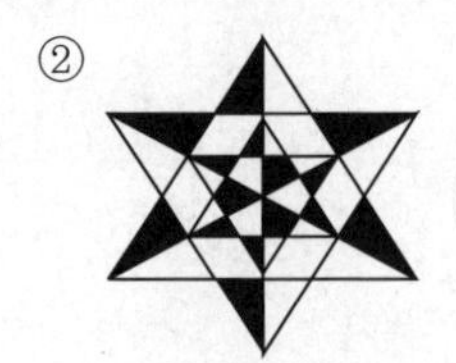

③

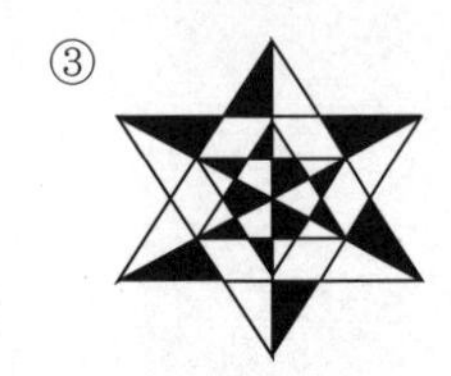

④

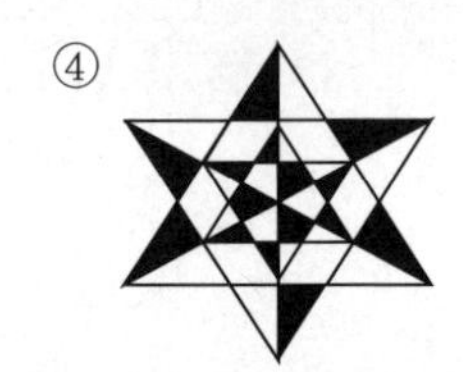

⑤

※ 다음 중 나머지 도형과 다른 것을 고르시오. [21~25]

21

①

②

③

④

⑤

22

①
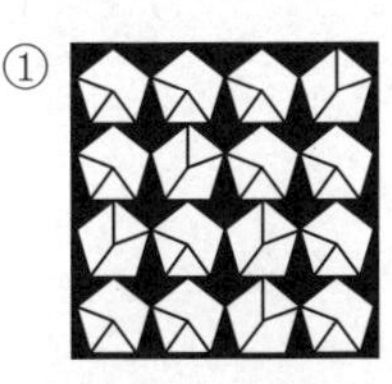

②
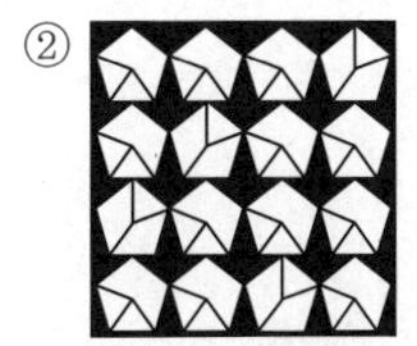

③
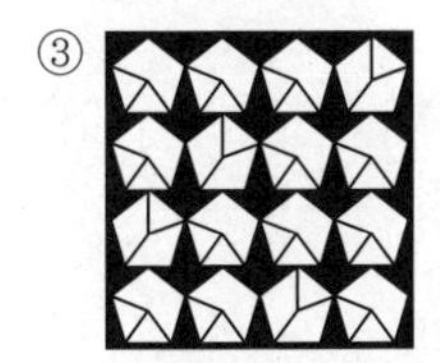

④
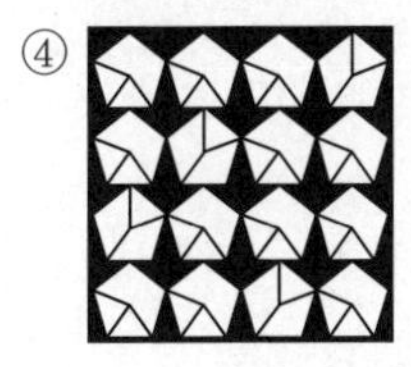

⑤
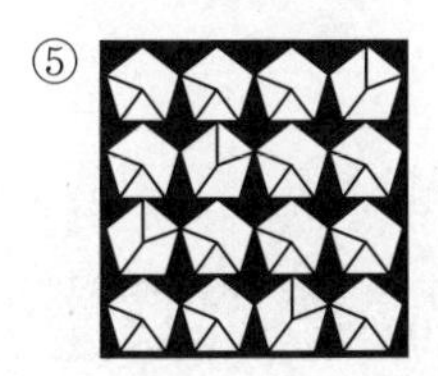

23 ①

② 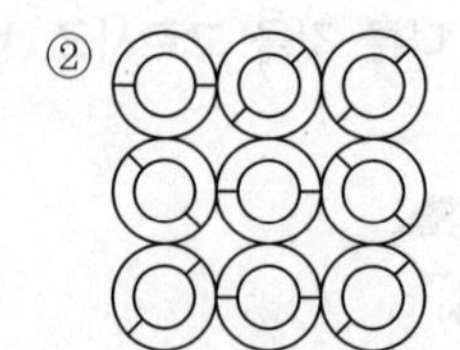

③ 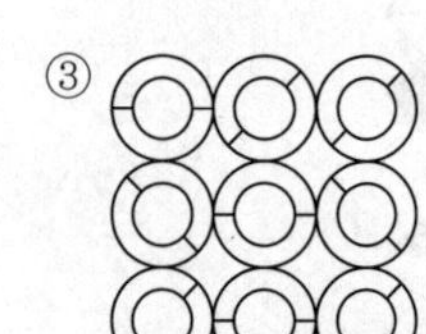

④ 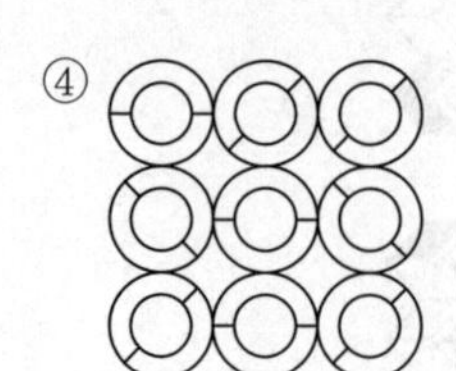

⑤

24 ① 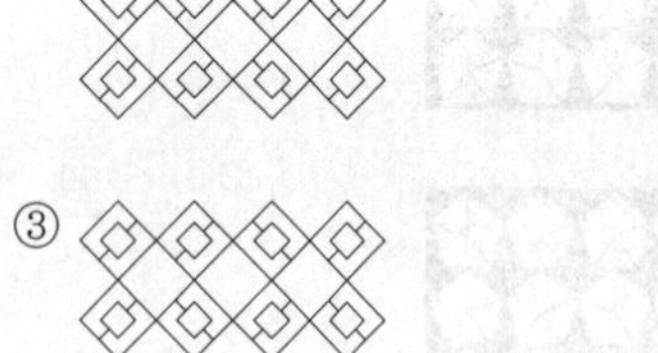

②

③

④ 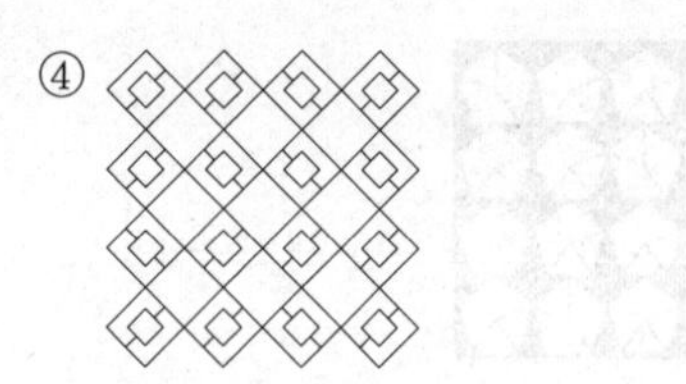

⑤ 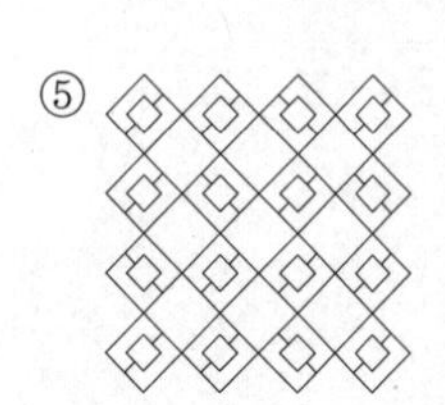

25

① 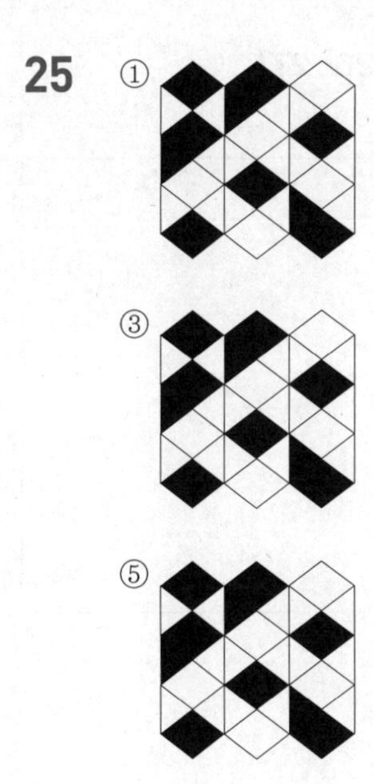

② 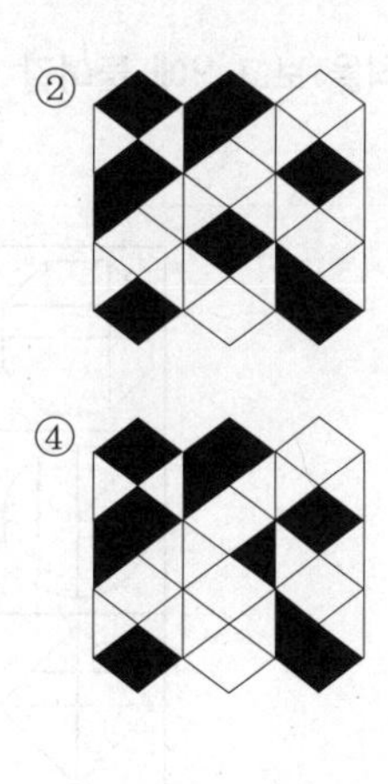

③

④

⑤

※ 다음 제시된 도형의 규칙을 보고 ?에 들어갈 알맞은 것을 고르시오. [26~27]

26

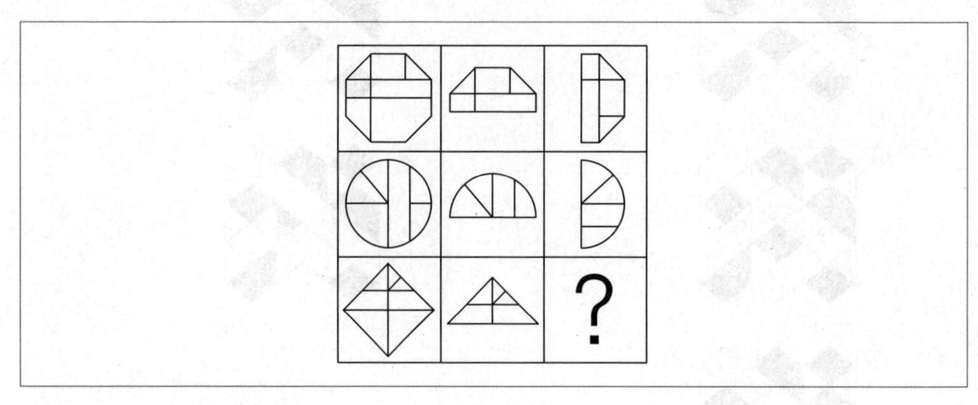

① 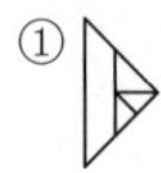

② 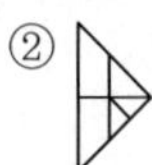

③ 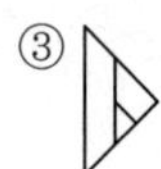

④ 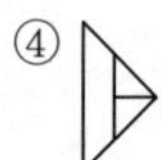

⑤ 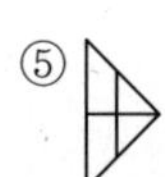

27

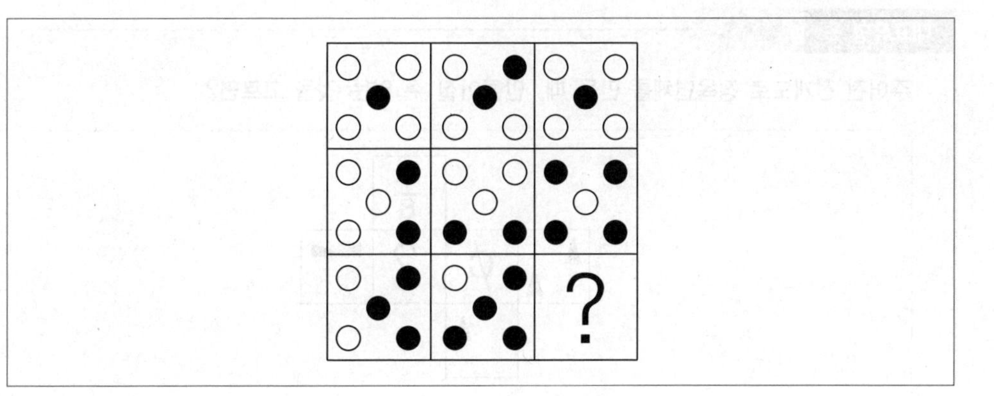

①
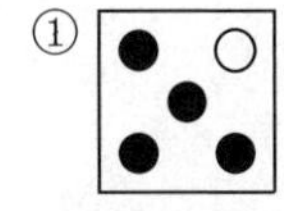

②
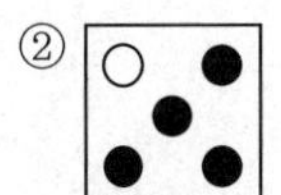

③
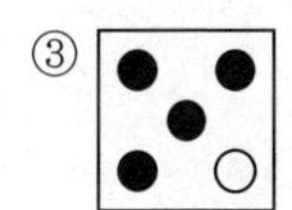

④
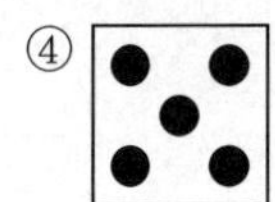

⑤
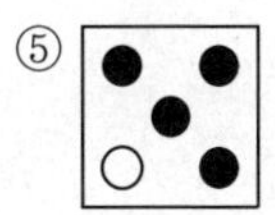

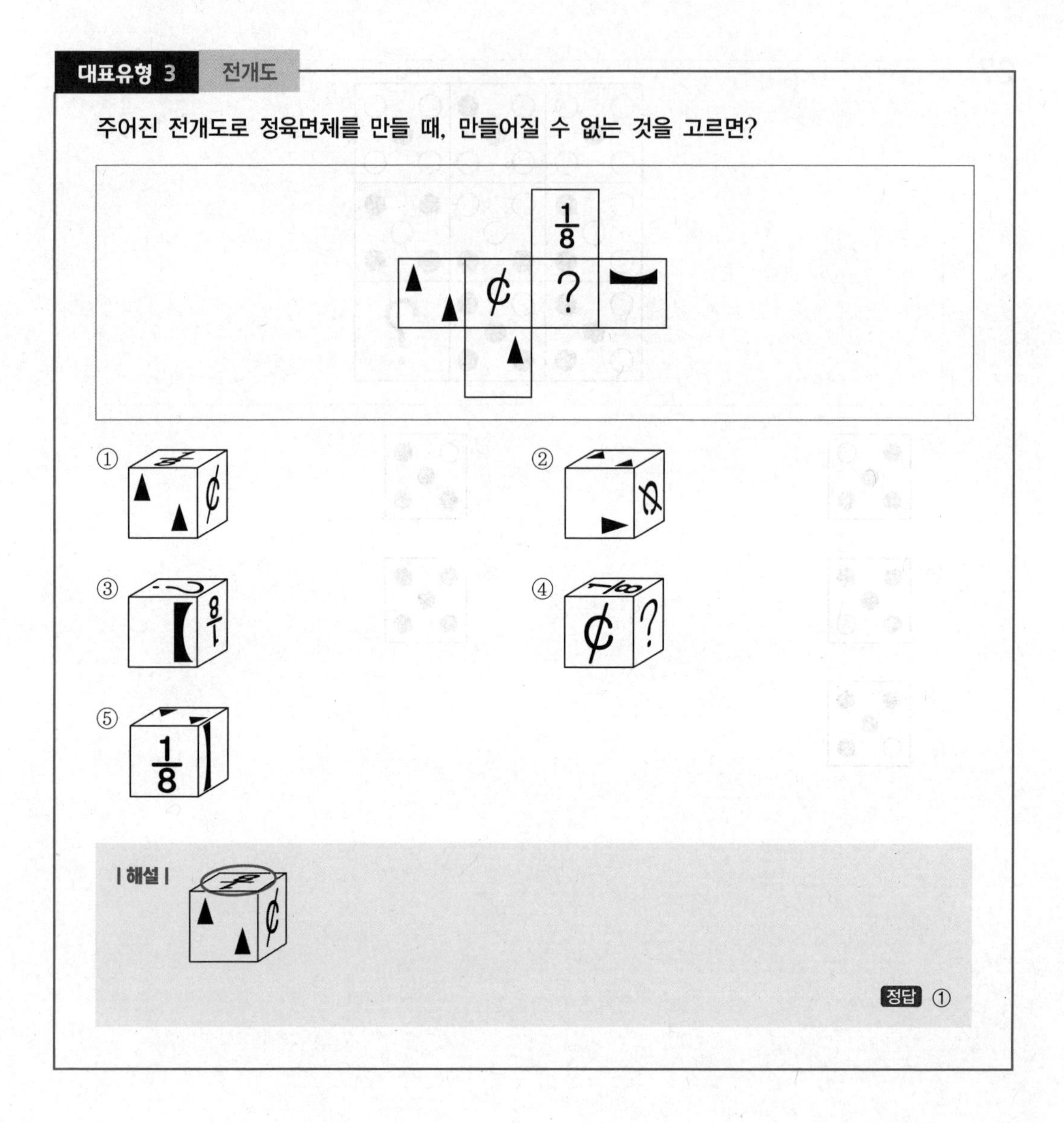

대표유형 3 전개도

주어진 전개도로 정육면체를 만들 때, 만들어질 수 없는 것을 고르면?

①

②

③

④

⑤

| 해설 |

정답 ①

※ 주어진 전개도로 정육면체를 만들 때, 만들어질 수 없는 것을 고르시오. **[28~30]**

28

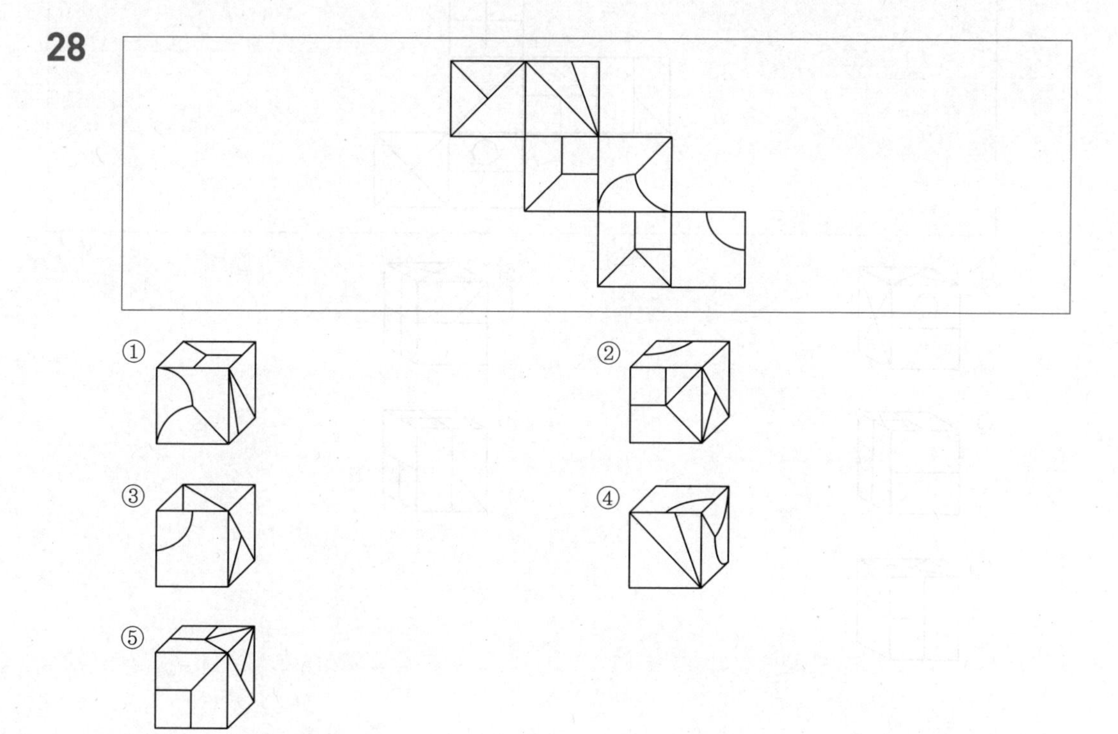

29

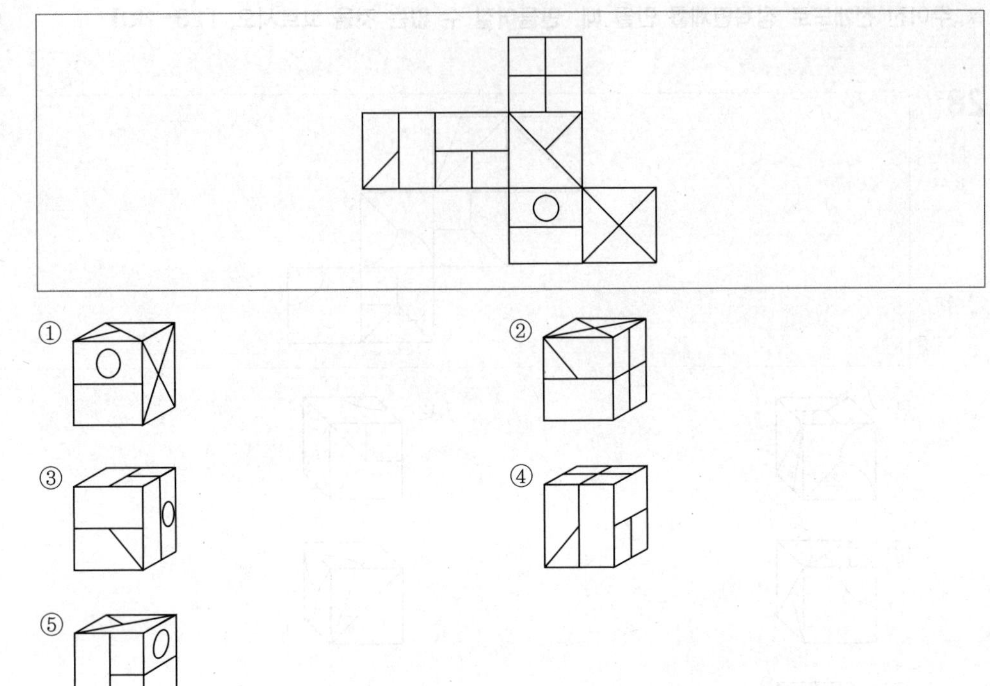

30

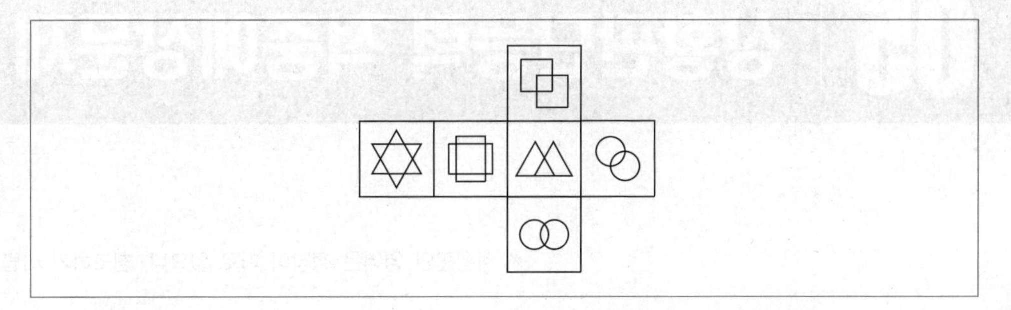

①
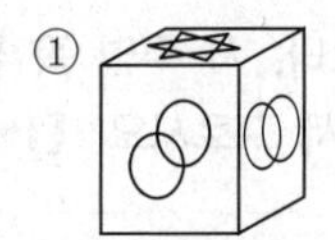

②
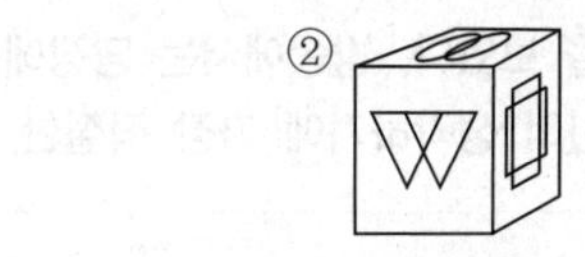

③
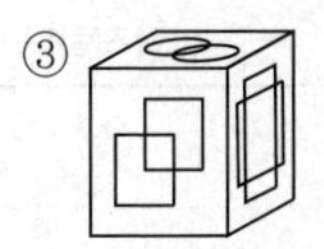

④
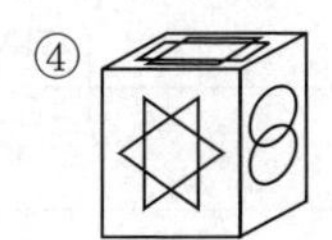

⑤
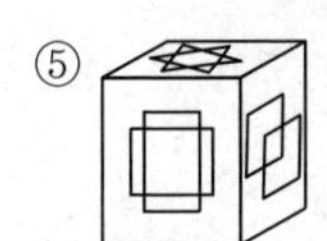

CHAPTER

05 상황판단능력 적중예상문제

※ 상황판단 영역은 정답이 따로 없으니, 참고하기 바랍니다.

※ 늦은 밤 우연히 홈쇼핑 방송을 보았다. 방송에서는 당장에는 별 필요가 없으나, 사 두면 꼭 필요한 물품이 판매되고 있었다. 자신이 생각하기에 가장 적절한 것을 다음 보기에서 고르시오. [1~3]

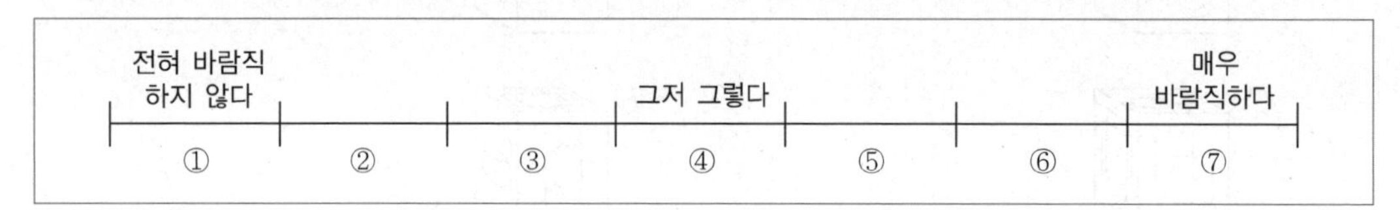

01 언제가 쓸 일이 있으므로 바로 사 둔다.

① ② ③ ④ ⑤ ⑥ ⑦

02 당장 필요한 물건이 아니면 절대 사지 않는다.

① ② ③ ④ ⑤ ⑥ ⑦

03 그때의 재정 상황이나 기분에 따라 적절히 판단한다.

① ② ③ ④ ⑤ ⑥ ⑦

※ 임시 팀장의 지휘하에 어느 프로젝트를 진행하던 중, 정식 팀장이 발령되어 왔다. 임시 팀장은 팀원의 일원으로 프로젝트 업무에 계속 참여 중이다. 어느 날 갑자기 돌발 상황이 발생했다면 자신이 생각하기에 가장 적절한 것을 다음 보기에서 고르시오. **[4~7]**

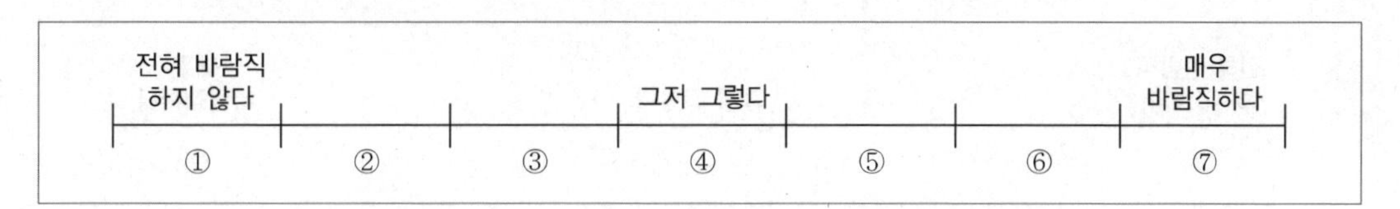

04 실무에 밝은 임시 팀장에게 먼저 보고한다.

① ② ③ ④ ⑤ ⑥ ⑦

05 책임자인 정식 팀장에게 먼저 보고한다.

① ② ③ ④ ⑤ ⑥ ⑦

06 빨리 연락할 수 있는 쪽에 먼저 보고한다.

① ② ③ ④ ⑤ ⑥ ⑦

07 현장 실무자와 상의하여 상황을 어느 정도 수습한 후 양쪽에 보고한다.

① ② ③ ④ ⑤ ⑥ ⑦

※ 회사와 거래 관계에 있는 바이어로부터 조그만 선물을 하나 받았다. 나중에 알아보니, 선물의 시가(회사의 윤리규정에서 허용하는 금액은 3만 원 이하)는 3만 2천 원이다. 자신이 생각하기에 가장 적절한 것을 다음 보기에서 고르시오. **[8~11]**

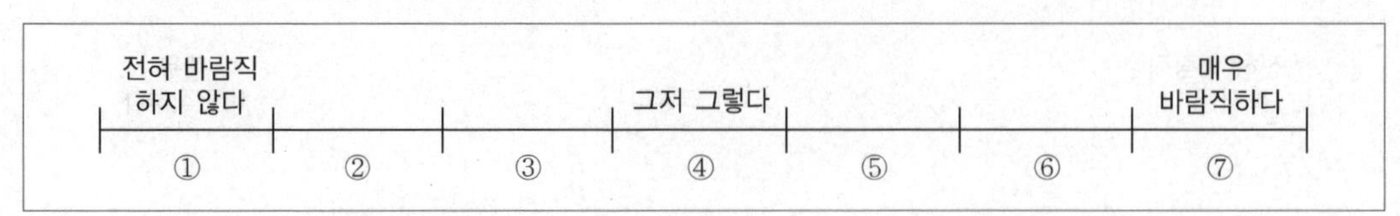

08 즉시 선물을 돌려주고 회사의 윤리규정을 명확하게 설명한다.

① ② ③ ④ ⑤ ⑥ ⑦

09 거절하면 바이어가 불쾌할 수 있으므로 그냥 받는다.

① ② ③ ④ ⑤ ⑥ ⑦

10 일단은 선물을 받고 상사에게 보고한다.

① ② ③ ④ ⑤ ⑥ ⑦

11 선물을 감사히 받고, 나중에 바이어에게 사비로 3만 2천 원 상당의 선물을 한다.

① ② ③ ④ ⑤ ⑥ ⑦

※ 회사 회식 때 너무 과음하여 눈을 떠 보니 아침 10시이다. 겨우 일어나긴 했지만 집중력을 요하는 업무를 무리 없이 할 수 있는 상황이 아니다. 자신이 생각하기에 가장 적절한 것을 다음 보기에서 고르시오. [12~15]

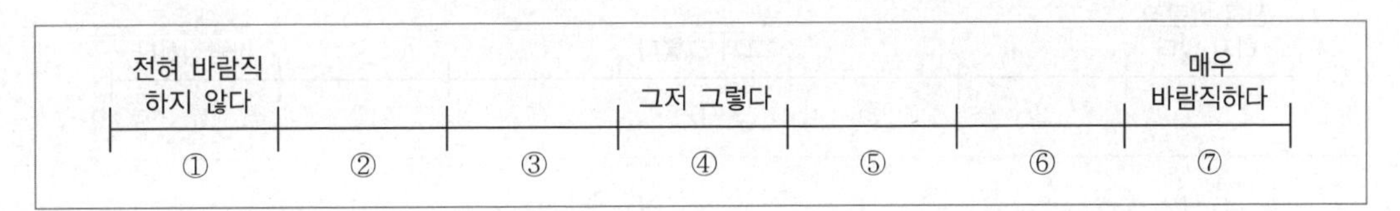

12 몸 상태가 좋지 않더라도 당장 출근해서 자리를 지킨다.

① ② ③ ④ ⑤ ⑥ ⑦

13 상사에게 사실대로 이야기하고 오후에 출근한다.

① ② ③ ④ ⑤ ⑥ ⑦

14 일단은 바로 출근한 다음 상사에게 말하고 조퇴한다.

① ② ③ ④ ⑤ ⑥ ⑦

15 몸이 좋지 않다고 말하고 하루 쉰다.

① ② ③ ④ ⑤ ⑥ ⑦

※ 오랫동안 같이 근무해 온 여사원과 사귀게 되었다. 그런데 회사 방침상 사내연애는 금지사항이다. 자신이 생각하기에 가장 적절한 것을 다음 보기에서 고르시오. [16~20]

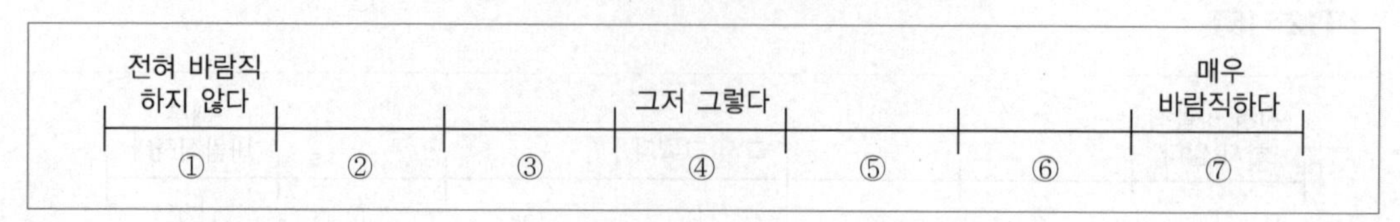

16 사내연애 금지는 비합리적이므로 몰래 사귄다.

① ② ③ ④ ⑤ ⑥ ⑦

17 연애사실을 공개하고 회사규정을 수정할 것을 요구한다.

① ② ③ ④ ⑤ ⑥ ⑦

18 연애를 포기한다.

① ② ③ ④ ⑤ ⑥ ⑦

19 본인이 퇴사한다.

① ② ③ ④ ⑤ ⑥ ⑦

20 사귀는 여사원이 퇴사하도록 설득한다.

① ② ③ ④ ⑤ ⑥ ⑦

21 **B사원이 속한 부서의 R부장은 항상 결재 절차를 중시하는 사람이다. 따라서 B사원을 비롯한 다른 사원들은 중요한 업무를 처리할 때마다 세세한 결재 절차에 따르느라 불필요한 시간을 허비하는 느낌을 받고 있다. B사원이 생각하기에는 신속하게 처리해야 하는 업무의 경우는 결재 절차를 간소화시키고 융통성 있게 대처하는 것이 바람직할 것 같다. 이런 상황에서 당신이 B사원이라면 어떻게 할 것인가?**

① R부장의 방식을 더는 따르지 않고 융통성 있게 일을 처리해버린다.
② 고집이 센 R부장은 자신의 말을 듣지 않을 것이므로 기존 방식을 따른다.
③ R부장이 실수할 때까지 기다렸다가 R부장을 몰아내도록 한다.
④ 다른 직원 몇몇과 R부장을 찾아가 조심스레 건의해본다.
⑤ R부장보다 더 직급이 높은 상사를 찾아가 이 일에 대해 건의한다.

22 **A사원은 생산설비 운용에는 자신이 있지만 유독 컴퓨터를 사용하는 업무에는 자신이 없다. 그러나 A사원의 상사인 B부장은 종종 컴퓨터 사용 업무를 부탁하곤 한다. A사원은 업무를 대신하는 것 자체는 상관없지만, 컴퓨터 사용능력이 떨어져 곤란한 상황이다. 당신이 A사원이라면 어떻게 하겠는가?**

① B부장에게 부탁받은 일이 자신의 능력 밖임을 밝히고 정중히 거절한다.
② B부장에게 업무가 밀려 있다고 말하며 부탁을 정중히 거절한다.
③ B부장을 도와줄 수 있는 다른 동료를 찾는다.
④ 개인 업무 외의 지시를 내리는 B부장에 대한 반대 여론을 조성한다.
⑤ 컴퓨터 능력을 개선하기 위해 별도의 시간을 투자한다.

23 **V대리에게는 직속 후배인 W사원이 있다. W사원은 명문대 출신으로 공정에 대한 업무 능력은 뛰어나다. 그러나 자신의 지식과 능력만을 믿고 상사의 주의를 제대로 듣지 않은 채 제멋대로 처리하는 경우가 있어 종종 문제가 발생한다. 당신이 V대리라면 W사원에게 어떻게 할 것인가?**

① 상급자에게 보고하여 W사원을 질책할 수 있도록 한다.
② 개인적인 자리를 만들어 W사원에게 엄중히 경고한다.
③ W사원이 어디까지 멋대로 하는지 지켜본다.
④ W사원에게 사소한 트집을 잡아 복수한다.
⑤ W사원에게 상사로서의 위엄을 강조하고 복종을 강요한다.

24 당신은 최근에 새로운 부서 A의 팀장으로 발령받았다. 그러나 A부서의 사원들은 당신보다 실무에 능숙한 B대리에 의존하는 상황이다. 이런 상황에서 당신은 A부서의 직원들이 당신의 지시보다 B대리의 지시를 우선하여 업무를 수행하고 있음을 알게 되었다. 이런 상황에서 당신은 어떻게 할 것인가?

① 개인적으로 B대리에게 경고한 뒤에, B대리의 도움을 받아 팀장의 역할을 다한다.

② B대리를 제외하고 당신 중심으로 친목을 다진다.

③ 부서 내 사원을 전부 모아 훈계한다.

④ 조직을 장악하기 힘들 것 같으므로 타 부서로의 발령을 건의한다.

⑤ B대리를 따로 불러서 경고한다.

25 당신은 얼마 전 입사하여 회사 생활에 전반적으로 만족하고 있으나 간혹 곤란을 느낄 때가 있다. 업무상 필요한 공구들이 있기 마련인데, 이 공구들이 필요한 양보다 부족하게 지급될 때가 종종 있기 때문이다. 이런 상황에서 당신은 어떻게 하겠는가?

① 그냥 내가 사서 사용한다.

② 상급자에게 지급량을 늘려야 함을 건의한다.

③ 동료에게 불편 사항을 이야기한다.

④ 동료에게 서로 나눠 사용하자고 말하고 빌려 쓴다.

⑤ 사내 불편사항 신고함을 이용하여 시정을 바란다.

26 홍보팀에서 일하는 당신은 유명한 광고 모델인 D의 한국 홍보 방문 업무를 담당하고 있다. D모델은 비즈니스석을 요구했으나, 예산 문제로 이코노미석을 제공했다. 이에 대해 공항에서부터 오는 내내 D모델이 불평을 했다면 조직의 입장에서 당신은 어떻게 할 것인가?

① 자연스럽게 화제를 돌린다.

② 더 좋은 대우를 해드리지 못해서 죄송하다고 사과한다.

③ 팀 내 예산이 매우 부족한 상황임을 설명하며 양해를 구한다.

④ 다른 광고 모델과의 형평성을 위해 어쩔 수 없었다고 설명한다.

⑤ 모델의 기분이 좋지 않으므로 일정을 변경하여 쉴 수 있도록 배려한다.

27 당신은 출근하던 중에 상사인 A대리로부터 연락을 받았다. 업무에 꼭 필요한 물품을 찾아오지 못한 채 출근했으니 당신이 대신 물품을 찾아 출근하라는 부탁이었다. 당신이 속한 부서의 B부장은 대개 출근 시간이 늦기 때문에 별다른 고민 없이 물품을 찾은 뒤 출근 시간보다 10분 늦게 도착했는데, 그날따라 정시에 출근한 B부장이 당신에게 그동안 계속 지각해왔느냐며 잔소리를 퍼부었다. 이런 상황에서 당신은 어떻게 할 것인가?

① 가만히 듣고 있다가 B부장의 말이 끝나면 A대리 탓을 한다.
② B부장에게 지각하지 말라며 오히려 언성을 높인다.
③ A대리에게 물품을 건네지 않음으로써 B부장에게 혼나도록 만든다.
④ 개인적으로 A대리에게 찾아가 B부장에게 자초지종을 말해 달라고 부탁한다.
⑤ B부장에게 혼이 난 뒤에 A대리를 찾아가 화를 낸다.

28 당신의 팀은 높은 업무 성과를 자랑한다. 한 가지 문제가 있다면 팀 내의 B사원과 C사원이 지나치게 자주 다툰다는 점이다. 당신이 생각하기에는 업무를 처리할 때마다 B사원과 C사원의 다툼이 발생하여, 팀의 분위기가 어두워지고 업무 효율이 떨어지는 것 같다. 이런 상황에서 당신은 어떻게 하겠는가?

① B사원과 C사원 중 한 명이 다른 부서로 이동할 수 있도록 한다.
② B사원과 C사원을 불러 화해를 유도한다.
③ B사원과 C사원을 불러 반복적인 갈등은 징계를 받을 수 있다고 경고한다.
④ 팀 내에 상황을 알리고 팀 전체에 경고한다.
⑤ 팀 내에 상황을 알리고 화해를 유도하는 분위기를 조성한다.

29 팀장인 당신은 팀 운영에 있어 어려움을 겪고 있다. 당신은 평소에 성과를 높이고 업무를 효율적으로 진행하기 위해 회의를 강조하는 편이다. 그러나 팀원들은 각자 맡은 일만 하면 된다고 생각하여 회의에 집중하지 않는다. 당신은 이런 상황에서 어떻게 하겠는가?

① 자신의 의견을 전적으로 회의 결과에 반영함으로써 회의 시간을 단축한다.
② 인사고과에 반영함으로써 태만한 근무태도에 대해 불이익을 준다.
③ 회의를 시작하기에 앞서 회의에 집중할 것을 엄중히 경고한다.
④ 팀원들을 각자 불러 인사에 불이익을 야기할 수 있음을 경고한다.
⑤ 팀원들을 각자 불러 회의에 집중하지 않는 이유를 들어본다.

30 **H사원은 최근에 F부서로 이동하게 되었다. 그러나 새로운 F부서는 이전의 S부서와 달리 업무 분위기가 지나치게 경직되어 있다. 가령 F부서에서 회의를 진행할 때면 U부장의 입김이 너무 세서 사원들은 아이디어를 내기조차 어려운 상황이며 대리들도 사원과 다를 바 없이 U부장의 비위를 맞추기에만 혈안이다. 이런 상황에서 당신이 H사원이라면 어떻게 할 것인가?**

① 다른 대리들처럼 U부장의 비위를 맞추기 위해 열심히 아부한다.
② 기존에 일했던 S부서로 이동해 달라고 요청한다.
③ U부장과 친한 기존 S부서의 E부장을 찾아가 조심스레 건의해 달라고 요청한다.
④ F부서의 다른 사원들과 합세하여 U부장을 찾아가 건의해본다.
⑤ 적당히 선을 지키며 이 분위기에 적응하려 노력해본다.

31 **당신은 평소에 노조에 대해 부정적으로 생각하는 것은 아니지만, 딱히 노조의 필요성을 느끼는 것도 아니다. 그러나 선배이자 같은 부서에서 일하는 A가 노조에 가입할 것을 계속해서 권유하고 있다. 당신은 반복적인 권유로 인해 정말 노조 가입을 해야 하는지 고민 중인 상황이다. 당신은 어떻게 하겠는가?**

① 노조에 가입할 생각이 없음을 밝히고, 정중히 권유를 거절한다.
② 선배의 권유에 따라 노조에 가입은 하고, 별도의 활동은 하지 않는다.
③ 노조에 대한 부정적인 여론을 만들어 노조 가입 권유를 다시는 할 수 없게 만든다.
④ 회사 측에 노조 가입을 권유하는 사실이 있음을 밝히고, 조정을 부탁한다.
⑤ 상사에게 노조 가입을 권유하는 사실이 있음을 밝힌다.

32 **당신은 상사인 B부장에게 업무와는 관련이 없는 심부름을 부탁받았다. 부탁받은 물건을 사기 위해 당신은 가게를 몇 군데나 돌아다녀야 했고, 회사에서 한참 떨어진 가게에서 겨우 물건을 발견했지만, B부장이 말했던 가격보다 훨씬 비싸서 당신의 돈을 보태서 물건을 사야 할 상황이다. 당신은 어떻게 하겠는가?**

① B부장에게 불만을 토로하며 다시는 잔심부름을 시키지 않겠다는 약속을 받는다.
② B부장의 책상 위에 영수증과 물건을 덩그러니 놓아둔다.
③ 있었던 일을 사실대로 말하고, 자신이 보탠 만큼의 돈을 다시 받도록 한다.
④ 물건을 사지 말고 그대로 돌아와 B부장에게 물건이 없었다고 말한다.
⑤ 아무 말 없이 B부장이 부탁했던 물건만 전달한다.

33 당신은 평소 입사 후배인 A사원과 점심을 자주 먹곤 한다. A사원은 당신을 잘 따르며 업무 성과도 높아서, 자주 점심을 사주었지만, 이러한 상황이 반복되자 매번 점심식사 때마다 A사원은 아예 돈을 낼 생각이 없어 보인다. 밥을 사주는 것이 싫은 것은 아니지만 매일 A사원의 몫까지 부담하려니 곤란한 것은 사실이다. 당신이라면 어떻게 하겠는가?

① A사원에게 솔직한 심정을 말하여 문제를 해결해보고자 한다.
② 선배가 후배에게 밥을 얻어먹기는 부끄러우므로 앞으로도 계속해서 밥을 산다.
③ 앞으로는 입사 선배이자 상사인 B과장에게 밥을 얻어먹기로 한다.
④ A사원을 개인적으로 불러 혼을 내고 다시는 밥을 같이 먹지 않는다.
⑤ 다른 사원들에게 A사원의 욕을 한다.

PART 1

34 당신은 같은 부서의 C사원에게 이성으로 호감을 갖게 되었다. 우연히 당신은 C사원과 사적인 자리를 갖게 되었고, C사원 역시 당신에게 호감이 있음을 확인할 수 있었다. 그러나 상사인 D과장은 사내 연애를 금지하지 않는 회사와는 달리 자신의 부서 내에서는 절대 연애하지 말라는 원칙을 고수하는 사람이다. 이런 상황에서 당신은 어떻게 하겠는가?

① C사원과 헤어진다.
② 사적인 제재이므로 D과장을 인사과에 고발한다.
③ C사원과 몰래 사귄다.
④ C사원과 함께 D과장을 찾아가 논리적으로 설득한다.
⑤ D과장을 비난하는 대자보를 회사에 붙인다.

35 최근 조직개편으로 인하여 당신은 새로운 L팀에 배치되었다. 그러나 L팀은 기존과 전혀 다른 공정을 다루고 있다. 당신은 L팀의 업무가 적성에 맞지도 않고, 처음 해보는 과정이라서 업무에 어려움을 겪고 있다. 이런 상황에서 당신은 어떻게 할 것인가?

① 인사 담당자를 찾아가 당신이 겪는 어려움을 이야기하고 재배치를 요구한다.
② 기존의 업무를 수행할 수 있는 회사로 이직을 준비한다.
③ 주어진 일을 열심히 하면 익숙해지므로 최선을 다해본다.
④ 일을 고의적으로 망쳐서 다른 팀으로 이동할 수 있도록 만든다.
⑤ 팀장을 찾아가 어려움을 고백하고 도움을 요청한다.

36 평소에 당신은 남들의 부탁을 거절하지 못하는 편이다. 이 때문에 종종 다른 사원들의 부탁에 따라 업무를 대신 처리해주거나 야근을 하곤 했다. 이런 상황이 반복되자 당신은 아내와 말다툼을 하기까지 이르렀다. 이런 상황에서 또 다른 동료 C가 업무를 대신 처리해달라고 부탁하고 있다. 당신은 어떻게 할 것인가?

① 아내에게 받은 스트레스를 C에게 푼다.
② C에게 더 이상은 업무를 대신 처리해 줄 수 없다고 단호하게 말한다.
③ C에게 오늘은 곤란하다고 양해를 구한다.
④ C에게 아내와 전화통화를 하게 한다.
⑤ 아내에게 전화를 걸어 C탓을 한다.

37 당신은 새로운 경력도 쌓고 색다른 경험도 해볼 겸 해외 지사 파견을 고대해왔다. 이를 위해 평소에 어학 공부도 열심히 하고, 업무에도 최선을 다했다. 그러나 해외 지사 파견자 선정을 앞두고 입사 동기인 B사원이 인사과에 속 보이는 아부를 하는 것이 눈에 거슬린다. 당신이 알기로는 B사원은 어학 공부를 하거나 별도의 준비를 하지 않은 상황이다. 이런 상황에서 당신은 어떻게 할 것인가?

① B사원을 따로 불러 경고한다.
② 회사 업무를 더욱 열심히 해서 경쟁력을 기르도록 한다.
③ 아무도 알아주지 않을 것이기 때문에 준비를 중단한다.
④ B사원처럼 인사과에 찾아가 아부를 떤다.
⑤ 인사과에 찾아가 B사원을 고발한다.

38 당신은 회사에 만족하며 회사 생활에 별다른 어려움 없이 다니고 있다. 그러던 어느 날 당신은 상사인 K부장과 식사를 함께 하게 되었다. K부장은 회사의 복지나 보수에 대해 불만을 늘어놓기 시작했다. 그러나 K부장은 얼마 후에 있을 인사이동에 대한 권한을 가지고 있는 상사이다. 이런 상황에서 당신은 어떻게 할 것인가?

① K부장이 인사이동 권한을 가지고 있기 때문에 무조건 동의한다.
② 회사를 모욕했으므로 K부장의 말을 정면으로 반박한다.
③ K부장의 기분이 상하지 않을 정도로만 동조하고 지나치게 맞장구치진 않는다.
④ K부장보다 상사인 J이사를 몰래 찾아가 말한다.
⑤ 다시는 K부장과 사적인 자리를 갖지 않도록 한다.

39 **당신은 최근 들어 회사 생활에 불편함을 느끼고 있다. 상사인 H대리가 불필요한 신체접촉을 시도한다거나, 사적인 연락을 지속하기 때문이다. 게다가 자신이 상사라는 점을 들어 개인적인 만남을 강요할 때도 있다. 그러나 당신은 애인도 있고, 상사인 H대리와 불편한 관계가 되고 싶지 않다. 이런 상황에서 당신은 어떻게 할 것인가?**

① 애인에게 모두 이야기한 뒤 H대리를 몰래 처리하도록 주문한다.
② I부장을 찾아가 사실대로 이야기하고 H대리에게 공개적인 사과를 받아낸다.
③ H대리를 개인적으로 만나서 단단히 주의를 주고 지켜본다.
④ 회사 생활에 불편함을 느끼고 있기 때문에 퇴사한다.
⑤ H대리를 인사과에 신고하고 퇴사한다.

40 **어느 날 당신은 업무상 실수를 저질렀다. 이를 발견한 B팀장이 다른 사원이 모두 지켜보는 가운데서 당신을 크게 꾸짖기 시작했다. 그러나 B팀장은 업무상의 실수에 대해서만이 아니라 전혀 상관없는 당신의 사생활에 해당하는 결점까지 들춰가며 욕을 하는 상황이다. 이런 상황에서 당신은 어떻게 하겠는가?**

① 내가 잘못한 것이니 어쩔 수 없다고 생각한다.
② 팀장에게 반박할 말을 생각한다.
③ 회사 게시판에 익명으로 글을 올려 부당함을 호소한다.
④ 일단은 참고 다음에 서운했던 마음을 풀어야겠다고 생각한다.
⑤ 팀장을 인성이 좋지 않은 사람이라고 생각한다.

실패는 성공의 첫걸음이다.

– 월트 디즈니 –

PART 2

최종점검 모의고사

SK이노베이션 생산기술직 인적성검사	
도서 동형 온라인 실전연습 서비스	APME-00000-7B107

제1회 최종점검 모의고사

☑ 응시시간 : 60분　　☑ 문항 수 : 50문항

정답 및 해설 p.044

※ 상황판단 영역(41 ~ 50번)은 정답이 따로 없으니, 참고하기 바랍니다.

※ 다음 제시된 단어의 대응 관계로 볼 때, 빈칸에 들어가기에 가장 적절한 것을 고르시오. [1~3]

01

바리스타 : 커피콩 = 목수 : (　　)

① 톱
② 나무
③ 목장
④ 쇠
⑤ 용접

02

이력 : 경력 = (　　) : 해결

① 분쟁
② 무시
③ 상생
④ 타개
⑤ 논의

03

돛단배 : 바람 = 전등 : (　　)

① 어둠
② 전기
③ 태양
④ 에어컨
⑤ 빛

04 **수영, 슬기, 경애, 정서, 민경의 머리 길이가 서로 다르다고 할 때, 다음을 읽고 바르게 추론한 것은?**

> • 수영이는 단발머리로 슬기와 경애의 머리보다 짧다.
> • 정서의 머리는 수영보다 길지만, 슬기보다는 짧다.
> • 경애의 머리는 정서보다 길지만, 슬기보다는 짧다.
> • 민경의 머리는 경애보다 길지만, 다섯 명 중에 가장 길지는 않다.

① 경애는 단발머리이다.
② 슬기의 머리가 가장 길다.
③ 민경의 머리는 슬기보다 길다.
④ 수영의 머리가 다섯 명 중 가장 짧지는 않다.
⑤ 머리가 긴 순서대로 나열하면 슬기 – 정서 – 민경 – 경애 – 수영이다.

05 **제시된 내용을 바탕으로 내린 A, B의 결론에 대한 판단으로 옳은 것은?**

> • 태민이는 닭고기보다 돼지고기를 좋아한다.
> • 태민이는 닭고기보다 소고기를 좋아한다.
> • 태민이는 소고기보다 오리고기를 좋아한다.
> • 태민이는 오리고기보다 생선을 좋아한다.

> A : 태민이는 돼지고기보다 오리고기를 좋아한다.
> B : 태민이는 생선을 가장 좋아한다.

① A만 옳다.
② B만 옳다.
③ A, B 모두 옳다.
④ A, B 모두 틀리다.
⑤ A, B 모두 옳은지 틀린지 판단할 수 없다.

06 다음 문단을 논리적 순서대로 바르게 나열한 것은?

(가) 그런데 '의사, 변호사, 사장' 등은 그 직업이나 직책에 있는 모든 사람을 가리키는 것이어야 함에도 불구하고, 실제로는 남성을 가리키는 데 주로 사용되고, 여성을 가리킬 때는 '여의사, 여변호사, 여사장' 등이 따로 사용되고 있다. 즉, 여성을 예외적인 경우로 취급함으로써 남녀차별의 가치관을 이 말들에 반영하고 있는 것이다.

(나) 언어에는 사회상의 다양한 측면이 반영되어 있다. 그렇기 때문에 남성과 여성의 차이도 언어에 반영되어 있다. 한편 우리 사회는 꾸준히 양성평등을 향해서 변화하고 있지만, 언어의 변화 속도는 사회의 변화 속도를 따라가지 못한다. 따라서 국어에는 남녀차별의 사회상을 알게 해 주는 증거들이 있다.

(다) 오늘날 남녀의 사회적 위치가 과거와 다르고 지금 이 순간에도 계속 변하고 있다. 여성의 사회적 지위 향상의 결과가 앞으로 언어에 반영되겠지만, 현재 언어에 남아 있는 과거의 흔적은 우리 스스로의 노력으로 지워감으로써 남녀의 '차이'가 더 이상 '차별'이 되지 않도록 노력을 기울여야 하겠다.

(라) 우리말에는 그 자체에 성별을 구분해 주는 문법적 요소가 없다. 따라서 남성을 지칭하는 말과 여성을 지칭하는 말, 통틀어 지칭하는 말이 따로 존재해야 하지만, 국어에는 그런 경우도 있고 그렇지 않은 경우도 있다. 예를 들어 '아버지'와 '어머니'는 서로 대등하게 사용되고, '어린이'도 남녀를 구별하지 않고 가리킬 때 쓰인다.

① (나) – (가) – (라) – (다)
② (나) – (라) – (가) – (다)
③ (다) – (가) – (라) – (나)
④ (다) – (나) – (라) – (가)
⑤ (다) – (라) – (나) – (가)

07 다음 빈칸에 들어갈 문장으로 가장 적절한 것은?

19세기 중반 화학자 분젠은 불꽃 반응에서 나타나는 물질 고유의 불꽃색에 대한 연구를 진행하고 있었다. 그는 버너 불꽃의 색을 제거한 개선된 버너를 고안함으로써 물질의 불꽃색을 더 잘 구별할 수 있도록 하였다. ____________________ 이에 물리학자 키르히호프는 프리즘을 통한 분석을 제안했고 둘은 협력하여 불꽃의 색을 분리시키는 분광 분석법을 창안했다. 이것은 과학사에 길이 남을 업적으로 이어졌다.

① 이를 통해 잘못 알려져 있었던 물질 고유의 불꽃색을 정확히 판별할 수 있었다.
② 하지만 두 종류 이상의 금속이 섞인 물질의 불꽃은 색깔이 겹쳐서 분간이 어려웠다.
③ 그러나 불꽃색은 물질의 성분뿐만 아니라 대기의 상태에 따라 큰 차이를 보였다.
④ 이 버너는 현재에도 실험실에서 널리 이용되고 있다.
⑤ 그렇지만 육안으로는 불꽃색의 미세한 차이를 구분하기 어려웠다.

08 다음 글의 내용으로 가장 적절한 것은?

'청렴(淸廉)'은 현대 사회에서 좁게는 반부패와 동의어로 사용되며 넓게는 투명성과 책임성 등을 포괄하는 통합적 개념으로 사용되고 있다. 유학자들은 청렴을 효제와 같은 인륜의 덕목보다는 하위에 두었지만 군자라면 마땅히 지켜야 할 일상의 덕목으로 중시하였다. 조선의 대표적 유학자였던 이황과 이이는 청렴을 사회 규율이자 개인 처세의 지침으로 강조하였다. 특히 공적 업무에 종사하는 사람이라면 사회 규율로서의 청렴이 개인의 처세와 직결된다는 점에 유념해야 한다고 보았다.

청렴에 대한 논의는 정약용의 『목민심서』에서 본격적으로 나타난다. 정약용은 청렴이야말로 목민관이 지켜야 할 근본적인 덕목이며 목민관의 직무는 청렴이 없이는 불가능하다고 강조하였다. 정약용은 청렴을 당위의 차원에서 주장하는 기존의 학자들과 달리 행위자 자신에게 실질적 이익이 된다는 점을 들어 설득하고자 한다. 그는 청렴은 큰 이득이 남는 장사라고 말하면서, 지혜롭고 욕심이 큰 사람은 청렴을 택하지만 지혜가 짧고 욕심이 작은 사람은 탐욕을 택한다고 설명한다. 정약용은 "지자(知者)는 인(仁)을 이롭게 여긴다."라는 공자의 말을 빌려 "지혜로운 자는 청렴함을 이롭게 여긴다."라고 하였다. 비록 재물을 얻는 데 뜻이 있더라도 청렴함을 택하는 것이 결과적으로는 지혜로운 선택이라고 정약용은 말한다. 목민관의 작은 탐욕은 단기적으로 보면 눈앞의 재물을 취하여 이익을 얻을 수 있겠지만 궁극에는 개인의 몰락과 가문의 불명예를 가져올 수 있기 때문이다.

정약용은 청렴을 지키는 것은 두 가지 효과가 있다고 보았다. 첫째, 청렴은 다른 사람에게 긍정적 효과를 미친다. 목민관이 청렴할 경우 백성을 비롯한 공동체 구성원에게 좋은 혜택이 돌아갈 것이다. 둘째, 청렴한 행위를 하는 것은 목민관 자신에게도 좋은 결과를 가져다준다. 청렴은 그 자신의 덕을 높이는 것일 뿐 아니라 자신의 가문에 빛나는 명성과 영광을 가져다줄 것이다.

① 정약용은 청렴이 목민관이 반드시 지켜야 할 덕목임을 당위론 차원에서 정당화하였다.
② 정약용은 탐욕을 택하는 것보다 청렴을 택하는 것이 이롭다는 공자의 뜻을 계승하였다.
③ 정약용은 청렴한 사람은 욕심이 작기 때문에 재물에 대한 탐욕에 빠지지 않는다고 보았다.
④ 정약용은 청렴이 백성에게 이로움을 줄 뿐 아니라 목민관 자신에게도 이로운 행위라고 보았다.
⑤ 이황과 이이는 청렴을 개인의 처세에 있어 주요 지침으로 여겼으나 사회 규율로는 보지 않았다.

09 다음 글의 주제로 가장 적절한 것은?

> 오늘날 사회계층 간 의료수혜의 불평등이 심화되어 의료이용도의 소득계층별, 지역별, 성별, 직업별, 연령별 차이가 사회적 불만의 한 원인으로 대두되고, 보건의료서비스가 의・식・주에 이어 제4의 기본적 수요로 인식됨에 따라 의료보장제도의 필요성이 나날이 높아지고 있다.
> 의료보장제도란 국민의 건강권을 보호하기 위하여 요구되는 필요한 보건의료서비스를 국가나 사회가 제도적으로 제공하는 것을 말하며, 건강보험, 의료급여, 산재보험을 포괄한다. 이를 통해 상대적으로 과다한 재정의 부담을 경감시킬 수 있으며, 국민의 주인의식과 참여 의식을 조장할 수 있다.
> 의료보장제도는 의료수혜의 불평등을 해소하기 위한 사회적・국가적 노력이며, 예측할 수 없는 질병의 발생 등에 대한 개인의 부담능력의 한계를 극복하기 위한 제도이다. 또한 개인의 위험을 사회적・국가적 위험으로 인식하여 위험의 분산 및 상호부조 인식을 제고하기 위한 제도이기도 하다.
> 의료보장제도의 의료보험(National Health Insurance) 방식은 일명 비스마르크(Bismarck)형 의료제도라고 하는데, 개인의 기여를 기반으로 한 보험료를 주재원으로 하는 제도이다. 사회보험의 낭비를 줄이기 위하여 진찰 시에 본인 일부 부담금을 부과하는 것이 특징이라 할 수 있다. 반면, 국가보건서비스(National Health Service) 방식은 일명 조세 방식, 비버리지(Beveridge)형 의료제도라고 하며, 국민의 의료문제는 국가가 책임져야 한다는 관점에서 조세를 재원으로 모든 국민에게 국가가 직접 의료를 제공하는 의료보장방식이다.

① 의료보장제도의 장단점
② 의료보장제도의 개념과 유형
③ 의료보장제도의 종류
④ 의료급여제도의 필요성
⑤ 의료급여제도의 유형

10 다음 글을 통해 추론할 수 있는 것은?

바다 속에 서식했던 척추동물의 조상형 동물들은 체와 같은 구조를 이용하여 물속의 미생물을 걸러 먹었다. 이들은 몸집이 아주 작아서 물속에 녹아 있는 산소가 몸 깊숙한 곳까지 자유로이 넘나들 수 있었기 때문에 별도의 호흡계가 필요하지 않았다. 그런데 몸집이 커지면서 먹이를 거르던 체와 같은 구조가 호흡 기능까지 갖게 되어 마침내 아가미 형태로 변형되었다. 즉, 소화계의 일부가 호흡 기능을 담당하게 된 것이다. 그 후 호흡계의 일부가 변형되어 허파로 발달하고, 그 허파는 위장으로 이어지는 식도 아래쪽으로 뻗어 나갔다. 한편, 공기가 드나드는 통로는 콧구멍에서 입천장을 뚫고 들어가 입과 아가미 사이에 자리 잡게 되었다. 이러한 진화 과정을 보여 주는 것이 폐어(肺魚) 단계의 호흡계 구조이다.

이후 진화 과정이 거듭되면서 호흡계와 소화계가 접하는 지점이 콧구멍 바로 아래로부터 목 깊숙한 곳으로 이동하였다. 그 결과 머리와 목구멍의 구조가 변형되지 않는 범위 내에서 호흡계와 소화계가 점차 분리되었다. 즉, 처음에는 길게 이어져 있던 호흡계와 소화계의 겹친 부위가 점차 짧아졌고, 마침내 하나의 교차점으로만 남게 된 것이다. 이것이 인간을 포함한 고등 척추동물에서 볼 수 있는 호흡계의 기본 구조이다. 따라서 음식물로 인한 인간의 질식 현상은 척추동물 조상형 단계를 지나 자리 잡게 된 허파의 위치 – 당시에는 최선의 선택이었을 – 때문에 생겨난 진화의 결과라 할 수 있다.

① 진화는 순간순간에 필요한 대응일 뿐 최상의 결과를 내는 과정이 아니다.
② 조상형 동물은 몸집이 커지면서 호흡기능의 중요성이 줄어드는 대신 소화기능이 중요해졌다.
③ 폐어 단계의 호흡계 구조에서 갖고 있던 아가미는 척추동물의 허파로 진화하였다.
④ 지금의 척추동물과는 달리 조상형 동물들은 산소를 필요로 하지 않았다.
⑤ 척추동물로 진화해오면서 호흡계와 소화계는 완전히 분리되었다.

PART 2

※ 일정한 규칙으로 수를 나열할 때, 빈칸에 들어갈 알맞은 수를 고르시오. [11~13]

11

2 1 5 −2 17 −23 74 ( )

① −85
② −143
③ −151
④ −215
⑤ −256

12

0 ( ) −6 −18 −24 −72 −78

① −6
② −2
③ 0
④ 2
⑤ 6

13

1 2 2 6 4 18 ( )

① 8
② 9
③ 10
④ 12
⑤ 14

14 현재 민수와 아버지의 나이의 차는 29세이다. 12년 후 아버지의 나이가 민수의 나이의 2배보다 9세 많아진다면 현재 민수의 나이는?

① 6세
② 7세
③ 8세
④ 9세
⑤ 10세

15 A씨는 25% 농도의 코코아 700mL를 즐겨 마신다. A씨가 마시는 코코아에 들어간 코코아 분말의 양은 얼마인가?(단, 1mL=1g이다)

① 170g
② 175g
③ 180g
④ 185g
⑤ 190g

16 S기업은 원가에 20%의 이윤을 붙인 가격을 정가로 팔던 제품을 정가에서 10% 할인하여 판매하였다. 이후 정산을 하였더니 각 제품당 2,000원의 이윤이 생겼다. 이 제품의 원가는 얼마인가?

① 14,000원
② 18,000원
③ 22,000원
④ 25,000원
⑤ 30,000원

17 어머니와 아버지를 포함한 6명의 가족이 원형 식탁에 둘러앉아 식사를 할 때, 어머니와 아버지가 서로 마주 보고 앉는 경우의 수는?

① 21가지
② 22가지
③ 23가지
④ 24가지
⑤ 25가지

18 다음은 S마트의 과자 종류에 따른 가격을 나타낸 표이다. S마트는 A, B, C과자에 기획 상품 할인을 적용하여 팔고 있다. A ~ C과자를 정상가로 각각 2봉지씩 구매할 수 있는 금액을 가지고 각각 2봉지씩 할인된 가격으로 구매 후 A과자를 더 산다고 할 때, A과자를 몇 봉지를 더 살 수 있는가?(단, 개수에서 소수점 이하는 버림한다)

〈과자별 가격 및 할인율〉

구분	A	B	C
정상가	1,500원	1,200원	2,000원
할인율	20%		40%

① 5봉지
② 4봉지
③ 3봉지
④ 2봉지
⑤ 1봉지

19 다음은 주요 국가별 자국 영화 점유율을 나타낸 자료이다. 이에 대한 설명으로 옳지 않은 것은?

〈주요 국가별 자국 영화 점유율〉

(단위 : %)

구분	2020년	2021년	2022년	2023년
한국	50.8	42.1	48.8	46.5
일본	47.7	51.9	58.8	53.6
영국	28.0	31.1	16.5	24.0
독일	18.9	21.0	27.4	16.8
프랑스	36.5	45.3	36.8	35.7
스페인	13.5	13.3	16.0	12.7
호주	4.0	3.8	5.0	4.5
미국	90.1	91.7	92.1	92.0

① 자국 영화 점유율에서, 프랑스가 한국을 앞지른 해는 한 번도 없다.

② 지난 4년간 자국 영화 점유율이 매년 꾸준히 상승한 국가는 하나도 없다.

③ 2020년 대비 2023년 자국 영화 점유율이 가장 많이 하락한 국가는 한국이다.

④ 2022년 자국 영화 점유율이 해당 국가의 4년간 통계에서 가장 높은 경우가 절반이 넘는다.

⑤ 2022년을 제외하고 프랑스, 영국, 독일과 스페인의 자국 영화 점유율 순위는 매년 같다.

20 금연프로그램을 신청한 흡연자 A씨는 국민건강보험공단에서 진료 및 상담비용과 금연보조제 비용의 일정 부분을 지원받고 있다. A씨는 의사와 상담을 6회 받았고, 금연보조제로 니코틴패치 3묶음을 구입했다고 할 때, 다음 지원 현황에 따라 흡연자 A씨가 지불하는 부담금은 얼마인가?

〈금연프로그램 지원 현황〉

구분	진료 및 상담	금연보조제(니코틴패치)
가격	30,000원/회	12,000원/묶음
지원금 비율	90%	75%

※ 진료 및 상담료 지원금은 6회까지 지원함

① 21,000원

② 23,000원

③ 25,000원

④ 27,000원

⑤ 28,000원

21 다음 제시된 단어와 같거나 비슷한 뜻을 가진 것을 고르면?

patience

① endurance ② loyal
③ proper ④ strict
⑤ abolish

22 다음 제시된 의미를 가진 단어로 가장 적절한 것은?

경쟁력 있는

① accustomed ② foster
③ cultivate ④ competitive
⑤ proficient

23 다음 중 문법적으로 적절하지 않은 것을 고르면?

① No other quality is ② more important ③ for a scientist ④ to acquire ⑤ as to observe carefully.

PART 2

24 다음 글의 주제로 가장 적절한 것은?

Man has built his world: he has built factories and houses, he produces cars and clothes, he grows grain and fruit, and so on. But he is not really the master any more of the world he has built; on the contrary, this manmade world has become his master, before whom he bows down, and whom he tries to please as best he can. The work of his own hands has become his master. He seems to be driven by self–interest, but in reality he has become an instrument for the purposes of the very machine his hands have built.

① 새로운 생산물에 대한 인간의 끊임없는 도전
② 물질 문명에 대한 인간의 무한한 욕구
③ 인간과 기계 문명의 상호 보완적 관계
④ 자신이 만든 생산물에 종속된 인간
⑤ 인간의 탐욕이 사회에 미치는 영향

25 다음 글을 쓴 목적으로 가장 적절한 것은?

Sometimes promises made in good faith can't be kept. Even though we strive to be error–free, it's inevitable that problems will occur. Not everything that affects your customer's experience with you is within your control. What should you do when the service promise is broken? When you discover a broken promise or have one pointed out to you, the first thing to do is to apologize. Don't waste time blaming yourself, your company, or your customer. Admit that something has gone wrong, and immediately find out what your customer's needs are.

① 효율적인 여가 시간 활용의 중요성을 강조하려고
② 업무상 약속 불이행 시 대처 방법을 조언하려고
③ 업무 관련 연수의 필요성을 안내하려고
④ 새로운 인사 관리 시스템을 소개하려고
⑤ 동료 간의 협동 정신을 고취하려고

26 다음 글의 내용으로 적절하지 않은 것을 고르면?

I have often seen horses standing quietly, sometimes several together. I always supposed that they were sleeping. But now I understand that they were not exactly sleeping but dozing. Scientists have studied sleep in people and in many animals, including horses. They record electrical signals that can be measured on the outside of the body, and these signals in turn show what is going on inside the brain. The scientists found that a horse's brain makes the pattern of complete sleep only when the horse is lying down on its side. The horse sleeps like this in several short periods, each often only a half hour long. In the wild, horses had to watch out for predators, like lions and other big cats. So it's understandable that they learned to sleep deeply in short naps. And that may be why we seldom see horses really sleeping.

① 말이 서서 조는 모습을 종종 볼 수 있다.
② 말은 누운 자세로 숙면을 취한다.
③ 말은 여러 번 짧게 나누어 잔다.
④ 말은 좀처럼 숙면을 취하지 않는다.
⑤ 말은 포식자를 경계하는 습성이 있다.

PART 2

27 글의 흐름상 〈보기〉의 문장이 들어가기에 가장 적절한 곳은?

Younger workers tend to have more general skills and are less certain about where their skills might be put to their best uses. (①) Hence, they tend to move between jobs on a regular basis. (②) But when they leave their old job, they have little trouble finding a new one. (③) They already know their best employment option and are not inclined to move around between jobs. (④) When they do leave work, however, finding a position that matches well with their precise skills is often difficult and timeconsuming. (⑤) Thus, unemployment that is a *nuisance for a younger worker can be a damaging and financially draining experience for a mature worker.

*nuisance 성가신 일

보기

Older workers, in contrast, more often have skills that are quite specific to the industry or firm in which they are currently employed.

28 다음 글에서 전체 흐름과 관계없는 문장은?

If you eat the right food, you can look and feel healthy. ① You can hang on to your health and good looks longer. ② It's not always easy, however, to decide which foods are right for you. ③ People's dietary standard differ a lot. ④ Picky eaters are very healthy. ⑤ Some say you should eat lots of fruits and vegetable ; others emphasize that you should avoid eating too much fat. Even the medical experts don't always agree, but nowadays there's one thing they all seem to agree on: eating lots of fish is good for you.

29 글쓴이가 부모로부터 배운 것이 아닌 것은?

My parents had a great influence on me. My mother taught me to work hard. She tried to teach me that happiness comes from doing my best. From my father, I learned to look on the bright side of things. He also taught me that I should be honest.

① 정직하게 살아라.
② 열심히 일하라.
③ 소질을 계발하라.
④ 최선을 다하면 행복이 온다.
⑤ 어떤 것의 좋은 점을 보아라.

30 다음 글 바로 뒤에 이어질 내용으로 가장 적절한 것은?

Today, tomatoes are one of the most common foods in the world. They are served alone or with your favorite dishes such as pizza and spaghetti. Here are some various recipes for tomatoes.

① 토마토의 가격
② 토마토의 요리법
③ 토마토의 생산지
④ 토마토의 재배 방법
⑤ 토마토의 효능

※ 다음 제시된 문자와 같은 것의 개수를 구하시오. [31~33]

31

XO

XQ	XG	XL	XD	XE	XV	XI	XO	XG	XX	X0	X7
XO	X0	X8	XD	XQ	XV	XE	XD	XX	XG	XL	XD
XL	XE	XD	XG	XO	XA	Xo	XQ	XC	XC	XD	XK
XK	XG	XQ	XD	Xo	XO	XG	XK	XL	XA	XT	X5

① 1개 ② 2개
③ 3개 ④ 4개
⑤ 5개

32

OMP

ODQ	OSB	OQT	OVN	OHH	OMA	OUW	OMJ	OUT	OLA	OTE	OVN
OTJ	OYU	OMP	OWU	OOU	OPW	OKR	OSE	OMK	OSS	OUG	OBL
OVN	OUW	OWU	OPW	OUT	OSE	OHH	OMP	ODQ	OVN	OMK	OKR
OYU	OTJ	OSB	OTE	OHL	OQT	OOU	OBL	OSS	OLA	OMA	OMJ

① 1개 ② 2개
③ 3개 ④ 4개
⑤ 5개

33

IL

Kn	KH	HV	kL	PO	yU	Gd	FI	Mc	LA	KR	II
Bv	TE	KF	oK	Qv	Ip	Vu	kA	Wd	KM	IL	OE
LA	II	IL	PO	KM	TE	kA	KH	OE	yU	oK	Mc
KF	Vu	Gd	Bv	HV	IL	Kn	Wd	kL	KR	FI	Ip

① 1개 ② 2개
③ 3개 ④ 4개
⑤ 5개

※ 다음 표에 제시되지 않은 문자를 고르시오. [34~35]

34

자각	촉각	매각	소각	기각	내각	후각	감각	둔각	망각	각각	엇각
기각	내각	청각	조각	갑각	해각	종각	자각	주각	간각	매각	시각
망각	지각	갑각	엇각	주각	촉각	매각	청각	부각	내각	조각	기각
대각	후각	촉각	자각	후각	망각	조각	내각	기각	촉각	청각	감각

① 지각
② 소각
③ 부각
④ 시각
⑤ 두각

35

(n)	(f)	(e)	(h)	(g)	(v)	(i)	(q)	(a)	(g)	(d)	(n)
(v)	(g)	(i)	(w)	(d)	(k)	(e)	(h)	(k)	(f)	(q)	(h)
(d)	(b)	(v)	(f)	(q)	(g)	(f)	(n)	(i)	(h)	(k)	(f)
(e)	(h)	(n)	(g)	(i)	(e)	(h)	(g)	(d)	(z)	(v)	(e)

① (w)
② (z)
③ (b)
④ (m)
⑤ (a)

36 다음 중 제시된 도형과 같은 것은?(단, 도형은 회전이 가능하다)

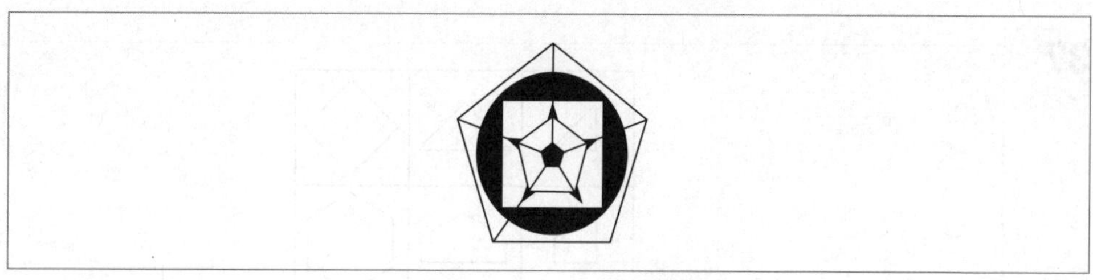

① 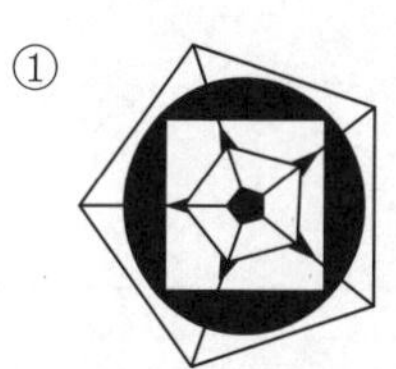

② 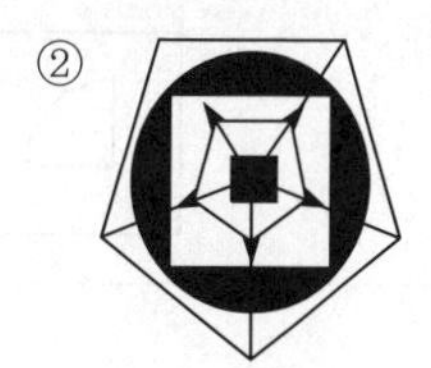

③ 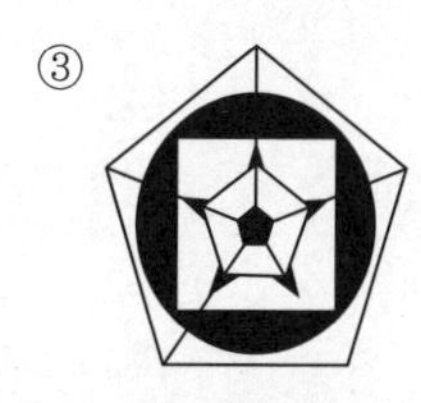

④ 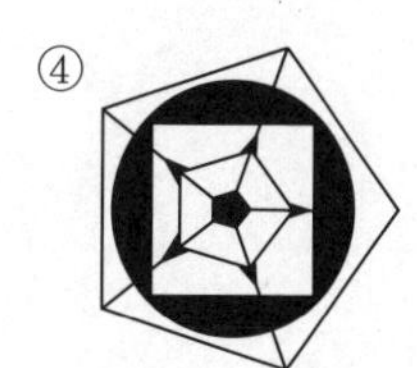

⑤ 

PART 2

※ 다음 제시된 도형의 규칙을 보고 ?에 들어가기에 적절한 것을 고르시오. **[37~38]**

37

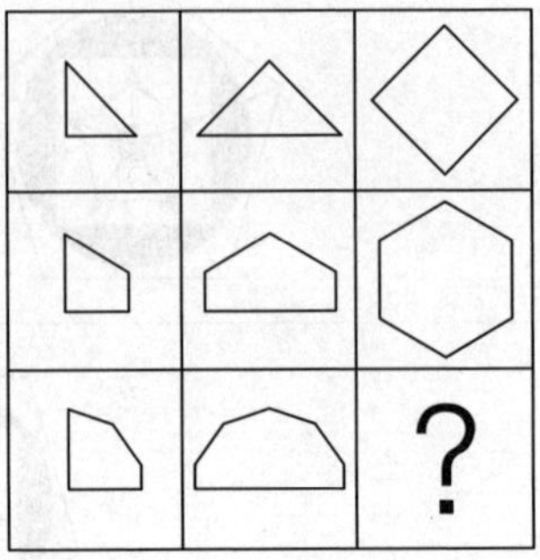

?

①

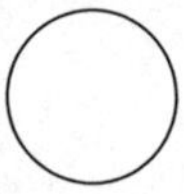

②

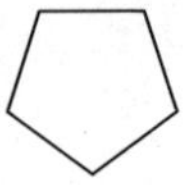

③

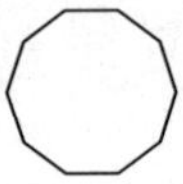

④

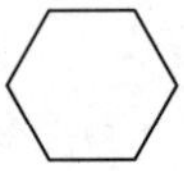

⑤

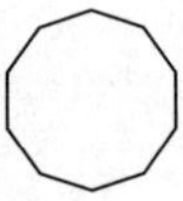

38

①

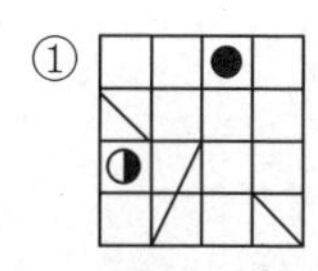

②

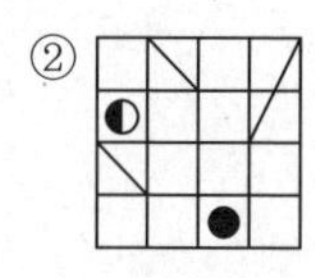

③

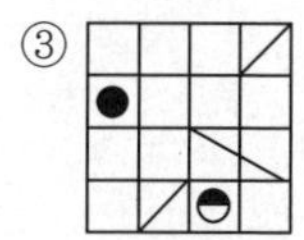

④

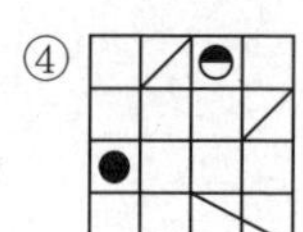

⑤

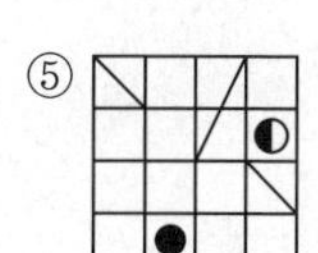

※ 제시된 전개도를 접었을 때, 나타나는 입체도형으로 적절한 것을 고르시오. [39~40]

39

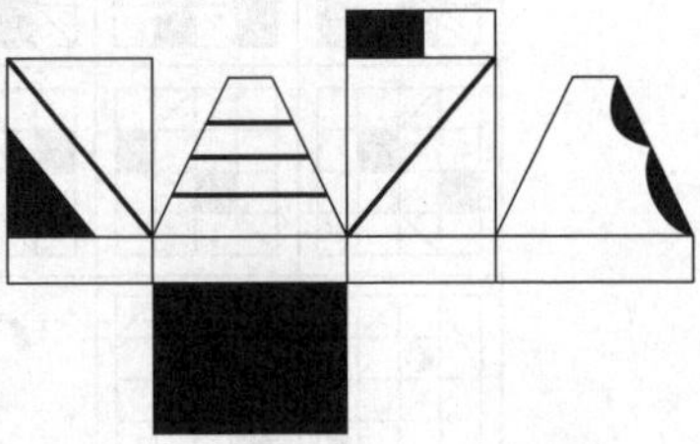

①

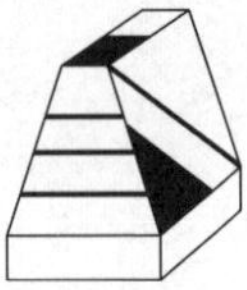

②

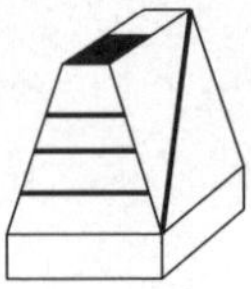

③

④

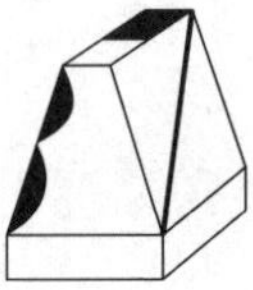

⑤

40

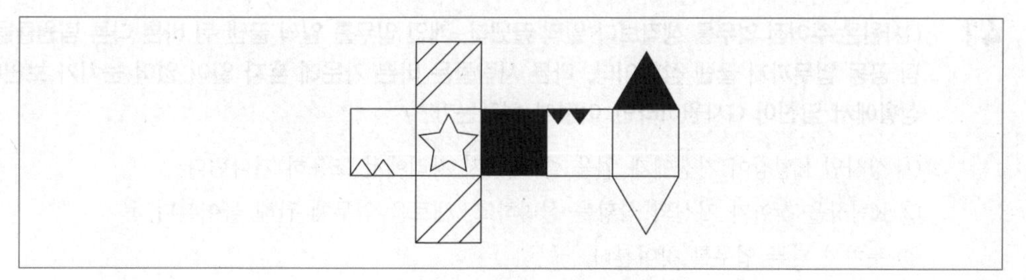

① 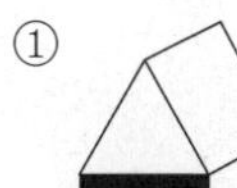  

② 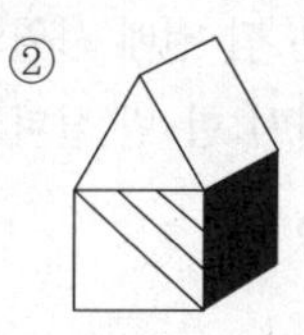

③ 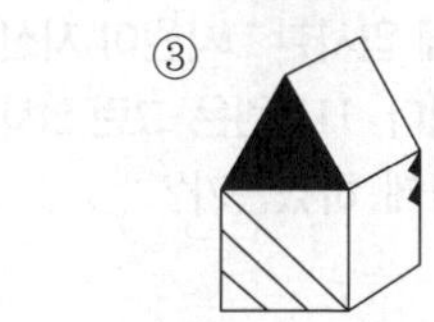

④ 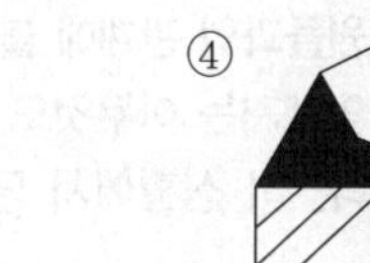

⑤ 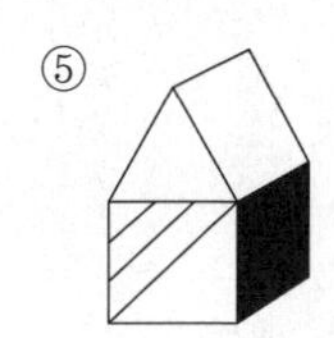

41 **G사원은 주어진 업무를 생각보다 일찍 끝냈다. 개인 업무를 일찍 끝낸 뒤 바쁜 다른 팀원들을 위해 팀 공동 업무까지 끝낸 상황이다. 다른 사람들은 바쁜 가운데 혼자 일이 없어 눈치가 보인다. 이 상황에서 당신이 G사원이라면 어떻게 하겠는가?**

① 상사인 K팀장이 자신에게 일을 줄 때까지 자리에서 조용히 기다린다.

② K팀장을 찾아가 자신의 상황을 설명하고, 새로운 업무에 관해 물어본다.

③ 눈치껏 다른 업무를 찾아본다.

④ 일이 많아 보이는 같은 팀 선배 사원의 일을 도와준다.

⑤ 실수한 것이 없는지 다시 한 번 살펴본 후, K팀장에게 업무를 보고한다.

42 **H사원은 현재 회사 생활에서 팀원들과의 관계에 불편함을 느끼고 있다. 함께 입사한 D사원이 자신에게 상사 험담을 하지만, 정작 앞에서는 아무것도 아닌 척 행동하기 때문이다. H사원은 그런 D사원의 행동이 마음에 들지 않는다. 이 상황에서 당신이 H사원이라면 어떻게 하겠는가?**

① 상사인 K팀장에게 찾아가 상황을 설명하고, 조언을 구한다.

② D사원과 둘만 있는 자리에서 행동을 똑바로 할 것을 딱 잘라 말한다.

③ 공개적인 자리에서 D사원에게 왜 그런 행동을 하는지 조목조목 따진다.

④ 마음에 들지는 않지만 당장 해결할 방법이 없으므로 참는다.

⑤ 옆 팀원과 함께 D사원의 행동에 대해 험담한다.

43 **B사원의 회사는 출근할 때 자유 복장이다. 하지만 같은 팀의 A사원이 눈살이 찌푸려질 정도로 과한 노출의 옷을 입고 출근을 한다. 이 상황에서 당신이 B사원이라면 어떻게 하겠는가?**

① A사원을 개인적으로 불러 과한 노출의 옷은 자제해 달라고 부탁한다.

② 어떤 옷을 입든 개인의 자유이기 때문에 신경 쓰지 않는다.

③ 상사인 C팀장에게 상황에 관해 설명하고, 조치를 요구한다.

④ A사원에게 노출이 심하지 않은 옷을 선물하여 본인이 직접 깨달을 수 있도록 한다.

⑤ 공개적인 자리에서 출근 시 과한 노출의 옷을 입는 것에 대한 비판적인 여론을 형성한다.

44 **최근 입사한 P사원은 회사생활에 대해 고민이 있다. 업무를 잘 수행하고 있는지를 포함한 회사생활 전반적인 부분에 대해 아무런 언급이 없는 K팀장의 행동에 마치 자신이 방치된 느낌을 받기 때문이다. 이 상황에서 당신이 P사원이라면 어떻게 하겠는가?**

① K팀장에게 직접 찾아가 상담 및 조언을 구한다.

② K팀장이 따로 상담을 요구할 때까지 기다린다.

③ 같이 입사한 B사원 팀의 상황은 어떤지 살펴본다.

④ 아무런 언급이 없는 것은 잘하고 있음의 무언의 표시라고 생각하고, 크게 신경 쓰지 않는다.

⑤ K팀장의 상사에게 자신의 상황에 대해 설명한 후 상담을 요청한다.

45 **B사원은 출근하던 중에 교통사고 뺑소니 현장을 목격했다. B사원은 유일한 목격자이지만, 출근 5분 전이고 증언을 하면 무조건 지각인 상황이다. 이 상황에서 당신이 B사원이라면 어떻게 하겠는가?**

① 지각하지 않는 것이 더 중요하기 때문에 모른 척 지나간다.
② 출근 5분 전이기 때문에, 119에 빨리 신고만 하고 바로 출근한다.
③ 우선은 현장을 정리한 뒤, 회사에 가서 어떠한 상황이었는지 설명한다.
④ 상사에게 전화하여 상황을 설명한 뒤, 현장을 정리하고 출근한다.
⑤ 자신이 유일한 목격자이므로 상황을 정리한 후에 상사에게 전화하여 지금 바로 출근할 것을 말한다.

46 **A대리는 같은 부서의 B사원 때문에 스트레스를 받고 있다. 빠르게 처리해야 할 업무에 대해 B사원은 항상 꼼꼼하지만 너무 늦게까지 검토하고 A대리에게 늦게 보고하기 때문이다. A대리가 B사원의 업무방식에 불만을 표현하자 B사원은 자신의 소심한 성격 때문이라고 대답한다. 이 상황에서 당신이 A대리라면 어떻게 하겠는가?**

① 업무규칙을 세워 B사원이 매 업무마다 보고하도록 한다.
② 꼼꼼하게 일처리를 하는 B사원에게 고마움을 느낀다.
③ B사원의 일처리 방식을 존중하도록 한다.
④ 일이 먼저인 만큼 자신이 직접 나서 B사원의 업무를 돕도록 한다.
⑤ 급한 업무는 자신이 떠맡고 B사원에게는 쉬운 업무를 주로 넘긴다.

47 **S사에 근무하는 당신은 최근 매주 금요일 업무시간이 끝나고 한 번씩 진행해야 하는 바닥 청소 당번 문제를 두고 동료인 A사원과 갈등을 겪고 있다. 둘 중 한 명은 매주 바닥 청소를 해야 하는데, 금요일에 일찍 퇴근하기를 원하는 당신과 A사원 모두 청소 당번에서 빠지고 싶어 하기 때문이다. 이러한 상황에서 당신이 A사원에게 어떤 제안을 하겠는가?**

① 둘 다 청소 당번을 피할 수는 없으니, 공평하게 같이 하자고 한다.
② 그냥 A사원 몫까지 매주 청소를 맡아서 한다고 한다.
③ A사원과 번갈아가면서 청소를 맡자고 한다.
④ 금요일 업무시간 전에 청소를 할 수 있는지 확인해보자고 한다.
⑤ 절대 양보할 수 없으니, A사원이 그냥 맡아서 해달라고 한다.

48 S사 관리팀에 근무하는 B팀장은 최근 부하직원 A씨 때문에 고민 중이다. B팀장이 보기에 A씨의 업무방법은 업무성과를 내기에 부적절해 보이지만, 자존감이 강하고 자기결정권을 중시하는 A씨는 자기 자신이 스스로 잘하고 있다고 생각하며 B팀장의 조언이나 충고에 반발심을 표출하고 있기 때문이다. 이와 같은 상황에서 당신이 B팀장이라면 부하직원인 A씨에게 어떻게 하겠는가?

① 징계를 통해 자신의 조언을 듣도록 유도한다.
② 대화를 통해 스스로 자신의 잘못을 인식하도록 유도한다.
③ A씨에 대한 칭찬을 통해 업무 성과를 극대화시킨다.
④ A씨를 더 강하게 질책하여 업무방법을 개선시키도록 한다.
⑤ 스스로 업무방법을 고칠 때까지 믿어주고 기다려준다.

49 G사 총무부에 근무하는 K팀장은 최근 몇 년 동안 반복되는 업무로 지루함을 느끼는 팀원들 때문에 고민에 빠져 있다. 팀원들은 반복되는 업무로 인해 업무에 대한 의미를 잃어가고 있으며, 이는 업무의 효율성에 막대한 손해를 가져올 것으로 예상된다. 이러한 상황에서 당신이 K팀장이라면 어떻게 하겠는가?

① 팀원들을 책임감으로 철저히 무장시킨다.
② 팀원들의 업무에 대해 코칭한다.
③ 팀원들을 지속적으로 교육한다.
④ 팀원들에게 새로운 업무의 기회를 부여한다.
⑤ 팀원들을 칭찬하고 격려한다.

50 C사원은 어느 시골에 위치한 A/S센터에서 근무 중이다. 그러던 어느 날 어떤 노인이 A/S센터에 찾아왔다. 노인은 무상 수리 기간이 지난 제품을 가지고 와서 막무가내로 무상으로 수리를 해달라며 언성을 높이고 있는 상황이다. 당신이 C사원이라면 어떻게 할 것인가?

① 시골은 일하기 피곤하다고 생각하고, 전근을 신청한다.
② 무상 수리 기간이 지나서 절대로 무상으로 수리해 드릴 수 없다고 말한다.
③ 본인의 사비로 수리해 드리고 좋은 일 했다고 생각한다.
④ 억지를 부리는 노인이 안타깝지만, 방해가 되므로 경찰을 부른다.
⑤ 상사에게 어떻게 해야 할지 물어본다.

제2회 최종점검 모의고사

☑ 응시시간 : 60분 ☑ 문항 수 : 50문항

정답 및 해설 p.052

※ 상황판단 영역(41 ~ 50번)은 정답이 따로 없으니, 참고하기 바랍니다.

※ 다음 제시된 단어의 대응 관계로 볼 때, 빈칸에 들어가기에 가장 적절한 것을 고르시오. [1~2]

01

참여 : 이탈 = (   ) : 종결

① 귀결
② 소외
③ 착수
④ 단락
⑤ 탈선

02

치환 : 대치 = 포고 : (   )

① 국면
② 공포
③ 전위
④ 극명
⑤ 은닉

※ 제시문 A를 읽고, 제시문 B가 참인지 거짓인지 혹은 알 수 없는지 고르시오. [3~5]

03

[제시문 A]
- 영화관에 가면 팝콘을 먹겠다.
- 놀이동산에 가면 팝콘을 먹지 않겠다.

[제시문 B]
영화관에 가면 놀이동산에 가지 않겠다.

① 참 ② 거짓 ③ 알 수 없음

04

[제시문 A]
- 단거리 경주에 출전한 사람은 장거리 경주에 출전한다.
- 장거리 경주에 출전한 사람은 농구 경기에 출전하지 않는다.
- 농구 경기에 출전한 사람은 배구 경기에 출전한다.

[제시문 B]
농구 경기에 출전한 사람은 단거리 경주에 출전하지 않는다.

① 참 ② 거짓 ③ 알 수 없음

05

[제시문 A]
- 독감에 걸리면 열이 난다.
- 독감 바이러스가 발견되지 않으면 열이 나지 않는다.
- 독감에 걸리지 않으면 기침을 하지 않는다.

[제시문 B]
기침을 하면 독감 바이러스가 발견된다.

① 참 ② 거짓 ③ 알 수 없음

06 다음 글을 읽고 판단한 내용으로 적절한 것을 〈보기〉에서 모두 고르면?

가문소설은 17세기 후반에 나타난 한글 장편소설로, 한 가문의 가문사(家門史) 혹은 여러 가문이 얽힌 가문사를 그려낸다. 18 ~ 19세기에 걸쳐 사대부 가문 여성들 사이에서 인기를 끌었으며, 여성 작가도 존재했으리라 추측된다. 가문소설은 사대부의 출장입상과 가문창달의 이상이 구현되며 가부장적인 기능이 극대화되어 나타나는 등 가문의 질서가 높아지는 형태를 띠었다. 그러나 한편으로는 고부 갈등이나 처첩 갈등 등의 봉건적 가족의 모순과 후계자 문제 등 당시 *벌열(閥閱)들 사이에서 실제로 존재했던 문제도 드러난다. 이러한 구성은 당시의 시대 배경과 관련이 있다. 17세기 전반에 있었던 임진왜란과 병자호란을 겪은 후, 지배 세력의 권위가 위축되면서 예학이 발달했다. 구체적으로 살펴보면 사대부 계급의 수가 증가하며 권력 투쟁이 극대화되고, 상호배타적인 당파적 · 가문적 결속이 강화됐다. 때문에 많은 문벌세족들은 가문 내의 갈등이나 정국 변화에 따라서 가문의 흥망을 겪었고, 이에 대한 위기의식이 드러난 것이 가문소설인 것이다.

*벌열 : 나라에 공로가 크고 벼슬 경력이 많은 명문가

보기

㉠ 가문소설을 쓴 여성 작가는 사대부 가문의 여성이었다.
㉡ 가문소설이 나타난 것은 임진왜란과 병자호란 이후이다.
㉢ 두 번의 전쟁 이후 벌열(閥閱)의 입지가 흔들렸다.
㉣ 가문소설은 당시의 시대적 상황을 반영하고 있지 않다.

① ㉠, ㉢
② ㉠, ㉣
③ ㉡, ㉢
④ ㉡, ㉣
⑤ ㉢, ㉣

PART 2

07 다음 글을 읽고 필자의 생각으로 가장 적절한 것을 고르면?

우리는 우리가 생각한 것을 말로 나타낸다. 또 다른 사람의 말을 듣고, 그 사람이 무슨 생각을 가지고 있는지를 짐작한다. 그러므로 생각과 말은 서로 떨어질 수 없는 깊은 관계를 가지고 있다.
그러면 말과 생각은 얼마만큼 깊은 관계를 가지고 있을까? 이 문제를 놓고 사람들은 오랫동안 여러 가지 생각을 하였다. 그 가운데 가장 두드러진 것이 두 가지 있다. 그 하나는 말과 생각이 서로 꼭 달라붙은 쌍둥이인데 한 놈은 생각이 되어 속에 감추어져 있고 다른 한 놈은 말이 되어 사람 귀에 들리는 것이라는 생각이다. 다른 하나는 생각이 큰 그릇이고 말은 생각 속에 들어가는 작은 그릇이어서 생각에는 말 이외에도 다른 것이 더 있다는 생각이다.
이 두 가지 생각 가운데서 앞의 것은 조금만 깊이 생각해 보면 틀렸다는 것을 즉시 깨달을 수 있다. 우리가 생각한 것은 거의 대부분 말로 나타낼 수 있지만, 누구든지 가슴 속에 응어리진 어떤 생각이 분명히 있기는 한데 그것을 어떻게 말로 표현해야 할지 애태운 경험을 가지고 있을 것이다. 이것 한 가지만 보더라도 말과 생각이 서로 안팎을 이루는 쌍둥이가 아님은 쉽게 판명된다.
인간의 생각이라는 것은 매우 넓고 큰 것이며 말이란 결국 생각의 일부분을 주워 담는 작은 그릇에 지나지 않는다. 그러나 아무리 인간의 생각이 말보다 범위가 넓고 큰 것이라고 하여도 그것을 가능한 한 말로 바꾸어 놓지 않으면 그 생각의 위대함이나 오묘함이 다른 사람에게 전달되지 않기 때문에 말의 신세를 지지 않을 수가 없게 되어 있다. 그러니까 말을 통하지 않고는 생각을 전달할 수가 없는 것이다.

① 말은 생각의 폭을 확장시킨다.
② 말은 생각을 전달하기 위한 수단이다.
③ 생각은 말이 내면화된 쌍둥이와 같은 존재이다.
④ 말은 생각의 하위요소이다.
⑤ 말은 생각을 제한하는 틀이다.

08 S사에 근무하는 B씨는 다음 기사를 읽고 기업의 사회적 책임에 대해 생각해보았다고 할 때, B씨가 생각한 것으로 적절하지 않은 것은?

> 세계 자동차 시장 점유율 1위를 기록했던 도요타 자동차는 2009년 11월 가속페달의 매트 끼임 문제로 미국을 비롯해 전 세계적으로 1,000만 대가 넘는 사상 초유의 리콜을 했다. 도요타 자동차의 리콜 사태에 대한 원인으로 기계적 원인과 더불어 무리한 원가절감, 과도한 해외생산 확대, 안일한 경영 등 경영상의 요인들이 제기되고 있다. 또 도요타 자동차는 급속히 성장하면서 제기된 문제들을 소비자의 관점이 아닌 생산자의 관점에서 해결하려고 했고, 늦은 리콜 대응 등 문제 해결에 미흡했다는 지적을 받고 있다. 이런 대규모 리콜 사태로 인해 도요타 자동차가 지난 수십 년간 세계적으로 쌓은 명성은 하루아침에 모래성이 됐다. 이와 다른 사례로 존슨앤드존슨의 타이레놀 리콜사건이 있다. 1982년 9월 말 미국 시카고 지역에서 존슨앤드존슨의 엑스트라 스트렝스 타이레놀 캡슐을 먹고 4명이 사망하는 사건이 발생한 것으로 존슨앤드존슨은 즉각적인 대규모 리콜을 단행했다. 그 결과 존슨앤드존슨은 소비자들의 신뢰를 다시 회복했다.

① 상품에서 결함이 발견됐다면 기업은 그것을 인정하고 책임지는 모습이 필요해.

② 기업은 문제를 인지한 즉시 문제를 해결하기 위해 노력해야 해.

③ 이윤창출은 기업의 유지에 필요하지만, 수익만을 위해 움직이는 것은 여러 문제를 일으킬 수 있어.

④ 존슨앤드존슨은 사회의 기대와 가치에 부합하는 윤리적 책임을 잘 이행하였어.

⑤ 소비자의 관점이 아닌 생산자의 관점에서 문제를 해결할 때, 소비자들의 신뢰를 회복할 수 있어.

09 다음 글을 읽고 난 후 적절한 반응을 보인 사람을 〈보기〉에서 모두 고르면?

원두커피 한 잔에는 인스턴트커피의 세 배인 150mg의 카페인이 들어있다. 원두커피 판매의 요체인 커피전문점 수는 2016년 현재 만여 개가 훨씬 넘었는데 최근 5년 새 여섯 배 이상 급증한 것이다. 그런데 주목할 점은 같은 기간 동안 우울증과 같은 정신질환과 수면장애로 병원을 찾은 사람 또한 크게 늘었다는 것이다.
몸속에 들어온 커피가 완전히 대사되기까지는 여덟 시간 정도가 걸린다. 많은 사람들이 아침, 점심뿐만 아니라 저녁 식사 후 6시나 7시 전후에도 커피를 마신다. 그런데 카페인은 뇌를 각성시켜 집중력을 높인다. 따라서 많은 사람들이 잠자리에 드는 시간인 오후 10시 이후까지도 뇌는 각성 상태에 있게 된다.
카페인은 우울증이나 공황장애와도 관련이 있다. 우울증을 앓고 있는 청소년은 건강한 청소년보다 커피, 콜라 등 카페인이 많은 음료를 네 배 정도 더 섭취한다는 조사 결과가 발표되었다. 공황장애 환자에게 원두커피 세 잔에 해당하는 450mg의 카페인을 주사했더니 약 60%의 환자로부터 발작 현상이 나타났다. 공황장애 환자는 심장이 빨리 뛰면 극도의 공포감을 느끼기 쉬운데, 이로 인해 발작 현상이 나타난다. 카페인은 심장을 자극하여 심박 수를 증가시킨다. 이러한 사실에 비추어 볼 때, 커피에 들어있는 카페인은 수면장애를 일으키고, 특히 정신질환자의 우울증이나 공황장애를 악화시킨다고 볼 수 있다.

보기

김사원 : 수면장애로 병원을 찾은 사람들 중에 커피를 마시지 않는 사람도 있다는 사실이 밝혀질 경우, 위 논증의 결론은 강화되지 않겠죠.
이대리 : 무(無)카페인 음료를 우울증을 앓고 있는 청소년이 많이 섭취하는 것으로 밝혀질 경우, 위 논증의 결론을 뒷받침하겠네요.
안사원 : 발작 현상이 공포감과 무관하다는 사실이 밝혀질 경우, 위 논증의 결론은 강화됩니다.

① 김사원
② 안사원
③ 김사원, 이대리
④ 이대리, 안사원
⑤ 김사원, 이대리, 안사원

10 다음 글을 읽고 보인 반응으로 적절한 것은?

> 캔 음료의 대부분은 원기둥 모양과 함께 밑바닥이 오목한 아치 형태를 이루고 있다는 것을 우리는 잘 알고 있다. 삼각기둥도 있고, 사각기둥도 있는데 왜 굳이 원기둥 모양에 밑면이 오목한 아치 형태를 고집하는 것일까? 그 이유는 수학과 과학으로 설명할 수 있다.
> 먼저, 삼각형, 사각형, 원이 있을 때 각각의 둘레의 길이가 같다면 어느 도형의 넓이가 가장 넓을까? 바로 원의 넓이이다. 즉, 같은 높이의 삼각기둥, 사각기둥, 원기둥이 있다면 이 중 원기둥의 부피가 가장 크다는 것이다. 이것은 원기둥이 음료를 많이 담을 수 있으면서도, 캔을 만들 때 사용되는 재료인 알루미늄은 가장 적게 사용된다는 것이고, 이는 생산 비용을 절감시키는 효과로 이어지는 것이다.
> 다음으로 캔의 밑바닥을 살펴보면, 같은 원기둥 모양의 캔이라도 음료 캔에 비해 참치 통조림의 경우는 밑면이 평평하다. 이 두 캔의 밑면이 다른 이유는 내용물에 '기체가 포함되느냐, 아니냐?'와 관련이 있다. 탄산음료의 경우에, 이산화탄소가 팽창하면 캔 내부의 압력이 커져 폭발할 우려가 있는데, 이것을 막기 위해 캔의 밑바닥을 아치형으로 만드는 것이다. 밑바닥이 안쪽으로 오목하게 들어가면 캔의 내용물이 팽창하여 위에서 누르는 힘을 보다 효과적으로 견딜 수 있기 때문이다.

① 교량을 평평하게 만들면 차량의 하중을 보다 잘 견딜 수 있을 거야.
② 집에서 사용하는 살충제 캔의 바닥이 오목하게 들어간 것은 과학적 이유가 있었던 거야.
③ 원기둥 모양의 음료 캔은 과학적으로 제작해서 경제성과는 관련이 없구나.
④ 우리의 갈비뼈는 체내의 압력을 견디기 위해서 활처럼 둥글게 생겼구나.
⑤ 삼각기둥 모양의 캔을 만들면 생산 비용은 원기둥보다 낮아지겠구나.

※ 일정한 규칙으로 수를 나열할 때, 빈칸에 들어갈 알맞은 수를 고르시오. [11~13]

11

17 −68 ( ) −1,088 4,352

① 162
② 272
③ 352
④ 482
⑤ 522

12

11 18 31 50 75 106 ( )

① 98
② 110
③ 133
④ 143
⑤ 150

13

( ) −76 −58 −4 158 644

① −80
② −82
③ −84
④ −86
⑤ −88

14 흰 공 3개, 검은 공 2개가 들어 있는 상자에서 1개의 공을 꺼냈을 때, 흰 공이면 동전 3번, 검은 공이면 동전 4번을 던진다고 한다. 앞면이 3번 나올 확률은?

① $\frac{3}{20}$
② $\frac{7}{40}$
③ $\frac{1}{5}$
④ $\frac{9}{40}$
⑤ $\frac{1}{4}$

15 A사원은 퇴근 후 취미생활로 목재공방에서 직육면체 모양의 정리함을 만드는 수업을 수강한다. 완성될 정리함의 크기는 가로 28cm이고, 세로 길이와 높이의 합은 27cm이다. 부피가 5,040cm^3일 때, 정리함의 세로 길이는?(단, 높이가 세로 길이보다 길다)

① 12cm
② 13cm
③ 14cm
④ 15cm
⑤ 16cm

16 S출판사는 최근에 발간한 서적의 평점을 알아보았다. A사이트에서는 참여자 10명에게서 평점 2점을, B사이트에서는 참여자 30명에 평점 5점, C사이트에서는 참여자 20명에 평점 3.5점을 받았다고 할 때, A, B, C사이트의 전체 평점은?

① 2.5점
② 3점
③ 3.5점
④ 4점
⑤ 4.5점

17 다음은 S사진관이 올해 찍은 사진의 용량 및 개수를 나타낸 자료이다. 올해 찍은 사진을 모두 모아서 한 개의 USB에 저장하려고 할 때, 몇 GB의 USB가 필요한가?[단, 1MB=1,000KB, 1GB=1,000MB이며, 합계 파일 용량(GB)은 소수점을 버림한다]

〈올해 사진 자료〉

구분	크기(cm)	용량	개수
반명함	3×4	150KB	8,000개
신분증	3.5×4.5	180KB	6,000개
여권	5×5	200KB	7,500개
단체사진	10×10	250KB	5,000개

① 3.0GB
② 3.5GB
③ 4.0GB
④ 4.5GB
⑤ 5.0GB

18 매일의 날씨 자료를 수집 및 분석한 결과, 전날의 날씨를 기준으로 그 다음 날의 날씨가 변할 확률은 다음과 같았다. 만약 내일 날씨가 화창하다면, 사흘 뒤에 비가 올 확률은?

전날 날씨	다음 날 날씨	확률
화창	화창	25%
화창	비	30%
비	화창	40%
비	비	15%

※ 날씨는 '화창'과 '비'로만 구분하여 분석함

① 12%
② 14%
③ 15%
④ 16%
⑤ 18%

19 다음은 A씨가 1월부터 4월까지 지출한 외식비이다. 1월부터 5월까지의 평균 외식비가 120,000원 이상 ~ 130,000원 이하가 되게 하려고 할 때, A씨가 5월에 최대로 사용할 수 있는 외식비는?

〈월별 외식비〉

(단위 : 원)

1월	2월	3월	4월	5월
110,000	180,000	50,000	120,000	

① 14만 원
② 15만 원
③ 18만 원
④ 19만 원
⑤ 22만 원

20 A사원이 회사 근처로 이사를 하고 처음으로 수도세 고지서를 받은 결과, 한 달 동안 사용한 수도량의 요금이 17,000원이었다. 다음 수도 사용요금 요율표를 참고할 때, A사원이 한 달 동안 사용한 수도량은?(단, 구간 누적요금을 적용한다)

〈수도 사용요금 요율표〉

(단위 : 원)

구분	사용 구분(m^3)	m^3당 단가
수도	0～30 이하	300
	30 초과～50 이하	500
	50 초과	700
기본료		2,000

① $22m^3$
② $32m^3$
③ $42m^3$
④ $52m^3$
⑤ $62m^3$

21 두 단어의 관계가 나머지 넷과 다른 것을 고르면?

① break – destroy
② apparel – clothes
③ legal – illegal
④ apply – use
⑤ dress – wear

22 다음 빈칸에 들어갈 어법으로 적절한 것을 고르면?

_____________ test positive for antibiotics when tanker trucks arrive at a milk processing plant, according to the Federal Law, the entire truckload must be discarded.

① Should milk
② If milk
③ If milk is
④ Were milk
⑤ Milk will

23 다음 대화에서 빈칸에 들어갈 말로 가장 적절한 것은?

> A : Please say your sincere opinion to me.
> B : Ok, I'll tell you ________ about it.

① which to do
② what do I think
③ which I think
④ what I think
⑤ that I think

※ 다음 대화 중 어색한 것을 고르시오. [24~25]

24 ① A : I'm going to China next month.
B : Where in China?
② A : I have some good news.
B : What is it?
③ A : Get me some wine from your trip to Brazil.
B : You bet.
④ A : I like winter sports.
B : I envy you.
⑤ A : May I have seconds?
B : Help yourself.

25 ① A : I'm afraid I must go.
B : But the night is still young.
② A : You look gorgeous in that red dress.
B : Thank you. I'm very flattered.
③ A : How would you like your eggs?
B : Scrambled, please.
④ A : I feel under the weather.
B : I'm happy for you.
⑤ A : Would you show me your boarding pass?
B : Yes, here it is.

26 다음 글의 요지로 가장 적절한 것은?

One of the most important aspects of human communication is that past experiences will affect your behavior. Even when you start to discuss some event with your friends, you may soon discover there are differences in your perceptions. What you think boring your friends may find exciting; what you consider pointless they may find meaningful. The messages you receive may be the same for each of you. Yet, each person experiences a variety of feelings and sensations, because each has a unique personality and background. Each of you brings different backgrounds to the event and, as a result, each attributes different meanings to the shared experience.

① 진정한 의사소통은 솔직한 표현을 통해 이루어진다.
② 친구 간의 견해 차이는 대화를 통해 해결할 수 있다.
③ 상호 개성 존중을 통해 원활한 의사소통이 이루어진다.
④ 과거의 경험에 따라 동일한 상황을 다르게 인식한다.
⑤ 경험을 공유하는 것은 친구가 되는 좋은 방법이다.

27 다음 글의 내용으로 적절하지 않은 것을 고르면?

Aesop was a man who lived in Greece from about 620 to 560 B.C. He told fables that were about different animals. Fables are short stories that have a moral or lesson. After Aesop died, many other people told his tales and added new ones. These tales have become known as Aesop's fables. They are the most famous fables in the world. Although Aesop's fables are usually stories about animals, they help teach humans how to live their lives well.

① 이솝은 기원전에 그리스에 살았다.
② 이솝은 동물에 관한 우화를 들려주었다.
③ 우화는 재미있지만 교훈과는 거리가 있다.
④ 이솝 우화는 인간에게 잘 사는 법을 가르쳐 준다.
⑤ 많은 사람들이 그의 이야기를 들려주었다.

28 다음 글의 내용으로 알 수 있는 것으로 적절하지 않은 것은?

Our after-school programs will run from March 19th to June 29th. Courses including English, Biology, and Korean History will be offered. You can register on the school homepage by March 16th.

① 운영 기간
② 개설 과목
③ 신청 방법
④ 폐강 조건
⑤ 등록 가능 날짜

29 다음 글의 주제로 적절한 것은?

We are wasting too much food. There are solutions to this problem. When you go shopping for groceries, make a list and buy exactly what you need. When you order food, only order what you will eat. We should not throw away a fruit or vegetable simply because its appearance is not good enough.

① How to Be a Good Chef
② How to Make Healthy Food
③ How to Reduce Food Waste
④ How to Grow Organic Vegetables
⑤ How to Make a List

30 다음 글의 제목으로 가장 적절한 것은?

Professor Taylor, who wrote "What are Children for?" believes that the status of fatherhood has been affected by modern life. "Fathers have moved farther away from their children than ever before," he says. "In the past, sons looked to their father, emulating his job and wisdom. Now, however, fathers have nothing for their children to inherit. The world is changing too quickly, and instead of sitting at their father's feet listening to stories about the world, children are closed up in their own rooms on the Internet, finding out about it first. It is difficult to redefine the role of father. There is nothing obvious for him to do or be."

① 아버지의 정의 : 축적된 가정의 역사
② 아버지의 유산 : 오랜 전통이 지닌 가치
③ 아버지의 역사 : 대를 잇는 아이들
④ 아버지의 위기 : 자녀를 위해 무엇을 할 수 있는가?
⑤ 아버지의 과거 : 미래로 나아가기 위해 과거를 바라보다.

※ 다음 제시된 문자와 같은 것의 개수를 구하시오. [31~33]

31

¶

♤	◀	♠	◁	⊙	♣	▣	◐	◀	♡	♧	⊙
◈	¶	♧	♡	♥	▷	♠	¶	♤	▶	♥	◁
▶	▷	♣	◈	♭	¶	♡	♠	¶	◈	▷	♣
♧	♥	¶	▣	▶	♭	◁	⊙	◀	▣	◐	♤

① 1개　② 2개
③ 3개　④ 4개
⑤ 5개

32

prj

znl	pjr	vnh	prk	cpx	pri	cdy	quo	tmd	ygz	zbj	dbl
prj	hkz	abz	djt	zxu	yry	anx	dbl	zbd	zbj	zhs	hsc
bmp	fwr	pdj	dbl	znb	gjk	jyh	sfu	dbl	jfx	prj	azb
ovf	znl	pkl	pri	pkz	prj	znl	agj	jkl	jyp	tws	dbl

① 1개　② 2개
③ 3개　④ 4개
⑤ 5개

33

1349

1390	4652	8206	5237	1349	6701	6598	4126	1592	3321	1502	6597
5319	4139	4962	9612	5029	5962	8532	2340	9150	6484	2139	1259
5622	1349	1592	1494	4126	9612	1390	5029	2698	1349	1096	1962
1693	6098	5030	9053	1390	5029	5319	8420	4196	5029	8863	3297

① 1개　② 2개
③ 3개　④ 4개
⑤ 5개

※ 다음 표에 제시되지 않은 문자를 고르시오. [34~35]

34

Ⓕ	Ⓖ	Ⓒ	Ⓕ	Ⓓ	Ⓜ	Ⓔ	Ⓙ	Ⓖ	Ⓔ	Ⓗ	Ⓓ
Ⓠ	Ⓘ	Ⓓ	Ⓔ	Ⓐ	Ⓕ	Ⓒ	Ⓨ	Ⓜ	Ⓛ	Ⓘ	Ⓕ
Ⓓ	Ⓒ	Ⓐ	Ⓖ	Ⓛ	Ⓘ	Ⓖ	Ⓐ	Ⓕ	Ⓐ	Ⓜ	Ⓒ
Ⓐ	Ⓔ	Ⓙ	Ⓚ	Ⓜ	Ⓔ	Ⓛ	Ⓘ	Ⓓ	Ⓙ	Ⓒ	Ⓙ

① Ⓑ　② Ⓚ
③ Ⓨ　④ Ⓗ
⑤ Ⓠ

35

츘	츕	췵	츕	츖	췫	츖	촒	츅	촗	츕	츅
촗	츻	췗	춱	췫	칄	춱	췗	츻	췫	췵	츕
츅	췵	츅	츘	촗	췍	췵	칄	츕	츖	춱	촗
춳	츖	췫	츕	츻	츖	췗	츻	츘	촗	츖	츑

① 츑　② 췵
③ 촒　④ 췍
⑤ 춳

36 다음 중 제시된 도형과 같은 것은?(단, 도형은 회전이 가능하다)

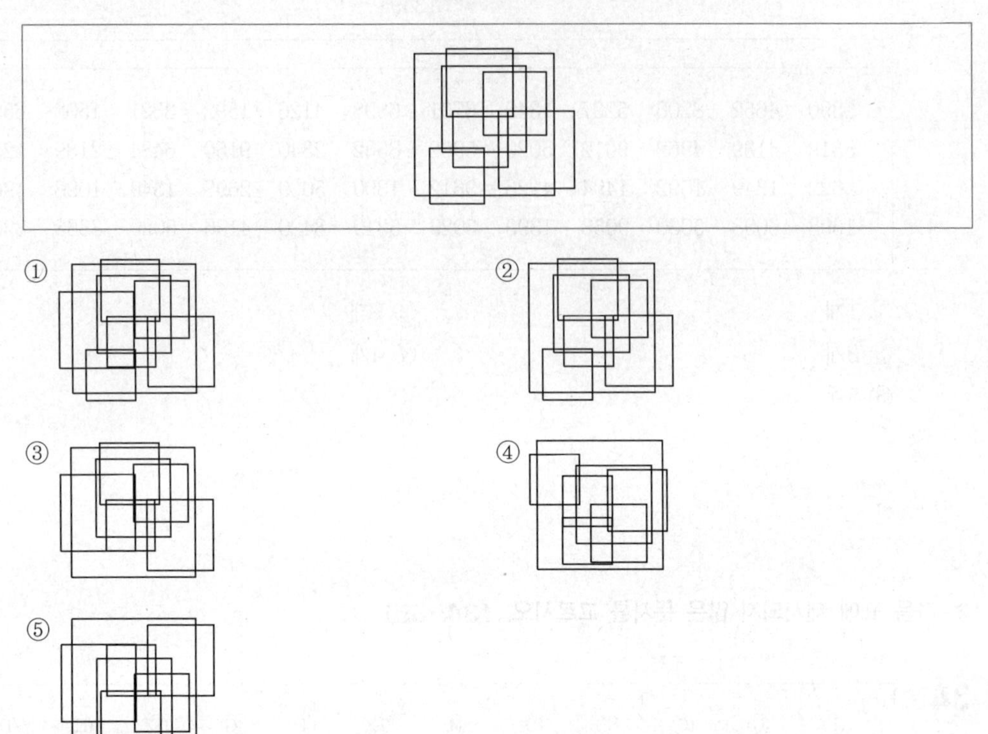

※ 다음 중 나머지 도형과 다른 것을 고르시오. [37~38]

37 

① 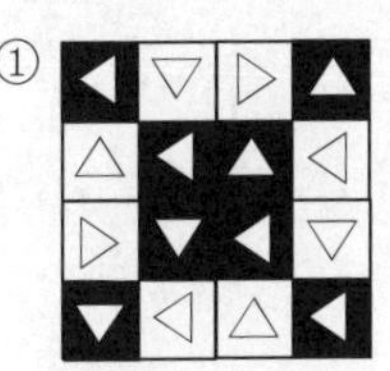

② 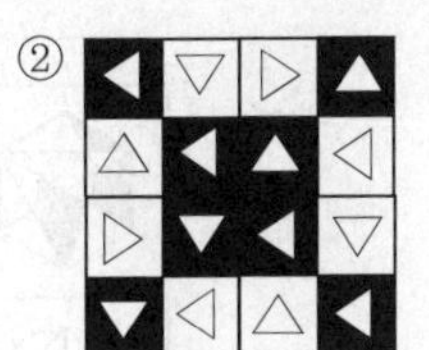

③ 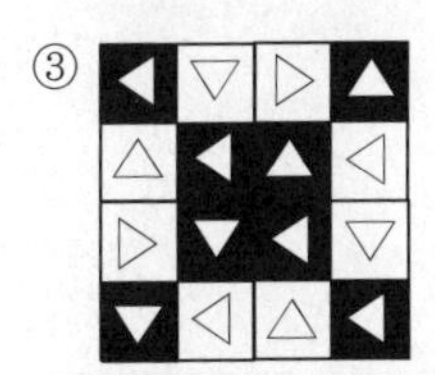

④ 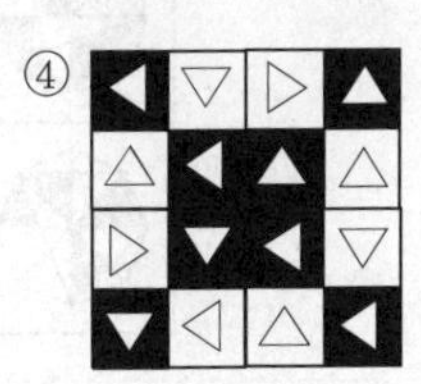

⑤ 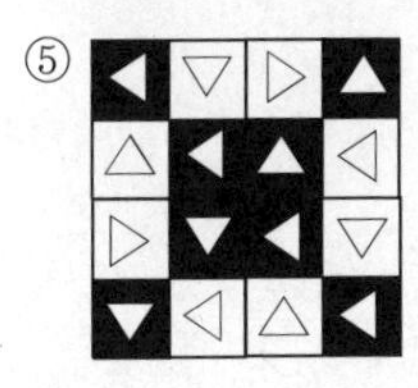

38

① 

②  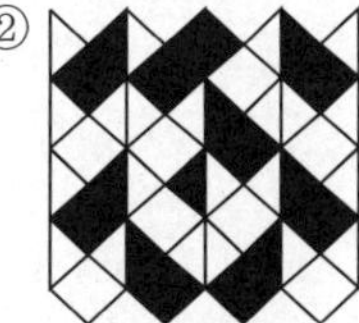

③ 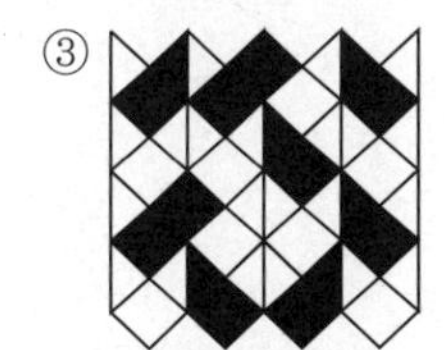

④ 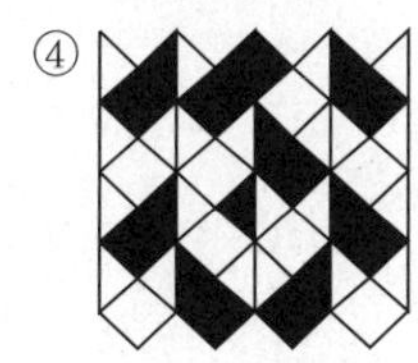

⑤ 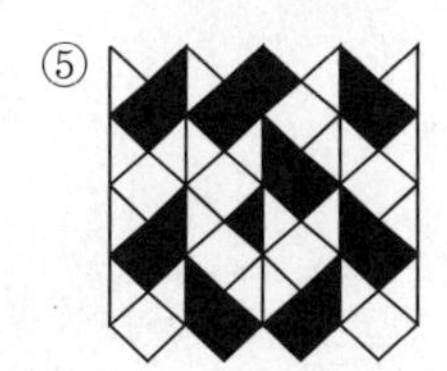

※ 다음 제시된 도형의 규칙을 보고 ?에 들어가기에 적절한 것을 고르시오. [39~40]

39

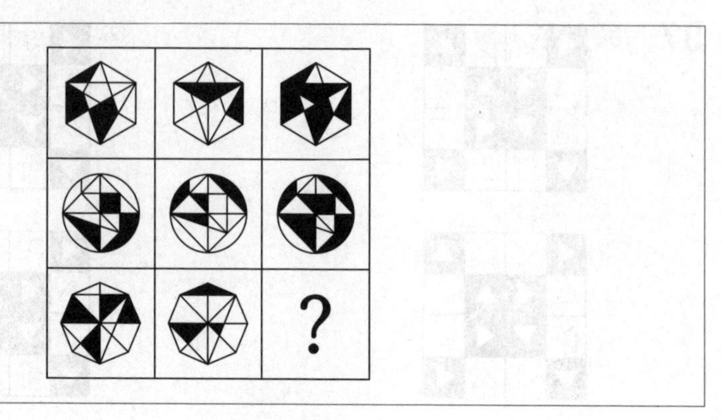

①

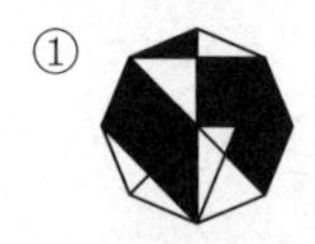

②

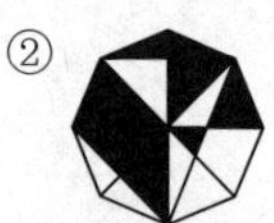

③

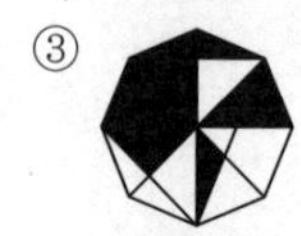

④

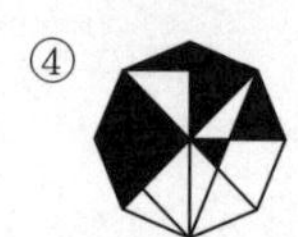

⑤

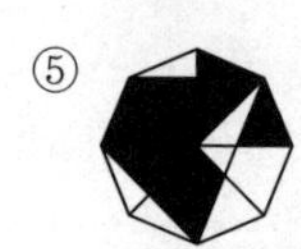

40

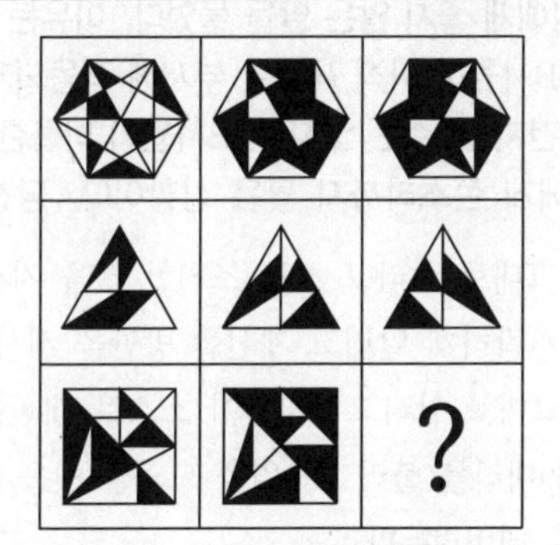

①
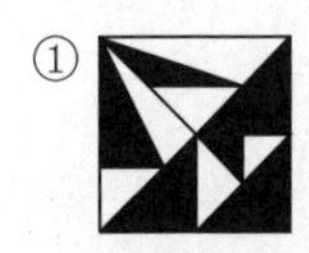

②
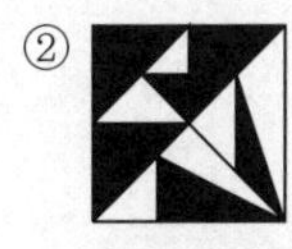

③
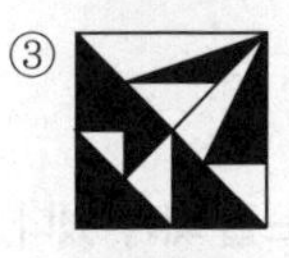

④
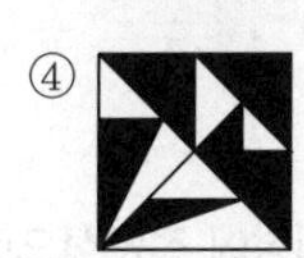

⑤
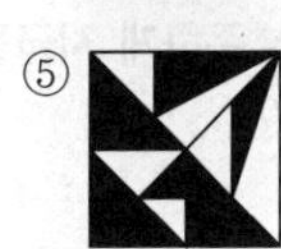

41 A과장은 어느 날 C부장에게 좋지 않은 말을 들었다. 이유는 최근에 A과장이 속한 부서에 들어오게 된 B사원 때문이었다. B사원이 아직 새로운 부서에 적응되지 않은 건지, 혹은 회사 생활에 필요한 업무 능력이 떨어지는 건지 알 수는 없지만, B사원의 미흡한 일 처리로 인해서 부서 업무가 엉망이 되었고 상사인 C부장에게 쓴소리까지 들은 상황이다. 당신이 A과장이라면 어떻게 하겠는가?

① B사원에게 상황을 그대로 알리고 시정 조치할 것을 지시한다.
② B사원에게 상황을 간략하게 알리고 개선할 방안을 제시해준다.
③ 부서 내에 상황을 그대로 알리고 B사원이 스스로 개선할 마음이 들도록 한다.
④ 일 처리에 능숙한 D대리를 불러 B사원을 도와줄 것을 지시한다.
⑤ 자기 일이 아니므로 내버려둔다.

42 얼마 전 입사한 A사원은 직장에 전반적으로 만족하고 있으나 간혹 곤란을 느낄 때가 있다. 업무상 필요한 문구들이 있기 마련인데, 직장에서는 이 문구들이 사용하는 양보다 부족하게 지급될 때가 종종 있기 때문이다. 이런 상황에서 당신이 A사원이라면 어떻게 하겠는가?

① 그냥 내가 사서 사용한다.
② 상급자에게 월별 지급량을 늘려야 함을 주장한다.
③ 옆 직원에게 이러한 불편 사항을 이야기한다.
④ 옆 직원에게 나눠 사용하자고 말하고 빌려 쓴다.
⑤ 사내 불편사항 신고함을 이용하여 시정을 바란다.

43 E대리가 속한 사무실은 상당히 조용하여 이따금 키보드를 두드리는 소리만 날 정도이다. 그러나 E대리의 동료인 G대리는 간혹 개인적인 전화를 아무렇지 않게 큰 소리를 내며 받는 경향이 있다. G대리의 시끄러운 소리로 인해 업무에 방해가 되자 입사 동기인 C대리가 G대리를 지적했고, 그 사이로 둘은 서먹한 사이가 되었다. 그러나 G대리의 행동에는 여전히 변함이 없는 상황에서 당신이 E대리라면 어떻게 할 것인가?

① G대리에게 직접 찾아가 개인적인 전화 통화는 사무실 밖에서 할 것을 부탁한다.
② 팀장에게 사무실 내의 규칙을 제정할 것을 건의한다.
③ C대리를 찾아가 실컷 G대리를 욕한다.
④ 사소한 일로 입사 동기와 싸우고 싶지 않으므로 조용히 있는다.
⑤ 더 큰 목소리로 개인적인 통화를 하여 G대리가 불편을 느끼도록 유도한다.

44 **I사원의 팀에 새로운 H팀장이 발령되어 왔다. H팀장은 업무 능력도 뛰어나고 성격도 좋아서 H팀장이 온 이후에 팀의 분위기가 훨씬 좋아졌다고 해도 과언이 아닐 정도이다. 그런데 H팀장은 회사 내 전체가 금연임에도 불구하고 일이 잘 안 풀릴 때마다 창문을 열고 담배를 피우곤 한다. 이런 상황에서 당신이 I사원이라면 어떻게 할 것인가?**

① 담배를 피우는 상사의 모습을 몰래 촬영하여 인사고과에 반영하도록 한다.
② 상사에게 개인적으로 찾아가 전자담배를 선물한다.
③ 팀원들끼리 회사 방침을 재숙지하는 시간을 갖도록 제안한다.
④ H팀장에게 회사 방침을 얘기하고 정중하게 부탁한다.
⑤ 상사의 행동에 대해서는 왈가왈부하지 않는 것이 좋다.

45 **A사원은 입사 선배 H대리의 보고서를 우연히 보게 되었다. H대리는 평소 A사원을 볼 때마다 지나칠 정도로 잘난 척을 하곤 했다. 그러나 H대리가 작성한 보고서를 읽어 보니 기본적인 맞춤법부터 틀린데다가 매출 실적 등의 참고 자료가 잘못 첨부되어 있었다. 마침 H대리는 해외출장으로 며칠간 회사에 출근하지 못하는 상황이다. 당신이 A사원이라면 어떻게 하겠는가?**

① 보고서에서 잘못된 부분을 모두 고친 뒤에 자신의 이름으로 제출한다.
② 팀장에게 H대리의 보고서가 잘못되었음을 말하고 자신이 수정하겠다고 한다.
③ 잘못된 부분을 빨간 펜으로 직접 첨삭하여 H대리가 잘못된 부분을 알 수 있도록 한다.
④ 잘못된 부분을 수정하여 제출한 뒤에 다음에 H대리에게 도움을 받는다.
⑤ H대리가 자존심이 상할 수 있으므로 모른 척한다.

46 **W사원은 부지런한 편이라 항상 출근 시간보다 10분 전에 출근을 한다. W사원이 속한 부서의 상관인 R팀장은 종종 출근 시간보다 늦곤 한다. 이를 잘 아는 동료인 V사원은 출근 시간이 가까워질 때마다 R팀장의 출근 여부를 물어보고 상사인 R팀장이 출근하기 전에 지각한다. R팀장은 이를 전혀 알아차리지 못하고 있다. 당신이 W사원이라면 어떻게 할 것인가?**

① 그러지 말라고 V사원에게 주의를 시킨다.
② 나중에 술자리에서 R팀장에게 V사원에 대해 말을 한다.
③ 옆 직원에게 이러한 사항을 토로한다.
④ R팀장의 상사인 U부장에게 사실대로 이야기해서 시정하게 한다.
⑤ 모른 척한다.

47 **A사원이 근무하는 부서의 장이 본인에게 건의하고 싶은 내용을 적어 무기명으로 제출할 수 있는 건의함을 만들어 운영하겠다고 밝혔다. 당신이 A사원이라면 어떻게 행동하겠는가?**

① 익명성이 확실하게 담보될 수 없다고 판단하고 건의함을 이용하지 않는다.
② 평소 부서장에게 말하고 싶었던 불만을 적어 제출한다.
③ 본인의 업무에 관한 아이디어를 적어 제출한다.
④ 상사의 의도를 정확하게 알기 전까지는 건의함을 이용하지 않는다.
⑤ 건의함으로 할 수 있는 말은 직접 할 수 있는 말이어야 하므로 바로 이야기한다.

48 **A사원은 승진을 앞두고 동기인 B사원이 점점 자신을 서먹하게 대하는 것 같다고 느끼는 중이다. 당신이 A사원이라면 어떻게 행동하겠는가?**

① B사원과 편한 관계를 회복할 수 있도록 따로 술자리를 제안한다.
② B사원의 행동에 일일이 반응하지 않는다.
③ 경쟁 구조이기 때문에 어쩔 수 없다고 판단하고 B사원을 이해한다.
④ 승진 심사 기간 이후 B사원에게 서운했던 점을 얘기한다.
⑤ B사원의 마음은 어쩔 수 없으므로 만나지 않는다.

49 **A사원은 출퇴근하는 길에 항상 주변을 유심히 살펴보는 습관이 있다. 그러던 어느 날 아침, 출근하던 A사원은 신장개업을 한 식당을 발견했다. 당신이 A사원이라면 신장개업한 식당을 보고 어떤 생각을 할 것 같은가?**

① 아무 생각도 들지 않는다.
② '또 망하는 가게가 하나 생기는구나.'하고 생각한다.
③ 성공하기를 바라는 마음을 가진다.
④ 친한 동료 B에게 말하여 함께 가본다.
⑤ 언젠가 한번 가봐야겠다고 생각한다.

50 **올해 S사 신입사원이 된 K사원은 M상사와 함께 거래처 첫 미팅에 참여했다. 회의에서 M상사가 K사원을 소개하지 않고 회의를 진행했을 때, 당신이 K사원이라면 어떻게 할 것인가?**

① 회의를 끊고 거래처 사람들에게 본인을 소개한다.
② 회의가 다 끝나고 거래처 사람들에게 본인을 소개한다.
③ 회의가 다 끝나고 M상사에게 본인을 사람들에게 소개해달라고 한다.
④ 본인을 소개하지 않았으므로 회의에 참여하지 않는다.
⑤ 회의에는 지장이 없으니 소개하지 않고 넘어간다.

제3회 최종점검 모의고사

☑ 응시시간 : 60분　　☑ 문항 수 : 50문항

정답 및 해설 p.061

※ 상황판단 영역(41 ~ 50번)은 정답이 따로 없으니, 참고하기 바랍니다.

※ 다음 제시된 단어의 대응 관계로 볼 때, 빈칸에 들어가기에 가장 적절한 것을 고르시오. [1~3]

01

이단 : 전통 = 모방 : (　　)

① 사설　② 종가　③ 모의　④ 답습　⑤ 창안

02

위임 : 의뢰 = (　　) : 계몽

① 대리　② 주문　③ 효시　④ 개화　⑤ 미개

03

준거 : 표준 = 자취 : (　　)

① 척도　② 흔적　③ 주관　④ 반영　⑤ 보증

04 S회사 1층의 J커피숍에서는 모든 음료를 주문할 때마다 음료의 수에 따라 쿠폰에 도장을 찍어준다. 10개의 도장을 모두 채울 경우 한 잔의 음료를 무료로 받을 수 있다고 할 때, 다음을 읽고 바르게 추론한 것은?(단, 서로 다른 2장의 쿠폰은 1장의 쿠폰으로 합칠 수 있으며, 음료를 무료로 받을 때 쿠폰은 반납해야 한다)

- A사원은 B사원보다 2개의 도장을 더 모았다.
- C사원은 A사원보다 1개의 도장을 더 모았으나, 무료 음료를 받기엔 2개의 도장이 모자라다.
- D사원은 오늘 무료 음료 한 잔을 포함하여 총 3잔을 주문하였다.
- E사원은 D사원보다 6개의 도장을 더 모았다.

① A사원의 쿠폰과 D사원의 쿠폰을 합치면 무료 음료 한 잔을 받을 수 있다.
② A사원은 4개의 도장을 더 모아야 무료 음료 한 잔을 받을 수 있다.
③ C사원과 E사원이 모은 도장 개수는 서로 같다.
④ D사원이 오늘 모은 도장 개수는 B사원보다 많다.
⑤ 도장을 많이 모은 순서대로 나열하면 'C－E－A－B－D'이다.

05 S사의 A ~ D는 각각 다른 팀에 근무하는데, 각 팀은 2 ~ 5층에 위치하고 있다. 〈조건〉을 참고할 때, 다음 중 항상 참인 것은?

조건

- A ~ D 중 2명은 부장, 1명은 과장, 1명은 대리이다.
- 대리의 사무실은 B보다 높은 층에 있다.
- B는 과장이다.
- A는 대리가 아니다.
- A의 사무실이 가장 높다.

① 부장 중 한 명은 반드시 2층에 근무한다.
② A는 부장이다.
③ 대리는 4층에 근무한다.
④ B는 2층에 근무한다.
⑤ C는 대리이다.

06 다음 글의 내용으로 적절한 것은?

만우절의 탄생과 관련해서 많은 이야기가 있지만, 가장 많이 알려진 것은 16세기 프랑스 기원설이다. 16세기 이전부터 프랑스 사람들은 3월 25일부터 일주일 동안 축제를 벌였고, 축제의 마지막 날인 4월 1일에는 모두 함께 모여 축제를 즐겼다. 그러나 16세기 말 프랑스가 그레고리력을 받아들이면서 달력을 새롭게 개정했고, 이에 따라 이전의 3월 25일을 새해 첫날(New Year's Day)인 1월 1일로 맞추어야 했다. 결국 기존의 축제는 달력이 개정됨에 따라 사라지게 되었다. 그러나 몇몇 사람들은 이 사실을 잘 알지 못하거나 기억하지 못했다. 사람들은 그들을 가짜 파티에 초대하거나, 그들에게 조롱 섞인 선물을 하면서 놀리기 시작했다. 프랑스에서는 이렇게 놀림감이 된 사람들을 '4월의 물고기'라는 의미의 '푸아송 다브릴(Poisson d'Avril)'이라 불렀다. 갓 태어난 물고기처럼 쉽게 낚였기 때문이다. 18세기에 이르러 프랑스의 관습이 영국으로 전해지면서 영국에서는 이날을 '오래된 바보의 날(All Fool's Day※)'이라고 불렀다.

※ 'All'은 'Old'를 뜻하는 'Auld'의 변형 형태(스코틀랜드)임

① 만우절은 프랑스에서 기원했다.
② 프랑스는 16세기 이전부터 그레고리력을 사용하였다.
③ 16세기 말 이전 프랑스에서는 3월 25일부터 4월 1일까지 축제가 열렸다.
④ 프랑스에서는 만우절을 '4월의 물고기'라고 불렀다.
⑤ 영국의 만우절은 18세기 이전 프랑스에서 전해졌다.

07 다음 글에 대한 반론으로 가장 적절한 것은?

투표는 주요 쟁점에 대해 견해를 표현하고 정치권력을 통제할 수 있는 행위로, 일반 유권자가 할 수 있는 가장 보편적인 정치 참여 방식이다. 그래서 정치학자와 선거 전문가들은 선거와 관련하여 유권자들의 투표 행위에 대해 연구해 왔다. 이 연구는 일반적으로 유권자들의 투표 성향, 즉 투표 참여 태도나 동기 등을 조사하여, 이것이 투표 결과와 어떤 상관관계가 있는가를 밝힌다. 투표 행위를 설명하는 이론 역시 다양하다.

합리적 선택 모델은 유권자 개인의 이익을 가장 중요한 요소로 보고, 이를 바탕으로 투표 행위를 설명한다. 이 모델에서는 인간을 자신의 이익을 극대화하기 위해 행동하는 존재로 보기 때문에, 투표 행위를 개인의 목적을 위한 수단으로 간주한다. 따라서 유권자는 자신의 이해와 요구에 부합하는 정책을 제시하는 후보자를 선택한다고 본다.

① 사람들은 자신에게 유리한 결과를 도출하기 위해 투표를 한다.
② 유권자들은 정치 권력을 통제하기 위한 수단으로 투표를 활용한다.
③ 사람들은 자신의 이익이 커지는 쪽으로 투표를 한다.
④ 유권자들의 투표 성향은 투표 결과에 영향을 끼친다.
⑤ 유권자들은 개인이지만 결국 사회적인 배경에서 완전히 자유로울 수 없다.

08 다음 글의 주제로 적절한 것은?

'새'는 하나의 범주이다. [+동물][+날 것]과 같이 성분 분석을 한다면 우리 머릿속에 떠오른 '새'의 의미를 충분히 설명했다고 보기 어렵다. 성분 분석 이론의 의미자질 분석은 단순할 뿐이다. 이것이 실망스런 이유는 성분 분석 이론의 '새'에 대한 의미 기술이 고작해야 다른 범주, 즉 조류가 아닌 다른 동물 범주와 구별해 주는 정도밖에 되지 못했기 때문이다. 아리스토텔레스 이래로 하나의 범주는 경계가 뚜렷한 실재물이며, 범주의 구성원은 서로 동등한 자격을 가지고 있다고 믿어 왔다. 그리고 범주를 구성하는 단위는 자질들의 집합으로 설명될 수 있다고 생각해 왔다. 앞에서 보여 준 성분 분석 이론 역시 그런 고전적인 범주 인식에 바탕을 두고 있다. 어휘의 의미는 의미 성분, 곧 의미자질들의 총화로 기술될 수 있다고 믿는 것, 그것은 하나의 범주가 필요충분조건으로 이루어져 있다는 가정에서만이 가능한 것이었다. 그러나 '새'의 범주를 떠올려 보면, 범주의 구성원들끼리 결코 동등한 자격을 가지고 있지 않다. 가장 원형적인 구성원이 있는가 하면, 덜 원형적인 것, 주변적인 것도 있는 것이다. 이렇게 고전 범주화 이론과 차별되는 범주에 대한 새로운 인식은 인지 언어학에서 하나의 혁명으로 간주되었다.

① 고전 범주화 이론의 한계
② '새'가 갖는 성분 분석의 이론적 의미
③ '새'의 성분 분석 결과
④ 성분 분석 이론의 바탕
⑤ '새'의 범주의 필요충분조건

※ 다음 글의 빈칸에 들어갈 내용으로 가장 적절한 것을 고르시오. [9~10]

09

자연계는 무기적인 환경과 생물적인 환경이 상호 연관되어 있으며, 그것은 생태계로 불리는 한 시스템을 이루고 있음이 밝혀진 이래, 이 이론은 자연을 이해하기 위한 가장 기본이 되는 것으로 받아들여지고 있다. 그동안 인류는 보다 윤택한 삶을 누리기 위하여 산업을 일으키고 도시를 건설하며 문명을 이룩해 왔다. 이로써 우리의 삶은 매우 윤택해졌으나 우리의 생활환경은 오히려 훼손되고 있으며, 환경오염으로 인한 공해가 누적되고 있고, 우리 생활에서 없어서는 안 될 각종 자원도 바닥이 날 위기에 놓이게 되었다. ______________________ 따라서 우리는 낭비되는 자원, 그리고 날로 황폐해져가는 자연에 대하여 우리가 해야 할 시급한 임무가 무엇인지를 깨닫고, 이를 실천하기 위해 우리 모두의 지혜와 노력을 모아야만 한다.

① 만약 우리가 이 위기를 슬기롭게 극복해내지 못한다면 인류는 머지않아 파멸에 이르게 될 것이다.
② 이러한 위기를 초래하게 된 인류의 무분별한 자연 이용과 자연 정복의 태도는 크게 비판받아 마땅하다.
③ 그리고 과학 기술을 제 아무리 고도로 발전시킨다 해도 이러한 위기가 근본적으로 해소되기를 기대할 수는 없는 노릇이다.
④ 이처럼 인류가 환경 및 자원의 위기에 놓이게 된 것은 각국이 자국의 이익만을 앞세워 발전을 꾀했기 때문이다.
⑤ 때문에 과학기술을 이용하여 환경오염 방지 시스템을 신속히 개발해 더 이상의 자연훼손이 일어나지 않도록 막아야 한다.

10

______________________ 사람과 사람이 직접 얼굴을 맞대고 하는 접촉이 라디오나 텔레비전 등의 매체를 통한 접촉보다 결정적인 영향력을 미친다는 것이 일반적인 견해로 알려져 있다. 매체는 어떤 마음의 자세를 준비하게 하는 구실을 한다. 예를 들어 어떤 사람에게서 새 어형을 접했을 때 그것이 텔레비전에서 자주 듣던 것이면 더 쉽게 그쪽으로 마음의 문을 열게 된다. 하지만, 새 어형이 전파되는 것은 매체를 통해서보다 상면(相面)하는 사람과의 직접적인 접촉에 의해서라는 것이 더 일반적인 견해이다. 사람들은 한두 사람의 말만 듣고 언어 변화에 가담하지 않고 주위의 여러 사람이 다 같은 새 어형을 쓸 때 비로소 그것을 받아들이게 된다고 한다. 매체를 통한 것보다 자주 접촉하는 사람들을 통해 언어 변화가 진전된다는 사실은 언어변화의 여러 면을 바로 이해하는 핵심적인 내용이라 해도 좋을 것이다.

① 언어 변화는 결국 접촉에 의해 진행되는 현상이다.
② 연령층으로 보면 대개 젊은 층이 언어 변화를 주도한다.
③ 접촉의 형식도 언어 변화에 영향을 미치는 요소로 지적되고 있다.
④ 매체의 발달이 언어 변화에 중요한 영향을 미치는 것으로 알려져 있다.
⑤ 언어 변화는 외부와의 접촉이 극히 제한되어 있는 곳일수록 그 속도가 느리다.

※ 일정한 규칙으로 수를 나열할 때, 빈칸에 들어갈 알맞은 수를 고르시오. [11~13]

11

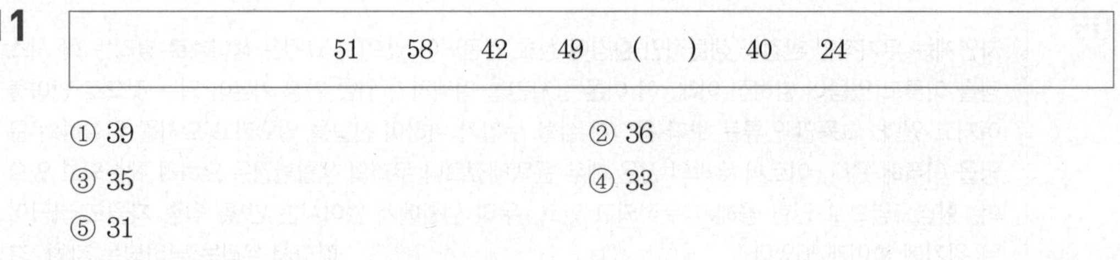

51 58 42 49 ( ) 40 24

① 39　　② 36
③ 35　　④ 33
⑤ 31

12

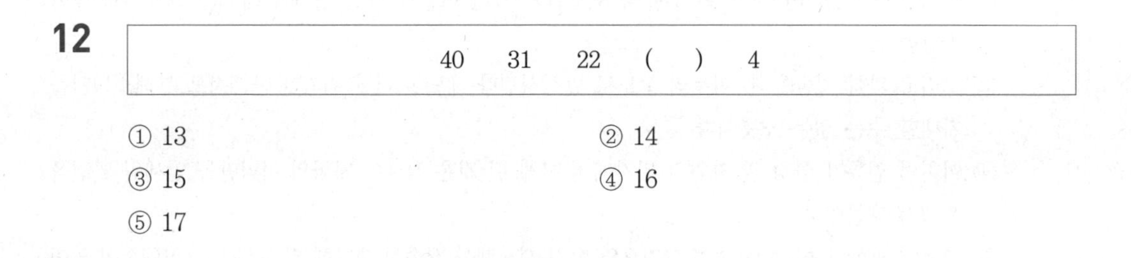

40 31 22 ( ) 4

① 13　　② 14
③ 15　　④ 16
⑤ 17

13

156 ( ) 210 240 272 306 342

① 168　　② 172
③ 178　　④ 182
⑤ 194

14 농도가 14%로 오염된 물 50g이 있다. 깨끗한 물을 채워서 오염농도를 4%p 줄이려고 한다면 깨끗한 물을 얼마나 넣어야 하는가?

① 5g　　② 10g
③ 15g　　④ 20g
⑤ 25g

15 길이가 800m인 다리에 기차가 진입하는 순간부터 다리를 완전히 벗어날 때까지 걸린 시간이 36초였을 때, 기차의 속력은?(단, 기차의 길이는 100m이다)

① 50km/h
② 60km/h
③ 70km/h
④ 80km/h
⑤ 90km/h

16 열차가 50m의 터널을 통과하는 데 10초, 200m의 터널을 통과하는 데 25초가 걸린다. 열차의 길이는?

① 35m
② 40m
③ 45m
④ 50m
⑤ 55m

17 테니스 동아리에서 테니스장 사용료를 내려고 한다. 모두 같은 금액으로 한 명당 5,500원씩 내면 3,000원이 남고 5,200원씩 내면 300원이 부족할 때, 테니스장 사용료는?

① 37,500원
② 47,500원
③ 57,500원
④ 67,500원
⑤ 77,500원

18 중소기업의 생산 관리팀에서 근무하고 있는 A씨는 총 생산 비용의 감소율을 30%로 설정하려고 한다. 1단위 생산 시 단계별 부품 단가가 다음 자료와 같을 때 ⓐ+ⓑ의 값으로 옳은 것은?

(단위 : 원)

단계	부품 1단위 생산 시 투입비용	
	개선 전	개선 후
1단계	4,000	3,000
2단계	6,000	ⓐ
3단계	11,500	ⓑ
4단계	8,500	7,000
5단계	10,000	8,000

① 4,000원
② 6,000원
③ 8,000원
④ 10,000원
⑤ 12,000원

19 다음은 S제철소에서 생산한 철강의 출하량을 분야별로 기록한 표이다. 2023년도에 세 번째로 많은 생산을 했던 분야에서 2021년 대비 2022년의 변화율을 바르게 표시한 것은?

〈S제철소 철강 출하량〉

(단위 : 천 톤)

구분	자동차	선박	토목 / 건설	일반기계	기타
2021년	5,230	3,210	6,720	4,370	3,280
2022년	6,140	2,390	5,370	4,020	4,590
2023년	7,570	2,450	6,350	5,730	4,650

① 약 10% 증가하였다.
② 약 10% 감소하였다.
③ 약 8% 증가하였다.
④ 약 8% 감소하였다.
⑤ 변동 없다.

20 다음은 농구 경기에서 갑, 을, 병, 정 4개 팀의 월별 득점에 대한 자료이다. 빈칸에 들어갈 수치로 가장 적절한 것은?(단, 각 수치는 매월 일정한 규칙으로 변화한다)

〈월별 득점 현황〉

(단위 : 점)

구분	1월	2월	3월	4월	5월	6월	7월	8월	9월	10월
갑	1,024	1,266	1,156	1,245	1,410	1,545	1,205	1,365	1,875	2,012
을	1,352	1,702	2,000	1,655	1,320	1,307	1,232	1,786	1,745	2,100
병	1,078	1,423		1,298	1,188	1,241	1,357	1,693	2,041	1,988
정	1,298	1,545	1,658	1,602	1,542	1,611	1,080	1,458	1,579	2,124

① 1,358
② 1,397
③ 1,450
④ 1,498
⑤ 1,540

21 다음 중 제시된 단어와 반대되는 의미를 가진 것을 고르면?

reduce

① increase
② appear
③ consume
④ recharge
⑤ purchase

22 다음 제시된 단어와 같거나 비슷한 뜻을 가진 것을 고르면?

settlement

① permanent
② prominent
③ agreement
④ eminent
⑤ insolvent

23 다음 중 문법적으로 적절하지 않은 것을 고르면?

> Sometimes there is nothing you can do ① <u>to stop</u> yourself falling ill. But if you lead a healthy life, you will probably be able to get better ② <u>much</u> more quickly.
> We can all avoid ③ <u>doing</u> things that we know ④ <u>damages</u> the body, such as smoking cigarettes, drinking too much alcohol or ⑤ <u>taking</u> harmful drugs.

PART 2

24 다음 대화에서 제시카가 온 이유로 가장 적절한 것은?

> A : What did Jessica come here For?
> B : She said she would appreciate having you come to her party.

① 자신의 파티에 초청하기 위해
② 파티에 대해 항의하기 위해
③ 자신의 파티에 온 것에 감사하기 위해
④ 파티 파트너를 구하기 위해
⑤ 자신의 파티를 홍보하기 위해

25 다음 대화에서 빈칸에 들어갈 말로 가장 적절한 것은?

> A : How far is it to the bank?
> B : ________ about 6 minutes on foot.

① It takes
② It likes
③ It sold
④ It use
⑤ It applies

26 다음 글에서 필자가 주장하는 바로 가장 적절한 것은?

> In the United States, some people maintain that TV media will create a distorted picture of a trial, while leading some judges to pass harsher sentences than they otherwise might. However, there are some benefits connected to the televising of trials. It will serve to educate the public about the court process. It will also provide full and accurate coverage of exactly what happens in any given case. Therefore, it is necessary to televise trials to increase the chance of a fair trial. And, if trials are televised, a huge audience will be made aware of the case, and crucial witnesses who would otherwise have been ignorant of the case may play their potential role in it.

① 범죄 예방을 위해 재판 과정을 공개해야 한다.
② 준법 정신 함양을 위해 재판 과정을 공개해야 한다.
③ 재판 중계권을 방송국별로 공정하게 배분해야 한다.
④ 재판의 공정성을 높이기 위해 재판 과정을 중계해야 한다.
⑤ 증인의 신변 보호를 위하여 법정 공개는 금지되어야 한다.

27 다음 대화의 내용으로 적절한 것을 고르면?

A : It is great pleasure to watch Korean mask dancers.
B : Oh, really? They are interesting to watch, aren't they?
A : They really are. And those dances truly reflect the Korean soul.
B : You are right.

① 한국의 탈은 만들기가 어렵다.
② 한국의 탈춤을 배우기가 재미있다.
③ 한국의 탈춤을 보는 것은 지루하다.
④ 한국의 탈춤은 한국인의 혼을 나타낸다.
⑤ 한국의 탈춤을 이해할 수 없다.

28 다음 글의 주제로 적절한 것은?

Among the growing number of alternative work styles is flextime. Flextime allows workers to adjust work hours to suit personal needs. The total number of hours in the week remains the same, but the daily schedule varies from standard business hours. Flextime can also mean a change in workdays, such as four 10-hour days and six short days. Workers on flextime schedules include employment agents, claim adjusters, mail clerks, and data entry operators.

① To define flextime
② To describe flexible workers
③ To discuss the alternative work styles
④ To compare different jobs
⑤ To arrange flextime schedules

29 다음 글의 목적으로 가장 적절한 것은?

The musical Jekyll & Hyde is an amazing story of love and madness. It is based on the world famous novel, The Strange Case of Dr. Jekyll and Mr. Hyde, by Robert Louis Stevenson. With music by Frank Wildhorn and lyrics by Leslie Bricusse, this musical broke records at Star Theater. It ran for more than four years and had 1,500 performances. Today it continues touring around the world, thrilling audiences. The show won Drama Desk Awards in Outstanding Set Design of a Musical and Outstanding Actor in a Musical. The show's main song, "This Is the Moment," has received universal appeal and recognition, having been performed at the Olympics. The show includes many other famous songs like, "A New Life" "Someone Like You", and "Take Me as I Am".

① 뮤지컬 Jekyll & Hyde의 음악적인 요소들을 평가하기 위해
② 뮤지컬 Jekyll & Hyde에 등장하는 배우들을 소개하기 위해
③ 뮤지컬 Jekyll & Hyde의 줄거리를 알려주기 위해
④ 뮤지컬 Jekyll & Hyde를 소개하기 위해
⑤ 뮤지컬 Jekyll & Hyde의 제작 과정을 설명하기 위해

30 다음 글에 드러난 'I'의 심경으로 가장 적절한 것은?

I'm not sure which one of us did the talking, but it must have been pretty convincing because Mr. Montague agreed to audition us the very next day. We couldn't believe it. We were shocked. Rehearsal was over for the day. After we stopped screaming and hugging and dancing around Jean's basement, I ran all the way home to tell Mom about our "lucky break." She was delighted, and she insisted on going with us to the audition, as much for support as to make sure everything was going smoothly. I felt like a little kid on Christmas Eve. I didn't sleep even an hour that night. That was probably why the next day seemed like a dream.

① sad and depressed
② excited and happy
③ relieved and sympathetic
④ scared and frightened
⑤ ashamed and embarrassed

※ 다음 제시된 문자와 같은 것의 개수를 구하시오. [31~33]

31

0.82

0.75	0.24	0.58	0.18	0.67	0.51	0.53	0.82	0.62	0.53	0.82	0.58
0.18	0.48	0.11	0.53	0.49	0.58	0.82	0.38	0.53	0.58	0.64	0.82
0.51	0.85	0.28	0.56	0.48	0.38	0.68	0.18	0.26	0.49	0.45	0.27
0.58	0.61	0.79	0.98	0.82	0.71	0.49	0.58	0.48	0.28	0.14	0.53

① 2개
② 3개
③ 5개
④ 6개
⑤ 7개

32

탸

탸	컹	펑	켱	탸	컹	형	팽	탱	켱
팽	탱	형	탱	텅	펄	캥	행	헝	떰
켱	형	펑	평	행	떰	팽	펑	평	헝
펄	탸	켱	텅	평	켱	탸	펑	컹	펄

① 2개
② 3개
③ 4개
④ 5개
⑤ 6개

33

TI

TI	TL	II	FL	RI	QL	DI	JL	CI	TL	TI	AI
SL	ZI	VL	OT	UL	GI	TT	XL	WI	YL	RL	JL
AI	QI	AT	EI	BL	ZT	XI	QT	PL	KI	AL	TY
XT	QL	ZI	UY	SI	CT	BI	DL	TI	GL	IL	LT

① 2개
② 3개
③ 5개
④ 6개
⑤ 7개

PART 2

※ 다음 표에 제시되지 않은 문자를 고르시오. [34~35]

34

で	あ	び	ぶ	う	ぬ	め	よ	え	わ	か	ゎ
ぢ	と	お	つ	せ	ろ	へ	い	の	べ	ぴ	と
つ	わ	で	め	え	お	ぶ	ぢ	ゎ	せ	べ	の
び	う	か	ろ	あ	ぢ	い	び	え	ぬ	よ	へ

① ぶ
② ぴ
③ ぺ
④ う
⑤ つ

35

㎌	㎒	㎗	㎈	㎒	㎁	㎉	㎝	㎄	㎗	㎌	㎁
㎤	㎉	㎁	㎉	㎘	㎉	㎑	㎈	㎌	㎁	㎒	㎉
㎁	㎑	㎌	㎑	㎌	㎈	㎉	㎁	㎗	㎑	㎀	㎝
㎉	㎈	㎝	㎉	㎌	㎁	㎌	㎒	㎉	㎝	㎑	㎈

① pA
② kℓ
③ ㎤
④ kA
⑤ ㎜

36 다음 중 제시된 도형과 같은 것은?(단, 도형은 회전이 가능하다)

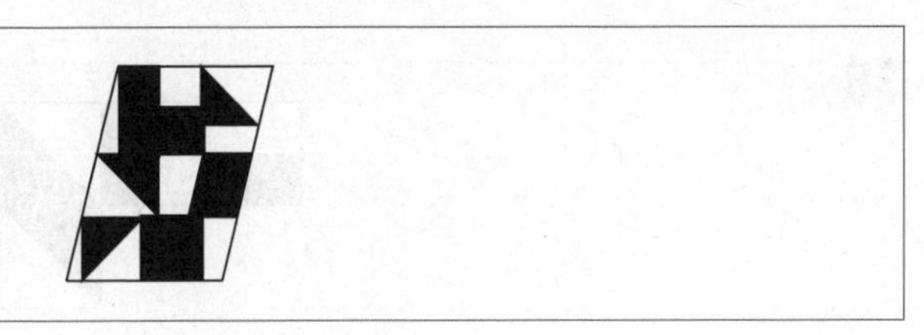

① 

② 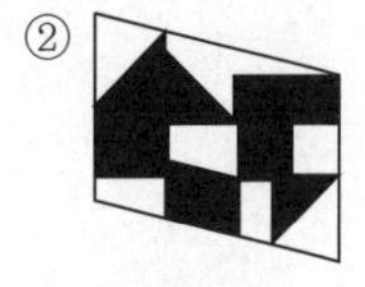

③ 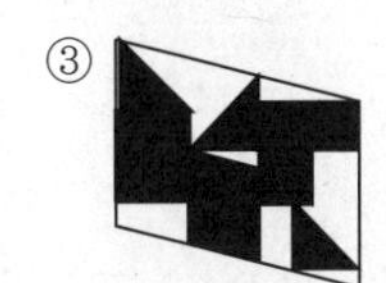

④ 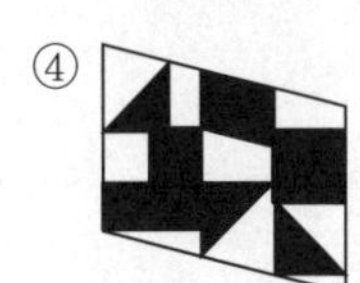

⑤ 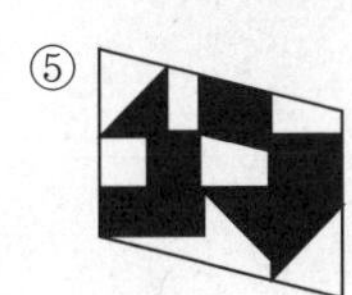

37 다음 중 나머지 도형과 다른 것은?

① 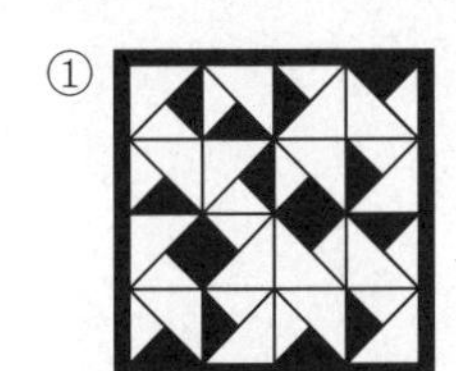

② 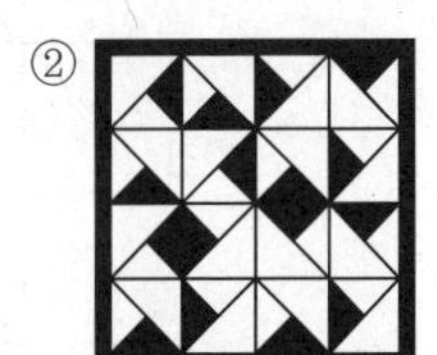

③ 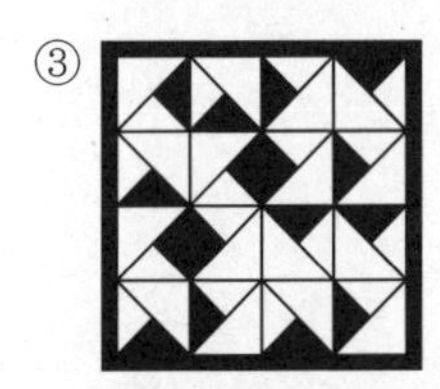

④ 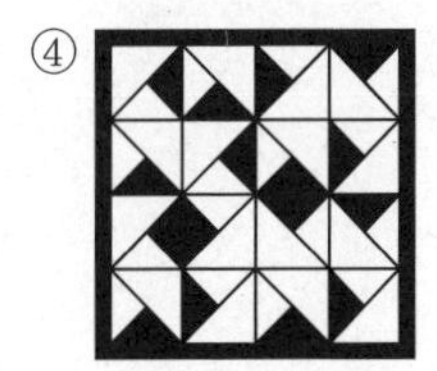

⑤ 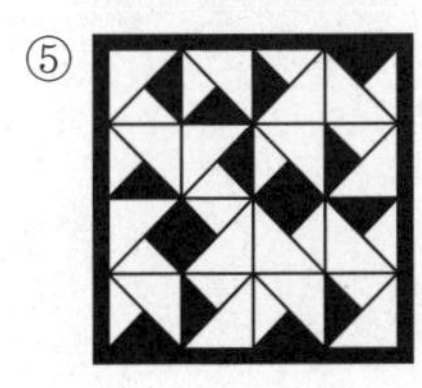

※ 제시된 전개도로 정육면체를 만들 때, 만들어질 수 없는 것을 고르시오. [38~40]

38

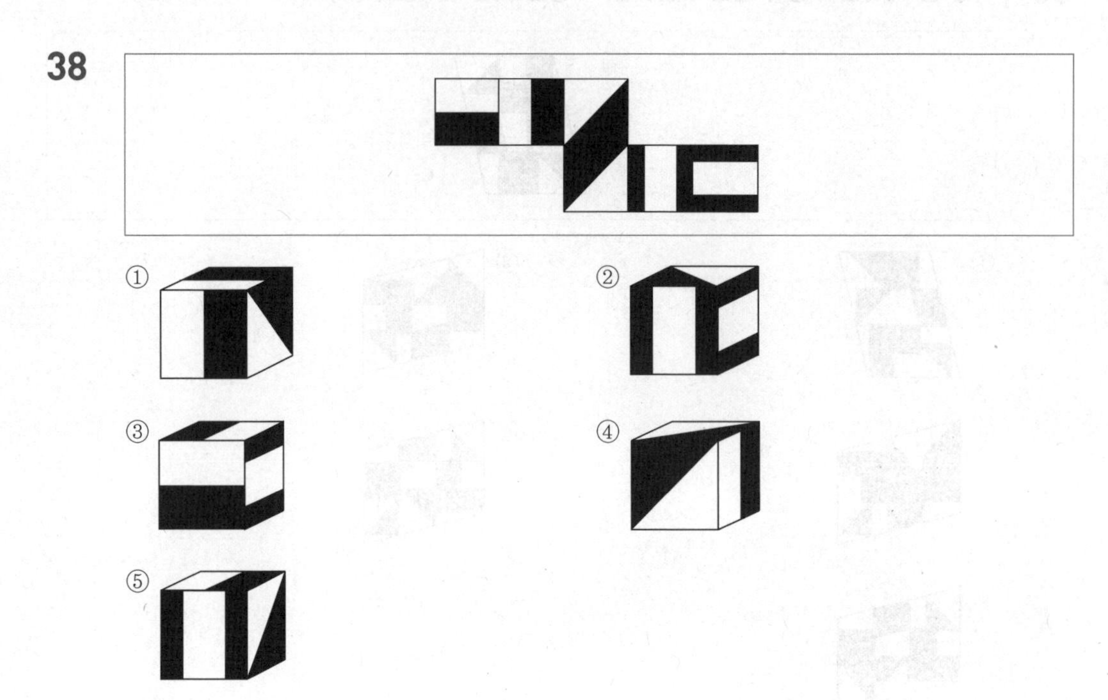

39

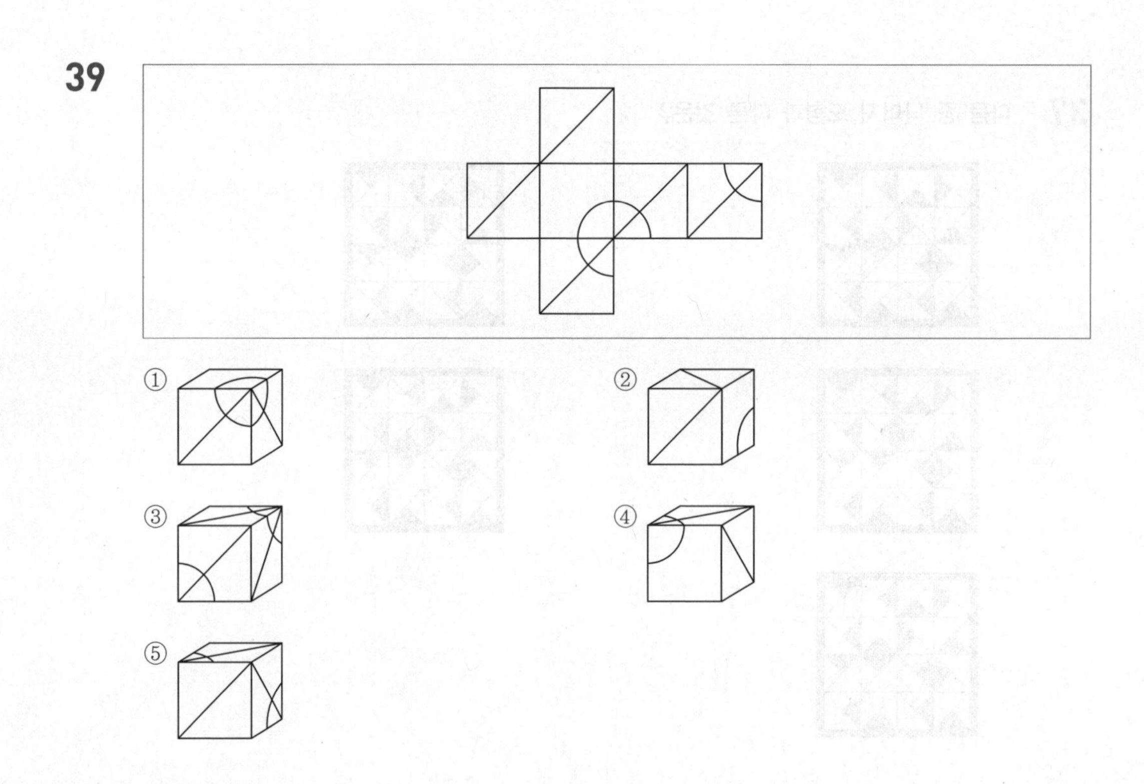

40

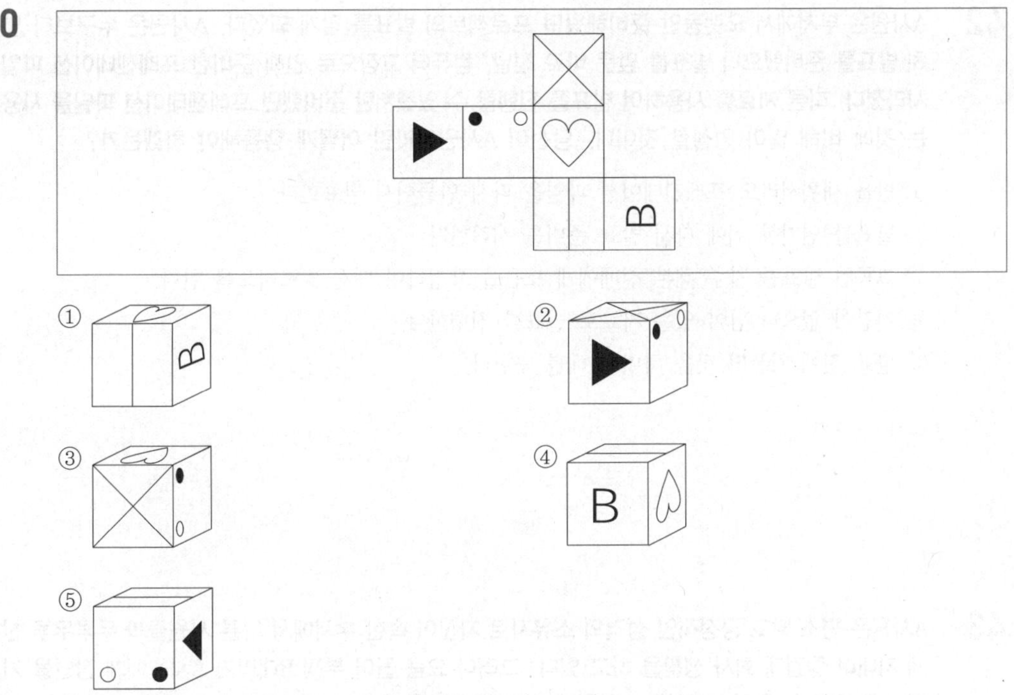

41 **L사원은 전부터 보고 싶었던 뮤지컬 내한공연을 어렵게 예약하였다. 몇 주 전부터 공연 볼 생각에 들떠서 여러 사람들에게 이야기를 하고 다녔고, 팀원들도 공연 날짜를 다 알고 있을 정도였다. 공연 당일 제 시각에 퇴근하여 공연장으로 갈 생각으로 열심히 근무하고 있었는데, 갑자기 회사에 급한 일이 생겨서 팀 전체가 야근을 하게 되었다. 당신이 L사원이라면 어떻게 행동하겠는가?**

① 팀원들에게 양해를 구하고 공연을 보기 위해 퇴근한다.

② 공연을 보고 다시 회사로 돌아와서 남은 일을 처리한다.

③ 자신이 맡은 업무는 밤을 새워서라도 해올 테니 먼저 퇴근하겠다고 하고 간다.

④ 바로 퇴근하지 않고 남아서 상황을 지켜본 다음, 퇴근해도 될 것 같을 때 빠르게 퇴근하여 공연장으로 간다.

⑤ 팀원들이 모두 남아서 야근을 하는데 혼자 공연을 보러 간다고 퇴근할 수 없으므로, 어쩔 수 없이 공연을 포기하고 남아서 야근을 한다.

42 **A사원은 부서에서 오랫동안 준비해왔던 프로젝트의 발표를 맡게 되었다. A사원은 누구보다 열심히 발표를 준비했으나 발표를 앞둔 바로 전날, 컴퓨터 고장으로 인해 준비한 프레젠테이션 파일이 사라졌다. 다른 자료를 사용하여 발표를 진행할 수 있겠지만 준비했던 프레젠테이션 파일을 사용하는 것에 비해 많이 엉성할 것이다. 당신이 A사원이라면 어떻게 행동해야 하겠는가?**

① 밤을 새워서라도 프레젠테이션 파일을 다시 만들어서 발표한다.
② 발표를 연기한 뒤에 다시 발표 준비를 시작한다.
③ 그동안 발표를 자주 해본 선배에게 도움을 요청하여 대신 발표하도록 한다.
④ 시간이 없으니 남아 있는 자료로 발표를 진행한다.
⑤ 발표 전에 컴퓨터 탓을 하며 양해를 구한다.

43 **A사원은 평소 밝고 긍정적인 성격의 소유자로 자신이 속한 부서에서 다른 사원들과 두루두루 친하게 지내며 즐겁게 회사 생활을 하고 있다. 그러나 요즘 들어 부쩍 B대리가 A사원에게 장난을 거는 일이 잦아졌다. 특히 B대리는 A사원의 신체적 약점을 꼬집어 반복적으로 놀린다는 점에서 A사원은 스트레스를 받고 있는 상황이다. 당신이 A사원이라면 이런 상황에서 어떻게 하겠는가?**

① B대리에게 자신의 신체적 약점을 놀리지 말 것을 요구한다.
② 힘들지만 B대리가 상사이므로 인내한다.
③ B대리의 이러한 행동에 대해 직장 동료들에게 이야기한다.
④ B대리의 상사에게 부탁해서 조치해 달라고 한다.
⑤ 다른 부서로의 이동을 신청하여 B대리와의 접촉을 최소화한다.

44 **퇴근 시간이 가까워져 오고 있지만, A사원이 오늘까지 처리해야 할 업무가 아직 많이 남아 있다. 주어진 업무를 모두 마치기 위해서 A사원은 오늘 밤 야근을 해야 한다. 그러나 A사원의 상사인 B가 퇴근을 앞두고 다 같이 회식을 가자고 제안했다. 이 상황에서 당신이 A사원이라면 어떻게 할 것인가?**

① 상사의 제안이니 회식에 간다.
② 업무가 있다고 말하고 회식 자리에 참석하지 않는다.
③ 동료에게 업무를 처리해 달라고 부탁하고 회식에 참석한다.
④ 회식에 참석하되 회식 이후 밤을 새워 업무를 수행한다.
⑤ 업무 기일을 연기해달라고 상사에게 부탁한다.

45 A대리는 업무를 처리하고 중요한 거래도 성사시킬 겸 지방으로 출장을 왔다. A대리의 출장 기간은 오늘이 마지막이며, 바이어와의 중요한 거래를 남겨두고 있는 상황이다. 그러나 기존에 만나기로 약속했던 바이어가 갑작스럽게 일이 생겨서 만나지 못할 것 같다며 약속을 다음으로 연기하려고 한다. 당신이 A대리라면 어떻게 할 것인가?

① 일단 회사에 복귀한 후 업무를 진행시킬 다른 방법을 찾는다.
② 바이어를 찾아가서라도 무조건 오늘 거래를 성사시키도록 한다.
③ 상사에게 상황의 불합리성을 설명하고 이 바이어와 거래하지 않도록 한다.
④ 어쩔 수 없으니 기다렸다가 바이어를 만나서 일을 처리한다.
⑤ 내 잘못이 아니니 상사에게 보고 후 회사에 복귀한다.

46 A사원은 아직 회사 일에 서툴지만, B팀장과 함께 중요한 계약을 앞두고 미팅을 진행하게 되었다. 그러나 미팅 당일 B팀장에게 개인적인 사정이 생겨서 미팅에 참석하기 곤란하다는 연락이 왔다. A사원이 B팀장에게 다시 전화를 걸어 미팅 진행에 대해 물어보니 알아서 하라고 한다. 당신이 A사원이라면 어떻게 하겠는가?

① B팀장이 나를 많이 신뢰하고 있다고 생각한다.
② 알아서 하라고 하니 그동안 내가 하고 싶었던 대로 해야겠다고 생각한다.
③ 책임감이 없는 사람이라고 생각한다.
④ 다른 직원들에게 B팀장의 행동을 말해야겠다고 생각한다.
⑤ 미팅을 잘 끝내서 나의 능력을 보여줘야겠다고 생각한다.

47 얼마 전 입사한 A사원은 거래처와 중대한 거래를 앞두고 있다. A사원의 상급자인 H대리는 거래를 성사시키기 위해 거래처에 리베이트를 시도하라는 지시를 내렸다. 그러나 A사원이 다니고 있는 회사는 회사 방침상 리베이트 관행을 금지하고 있다. 당신이 업무상 부당한 지시를 받은 A사원이라면 어떻게 할 것인가?

① 그냥 지시대로 따른다.
② 개인적으로 불합리성을 설명하고 시정을 건의한다.
③ 모든 동료와 단합하여 반대한다.
④ 지시 사항을 무시해버린다.
⑤ 상사에게 사실대로 말하고 부당함을 알린다.

48 A사원은 최근에 맡은 업무를 성공적으로 수행하기 위해서 B부서의 협조가 필요하다. 그런데 부끄러움을 많이 타는 성격의 A사원은 B부서와 평소에 접촉도 없었으며 B부서 내에 개인적으로 친한 직원도 없다. 그러나 B부서의 협조가 절대적으로 필요한 상황이다. 당신이 A사원이라면 어떻게 할 것인가?

① B부서로 직접 찾아가서 상황을 설명하고 정중히 업무 협조를 구한다.
② B부서 동료와 잘 통하는 사람을 찾아본다.
③ 업무 협조가 어려워 일을 못 하겠다고 상관에게 보고한다.
④ 그 업무를 일단 뒤로 미뤄버린다.
⑤ 다른 동료에게 업무를 미룬다.

49 A사원은 운동을 하기보다는 영화관에 가서 영화를 보거나 새로 나온 책을 읽으며 쉬는 것을 선호하는 편이다. 그러나 A사원이 속한 부서의 B부장은 A사원과 반대로 운동을 취미로 삼고 있다. 문제는 사원들과 친밀한 관계를 유지하고 싶어 하는 B부장이 A사원에게도 계속해서 같은 운동을 취미로 삼을 것을 강요한다는 점이다. 당신이 A사원이라면 어떻게 행동하겠는가?

① 관계 유지 및 개선을 위해 요구를 받아들여 운동을 취미로 삼는다.
② 주말 등 별도의 시간을 투자하여 해당 운동에서 두각을 드러낼 수 있도록 한다.
③ B부장에게 자신은 운동에 흥미가 없음을 밝히고 정중하게 거절한다.
④ B부장에게 개개인의 특성을 고려하지 않은 업무 외의 일방적인 요구는 옳지 않다고 딱 잘라 말한다.
⑤ 비슷한 생각을 지닌 동료들과 B부장에 대한 반대 여론을 만든다.

50 A사원이 속한 C팀은 다른 팀에 비해 야근이 잦은 편이다. 그렇다고 해서 C팀의 업무량이 많은 것은 아니며, 오히려 C팀의 수장인 B팀장이 팀 운영에서 비효율적인 업무 처리 방식을 고수하고 있기 때문이다. A사원이 생각하기에는 B팀장이 유지하고 있는 업무 처리 방식과 다른 업무 처리 방식을 도입한다면 효율성을 높이고 야근 횟수를 줄일 수 있을 것 같다. 당신이 A사원이라면 이런 상황에서 어떻게 하겠는가?

① B팀장의 방식을 존중하여 묵묵히 견딘다.
② B팀장에게 현재의 방식이 비효율적임을 조목조목 밝힌다.
③ B팀장에게 현재의 방식이 비효율적임을 공손하게 밝히고 대안을 제시한다.
④ B팀장에 대해 불만을 가진 다른 동료들을 부추겨 말하게 한다.
⑤ B팀장의 방식을 견디되 자신의 업무 내에서 최대한 효율성을 추구한다.

PART 3

인성검사

PART

3 인성검사

01 ▶ 인성검사 수검요령

인성검사는 특별한 수검요령이 없다. 다시 말하면 모범답안이 없고, 정답이 없다는 이야기이다. 국어문제처럼 말의 뜻을 풀이하는 것도 아니다. 굳이 수검요령을 말하자면, 진실하고 솔직한 내 생각을 답하는 것이라고 할 수 있다.

인성검사에서 가장 중요한 것은 첫째, 솔직한 답변이다. 지금까지 경험을 통해서 축적된 내 생각과 행동을 거짓 없이 솔직하게 기재하는 것이다. 예를 들어, "나는 타인의 물건을 훔치고 싶은 충동을 느껴 본 적이 있다."라는 질문에 피검사자들은 많은 생각을 하게 된다. 생각해 보라. 유년기에 또는 성인이 되어서도 타인의 물건을 훔치는 일을 저지른 적은 없더라도, 훔치고 싶은 충동은 누구나 조금이라도 다 느껴보았을 것이다. 그런데 간혹 이 질문에 고민을 하는 사람이 있다. 과연 이 질문에 "예"라고 대답하면 담당 검사관들이 나를 사회적으로 문제가 있는 사람으로 여기지는 않을까 하는 생각에 "아니요"라 는 답을 기재하게 된다. 이런 솔직하지 않은 답변이 답변의 신뢰와 솔직함을 나타내는 타당성 척도에 좋지 않은 점수를 주게 된다. 둘째, 일관성 있는 답변이다. 인성검사의 수많은 질문 중에는 비슷한 내 용의 물음이 여러 개 숨어 있는 경우가 많이 있다. 그 질문들은 피검사자의 '솔직한 답변'과 '심리적인 상태'를 알아보기 위해 반복적으로 나오는 것이다. 가령 "나는 유년 시절 타인의 물건을 훔친 적이 있다."라는 질문에 "예"라고 대답했는데, "나는 유년 시절 타인의 물건을 훔쳐보고 싶은 충동을 느껴본 적이 있다."라는 질문에는 "아니요"라는 답을 기재한다면 어떻겠는가. 일관성 없이 '대충 기재하자'라는 식의 심리적 무성의성 답변이 되거나, 정신적으로 문제가 있는 사람으로 보일 수 있다.

인성검사는 많은 문항을 풀어야 하기 때문에 피검사자들은 지루함과 따분함을 느낄 수 있고 반복된 내용의 질문 때문에 인내심이 바닥날 수도 있다. 그럴수록 인내를 가지고 솔직하게 내 생각을 대답하는 것이 무엇보다 중요한 요령이 될 것이다.

02 ▶ 인성검사 시 유의사항

(1) 충분한 휴식으로 불안을 없애고 정서적인 안정을 취한다. 심신이 안정되어야 자신의 마음을 표현할 수 있다.

(2) 생각나는 대로 솔직하게 응답한다. 자신을 너무 과대포장하지도, 너무 비하시키지도 마라. 답변을 꾸며서 하면 앞뒤가 맞지 않게끔 구성돼 있어 불리한 평가를 받게 되므로 솔직하게 답하도록 한다.

(3) 검사문항에 대해 지나치게 생각해서는 안 된다. 지나치게 몰두하면 엉뚱한 답변이 나올 수 있으므로 불필요한 생각은 삼간다.

(4) 검사시간에 너무 신경 쓸 필요는 없다. 인성검사는 시간제한이 없는 경우가 많으며 시간제한이 있다 해도 충분한 시간이다.

(5) 인성검사는 대개 문항 수가 많기에 자칫 건너뛰는 경우가 있는데, 가능한 한 모든 문항에 답해야 한다. 응답하지 않은 문항이 많을 경우 평가자가 정확한 평가를 내리지 못해 불리한 평가를 내릴 수 있기 때문이다.

03 ▸ 인성검사 모의연습

※ 인성검사는 정답이 따로 없는 유형의 검사이므로 결과지를 제공하지 않습니다.

유형 1

※ 각 문제에 대해 자신이 동의하는 정도에 따라 '① 전혀 그렇지 않다, ② 그렇지 않다, ③ 그렇다, ④ 매우 그렇다'로 응답하십시오. [1~50]

01

1. 외출할 때 날씨가 좋지 않아도 그다지 신경을 쓰지 않는다.
2. 일을 그르쳤을 때 그 원인을 알아내지 못하면 크게 불안하다.

1. ① ② ③ ④
2. ① ② ③ ④

02

1. 혼자라고 생각한 적은 한 번도 없다.
2. 모르는 사람과 이야기하는 것은 용기가 필요하다.

1. ① ② ③ ④
2. ① ② ③ ④

03

1. 친구들과 영화를 보고 나서 감상평을 나누는 것을 좋아한다.
2. 잘하지 못하더라도 자신의 창의성을 바탕으로 끝까지 해내려 한다.

1. ① ② ③ ④
2. ① ② ③ ④

04

1. 내가 노력하는 만큼 상대방도 내게 정성을 보일 것이라 생각한다.
2. 남의 생일이나 명절 때 선물을 사러 다니는 일이 귀찮게 느껴진다.

1. ① ② ③ ④
2. ① ② ③ ④

05

1. 하나의 취미를 오래 지속하는 편이다. 2. 다른 사람들이 하지 못하는 일을 하고 싶다.

1. ① ② ③ ④
2. ① ② ③ ④

06

1. 쉽게 싫증을 내는 편이다. 2. 집에서 가만히 있으면 기분이 우울해진다.

1. ① ② ③ ④
2. ① ② ③ ④

07

1. 동작이 기민한 편이다. 2. 번잡한 인간관계를 잠시 접어두고 혼자서 여행을 떠나고 싶을 때가 자주 있다.

1. ① ② ③ ④
2. ① ② ③ ④

08

1. 부모님께 불평을 한 적이 한 번도 없다. 2. 지적 호기심이 별로 없고, 감정이 건조한 편이다.

1. ① ② ③ ④
2. ① ② ③ ④

09

1. 다른 사람이 나를 간섭하는 게 싫다. 2. 반대에 부딪혀도 자신의 의견을 끝까지 고집한다.

1. ① ② ③ ④
2. ① ② ③ ④

10

1. 막무가내라는 말을 들을 때가 많다.
2. 일을 할 때는 노력한 만큼 명시적인 결과를 내는 것이 중요하다고 생각한다.

1. ① ② ③ ④
2. ① ② ③ ④

11

1. 기다리는 것에 쉽게 짜증을 내는 편이다.
2. 지금까지 후회를 하면서 마음을 썩인 적이 거의 없다.

1. ① ② ③ ④
2. ① ② ③ ④

12

1. 상대에게 자신의 의견을 잘 주장하지 못한다.
2. 다른 사람과 몸을 많이 부딪치는 거친 운동에 도전하는 편이다.

1. ① ② ③ ④
2. ① ② ③ ④

13

1. 생소한 것에서 신선한 아름다움을 느끼는 편이다.
2. 여행을 가서 새로운 자극을 경험하는 것을 선호한다.

1. ① ② ③ ④
2. ① ② ③ ④

14

1. 이유도 없이 다른 사람과 부딪힐 때가 있다.
2. 남들이 반대해도 내 생각을 절대 바꾸지 않는다.

1. ① ② ③ ④
2. ① ② ③ ④

15

1. 휴일에도 꼼꼼한 세부 계획을 세우고 보낸다.
2. 어려움에 빠져도 좌절하지 않고 정성스럽게 행동한다.

1. ① ② ③ ④
2. ① ② ③ ④

16

1. 앞으로의 일을 생각하지 않으면 진정이 되지 않는다.
2. 다소 비관적이어서 좀처럼 결단을 내리지 못하는 경우가 있다.

1. ① ② ③ ④
2. ① ② ③ ④

17

1. 인간관계가 폐쇄적이라는 말을 듣는다.
2. 그룹 내에서는 누군가의 주도 아래 따라가는 경우가 많다.

1. ① ② ③ ④
2. ① ② ③ ④

18

1. 감성을 중시하며 예술에 관심이 많다.
2. 낯선 것은 다양한 변화를 이끌 가능성이 많다고 본다.

1. ① ② ③ ④
2. ① ② ③ ④

19

1. 잘하지 못해 상대방을 이기기 힘든 게임은 하지 않으려고 한다.
2. 남들이 내 일에 관여하면 방해를 받은 것 같아 비협조적으로 된다.

1. ① ② ③ ④
2. ① ② ③ ④

20

1. 여행을 가기 전에는 미리 세세한 일정을 세운다.
2. 계획 없이 행동을 먼저 하다가 포기할 때가 간혹 있다.

1. ① ② ③ ④
2. ① ② ③ ④

21

1. 어떤 일로 인해 구속감을 느낄 때가 많다.
2. 고민 때문에 끙끙거리며 생각할 때가 많다.

1. ① ② ③ ④
2. ① ② ③ ④

22

1. 번화한 곳으로 외출하는 것을 좋아한다.
2. 남들과의 관계가 어색해지면 입을 다무는 경우가 많다.

1. ① ② ③ ④
2. ① ② ③ ④

23

1. 색채 감각이나 미적 감각이 풍부한 편이다.
2. 현실에 만족하지 않고 변화를 추구하는 편이다.

1. ① ② ③ ④
2. ① ② ③ ④

24

1. 의견이 나와 다른 사람과는 별로 어울리지 않는다.
2. 자신의 감정을 솔직하게 드러내고, 타인에게 상냥하고 너그러운 편이다.

1. ① ② ③ ④
2. ① ② ③ ④

25

1. 나는 융통성이 없는 편이다.
2. 실행하기 전에 재확인할 때가 많다.

1. ① ② ③ ④
2. ① ② ③ ④

26

1. 가끔 까닭 없이 기분이 우울하다.
2. 매사에 느긋하고 차분하게 행동한다.

1. ① ② ③ ④
2. ① ② ③ ④

27

1. 모르는 사람과 이야기하는 것이 전혀 두렵지 않다.
2. 다른 사람에게 항상 움직이고 있다는 말을 듣는다.

1. ① ② ③ ④
2. ① ② ③ ④

28

1. 새롭고 참신한 아이디어를 개발하는 일에 흥미를 느낀다.
2. 새로운 관점에서 사건의 뒤에 숨은 본질을 분석하기를 좋아한다.

1. ① ② ③ ④
2. ① ② ③ ④

29

1. 스스로가 완고한 편이라고 생각한다.
2. 타인들에게 지적을 받은 것은 최대한 개선하려고 노력하는 편이다.

1. ① ② ③ ④
2. ① ② ③ ④

30

1. 하나의 취미 활동을 꾸준히 이어나가는 편이다.
2. 준비가 부족하다고 생각해 행동으로 옮기기까지 시간이 걸린다.

1. ① ② ③ ④
2. ① ② ③ ④

31

1. 불안감이나 우울함을 잘 느끼지 못한다.
2. 자신이 지나치게 내성적이라고 생각한다.

1. ① ② ③ ④
2. ① ② ③ ④

32

1. 인간관계를 더 이상 넓히고 싶지 않다.
2. 누구나 권력자를 동경하고 있다고 생각한다.

1. ① ② ③ ④
2. ① ② ③ ④

33

1. 현실성보다는 창의력이 성공의 원동력이라고 생각한다.
2. 새로운 물건을 만들거나 새로운 도구 사용법을 익히는 일에 관심이 있다.

1. ① ② ③ ④
2. ① ② ③ ④

34

1. 다른 사람의 의견에 전혀 휘둘리지 않는다.
2. 내가 다른 사람에게 정성을 보인 만큼 그도 나를 존중할 것이라고 생각한다.

1. ① ② ③ ④
2. ① ② ③ ④

35

1. 해야 할 일은 신속하게 처리한다.
2. 근무 태도는 모범적이지만 성과가 저조한 사람과 성과는 높지만 근무 태도가 불량한 사람 중에 후자를 선호한다.

1. ① ② ③ ④
2. ① ② ③ ④

36

1. 차분하다는 말을 자주 듣는다.
2. 실패 상황을 반면교사(反面教師)로 삼아 희망을 잃지 않는 편이다.

1. ① ② ③ ④
2. ① ② ③ ④

37

1. 나는 언제나 활력이 있다.
2. 잠을 깨면 바로 일어나 외출할 준비를 한다.

1. ① ② ③ ④
2. ① ② ③ ④

38

1. 감수성은 사물의 이치를 깨닫는 실마리를 준다고 생각한다.
2. 감정의 변화가 적고, 새로운 지식을 아는 데 적극적이지 않다.

1. ① ② ③ ④
2. ① ② ③ ④

39

1. 사안을 결단할 경우에 가장 중요한 것은 조직의 견해이다.
2. 타인과 마찰을 빚을 때 상대방을 주저 없이 비난하는 편이다.

1. ① ② ③ ④
2. ① ② ③ ④

40

1. 통찰력이 있다고 자부한다.
2. 주변 사람들로부터 융통성이 없다는 말을 들을 때가 많다.

1. ① ② ③ ④
2. ① ② ③ ④

41

1. 끝내지 못한 일로 인해 스트레스를 계속 받는다.
2. 못할 것 같아도 침착하고 담대하게 대처하면 이룰 수 있다고 생각한다.

1. ① ② ③ ④
2. ① ② ③ ④

42

1. 지휘력 있는 리더로서 인정을 받고 싶다.
2. 누군가의 의견에 따라가는 경우가 많다.

1. ① ② ③ ④
2. ① ② ③ ④

43

1. 나는 꼭 필요할 때만 내 감정을 드러낸다.
2. 익숙하지 않아 자신 없는 일도 도전적인 자세로 적극적으로 하는 편이다.

1. ① ② ③ ④
2. ① ② ③ ④

44

1. 지인들의 의견에 따라 생각을 잘 바꾸는 편이다.
2. 상관의 지시를 따라야 할 때 속으로는 거부감을 느낄 때가 많다.

1. ① ② ③ ④
2. ① ② ③ ④

45

1. 대충하는 것을 좋아한다.
2. 좋은 생각이 떠올라도 실행하기 전에 여러 번 검토한다.

1. ① ② ③ ④
2. ① ② ③ ④

46

1. 나는 참을성이 강한 편이다.
2. 상황을 낙관할 수 없는 경우에는 당황해 자신감이 사라진다.

1. ① ② ③ ④
2. ① ② ③ ④

47

1. 다소 무리를 하더라도 피로해지지 않는다.
2. 대중의 주목을 끄는 스포츠 선수가 되고 싶다고 생각할 때가 있다.

1. ① ② ③ ④
2. ① ② ③ ④

48

1. 시대에 맞지 않는 법률은 지킬 필요가 없다고 생각한다.
2. 권위자가 권위를 인정받는 것에는 다 그럴만한 이유가 있다고 생각한다.

1. ① ② ③ ④
2. ① ② ③ ④

49

1. 사안을 결단할 경우에 자기중심적일 때가 많다.
2. 처음 만난 사람과 신뢰를 쌓는 데 회의적인 편이다.

1. ① ② ③ ④
2. ① ② ③ ④

50

1. 일을 할 때는 원하는 성과를 거두는 것이 중요하다.
2. 목표에 맞춰 세운 계획에 따라 효율적으로 행동하려고 하는 편이다.

1. ① ② ③ ④
2. ① ② ③ ④

유형 2

※ 각 문제에 대해 자신이 동의하는 정도에 따라 (가)에 가까울수록 ①에 가깝게, (나)에 가까울수록 ④에 가깝게 응답하십시오. [1~50]

01

(가) 처음 만나는 사람과는 잘 이야기하지 못한다.
(나) 이성적이고 냉정하다.

① ② ③ ④

02

(가) 현실에 만족하지 않고 더욱 개선하고 싶다.
(나) 결심하면 바로 착수한다.

① ② ③ ④

03

(가) 불가능해 보이는 일이라도 포기하지 않고 계속한다.
(나) 일을 할 때에는 꼼꼼하게 계획을 세우고 실행한다.

① ② ③ ④

04

(가) 행동하기 전에 먼저 생각한다.
(나) 굳이 말하자면 활동적인 편이다.

① ② ③ ④

05

(가) 수비보다 공격하는 것에 자신이 있다.
(나) 친한 사람하고만 어울리고 싶다.

① ② ③ ④

06

(가) 쓸데없는 걱정을 할 때가 많다.
(나) 굳이 말하자면 야심가이다.

① ② ③ ④

07

(가) 활동적이라는 이야기를 자주 듣는다.
(나) 한 가지 일에 열중하는 것을 좋아한다.

① ② ③ ④

08

(가) 얌전한 사람이라는 말을 들을 때가 많다.
(나) 침착하게 행동하는 편이다.

① ② ③ ④

09

(가) 목표는 높을수록 좋다.
(나) 기왕 하는 것이라면 온 힘을 다한다.

① ② ③ ④

10

(가) 계획을 중도에 변경하는 것은 싫다.
(나) 호텔이나 여관에 묵으면 반드시 비상구를 확인한다.

① ② ③ ④

11

(가) 실제로 행동하기보다 생각하는 것을 좋아한다.
(나) 목소리가 큰 편이라고 생각한다.

① ② ③ ④

12

(가) 지금까지 가본 적이 없는 곳에 가는 것을 좋아한다.
(나) 모르는 사람과 만나는 일은 마음이 무겁다.

① ② ③ ④

13

(가) 전망이 서지 않으면 행동으로 옮기지 않을 때가 많다.
(나) 남들 위에 서서 일을 하고 싶다.

① ② ③ ④

14

(가) 운동하는 것을 좋아한다.
(나) 참을성이 강하다.

① ② ③ ④

15

(가) 다른 사람들과의 교제에 소극적인 편이라고 생각한다.
(나) 복잡한 것을 생각하는 것을 좋아한다.

① ② ③ ④

16

(가) 인생에서 중요한 것은 높은 목표를 갖는 것이다.
(나) 무슨 일이든 선수를 쳐야 이긴다고 생각한다.

① ② ③ ④

17

(가) 새로운 일을 하는 것을 망설인다.
(나) 항상 앞으로의 일을 생각하지 않으면 진정이 되지 않는다.

① ② ③ ④

18

(가) 하루의 행동을 반성하는 경우가 많다.
(나) 격렬한 운동도 그다지 힘들어하지 않는다.

① ② ③ ④

19

(가) 계획을 생각하기보다 빨리 실행하고 싶어 한다.
(나) 어색해지면 입을 다무는 경우가 많다.

① ② ③ ④

20

(가) 신중하게 생각하는 편이다.
(나) 큰일을 해보고 싶다.

① ② ③ ④

21

(가) 몸을 움직이는 것을 좋아한다.
(나) 나는 완고한 편이라고 생각한다.

① ② ③ ④

22

(가) 다른 사람에게 자신이 소개되는 것을 좋아한다.
(나) 실행하기 전에 재고하는 경우가 많다.

① ② ③ ④

23

(가) 능력을 살릴 수 있는 일을 하고 싶다.
(나) 내 성격이 시원시원하다고 생각한다.

① ② ③ ④

24

(가) 굳이 말하자면 장거리 주자에 어울린다고 생각한다.
(나) 여행을 가기 전에는 세세한 계획을 세운다.

① ② ③ ④

25

(가) 무슨 일이든 해 보지 않으면 만족하지 못한다.
(나) 다소 무리를 하더라도 피로해지지 않는다.

① ② ③ ④

26

(가) 잘하지 못하는 것이라도 자진해서 한다.
(나) 의견이 다른 사람과는 어울리지 않는다.

① ② ③ ④

27

(가) 세부적인 계획을 세우고 휴일을 보낸다.
(나) 완성된 것보다도 미완성인 것에 흥미가 있다.

① ② ③ ④

28

(가) 스포츠 선수가 되고 싶다고 생각한 적이 있다.
(나) 모두가 싫증을 내는 일도 혼자서 열심히 한다.

① ② ③ ④

29

(가) 그룹 내에서 누군가의 주도에 따라가는 경우가 많다.
(나) 차분하다는 말을 자주 듣는다.

① ② ③ ④

30

(가) 리더로서 인정을 받고 싶다.
(나) 어떤 일이 있어도 의욕을 가지고 열심히 하는 편이다.

① ② ③ ④

31

(가) 난관에 봉착해도 포기하지 않고 열심히 한다.
(나) 실행하기 전에 재확인할 때가 많다.

① ② ③ ④

32

(가) 매사에 신중한 편이라고 생각한다.
(나) 눈을 뜨면 바로 일어난다.

① ② ③ ④

33

(가) 활력이 있다.
(나) 인간관계가 폐쇄적이라는 말을 듣는다.

① ② ③ ④

34

(가) 계획을 세우고 행동할 때가 많다.
(나) 일에는 결과가 중요하다고 생각한다.

① ② ③ ④

35

(가) 털털한 편이다.
(나) 끈기가 강하다.

① ② ③ ④

36

(가) 내성적이라고 생각한다.
(나) 대충 하는 것을 좋아한다.

① ② ③ ④

37

(가) 누구나 권력자를 동경하고 있다고 생각한다.
(나) 몸으로 부딪쳐 도전하는 편이다.

① ② ③ ④

38

(가) 매사에 느긋하고 차분하게 매달린다.
(나) 좋은 생각이 떠올라도 실행하기 전에 여러 번 검토한다.

① ② ③ ④

39

(가) 통찰력이 있다고 생각한다.
(나) 집에서 가만히 있으면 기분이 우울해진다.

① ② ③ ④

40

(가) 막무가내라는 말을 들을 때가 많다.
(나) 남과 친해지려면 용기가 필요하다.

① ② ③ ④

41

(가) 잘하지 못하는 게임은 하지 않으려고 한다.
(나) 어떠한 일이 있어도 출세하고 싶다.

① ② ③ ④

42

(가) 다른 사람에게 항상 움직이고 있다는 말을 듣는다.
(나) 매사에 얽매인다.

① ② ③ ④

43

(가) 모르는 사람과 이야기하는 것은 용기가 필요하다.
(나) 공공거리며 생각할 때가 있다.

① ② ③ ④

44

(가) 다른 사람들이 하지 못하는 일을 하고 싶다.
(나) 해야 할 일은 신속하게 처리한다.

① ② ③ ④

45

(가) 타인에게 간섭받는 것은 싫다.
(나) 행동으로 옮기기까지 시간이 걸린다.

① ② ③ ④

46

(가) 좀처럼 결단을 내리지 못하는 경우가 있다.
(나) 하나의 취미를 오래 지속하는 편이다.

① ② ③ ④

47

(가) 자기주장이 강하다.
(나) 자신의 의견을 상대방에게 잘 주장하지 못한다.

① ② ③ ④

48

(가) 자신의 권리를 주장하는 편이다.
(나) 부당한 일을 당해도 참고 넘어가는 편이다.

① ② ③ ④

49

(가) 반대에 부딪혀도 자신의 의견을 바꾸는 일은 없다.
(나) 실행하기 전에 재확인할 때가 많다.

① ② ③ ④

50

(가) 남의 말을 호의적으로 받아들인다.
(나) 칭찬을 들어도 비판적으로 생각한다.

① ② ③ ④

성공은 자신의 한계를 넘어서는 과정에서 찾아진다.

– 마이클 조던 –

PART 4 면접

CHAPTER

01 면접 유형 및 실전 대책

01 ▸ 면접 주요사항

면접의 사전적 정의는 면접관이 지원자를 직접 만나보고 인품(人品)이나 언행(言行) 따위를 시험하는 일로, 흔히 필기시험 후에 최종적으로 심사하는 방법이다.
최근 주요 기업의 인사담당자들을 대상으로 채용 시 면접이 차지하는 비중을 설문조사했을 때, 50 ~ 80% 이상이라고 답한 사람이 전체 응답자의 80%를 넘었다. 이와 대조적으로 지원자들을 대상으로 취업 시험에서 면접을 준비하는 기간을 물었을 때, 대부분의 응답자가 2 ~ 3일 정도라고 대답했다.
지원자가 일정 수준의 스펙을 갖추기 위해 자격증 시험과 토익을 치르고 이력서와 자기소개서까지 쓰다 보면 면접까지 챙길 여유가 없는 것이 사실이다. 그리고 서류전형과 인적성검사를 통과해야만 면접을 볼 수 있기 때문에 자연스럽게 면접은 취업시험 과정에서 그 비중이 작아질 수밖에 없다. 하지만 아이러니하게도 실제 채용 과정에서 면접이 차지하는 비중은 절대적이라고 해도 과언이 아니다.
기업들은 채용 과정에서 토론 면접, 인성 면접, 프레젠테이션 면접, 역량 면접 등의 다양한 면접을 실시한다. 1차 커트라인이라고 할 수 있는 서류전형을 통과한 지원자들의 스펙이나 능력은 서로 엇비슷하다고 판단되기 때문에 서류상 보이는 자격증이나 토익 성적보다는 지원자의 인성을 파악하기 위해 면접을 더욱 강화하는 것이다. 일부 기업은 의도적으로 압박 면접을 실시하기도 한다. 지원자가 당황할 수 있는 질문을 던져서 그것에 대한 지원자의 반응을 살펴보는 것이다.
면접은 다르게 생각한다면 '나는 누구인가'에 대한 물음에 해답을 줄 수 있는 가장 현실적이고 미래적인 경험이 될 수 있다. 취업난 속에서 자격증을 취득하고 토익 성적을 올리기 위해 앞만 보고 달려온 지원자들은 자신에 대해서 고민하고 탐구할 수 있는 시간을 평소 쉽게 가질 수 없었을 것이다. 자신을 잘 알고 있어야 자신에 대해서 자신감 있게 말할 수 있다. 대체로 사람들은 자신에게 관대한 편이기 때문에 자신에 대해서 어떤 기대와 환상을 가지고 있는 경우가 많다. 하지만 면접은 제삼자에 의해 개인의 능력을 객관적으로 평가받는 시험이다. 어떤 지원자들은 다른 사람에게 자신을 표현하는 것을 어려워한다. 평소에 잘 사용하지 않는 용어를 내뱉으면서 거창하게 자신을 포장하는 지원자도 많다. 면접에서 가장 기본은 자기 자신을 면접관에게 알기 쉽게 표현하는 것이다.
이러한 표현을 바탕으로 자신이 앞으로 하고자 하는 것과 그에 대한 이유를 설명해야 한다. 최근에는 자신감을 향상시키거나 말하는 능력을 높이는 학원도 많기 때문에 얼마든지 자신의 단점을 극복할 수 있다.

1. 자기소개의 기술

자기소개를 시키는 이유는 면접자가 지원자의 자기소개서를 압축해서 듣고, 지원자의 첫인상을 평가할 시간을 가질 수 있기 때문이다. 면접을 위한 워밍업이라고 할 수 있으며, 첫인상을 결정하는 과정이므로 매우 중요한 순간이다.

(1) 정해진 시간에 자기소개를 마쳐야 한다.

쉬워 보이지만 의외로 지원자들이 정해진 시간을 넘기거나 혹은 빨리 끝내서 면접관에게 지적을 받는 경우가 많다. 본인이 면접을 받는 마지막 지원자가 아닌 이상, 정해진 시간을 지키지 않는 것은 수많은 지원자를 상대하기에 바쁜 면접관과 대기 시간에 지친 다른 지원자들에게 불쾌감을 줄 수 있다.
또한 회사에서 시간관념은 절대적인 것이므로 반드시 자기소개 시간을 지켜야 한다. 말하기는 1분에 200자 원고지 2장 분량의 글을 읽는 만큼의 속도가 가장 적당하다. 이를 A4 용지에 10point 글자 크기로 작성하면 반 장 분량이 된다.

(2) 간단하지만 신선한 문구로 자기소개를 시작하자.

요즈음 많은 지원자가 이 방법을 사용하고 있기 때문에 웬만한 소재의 문구가 아니면 면접관의 관심을 받을 수 없다. 이러한 문구는 시대적으로 유행하는 광고 카피를 패러디하는 경우와 격언 등을 인용하는 경우, 그리고 지원한 회사의 IC나 경영이념, 인재상 등을 사용하는 경우 등이 있다. 지원자는 이러한 여러 문구 중에 자신의 첫인상을 북돋아 줄 수 있는 것을 선택해서 말해야 한다. 자신의 이름을 문구 속에 적절하게 넣어서 말한다면 좀 더 효과적인 자기소개가 될 것이다.

PART 4

(3) 무엇을 먼저 말할 것인지 고민하자.

면접관이 많이 던지는 질문 중 하나가 지원동기이다. 그래서 성장기를 바로 건너뛰고, 지원한 회사에 들어오기 위해 대학에서 어떻게 준비했는지를 설명하는 자기소개가 대세이다.

(4) 면접관의 호기심을 자극해 관심을 불러일으킬 수 있게 말하라.

면접관에게 질문을 많이 받는 지원자의 합격률이 반드시 높은 것은 아니지만, 질문을 전혀 안 받는 것보다는 좋은 평가를 기대할 수 있다. 지원한 분야와 관련된 수상 경력이나 프로젝트 등을 말하는 것도 좋다. 이는 지원자의 업무 능력과 직접 연결되는 것이므로 효과적인 자기 홍보가 될 수 있다. 일부 지원자들은 자신만의 특별한 경험을 이야기하는데, 이때는 그 경험이 보편적으로 사람들의 공감대를 얻을 수 있는 것인지 다시 생각해 봐야 한다.

(5) 마지막 고개를 넘기가 가장 힘들다.

첫 단추도 중요하지만, 마지막 단추도 중요하다. 하지만 왠지 격식을 따지는 인사말은 지나가는 인사말 같고, 다르게 하자니 예의에 어긋나는 것 같은 기분이 든다. 이때는 처음에 했던 자신만의 문구를 다시 한 번 말하는 것도 좋은 방법이다. 자연스러운 끝맺음이 될 수 있도록 적절한 연습이 필요하다.

2. 1분 자기소개 시 주의사항

(1) 자기소개서와 자기소개가 똑같다면 감점일까?

아무리 자기소개서를 외워서 말한다 해도 자기소개가 자기소개서와 완전히 똑같을 수는 없다. 자기소개서의 분량이 더 많고 회사마다 요구하는 필수 항목들이 있기 때문에 굳이 고민할 필요는 없다. 오히려 자기소개서의 내용을 잘 정리한 자기소개가 더 좋은 결과를 만들 수 있다. 하지만 자기소개서와 상반된 내용을 말하는 것은 적절하지 않다. 지원자의 신뢰성이 떨어진다는 것은 곧 불합격을 의미하기 때문이다.

(2) 말하는 자세를 바르게 익혀라.

지원자가 자기소개를 하는 동안 면접관은 지원자의 동작 하나하나를 관찰한다. 그렇기 때문에 바른 자세가 중요하다는 것은 우리가 익히 알고 있다. 하지만 문제는 무의식적으로 나오는 습관 때문에 자세가 흐트러져 나쁜 인상을 줄 수 있다는 것이다. 이러한 습관을 고칠 수 있는 가장 좋은 방법은 캠코더 등으로 자신의 모습을 담는 것이다. 거울을 사용할 경우에는 시선이 자꾸 자기 눈과 마주치기 때문에 집중하기 힘들다. 하지만 촬영된 동영상은 제삼자의 입장에서 자신을 볼 수 있기 때문에 많은 도움이 된다.

(3) 정확한 발음과 억양으로 자신 있게 말하라.

지원자의 모양새가 아무리 뛰어나도, 목소리가 작고 발음이 부정확하면 큰 감점을 받는다. 이러한 모습은 지원자의 좋은 점에까지 악영향을 끼칠 수 있다. 직장을 흔히 사회생활의 시작이라고 말하는 시대적 정서에서 사람들과 의사소통을 하는 데 문제가 있다고 판단되는 지원자는 부적절한 인재로 평가될 수밖에 없다.

3. 대화법

전문가들이 말하는 대화법의 핵심은 '상대방을 배려하면서 이야기하라.'는 것이다. 대화는 나와 다른 사람의 소통이다. 내용에 대한 공감이나 이해가 없다면 대화는 더 진전되지 않는다.

『카네기 인간관계론』이라는 베스트셀러의 작가인 철학자 카네기가 말하는 최상의 대화법은 자신의 경험을 토대로 이야기하는 것이다. 즉, 살아오면서 직접 겪은 경험이 상대방의 관심을 끌 수 있는 가장 좋은 이야깃거리인 것이다. 특히, 어떤 일을 이루기 위해 노력하는 과정에서 겪은 실패나 희망에 대해 진솔하게 얘기한다면 상대방은 어느새 당신의 편에 서서 그 이야기에 동조할 것이다.

독일의 사업가이자, 동기부여 트레이너인 위르겐 힐러의 연설법 중 가장 유명한 것은 '시즐(Sizzle)'을 잡는 것이다. 시즐이란, 새우튀김이나 돈가스가 기름에서 지글지글 튀겨질 때 나는 소리이다. 즉, 자신의 말을 듣고 시즐처럼 반응하는 상대방의 감정에 적절하게 대응하라는 것이다.

말을 시작한 지 10～15초 안에 상대방의 '시즐'을 알아차려야 한다. 자신의 이야기에 대한 상대방의 첫 반응에 따라 말하기 전략도 달라져야 한다. 첫 이야기의 반응이 미지근하다면 가능한 한 그 이야기를 빨리 마무리하고 새로운 이야깃거리를 생각해 내야 한다. 길지 않은 면접 시간 내에 몇 번 오지 않는 대답의 기회를 살리기 위해서 보다 전략적이고 냉철해야 하는 것이다.

4. 차림새

(1) 구두

면접에 어떤 옷을 입어야 할지를 며칠 동안 고민하면서 정작 구두는 면접 보는 날 현관을 나서면서 즉흥적으로 신고 가는 지원자들이 많다. 구두를 보면 그 사람의 됨됨이를 알 수 있다고 한다. 면접관 역시 이러한 것을 놓치지 않기 때문에 지원자는 자신의 구두에 더욱 신경을 써야 한다. 스타일의 마무리는 발끝에서 이루어지는 것이다. 아무리 멋진 옷을 입고 있어도 구두가 어울리지 않는다면 전체 스타일이 흐트러지기 때문이다.

정장용 구두는 디자인이 깔끔하고, 에나멜 가공처리를 하여 광택이 도는 페이턴트 가죽 소재 제품이 무난하다. 검정 계열 구두는 회색과 감색 정장에, 브라운 계열의 구두는 베이지나 갈색 정장에 어울린다. 참고로 구두는 오전에 사는 것보다 발이 충분히 부은 상태인 저녁에 사는 것이 좋다. 마지막으로 당연한 일이지만 반드시 면접을 보는 전날 구두 뒤축이 닳지는 않았는지 확인하고 구두에 광을 내 둔다.

(2) 양말

양말은 정장과 구두의 색상을 비교해서 골라야 한다. 특히 검정이나 감색의 진한 색상의 바지에 흰 양말을 신는 것은 시대에 뒤처지는 일이다. 일반적으로 양말의 색깔은 바지의 색깔과 같아야 한다. 또한 양말의 길이도 신경 써야 한다. 바지를 입을 경우, 의자에 바르게 앉거나 다리를 꼬아서 앉을 때 다리털이 보여서는 안 된다. 반드시 긴 정장 양말을 신어야 한다.

(3) 정장

지원자는 평소에 정장을 입을 기회가 많지 않기 때문에 면접을 볼 때 본인 스스로도 옷을 어색하게 느끼는 경우가 많다. 옷을 불편하게 느끼기 때문에 자세마저 불안정한 지원자도 볼 수 있다. 그러므로 면접 전에 정장을 입고 생활해보는 것도 나쁘지는 않다.

일반적으로 면접을 볼 때는 상대방에게 신뢰감을 줄 수 있는 남색 계열의 옷이나 어떤 계절이든 무난하고 깔끔해보이는 회색 계열의 정장을 많이 입는다. 정장은 유행에 따라서 재킷의 디자인이나 버튼의 개수가 바뀌기 때문에 너무 오래된 옷을 입어서 다른 사람의 옷을 빌려 입고 나온 듯한 인상을 주어서는 안 된다.

(4) 헤어스타일과 메이크업

헤어스타일에 자신이 없다면 미용실에 다녀오는 것도 좋은 방법이다. 또한 자신에게 어울리는 메이크업을 하는 것도 괜찮다. 메이크업은 상대에 대한 예의를 갖추는 것이므로 지나치게 화려한 메이크업이 아니라면 보다 준비된 지원자처럼 보일 수 있다.

5. 첫인상

취업을 위해 성형수술을 받는 사람들에 대한 이야기는 더 이상 뉴스거리가 되지 않는다. 그만큼 많은 사람이 좁은 취업문을 뚫기 위해 이미지 향상에 신경을 쓰고 있다. 이는 면접관에게 좋은 첫인상을 주기 위한 것으로, 지원서에 올리는 증명사진을 이미지 프로그램을 통해 수정하는 이른바 '사이버 성형'이 유행하는 것과 같은 맥락이다. 실제로 외모가 채용 과정에서 영향을 끼치는가에 대한 설문조사에서도 60% 이상의 인사담당자들이 그렇다고 답변했다.

하지만 외모와 첫인상을 절대적인 관계로 이해하는 것은 잘못된 판단이다. 외모가 첫인상에서 많은 부분을 차지하지만, 외모 외에 다른 결점이 발견된다면 그로 인해 장점들이 가려질 수도 있다. 이러한 현상은 아래에서 다시 논하겠다.

첫인상은 말 그대로 한 번밖에 기회가 주어지지 않으며 몇 초 안에 결정된다. 첫인상을 결정짓는 요소 중 시각적인 요소가 80% 이상을 차지한다. 첫눈에 들어오는 생김새나 복장, 표정 등에 의해서 결정되는 것이다. 면접을 시작할 때 자기소개를 시키는 것도 지원자별로 첫인상을 평가하기 위해서이다. 첫인상이 중요한 이유는 만약 첫인상이 부정적으로 인지될 경우, 지원자의 다른 좋은 면까지 거부당하기 때문이다. 이러한 현상을 심리학에서는 초두효과(Primacy Effect)라고 한다.

그래서 한 번 형성된 첫인상은 여간해서 바꾸기 힘들다. 이는 첫인상이 나중에 들어오는 정보까지 영향을 주기 때문이다. 첫인상의 정보가 나중에 들어오는 정보 처리의 지침이 되는 것을 심리학에서는 맥락효과(Context Effect)라고 한다. 따라서 평소에 첫인상을 좋게 만들기 위한 노력을 꾸준히 해야만 하는 것이다.

좋은 첫인상이 반드시 외모에만 집중되는 것은 아니다. 오히려 깔끔한 옷차림과 부드러운 표정 그리고 말과 행동 등에 의해 전반적인 이미지가 만들어진다. 누구나 이러한 것 중에 한두 가지 단점을 가지고 있다. 요즈음은 이미지 컨설팅을 통해서 자신의 단점들을 보완하는 지원자도 있다. 특히, 표정이 밝지 않은 지원자는 평소 웃는 연습을 의식적으로 하여 면접을 받는 동안 계속해서 여유 있는 표정을 짓는 것이 중요하다. 성공한 사람들은 인상이 좋다는 것을 명심하자.

02 ▶ 면접의 유형 및 실전 대책

1. 면접의 유형

과거 천편일률적인 일대일 면접과 달리 면접에는 다양한 유형이 도입되어 현재는 "면접은 이렇게 보는 것이다."라고 말할 수 있는 정해진 유형이 없어졌다. 그러나 현재까지는 집단 면접과 다대일 면접이 진행되고 있으므로 어느 정도 유형을 파악하여 사전에 대비가 가능하다. 면접의 기본인 단독 면접부터, 다대일 면접, 집단 면접의 유형과 그 대책에 대해 알아보자.

(1) 단독 면접

단독 면접이란 응시자와 면접관이 일대일로 마주하는 형식을 말한다. 면접위원 한 사람과 응시자 한 사람이 마주 앉아 자유로운 화제를 가지고 질의응답을 되풀이하는 방식이다. 이 방식은 면접의 가장 기본적인 방법으로 소요시간은 10 ~ 20분 정도가 일반적이다.

① 장점

필기시험 등으로 판단할 수 없는 성품이나 능력을 알아내는 데 가장 적합하다고 평가받아 온 면접방식으로 응시자 한 사람 한 사람에 대해 여러 면에서 비교적 폭넓게 파악할 수 있다. 응시자의 입장에서는 한 사람의 면접관만을 대하는 것이므로 상대방에게 집중할 수 있으며, 긴장감도 다른 면접방식에 비해서는 적은 편이다.

② 단점

면접관의 주관이 강하게 작용해 객관성을 저해할 소지가 있으며, 면접 평가표를 활용한다 하더라도 일면적인 평가에 그칠 가능성을 배제할 수 없다. 또한 시간이 많이 소요되는 것도 단점이다.

단독 면접 준비 Point

단독 면접에 대비하기 위해서는 평소 일대일로 논리 정연하게 대화를 나눌 수 있는 능력을 기르는 것이 중요하다. 그리고 면접장에서는 면접관을 선배나 선생님 혹은 아버지를 대하는 기분으로 면접에 임하는 것이 부담도 훨씬 적고 실력을 발휘할 수 있는 방법이 될 것이다.

(2) 다대일 면접

다대일 면접은 일반적으로 가장 많이 사용되는 면접방법으로 보통 2 ~ 5명의 면접관이 1명의 응시자에게 질문하는 형태의 면접방법이다. 면접관이 여러 명이므로 다각도에서 질문을 하여 응시자에 대한 정보를 많이 알아낼 수 있다는 점 때문에 선호하는 면접방법이다.

하지만 응시자의 입장에서는 질문도 면접관에 따라 각양각색이고 동료 응시자가 없으므로 숨 돌릴 틈도 없게 느껴진다. 또한 관찰하는 눈도 많아서 조그만 실수라도 지나치는 법이 없기 때문에 정신적 압박과 긴장감이 높은 면접방법이다. 따라서 응시자는 긴장을 풀고 한 시험관이 묻더라도 면접관 전원을 향해 대답한다는 기분으로 또박또박 대답하는 자세가 필요하다.

PART 4

① 장점

면접관이 집중적인 질문과 다양한 관찰을 통해 응시자가 과연 조직에 필요한 인물인가를 완벽히 검증할 수 있다.

② 단점

면접시간이 보통 10 ~ 30분 정도로 좀 긴 편이고 응시자에게 지나친 긴장감을 조성하는 면접방법이다.

다대일 면접 준비 Point

질문을 들을 때 시선은 면접위원을 향하고 다른 데로 돌리지 말아야 하며, 대답할 때에도 고개를 숙이거나 입속에서 우물거리는 소극적인 태도는 피하도록 한다. 면접위원과 대등하다는 마음가짐으로 편안한 태도를 유지하면 대답도 자연스러운 상태에서 좀 더 충실히 할 수 있고, 이에 따라 면접위원이 받는 인상도 달라진다.

(3) 집단 면접

집단 면접은 다수의 면접관이 여러 명의 응시자를 한꺼번에 평가하는 방식으로 짧은 시간에 능률적으로 면접을 진행할 수 있다. 각 응시자에 대한 질문내용, 질문횟수, 시간배분이 똑같지는 않으며, 모두에게 같은 질문이 주어지기도 하고, 각각 다른 질문을 받기도 한다.

또한 어떤 응시자가 한 대답에 대한 의견을 묻는 등 그때그때의 분위기나 면접관의 의향에 따라 변수가 많다. 집단 면접은 응시자의 입장에서는 개별 면접에 비해 긴장감은 다소 덜한 반면에 다른 응시자들과의 비교가 확실하게 나타나므로 응시자는 몸가짐이나 표현력 · 논리성 등이 결여되지 않도록 자신의 생각이나 의견을 솔직하게 발표하여 집단 속에 묻히거나 밀려나지 않도록 주의해야 한다.

① 장점

집단 면접의 장점은 면접관이 응시자 한 사람에 대한 관찰시간이 상대적으로 길고, 비교 평가가 가능하기 때문에 결과적으로 평가의 객관성과 신뢰성을 높일 수 있다는 점이며, 응시자는 동료들과 함께 면접을 받기 때문에 긴장감이 다소 덜하다는 것을 들 수 있다. 또한 동료가 답변하는 것을 들으며, 자신의 답변 방식이나 자세를 조정할 수 있다는 것도 큰 이점이다.

② 단점

응답하는 순서에 따라 응시자마다 유리하고 불리한 점이 있고, 면접위원의 입장에서는 각각의 개인적인 문제를 깊게 다루기가 곤란하다는 것이 단점이다.

집단 면접 준비 Point

너무 자기 과시를 하지 않는 것이 좋다. 대답은 자신이 말하고 싶은 내용을 간단명료하게 말해야 한다. 내용이 없는 발언을 한다거나 대답을 질질 끄는 태도는 좋지 않다. 또 말하는 중에 내용이 주제에서 벗어나거나 자기중심적으로만 말하는 것도 피해야 한다. 집단 면접에 대비하기 위해서는 평소에 설득력을 지닌 자신의 논리력을 계발하는 데 힘써야 하며, 다른 사람 앞에서 자신의 의견을 조리 있게 개진할 수 있는 발표력을 갖추는 데에도 많은 노력을 기울여야 한다.

- 실력에는 큰 차이가 없다는 것을 기억하라.
- 동료 응시자들과 서로 협조하라.
- 답변하지 않을 때의 자세가 중요하다.
- 개성 표현은 좋지만 튀는 것은 위험하다.

(4) 집단 토론식 면접

집단 토론식 면접은 집단 면접과 형태는 유사하지만 질의응답이 아니라 응시자들끼리의 토론이 중심이 되는 면접방법으로 최근 들어 급증세를 보이고 있다. 이는 공통의 주제에 대해 다양한 견해들이 개진되고 결론을 도출하는 과정, 즉 토론을 통해 응시자의 다양한 면에 대한 평가가 가능하다는 집단 토론식 면접의 장점이 널리 확산된 데 따른 것으로 보인다. 사실 집단 토론식 면접을 활용하면 주제와 관련된 지식 정도와 이해력, 판단력, 설득력, 협동성은 물론 리더십, 조직 적응력, 적극성과 대인관계 능력 등을 쉽게 파악할 수 있다.

토론식 면접에서는 자신의 의견을 명확히 제시하면서도 상대방의 의견을 경청하는 토론의 기본자세가 필수적이며, 지나친 경쟁심이나 자기 과시욕은 접어두는 것이 좋다. 또한 집단 토론의 목적이 결론을 도출해 나가는 과정에 있다는 것을 감안하여 무리하게 자신의 주장을 관철시키기보다 오히려 토론의 질을 높이는 데 기여하는 것이 좋은 인상을 줄 수 있다는 점을 알아야 한다. 취업 희망자들은 토론식 면접이 급속도로 확산되는 추세임을 감안해 특히 철저한 준비를 해야 한다. 평소에 신문의 사설이나 매스컴 등의 토론 프로그램을 주의 깊게 보면서 논리 전개방식을 비롯한 토론 과정을 익히도록 하고, 친구들과 함께 간단한 주제를 놓고 토론을 진행해 볼 필요가 있다. 또한 사회·시사문제에 대해 자기 나름대로의 관점을 정립해 두는 것도 꼭 필요하다.

집단 토론식 면접 준비 Point

- 토론은 정답이 없다는 것을 명심한다.
- 내 주장을 강요하지 않는다.
- 남이 말할 때 끼어들지 않는다.
- 필기구를 준비하여 메모하면서 면접에 임한다.
- 주제에 자신이 없다면 첫 번째 발언자가 되지 않는다.
- 자신의 입장을 먼저 밝힌다.
- 상대측의 사소한 발언에 집착하지 않고 전체적인 의미에 초점을 놓치지 않아야 한다.
- 남의 의견을 경청한다.
- 예상 밖의 반론에 당황스럽다 하더라도 유연함을 잃지 않아야 한다.

(5) PT 면접

PT 면접, 즉 프레젠테이션 면접은 최근 들어 집단 토론 면접과 더불어 그 활용도가 점차 커지고 있다. PT 면접은 기업마다 특성이 다르고 인재상이 다른 만큼 인성 면접만으로는 알 수 없는 지원자의 문제해결 능력, 전문성, 창의성, 기본 실무능력, 논리성 등을 관찰하는 데 중점을 두는 면접으로, 지원자 간의 변별력이 높아 대부분의 기업에서 적용하고 있으며, 확산되는 추세이다.

면접 시간은 기업별로 차이가 있지만, 전문지식, 시사성 관련 주제를 제시한 다음, 보통 20~50분 정도 준비하여 5분가량 발표할 시간을 준다. 면접관과 지원자의 단순한 질의응답식이 아닌, 주제에 대해 일정 시간 동안 지원자의 발언과 발표하는 모습 등을 관찰하게 된다. 정확한 답이나 지식보다는 논리적 사고와 의사표현력이 더 중시되기 때문에 자신의 생각을 어떻게 설명하느냐가 매우 중요하다.

PT 면접에서 같은 주제라도 직무별로 평가요소가 달리 나타난다. 예를 들어, 영업직은 설득력과 의사소통 능력에 중점을 둘 수 있겠고, 관리직은 신뢰성과 창의성 등을 더 중요하게 평가한다.

PT 면접 준비 Point

- 면접관의 관심과 주의를 집중시키고, 발표 태도에 유의한다.
- 모의 면접이나 거울 면접을 통해 미리 점검한다.
- PT 내용은 세 가지 정도로 정리해서 말한다.
- PT 내용에는 자신의 생각이 담겨 있어야 한다.
- 중간에 자문자답 방식을 활용한다.
- 평소 지원하는 업계의 동향이나 직무에 대한 전문지식을 쌓아둔다.
- 부적절한 용어 사용이나 무리한 주장 등은 하지 않는다.

2. 면접의 실전 대책

(1) 면접 대비사항

① 지원 회사에 대한 사전지식을 충분히 준비한다.

필기시험에서 합격 또는 서류전형에서의 합격통지가 온 후 면접시험 날짜가 정해지는 것이 보통이다. 이때 수험자는 면접시험을 대비해 사전에 자기가 지원한 계열사 또는 부서에 대해 폭넓은 지식을 준비할 필요가 있다.

지원 회사에 대해 알아두어야 할 사항

- 회사의 연혁
- 회장 또는 사장의 이름, 출신학교, 관심사
- 회장 또는 사장이 요구하는 신입사원의 인재상
- 회사의 사훈, 사시, 경영이념, 창업정신
- 회사의 대표적 상품, 특색
- 업종별 계열회사의 수
- 해외지사의 수와 그 위치
- 신 개발품에 대한 기획 여부
- 자기가 생각하는 회사의 장단점
- 회사의 잠재적 능력개발에 대한 제언

② 충분한 수면을 취한다.

충분한 수면으로 안정감을 유지하고 첫 출발의 상쾌한 마음가짐을 갖는다.

③ 얼굴을 생기 있게 한다.

첫인상은 면접에 있어서 가장 결정적인 당락요인이다. 면접관에게 좋은 인상을 줄 수 있도록 화장하는 것도 필요하다. 면접관들이 가장 좋아하는 인상은 얼굴에 생기가 있고 눈동자가 살아 있는 사람, 즉 기가 살아 있는 사람이다.

④ 아침에 인터넷 뉴스를 읽고 간다.

그날의 뉴스가 질문 대상에 오를 수가 있다. 특히 경제면, 정치면, 문화면 등을 유의해서 볼 필요가 있다.

출발 전 확인할 사항

이력서, 자기소개서, 지갑, 신분증(주민등록증), 손수건, 휴지, 필기도구, 메모지, 예비스타킹 등을 준비하자.

(2) 면접 시 옷차림

면접에서 옷차림은 간결하고 단정한 느낌을 주는 것이 가장 중요하다. 색상과 디자인 면에서 지나치게 화려한 색상이나, 노출이 심한 디자인은 자칫 면접관의 눈살을 찌푸리게 할 수 있다. 단정한 차림을 유지하면서 자신만의 독특한 멋을 연출하는 것, 지원하는 회사의 분위기를 파악했다는 센스를 보여주는 것 또한 코디네이션의 포인트이다.

복장 점검

- 구두는 잘 닦여 있는가?
- 옷은 깨끗이 다려져 있으며 스커트 길이는 적당한가?
- 손톱은 길지 않고 깨끗한가?
- 머리는 흐트러짐 없이 단정한가?

(3) 면접요령

① 첫인상을 중요시한다.

상대에게 인상을 좋게 주지 않으면 어떠한 얘기를 해도 이쪽의 기분이 충분히 전달되지 않을 수 있다. 예를 들어, '저 친구는 표정이 없고 무엇을 생각하고 있는지 전혀 알 길이 없다.'처럼 생각되면 최악의 상태이다. 우선 청결한 복장, 바른 자세로 침착하게 들어가야 한다. 건강하고 신선한 이미지를 주어야 하기 때문이다.

② 좋은 표정을 짓는다.

얘기를 할 때의 표정은 중요한 사항의 하나다. 거울 앞에서 웃는 연습을 해본다. 웃는 얼굴은 상대를 편안하게 하고, 특히 면접 등 긴박한 분위기에서는 천금의 값이 있다 할 것이다. 그렇다고 하여 항상 웃고만 있어서는 안 된다. 자기의 할 얘기를 진정으로 전하고 싶을 때는 진지한 얼굴로 상대의 눈을 바라보며 얘기한다. 면접을 볼 때 눈을 감고 있으면 마이너스 이미지를 주게 된다.

③ 결론부터 이야기한다.

자기의 의사나 생각을 상대에게 정확하게 전달하기 위해서 먼저 무엇을 말하고자 하는가를 명확히 결정해 두어야 한다. 대답을 할 경우에는 결론을 먼저 이야기하고 나서 그에 따른 설명과 이유를 덧붙이면 논지(論旨)가 명확해지고 이야기가 깔끔하게 정리된다.

한 가지 사실을 이야기하거나 설명하는 데는 3분이면 충분하다. 복잡한 이야기라도 어느 정도의 길이로 요약해서 이야기하면 상대도 이해하기 쉽고 자기도 정리할 수 있다. 긴 이야기는 오히려 상대를 불쾌하게 할 수가 있다.

④ 질문의 요지를 파악한다.

면접 때의 이야기는 간결성만으로는 부족하다. 상대의 질문이나 이야기에 대해 적절하고 필요한 대답을 하지 않으면 대화는 끊어지고 자기의 생각도 제대로 표현하지 못하여 면접자로 하여금 수험생의 인품이나 사고방식 등을 명확히 파악할 수 없게 한다. 무엇을 묻고 있는지, 무슨 이야기를 하고 있는지 그 요점을 정확히 알아내야 한다.

면접에서 고득점을 받을 수 있는 성공요령

1. 자기 자신을 겸허하게 판단하라.
2. 지원한 회사에 대해 100% 이해하라.
3. 실전과 같은 연습으로 감각을 익히라.
4. 단답형 답변보다는 구체적으로 이야기를 풀어나가라.
5. 거짓말을 하지 말라.
6. 면접하는 동안 대화의 흐름을 유지하라.
7. 친밀감과 신뢰를 구축하라.
8. 상대방의 말을 성실하게 들으라.
9. 근로조건에 대한 이야기를 풀어나갈 준비를 하라.
10. 끝까지 긴장을 풀지 말라.

면접 전 마지막 체크 사항

- 기업이나 단체의 소재지(본사 · 지사 · 공장 등)를 정확히 알고 있다.
- 기업이나 단체의 정식 명칭(Full Name)을 알고 있다.
- 약속된 면접시간 10분 전에 도착하도록 스케줄을 짤 수 있다.
- 면접실에 들어가서 공손히 인사한 후 또렷한 목소리로 자기 수험번호와 성명을 말할 수 있다.
- 앉으라고 할 때까지는 의자에 앉지 않는다는 것을 알고 있다.
- 자신에 대해 3분간 이야기할 수 있는 준비가 되어 있다.
- 자신의 긍정적인 면을 상대방에게 바르게 전달할 수 있다.

CHAPTER

02 SK그룹 실제 면접

SK그룹은 기업경영의 주체는 사람이며, 사람의 능력을 어떻게 개발하고 활용하느냐에 따라 기업의 성패가 좌우된다는 경영철학에 따라 인재를 채용하고 있다. SK이노베이션 역시 이러한 모그룹의 경영철학을 바탕으로 구성원이 자발적·의욕적으로 자신의 능력을 최대한으로 발휘할 수 있도록 인력관리에 힘쓰고 있다.
SK이노베이션의 면접전형은 지원자의 가치관, 성격특성, 보유역량의 수준 등을 종합적으로 검증하기 위하여 그룹 토론 면접, 심층 면접 등의 다양한 면접방식을 활용하고 있다. 대상자별·회사별 차이는 있으나 그룹 토의 면접, 심층 면접 등의 심도 있는 면접과정을 거쳐 지원자의 역량을 철저히 검증하고 있다.

1. 면접 주요사항

(1) 토론 면접

지원자 6명이 한 팀을 이루어 토론을 하게 된다. 토론 면접은 일반적으로 진행되는 찬반 토론이 아니라 지원자 각각에게 서로 다른 양의 정보를 주고 해결책 또는 답을 찾는 토론으로 진행된다.
서로 다른 정보를 가지고 토론을 하기 때문에 해결책이나 답을 찾기 위해서는 각자가 가진 정보를 공유하는 등의 커뮤니케이션을 더욱 많이 하게 되는 토론 방식이다. 이 과정에서 지원자의 커뮤니케이션 능력과 창의력을 평가받게 되며, 다른 사람의 의견을 경청하고 얼마나 정확하고 빠르게 판단을 내리는지도 평가받게 된다. 더불어 참신한 아이디어를 통해 결론을 도출해 낸다면 더욱 좋은 평가를 받을 수 있다.

(2) 실무진 면접

2 ~ 5명의 면접관과 1명의 지원자로 구성되어 면접이 진행된다. 대략 15 ~ 20분 정도의 시간이 소요되며, 자기소개서를 바탕으로 한 질문이 주를 이룬다. 질문은 꼬리에 꼬리를 무는 형식으로 주어지기 때문에 다음에 주어질 수 있는 질문을 예상한 뒤 답을 하는 것이 중요하다. 따라서 사전에 기출질문을 충분히 검토한 후, 예상 답변을 만들어 보는 것도 하나의 방법일 수 있다. 자기소개서를 바탕으로 질문을 하는 면접의 경우, 지원자의 가치관, 성향, 인생관 등을 파악하려는 의도가 담겨 있으므로 솔직하면서도 자신감이 묻어나는 답변을 할 수 있어야 한다.

(3) 임원진 면접

2 ~ 5명의 면접관과 1 ~ 3명의 지원자로 구성되어 면접이 진행된다. 실무진 면접과 마찬가지로 자기소개서를 바탕으로 한 질문이 주어지며, 이슈가 되었던 사회문제, 시사상식, 회사에 관련된 질문들이 추가적으로 주어지고, 영어로 간략하게 자기소개를 시키는 경우도 있다. 실무진 면접과 다른 점은 좀 더 전문적인 인재를 구별해 내기 위한 추가 질문들이 주어진다는 점으로, 회사와 관련된 신문기사들을 평소에 꾸준히 읽는 것이 큰 도움이 된다.

2. 기출 질문

(1) SK이노베이션

① 실무진 면접

면접관 2명과 지원자 1명으로 진행되며, 자기소개서 중심의 질문이 주를 이룬다.

기출질문
- 자기소개를 해 보시오.
- (자기소개서 및 이력서 확인 후) 창업을 하기에 적절해 보이는데, 취업을 선택한 이유가 있는가?
- 기존의 틀을 벗어난 방법으로 문제를 해결해 본 경험이 있는가?
- 본인이 한 일 중 가장 성취도가 높았던 경험을 말해 보시오.
- 부당한 지시를 받았다면 어떻게 행동할 것인가?
- 동아리 활동 경험에 대해 말해 보시오.
- 법이나 규칙 등을 위반했던 경험을 말해 보시오.
- 지금까지 가장 열정을 다했던 경험에 대해 설명해 보시오.
- SK이노베이션에 입사하기 위해 어떠한 노력을 했는지 설명해 보시오.
- 백신과 바이오 시밀러의 차이점에 대해 말해 보시오.
- 우리 회사가 본인을 뽑아야 하는 이유는 무엇인가?
- 자신의 장단점에 대해 말해 보시오.
- 운동을 하고 있는가?
- 셀 컬쳐를 해본 경험이 있다면 말해 보시오.
- 회사 내에 맞지 않는 사람이 있을텐데 일할 수 있겠는가?
- 이직사유가 무엇인지 말해 보시오.
- 매니저 부재 시에 업무 핸드링 방안은?

② 임원 면접

면접관 3명과 지원자 1명으로 구성되어 진행된다. 인재상, 직무 관련 사항, 열정과 같은 질문들이 주를 이룬다.

기출질문
- 자기소개를 해 보시오.
- SK이노베이션에 지원한 동기는 무엇인가?
- 취미는 무엇인가?
- 학창시절 가장 기억에 남는 것은 무엇인가?
- 마지막으로 하고 싶은 말을 해 보시오.
- 해외지사 파견에 대해 어떻게 생각하는가?
- 직무에 대해 아는 점은 무엇인가?
- 우리 회사 외에 다른 회사에도 지원하였는가? 그 결과는 어떻게 되었는가?
- 제2외국어 자격증을 가지고 있는가? 대화도 가능한가?
- 여행 간 지역은 어디이고, 그곳에 왜 갔는지, 무엇이 감명 깊었는지 말해 보시오.
- 기독교인이라고 했는데, 일요일에 출근이 가능한가? 교리상 불가능하지 않는가?
- 주재원 근무는 어떻게 생각하는가?

- 5년 후에 어떤 모습일지 생각해 본적 있는가?
- 지원한 직무에서 자신의 전공을 어떻게 활용할 것 인지 말해 보시오.
- 다른 지원자들과 차별화되는 역량 5가지를 말해 보시오.

(2) SK에너지

기출질문

- 개인이 의도했던 목표를 달성하기 위해 열정을 다했던 경험에 대해 말해 보시오. 그 열정은 언제 시작했고, 왜 시작하게 되었는가? 그 과정에서 시행착오는 무엇이었고, 구체적인 성과는 무엇이었나?
- 의도했던 목표를 초과 달성했던 경험이 있었는가?
- 책임감을 느껴본 경험이 있는가?
- 주어진 규칙을 위반한 경험이 있다면 그 사례는 무엇인가?
- 인간관계에서 가장 어려웠던 경험과 해결 방안은 무엇이었는가?
- 실패한 경험이 있는가? 실패의 이유는 무엇이고, 그것을 극복하기 위해 어떻게 해야 할 것인가?
- 창의적으로 문제를 해결한 경험이 있는가?
- 학생과 직장인의 차이는 무엇인가?
- 동시에 일을 수행하여 성공해 본 경험이 있는가?
- 휴일근무를 계속 해야 한다면 어떻게 하겠는가?
- 리더십 발휘 경험이 있는가?

(3) SK지오센트릭

기출질문

- 컴퓨터 능력은 어느 정도인가?
- 직무를 행하는 데 있어서 중요한 것은 무엇이라 생각하는가?
- 학연, 지연, 인맥이라는 것에 대해 어떻게 생각하는가?
- 자신의 미래는 어떻게 되리라 보는가?
- 학점이 안 좋은 이유는 무엇인가?
- 친구들과 있을 때 의견을 내는 편인가, 따르는 편인가?
- 본인이 생각하는 리더의 자질은 무엇인가?
- 스트레스를 받았던 경험을 말해 보시오.
- 입사를 한다고 가정하고 자신만의 각오를 말해 보시오.
- 신입사원이 갖추어야 할 자질과 덕목은 무엇인가?

성공을 위해서는 가장 먼저 자신을 믿어야 한다.

– 아리스토텔레스 –

2024
최신판

All-New 100% 전면개정

SK 이노베이션

SK에너지 · SK지오센트릭 · SK엔무브

생산직 / 기술직 / 교육·훈련생

필기시험

정답 및 해설

PART 1 적성검사

CHAPTER

01 언어능력 적중예상문제

01 ▸ 언어유추

01	02	03	04	05	06	07	08	09	10
③	②	④	④	①	④	①	③	⑤	①
11	12	13	14	15	16	17	18	19	20
④	③	③	③	③	③	③	②	③	③
21	22	23	24	25	26	27	28	29	30
④④	②①	④⑤	③①	②④	①②	①④	③③	③②	②③
31	32	33	34	35	36	37	38	39	40
②③	②②	②③	②③	⑤②	①④	②⑥	③⑤	③④	①⑥

01 정답 ③

제시된 단어는 상하 관계이다.
'고래'는 '포유류'에 속하고, '개구리'는 '양서류'에 속한다.

02 정답 ②

제시된 단어는 반의 관계이다.
'팔다'의 반의어는 '사다'이며, '기혼'의 반의어는 '미혼'이다.

03 정답 ④

제시된 단어는 필요 관계이다.
'근시'에는 '오목'렌즈가 필요하고, '원시'에는 '볼록'렌즈가 필요하다.

04 정답 ④

제시된 단어는 포함 관계이다.
'처서'는 '절기'에 포함되고, '단오'는 '명절'에 포함된다.

- 처서 : 24절기의 하나로, 양력 8월 23일경
- 절기 : 한 해를 스물넷으로 나눈, 계절의 표준이 되는 것

05 정답 ①

제시된 단어는 반의 관계이다.
'부정'은 '긍정'의 반의어이며, '무념'의 반의어는 '사색'이다.

- 사색(思索) : 어떤 것에 대하여 깊이 생각하고 이치를 따짐

06 정답 ④

제시된 단어는 재료와 결과물의 관계이다.
'떡'을 만드는 재료는 '쌀'이며, '빵'을 만드는 재료는 '밀가루'이다.

07 정답 ①

제시된 단어는 반의 관계이다.

- 강건체 : 강직하고 크고 거세며 남성적인 힘이 있는 문체
- 우유체 : 문장을 부드럽고 우아하고 순하게 표현하는 문체
- 개가 : 결혼했던 여자가 남편과 사별하거나 이혼하여 다른 남자와 결혼함을 이르는 말
- 수절 : 절의 또는 정절을 지킴

오답분석

② 폐가 : 버려두어 낡아버린 집
③ 개선 : 잘못된 것이나 부족한 것, 나쁜 것 따위를 고쳐 더 좋게 만듦
④ 공개 : 어떤 사실이나 사물, 내용 따위를 여러 사람에게 널리 터놓음
⑤ 성과 : 이루어 낸 결실

08 정답 ③

제시된 단어는 포함 관계이다.
'중학생'은 '학생'에 포함되며, '전철'은 '대중교통'에 포함된다.

09 정답 ⑤

제시된 단어는 작가와 작품 관계이다.
'일연'은 '삼국유사'의 작가이고, '김유정'은 '봄봄'의 작가이다.

10 정답 ①

제시된 단어는 국가와 수도의 관계이다.
'중국'의 수도는 '베이징'이고, '호주'의 수도는 '캔버라'이다.

11 정답 ④

제시된 단어는 유의 관계이다.
'격언'은 깊은 진리를 간결하게 표현한 말로 '경구'와 같은 의미를 가지며, '수전노'는 돈을 모을 줄만 알아 한번 손에 들어간 것은 도무지 쓰지 않는 사람을 낮잡아 이르는 말이며, '구두쇠'와 유의어이다.

12 정답 ③

제시된 단어는 유의 관계이다.
'운명하다'의 유의어는 '사망하다'이며, '한가하다의' 유의어는 '여유롭다'이다.

13 정답 ③

제시된 단어는 반의 관계이다.
'상승'은 '하강'의 반의어이고, '질서'의 반의어는 '혼돈'이다.

14 정답 ③

제시된 단어는 수식 관계이다.
'우애'는 '돈독하다'는 수식을 할 수 있고, '대립'은 '첨예하다'는 수식을 할 수 있다.

15 정답 ③

제시된 단어는 재료와 결과물의 관계이다.
'보리'로 '맥주'를 만들고, '쌀'로 '막걸리'를 만든다.

16 정답 ③

제시된 단어는 한자어와 고유어의 관계이다.
'보유하다'의 고유어는 '갖다'이고, '조성하다'의 고유어는 '만들다'이다.

17 정답 ③

제시된 단어는 유의 관계이다.
'거드름'의 유의어는 '거만'이고, '삭임'의 유의어는 '소화'이다.

18 정답 ②

제시된 단어는 국가와 국화의 관계이다.
'네덜란드'의 국화는 '튤립'이고, '대한민국'의 국화는 '무궁화'이다.

19 정답 ③

제시된 단어는 사물과 상징 관계이다.
'하트'는 '사랑'을 상징하고, '네잎클로버'는 '행운'을 상징한다.

20 정답 ③

제시된 단어는 반의 관계이다.
'출발선'은 '결승선'의 반의어이며, '천당'은 '지옥'의 반의어이다.

21 정답 ④, ④

제시된 단어는 도구와 용도의 관계이다.
'피아노'는 '연주'하는 데 쓰이고, '연필'은 글씨를 '쓰는' 데 쓰인다.

22 정답 ②, ①

제시된 단어는 주술 관계이다.
'승부'는 '가리다'는 표현을 쓸 수 있고, '기초'는 '다지다'는 표현을 쓸 수 있다.

23 정답 ④, ⑤

제시된 단어는 물건과 용도의 관계이다.
'빗자루'는 바닥을 '쓰는' 데 쓰이고, '카메라'는 사물이나 사람을 '찍는' 데 사용된다.

24 정답 ③, ①

제시된 단어는 유의 관계이다.
'유언비어'의 유의어는 '풍문'이고, '격언'의 유의어는 '속담'이다.

25 정답 ②, ④

제시된 단어는 주술 관계이다.
'분노'의 서술어는 '삭이다'고, '유혹'의 서술어는 '이기다'이다.

26

정답 ①, ②

제시된 단어는 반의 관계이다.
'우월'의 반의어는 '열등'이고, '굴복'의 반의어는 '대항'이다.

27

정답 ①, ④

제시된 단어는 유의 관계이다.
'비범하다'의 유의어는 '특별하다'이고, '모호하다'의 유의어는 '애매하다'이다.

28

정답 ③, ③

제시된 단어는 반의 관계이다.
'고상하다'의 반의어는 '저속하다'이고, '전업하다'의 반의어는 '겸임하다'이다.

29

정답 ③, ②

제시된 단어는 물건과 용도의 관계이다.
'비누'는 몸을 '씻는' 데 쓰이고, '우산'은 비가 올 때 '쓰는' 데 쓰인다.

30

정답 ②, ③

제시된 단어는 재료와 결과물의 관계이다.
'비빔밥'을 만드는 재료에는 '나물'이 있고, '초콜릿'을 만드는 재료에는 '카카오'가 있다.

31

정답 ②, ③

제시된 단어는 인과 관계이다.
'슬프'면 '눈물'이 나오고, '행복'하면 '웃음'이 나온다.

32

정답 ②, ②

제시된 단어는 반의 관계이다.
'구직'의 반의어는 '실직'이며, '피상'의 반의어는 '구체'이다.

33

정답 ②, ③

제시된 단어는 상하 관계이다.
'포도'는 '과일'에 포함되고, '운동화'는 '신발'에 포함된다.

34

정답 ②, ③

제시된 단어는 상하 관계이다.
'곤충'의 하위어는 '잠자리'이며, '운동'의 하위어는 '축구'이다.

35

정답 ⑤, ②

제시된 단어는 반의 관계이다.
'우수'의 반의어는 '열등'이고, '풍요'의 반의어는 '빈곤'이다.

- 풍요 : 많아서 넉넉함
- 부족 : 필요한 양이나 기준에 미치지 못해 충분하지 아니함

36

정답 ①, ④

'주방도구'의 종류에는 '식칼'과 '도마'가 있고, 각각 '재질'은 '금속'과 '나무'이다.

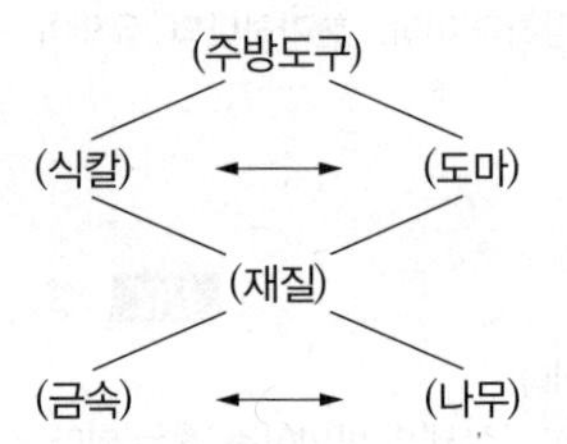

37

정답 ②, ⑥

'계절'에 '여름'과 '겨울'이 있으며, 각각의 '휴가지'에는 '해수욕장'과 '스키장'이 있다.

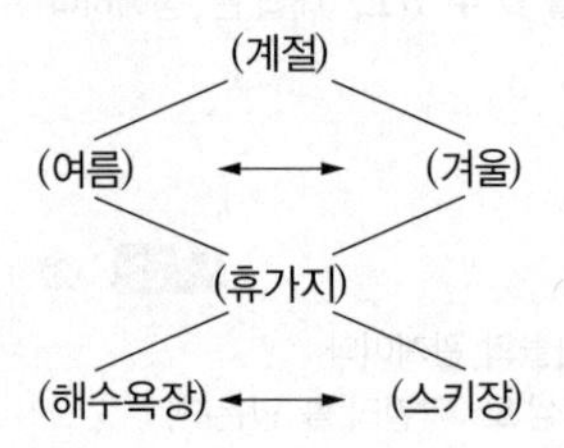

38

정답 ③, ⑤

'국가'에는 '영국'과 '독일'이 있고, 각각 사용하는 '화폐'는 '파운드화'와 '유로화'이다.

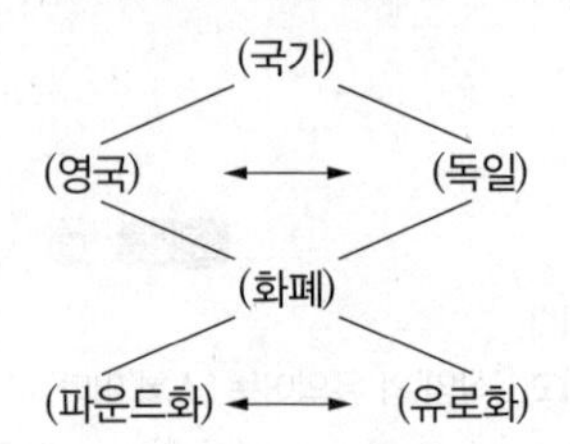

39

정답 ③, ④

'종교'의 종류에는 '기독교'와 '불교'가 있고, 각각의 교리를 담은 '교리서'는 '성경'과 '불경'이다.

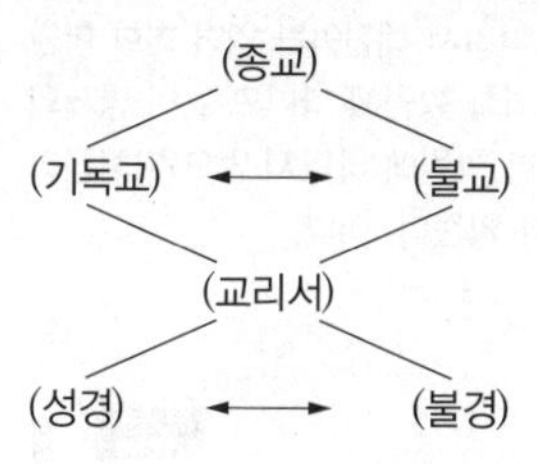

40

정답 ①, ⑥

'수 단위'에는 '백'과 '천'이 있고, 그것을 부르는 '고유어'는 백은 '온', 천은 '즈믄'이다.

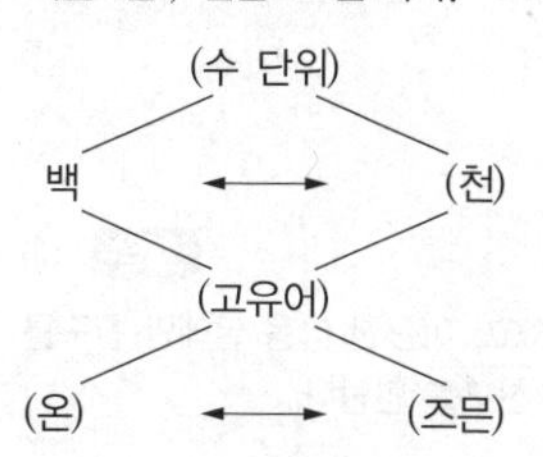

02 ▸ 언어추리

01	02	03	04	05	06	07	08	09	10
①	③	①	②	①	①	③	①	②	③
11	12	13	14	15	16	17	18	19	20
③	①	①	③	②	③	③	①	③	①
21	22	23	24	25	26	27	28	29	30
③	①	③	③	②	③	③	②	③	①
31	32	33	34	35	36	37	38	39	40
②	①	②	⑤	③	③	①	①	③	②

01

정답 ①

각 사람이 가져간 케이크의 내각은 다음과 같다.

- A : $360° \div 2 = 180°$
- B : $180° \div 2 = 90°$
- C : $90° \times \frac{2}{3} = 60°$
- D : $90° - 60° = 30°$

따라서 D는 B가 가져간 케이크 양의 3분의 1을 가져갔다.

02

정답 ③

제시문 A를 통해 2010년과 2012년의 마드리드 퓨전의 주빈국이 다르다는 것은 알 수 있지만 주빈국이 격년 단위로 바뀌는 것인지는 알 수 없다.

03

정답 ①

수박과 참외는 과즙이 많고, 과즙이 많은 과일은 갈증해소와 이뇨작용에 좋다고 했으므로 참이다.

04

정답 ②

바실리카의 측랑 지붕 위에 창문이 설치된다고 했고, 회중석은 측랑보다 높은 곳에 위치한다고 했으므로 측랑과 창문이 회중석보다 높은 곳에 설치된다는 것은 거짓이다.

05

정답 ①

미세먼지 가운데 $2.5\mu m$ 이하의 입자는 초미세먼지이고, 초미세먼지는 호흡기에서 걸러낼 수 없기 때문에 $2.4\mu m$입자의 초미세먼지는 호흡기에서 걸러낼 수 없다.

06

정답 ①

아침잠이 많으면 지각을 자주 하고, 지각을 자주 하면 해당 벌점이 높기 때문에 아침잠이 많은 재은이는 지각 벌점이 높다.

07

정답 ③

중국으로 출장을 간 사람은 일본으로 출장을 가지 않지만, 홍콩으로 출장을 간 사람이 일본으로 출장을 가는지 가지 않는지는 알 수 없다.

08

정답 ①

주어진 명제를 정리하면 다음과 같다.

- A : 게임을 좋아하는 사람
- B : 만화를 좋아하는 사람
- C : 독서를 좋아하는 사람

A → B, B → ~C이며, 대우는 각각 ~B → ~A, C → ~B이다. 따라서 C → ~B → ~A이므로 C → ~A이므로, '독서를 좋아하는 영수는 게임을 좋아하지 않는다.'는 참이 된다.

09

정답 ②

차가운 물로 샤워를 하면 순간적으로 몸의 체온이 내려가나, 몸의 체온이 내려가면 다시 일정한 체온을 유지하기 위해 열이 발생하므로 몸의 체온을 낮게 유지할 수는 없다.

10

정답 ③

미희는 매주 수요일마다 요가 학원에 가고, 요가 학원에 가면 항상 9시에 집에 온다. 그러나 미희가 9시에 집에 오는 날은 수요일 또는 다른 요일일 수도 있으므로 알 수 없다.

11

정답 ③

민수와 철수 모두 정현보다 나이가 많다는 것만을 알 수 있을 뿐, 그 둘의 나이를 비교하여 알 수는 없다.

12

정답 ①

안구 내 안압이 상승하면 시신경 손상이 발생하고, 시신경이 손상되면 주변 시야가 좁아지기 때문에 안구 내 안압이 상승하면 주변 시야가 좁아진다.

13

정답 ①

혜진이가 영어 회화 학원에 다니면 미진이는 중국어 회화 학원에 다니고, 미진이가 중국어 회화 학원에 다니면 아영이는 일본어 회화 학원에 다닌다. 따라서 혜진이가 영어 회화 학원에 다니면 아영이는 일본어 회화 학원에 다니므로 이 명제의 대우는 '아영이가 일본어 회화 학원에 다니지 않으면 혜진이는 영어 회화 학원에 다니지 않는다.'이다.

14

정답 ③

피자를 좋아하는 사람은 치킨을 좋아하고, 치킨을 좋아하는 사람은 맥주를 좋아하기 때문에 피자를 좋아하는 사람은 맥주를 좋아한다. 그러나 '피자를 좋아하는 사람은 맥주를 좋아한다.'의 역인 '맥주를 좋아하는 사람은 피자를 좋아한다.'는 참일 수도 거짓일 수도 있으므로 맥주를 좋아하는 미혜가 피자를 좋아하는지는 알 수 없다.

15

정답 ②

주영이는 화요일에만 야근하고, 야근한 다음 날에만 친구를 만나므로 항상 수요일에만 친구를 만난다.

16

정답 ③

유화를 잘 그리는 화가는 수채화를 잘 그리고, 수채화를 잘 그리는 화가는 한국화를 잘 그리지만, 희정이가 화가인지 아닌지 알 수 없으므로 유화를 잘 그리는 희정이가 한국화도 잘 그리는지는 알 수 없다.

17

정답 ③

'인슐린이 제대로 생기지 않는 사람은 당뇨병에 걸리게 된다.'는 '인슐린은 당뇨병에 걸리지 않게 하는 호르몬이다.'의 역으로 역은 참일 수도 있고 거짓일 수도 있다.

18

정답 ①

'나무에 물을 주지 않으면 나무가 마를 것이다.'의 대우는 '나무가 마르지 않으면 나무에 물을 준 것이다.'이다.

19
정답 ③

진수가 화가인지 아닌지 알 수 없으며, 화가가 아니어도 앞치마는 두를 수 있기 때문에 진수가 앞치마를 두르고 있는지는 알 수 없다.

20
정답 ①

비판적 사고를 하는 사람은 반성적 사고를 하고, 반성적 사고를 하면 창의적 사고를 하기 때문에 비판적 사고를 하는 사람은 창의적 사고도 한다.

21
정답 ③

사람이 다른 사람과 교제를 할 때, 상대방에 대한 자신의 인상을 관리하려는 속성이 있다는 것이지 타인에 의해 자신의 인상이 관리된다는 내용은 본문에 나와 있지 않다. 따라서 알 수 없다.

22
정답 ①

광고 혹은 내가 다른 사람의 눈에 어떻게 보일 것인가 하는 점에서 20세기 대중문화는 새로운 인간형을 탄생시켰다.

23
정답 ③

해당 내용은 제시문에 나와 있지 않으므로 알 수 없다.

24
정답 ③

지문에서 현대인들의 돌연사 원인에 대해 언급하고 있기는 하지만, 과거 전통적 사회에서 돌연사가 존재하지 않았는지는 알 수 없다.

25
정답 ②

지문에서 돌연사의 특징으로 외부의 타격이 없다는 점을 꼽고 있다.

26
정답 ③

아직 돌연사의 원인이 분명히 밝혀지지 않은 경우도 많다. 건강한 삶을 통해 발생 비율을 낮출 수 있을 뿐, 완벽한 예방이 가능한지는 알 수 없다.

27
정답 ③

지문에서 일본인과 관련한 내용이 나타나 있지 않다.

28
정답 ②

지문에 우주정거장 건설 사업에는 건설과 운영에 소요되는 비용이 100조 원에 이를 것으로 예상된다고 나와 있다.

29
정답 ③

지문에 미국, 유럽, 러시아, 일본 등 16개국이 참여하고 있다고만 나와 있을 뿐, 한국에 대한 언급은 없으므로 알 수 없다.

30
정답 ①

중국의 1인당 GDP는 1,209달러이며, 인도의 1인당 GDP는 512달러이다.

31
정답 ②

지문에서 경제성장률을 결정해주는 것은 경제규모인 총 국민소득이 아니라 1인당 국민소득 수준이라고 하였다.

32
정답 ①

국내총생산(GDP)의 경우 세계 180개국 중 한국은 12위, 인도는 13위이므로 한국이 인도보다 총 국민소득이 많다.

33
정답 ②

경란이 5,000원, 재민이 7,000원, 종민이 6,000원을 가지고 있으므로 재민이가 돈이 제일 많다.

34
정답 ⑤

참인 명제는 그 대우 명제도 참이므로 두 번째 가정의 대우 명제인 '배를 좋아하지 않으면 귤을 좋아하지 않는다.' 역시 참이다. 이를 첫 번째, 세 번째 명제를 통해 '사과를 좋아함 → 배를 좋아하지 않음 → 귤을 좋아하지 않음 → 오이를 좋아함'이 성립한다. 따라서 '사과를 좋아하면 오이를 좋아한다.'가 성립한다.

35
정답 ③

정직한 사람은 이웃이 많고, 이웃이 많은 사람은 외롭지 않을 것이다. 따라서 정직한 사람은 외롭지 않을 것이다.

36
정답 ③

주어진 명제를 정리하면 다음과 같다.

- A : 커피를 좋아하는 사람
- B : 홍차를 좋아하는 사람
- C : 우유를 좋아하는 사람
- D : 콜라를 좋아하는 사람

A → B, C → ~B, ~C → D이며, 두 번째 명제의 대우는 각각 B → ~C이다. 따라서 A → B → ~C → D이므로 '커피를 좋아하는 사람은 콜라를 좋아한다.'가 참이다.

37
정답 ①

- A : 포만감이 든다면 소화된 것이므로 밥을 먹으면 위가 찬다(대우는 성립한다).
- B : 밥을 먹으면 포만감이 든다는 것의 역은 항상 성립한다고 할 수 없다.

38
정답 ①

- A : 한국인은 농구를 좋아하므로 민수는 농구를 좋아한다(대우는 성립한다).
- B : 한국인은 농구를 좋아하고 농구를 좋아하면 활동적이므로 한국인은 활동적이다.

39
정답 ③

도우미 5가 목요일에 배치되므로, 세 번째 명제에 따라 도우미 3은 월요일이나 화요일, 도우미 2는 화요일이나 수요일에 배치된다. 그러나 도우미 1이 화요일 또는 수요일에 배치된다고 했으므로 도우미는 월요일부터 3 - 2 - 1 - 5 - 4 순서대로 배치되는 것을 알 수 있다.

40
정답 ②

명제에 따르면 '돼지>오리>소>닭, 염소' 순으로 가격이 비싸다.

따라서 닭과 염소의 가격 비교는 알 수 없지만, 닭보다 비싼 고기 종류는 세 가지 또는 네 가지이며, 닭이 염소보다 비싸거나, 가격이 같거나, 싼 경우 세 가지의 경우의 수가 존재한다.

03 ▶ 언어논리

01	02	03	04	05	06	07	08	09	10
④	①	④	②	③	④	⑤	③	①	③
11	12	13	14	15	16	17	18	19	20
④	④	⑤	⑤	①	⑤	③	③	④	④
21	22	23	24	25	26	27	28	29	30
②	④	②	②	④	⑤	③	④	①	①
31	32	33	34	35	36	37	38	39	40
④	②	②	①	③	⑤	③	①	②	④

01
정답 ④

제시문은 폐휴대전화 발생량으로 인한 자원낭비와 환경오염 문제를 극복하기 위해 기업에서 폐휴대전화 수거 운동을 벌이기로 했다는 내용의 글이다. 따라서 (다) 폐휴대전화의 발생량 증가 – (가) 폐휴대전화를 이용한 재활용 효과 – (나) 폐휴대전화로 인한 환경오염 – (라) 기업의 '폐휴대전화 수거 운동' 실시 순으로 나열해야 한다.

02
정답 ①

제시문은 인간의 도덕적 자각과 사회적 의미를 강조하는 윤리인 '충'과 '서'가 있음을 알리고, 각각의 의미를 설명하는 내용의 글이다. 따라서 (가) 인간의 도덕적 자각과 사회적 실천을 강조하는 윤리인 '충서' – (다) '충'의 의미 – (나) '서'의 의미 – (라) '서'가 의미하는 역지사지의 상태 순으로 나열해야 한다.

03
정답 ④

제시문은 나전칠기의 개념을 제시하고 우리나라 나전칠기의 특징, 제작방법 그리고 더 나아가 국내의 나전칠기 특산지에 대해 설명하고 있다. (라) 나전칠기의 개념 – (가) 우리나라 나전칠기의 특징 – (다) 나전칠기의 제작방법 – (나) 나전칠기 특산지 소개의 순으로 나열해야 한다.

04
정답 ②

다문화정책의 두 가지 핵심을 밝히고 있는 (다) 문단이 가장 처음에 온 뒤 (다) 문단의 내용을 뒷받침하기 위해 프랑스를 사례로 든 (가) 문단을 두 번째에 배치하는 것이 자연스럽다. 그 다음으로는 이민자에 대한 지원 촉구 및 다문화정책의 개선 등에 관한 내용이 이어지는 것이 글의 흐름상 적절하므로, 이민자에 대한 배려의 필요성을 주장하는 (라) 문단, 다문화정책의 패러다임 전환을 주장하는 (나) 문단 순서로 연결된다. 따라서 (다) – (가) – (라) – (나)의 순으로 나열해야 한다.

05
정답 ③

도덕 실재론에 대한 설명인 (나) 문단과 정서주의에 대한 (다) 문단 중, 전환 기능의 접속어 '한편'이 (다) 문단에 포함되어 있으므로 (나) 문단의 도덕 실재론에 대한 설명이 더 앞에 위치한다. 다음으로, 환언 기능의 접속어 '즉'으로 시작하며 도덕적 진리를 과학적 명제처럼 판단하는 도덕 실재론에 대한 부연설명을 하고 있는 (라) 문단이 오고, (다) 문단에서 앞의 도덕 실재론과 다른 정서주의의 특징을 설명하고, (다) 문단에 대한 부연설명인 (가) 문단이 이어진다. 따라서 (나) – (라) – (다) – (가)의 순으로 나열해야 한다.

06
정답 ④

'투영하다'는 '어떤 상황이나 자극에 대한 해석, 판단, 표현 따위에 심리 상태나 성격을 반영하다.'의 의미로, '투영하지'가 적절한 표기이다.

오답분석

① 문맥상 '(내가) 일을 시작하다.'의 관형절로 '시작한'으로 수정해야 한다.
② '못' 부정문은 주체의 능력을 부정하는 데 사용된다. 문맥상 단순 부정의 '안' 부정문이 사용되어야 하므로 '않았다'로 수정해야 한다.
③ '안건을 결재하여 허가함'의 의미를 지닌 '재가'로 수정해야 한다.
⑤ '칠칠하다'는 '성질이나 일 처리가 반듯하고 야무지다.'는 의미를 가지므로 문맥상 '칠칠하다'의 부정적 표현인 '칠칠맞지 못한'으로 수정해야 한다.

07
정답 ⑤

'알맞다'는 '일정한 기준이나 조건, 정도 따위에 넘치거나 모자라지 않다.'라는 의미의 형용사이므로, 어간 '알맞–'에 '–는'이 아닌 '–은'이 붙어야 한다.

오답분석

① 얇은 허리와 팔, 다리 → 가는 허리와 팔, 다리
허리 · 다리 · 몸통 등 가늘고 긴 물체의 둘레나 너비, 부피 등과 관련하여서는 '가늘다'가 쓰여야 한다.
② 몇일 → 며칠
어원이 분명하지 아니한 것은 원형을 밝히어 적지 아니하므로(한글맞춤법 제27항 붙임2), '몇일'이 아닌 '며칠'이 되어야 한다.
③ 서슴치 → 서슴지
㉢의 기본형은 '서슴다'로, 본래 '하'가 없는 말이다. 따라서 어간 '서슴–'에 어미 '–지'가 붙어 '서슴지'가 되어야 한다.
④ 늘여 → 늘려
'본래보다 많거나 크게 하다.'라는 의미의 동사는 '늘리다'이다.

08
정답 ③

㉢의 앞에 있는 문장과 ㉢을 포함한 문장은 여름철 감기 예방법을 설명한다. 따라서 나열의 의미를 나타내는 부사 '또한'이 적절하다. '그러므로'는 인과 관계를 나타내므로 적절하지 않다.

오답분석

① ㉠을 포함한 문단은 여름철 감기에 걸리는 원인을 설명하고 있다. 따라서 ㉠은 문단 내용과 어울리지 않아 통일성을 해치므로 ㉠을 삭제한다.
② ㉡의 '노출되어지다'의 형태소를 분석하면 '노출'이라는 어근에 '–되다'와 '지다'가 결합된 것이다. 여기서 '–되다'는 피동의 뜻을 더하고 동사를 만드는 접미사이다. '지다'는 동사 뒤에서 '–어지다' 구성으로 쓰여 남의 힘에 의해 앞말이 뜻하는 행동을 입음을 나타내는 보조 동사이다. 따라서 피동 표현이 중복된 것이다.
④ ㉣에서 '하다'의 목적어는 '기침'이며, '열'을 목적어로 하는 동사가 없다. '하다'라는 동사 하나에 목적어 두 개가 연결된 것인데, '열을 한다.'는 의미가 성립되지 않는다. 따라서 '열이 나거나'로 고쳐야 한다.
⑤ ㉤에서 '소량(少量)'의 '소(少)'는 '적다'는 뜻이므로 '조금씩'과 의미가 중복된다. 따라서 '소량으로'를 삭제해야 한다.

09
정답 ①

㉠은 문장의 서술어가 '때문이다.'이므로 이와 호응하는 '왜냐하면'이 와야 한다. ㉡은 문장의 내용이 앞 문장과 상반되는 내용이 아닌, 앞 문장을 부연하는 내용이므로 병렬 기능의 접속 부사 '그리고'가 들어가야 한다. ㉢은 내용상 결론에 해당하므로 '그러므로'가 적절하다.

10

정답 ③

- 제시(提示) : 어떤 의사를 글이나 말로 드러내어 보임
- 표출(表出) : 겉으로 나타냄
- 구현(具縣) : 어떤 내용이 구체적인 사실로 나타나게 함

오답분석

- 표시(表示) : 겉으로 나타내 보임
- 표명(表明) : 의사, 태도 따위를 분명하게 나타냄
- 실현(實現) : 꿈, 기대 따위를 실제로 이룸

11

정답 ④

'Ⅱ-2'의 항목을 보면 '미디어 교육의 중요성에 대한 인식 부족'을 미디어 교육의 장애요소라고 하였으므로 미디어 교육의 활성화 방안으로 미디어 교육의 중요성에 대한 인식을 고취하는 내용을 제시해야 한다. 그러나 ㉣에서는 '사이버 폭력에 대한 규제 강화'라는 항목을 제시하였으므로 'Ⅱ-2'의 항목을 고려한 것으로 볼 수 없다.

12

정답 ④

'Ⅱ-1-나'에 따르면 온라인상에서 저작권 침해 문제가 발생하는 원인으로 주로 해외 서버를 통해 이루어지는 불법 복제를 단속하기 위해 필요한 다른 나라와의 협조 체제가 부족함을 제시하고 있다. ④의 '업로드 속도를 향상하기 위한 국내 서버 증설'은 이러한 내용과 어긋날 뿐만 아니라 불법 복제를 단속하기 위한 방안으로 보기 어렵다.

13

정답 ⑤

'무분별한 개발로 훼손되고 있는 도시 경관'은 지역 내 휴식 공간 조성을 위한 해결 방안으로 보기 어려우며, 휴식 공간 조성의 장애 요인으로도 볼 수 없다. 따라서 ㉤은 ⑤와 같이 위치를 변경하는 것보다 개요에서 삭제하는 것이 적절하다.

14

정답 ⑤

기사의 첫 문단에서 비만을 질병으로 분류하고 각종 암을 유발하는 주요 요인인 점을 제시하여 비만의 문제점을 제시하고 있으며, 이에 대한 해결방안으로 고열량·저열량·고카페인 함유 식품의 판매 제한 모니터링 강화, 과음과 폭식 등 비만을 조장·유발하는 문화와 환경 개선, 운동의 권장과 같은 방안들을 제시하고 있음을 알 수 있다.

15

정답 ①

제시문은 치매의 정의, 증상, 특성 등을 말하고 있으므로 '치매의 의미'가 글의 주제로 적절하다.

16

정답 ⑤

제시문에서는 현대 사회의 소비 패턴이 '보이지 않는 손' 아래의 합리적 소비에서 벗어나 과시 소비가 중심이 되었으며, 그 이면에는 소비를 통해 자신의 물질적 부를 표현함으로써 신분을 과시하려는 욕구가 있다고 설명하고 있다. 따라서 글의 주제로 ⑤가 가장 적절하다.

17

정답 ③

제시문은 멸균에 대해 언급하며, 멸균 방법을 물리적·화학적으로 구분하여 다양한 멸균 방법에 대해 설명하고 있다.

18

정답 ③

주어진 지문의 내용은 크게 두 부분으로 나눌 수 있다. 처음부터 세 번째 문단까지는 맥주의 주원료에 대해서, 그 이후부터 글의 마지막 부분까지는 맥주의 제조공정 중 발효에 대해 설명하며 이에 따른 맥주의 종류에 대해 설명하고 있다.

19

정답 ④

제시문은 사이코패스의 정의와 그 특성에 대해 설명하고 있다.

20

정답 ④

제시문의 처음에서 '장애인 편의 시설에 대한 새로운 시각'이 필요하다고 밝히고, 중간에서 장애인 편의 시설이 '우리 모두에게 유용함'을 강조했으며, 마지막 부분에서 보편적 디자인의 시각으로 바라볼 때 '장애인 편의 시설은 우리 모두에게 편리하고 안전한 시설로 인식될 것'이라고 설명하고 있다.

21

정답 ②

제시문은 텔레비전의 언어가 개인의 언어 습관에 미치는 악영향을 경계하면서, 올바른 언어 습관을 길들이기 위해 문학 작품의 독서를 강조하고 있다.

22

정답 ④

제시문은 동물들이 사용하는 소리는 단지 생물학적인 조건에 대한 반응 또는 본능적인 감정 표현의 수단일 뿐, 사람의 말과 동물의 소리에 근본적인 차이가 존재한다고 말한다. 즉, 동물들이 나름대로 가지고 있는 본능적인 의사소통능력은 인간의 것과 다르다는 것이다.

23

정답 ②

'피터팬증후군이라는 말로 표현되기도 하였으나, 이와 달리 키덜트는 … 긍정적인 이미지를 가지고 있다.'라는 내용을 통해 두 단어가 혼용하여 사용하지 않음을 알 수 있다.

오답분석

① '20~40대의 어른이 되었음에도 불구하고'라는 구절에서 나이를 알 수 있다.
③ '키덜트는 각박한 현대인의 생활 속에서 마음 한구석에 어린이의 심상을 유지하는 사람들로 긍정적인 이미지를 가지고 있다.'라는 문장을 통해 키덜트와 현대사회가 밀접한 관련이 있음을 짐작할 수 있다.
④ '키덜트들은 이를 통해 얻은 영감이나 에너지가 일에 도움이 된다고 한다.'의 내용에서 찾을 수 있다.
⑤ '기업들은 키덜트족을 타깃으로 하는 상품과 서비스를 만들어내고 있으며'를 통해 키덜트가 시장의 수요자임을 알 수 있다.

24

정답 ②

한국인들은 달항아리가 일그러졌다고 해서 깨뜨리거나 대들보가 구부러졌다고 해서 고쳐 쓰지는 않았지만, 곧은 대들보와 완벽한 모양의 달항아리를 좋아하지 않았다는 언급은 없으므로 ②의 내용은 적절하지 않다.

25

정답 ④

스마트팩토리의 주요 기술 중 하나인 에지 컴퓨팅은 중앙 데이터 센터와 직접 소통하는 클라우드 컴퓨팅과 달리 산업 현장에서 발생하는 데이터를 에지 데이터 센터에서 사전 처리한 후 선별하여 전송하기 때문에 데이터 처리 지연 시간을 줄일 수 있다.

26

정답 ⑤

네 번째 문단에서 물의 비열은 변하는 것이 아니라 고유한 특성이라는 정보를 확인할 수 있다.

27

정답 ③

㉠은 기업들이 더 많은 이익을 내기 위해 '디자인의 향상'에 몰두하는 것이 바람직하다는 판단이다. 즉, '상품의 사회적 마모를 짧게 해서 소비를 계속 증가시키기 위한' 방안인데, 이것에 대한 반론이 되기 위해서는 ㉠의 주장이 지니고 있는 문제점을 비판하여야 한다. ㉠이 지니고 있는 가장 큰 문제점은 '과연 성능 향상 없는 디자인 변화가 소비를 촉진시킬 수 있는 것인가'가 되어야 한다. 디자인 변화는 분명히 상품의 소비를 촉진시킬 수 있는 효과적 방법 중의 하나이지만 '성능이나 기능, 내구성'의 향상이 전제되지 않았을 때는 효과를 내기 힘들기 때문이다.

28

정답 ④

제시문은 통계수치의 의미를 정확하게 이해하고 도구와 방법을 올바르게 사용해야 하며, 특히 아웃라이어의 경우를 생각해야 한다고 주장하고 있다.

오답분석

①·② 집단을 대표하는 수치로서의 평균 자체가 숫자 놀음과 같이 부적당하다고는 언급하지 않았다.
③ 아웃라이어가 있는 경우에는 평균보다는 최빈값이나 중앙값이 대푯값으로 더 적당하다.
⑤ 내용이 올바르지 않은 것은 아니지만, 통계의 유용성은 글의 도입부에 잠깐 인용되었을 뿐, 글의 중심 내용으로 볼 수 없다.

29

정답 ①

빈칸 뒤 문장에서 '외래어가 넘쳐나는 것은 고도성장과 결코 무관하지 않다.'라고 했다. 따라서 사회의 성장과 외래어의 증가는 관계가 있다는 의미이므로 ①이 적절하다.

30

정답 ①

제시문은 '발전'에 대한 개념을 설명하고 있다. 빈칸 앞뒤의 문맥을 먼저 살폈을 때, 빈칸 앞에서는 '발전'에 대해 '모든 형태의 변화가 전부 발전에 해당되는 것은 아니다.'라고 하면서 '교통 신호등'을 예로 들고 있다. 그리고 빈칸 뒤에서는 '사태의 진전 과정에서 나중에 나타나는 것은 적어도 그 이전 단계에 내재적으로나마 존재했던 것의 전개에 해당한다는 것이다.'라고 보충 설명하고 있으므로 ①이 적절하다.

31

정답 ④

제시문은 오존층 파괴 시 나타나는 문제점에 대해 설명하고 있다. 마지막 문단에서 극지방 성층권의 오존 구멍은 줄었지만, 많은 인구가 거주하는 중위도 저층부에서는 오히려 오존층이 얇아졌다고 언급하고 있으므로 ④가 적절하다.

오답분석

① 극지방 성층권의 오존 구멍보다 중위도 지방의 오존층이 얇아지는 것이 더욱 큰 문제이다.
② 제시문에서 오존층을 파괴하는 원인은 찾아볼 수 없으며, 인구가 많이 거주하는 지역일수록 오존층의 파괴에 따른 피해가 크다는 것이다.
③ 극지방이 아닌 중위도 지방에서의 얇아진 오존층이 사람들을 더 많은 자외선에 노출시키며, 오히려 극지방의 오존 구멍은 줄어들었다.
⑤ 지표면이 아닌 성층권에서의 오존층의 역할 및 문제점에 대해 설명하고 있다.

32

정답 ②

첩보 위성은 임무를 위해 낮은 궤도를 비행해야 하므로, 높은 궤도로 비행시키면 수명은 길어질 수 있으나 임무의 수행 자체가 어려워질 수 있다.

33

정답 ②

제시된 글은 매실이 가진 다양한 효능을 설명하고 있으므로 이것을 아우를 수 있는 ②가 제목으로 적절하다.

오답분석

④ 매실이 초록색이기는 하지만 본문에서 매실의 색과 관련된 효능은 언급하지 않았으므로 적절하지 않다.

34

정답 ①

구연산은 섭취한 음식을 에너지로 바꾸는 대사 작용을 돕고, 근육에 쌓인 젖산을 분해하여 피로를 풀어주며 칼슘의 흡수를 촉진하는 역할을 한다. 숙취에 도움이 되는 성분은 피루브산이다.

35

정답 ③

샌드위치를 소개하는 (다) 문단이 가장 먼저 오는 것이 적절하며, 그 다음으로 샌드위치 이름의 유래를 소개하는 (나) 문단이 적절하다. 그 뒤를 이어 샌드위치 백작에 대한 평가가 엇갈림을 설명하는 (가) 문단이, 마지막으로는 이러한 엇갈린 평가를 구체적으로 설명하는 (라) 문단이 적절하다. 따라서 (다) – (나) – (가) – (라) 순으로 나열되어야 한다.

36

정답 ⑤

음식 이름의 주인공인 샌드위치 백작은 일부에서는 유능한 정치인·군인이었던 인물로 평가되는 반면, 다른 한편에서는 무능한 도박꾼으로 평가되고 있는 것을 볼 때 ⑤가 빈칸에 들어갈 내용으로 가장 적절하다.

37

정답 ③

빈칸 앞 문장에서 변혁적 리더는 구성원의 욕구 수준을 상위 수준으로 끌어올린다고 하였으므로 구성원에게서 기대되었던 성과만을 얻어내는 거래적 리더십을 발휘하는 리더와 달리 변혁적 리더는 구성원에게서 더욱 더 높은 성과를 얻어낼 수 있을 것임을 추론해볼 수 있으므로 ③이 가장 적절하다.

38

정답 ①

합리적 사고와 이성에 호소하는 거래적 리더십과 달리 변혁적 리더십은 감정과 정서에 호소하는 측면이 크다.

39

정답 ②

제시문은 스타 시스템에 대한 문제점을 지적한 다음, 글쓴이 나름대로의 대안을 모색하고 있다.

40

정답 ④

욕망의 주체인 ㉡만 ㉢을 이상적 존재로 두고 닮고자 한다.

CHAPTER

02 수리능력 적중예상문제

01 ▶ 응용계산

01	02	03	04	05	06	07	08	09	10	11	12	13	14	15	16	17	18	19	20
②	③	②	①	①	③	①	③	②	①	④	④	②	④	②	④	④	②	③	②
21	22	23	24	25	26	27	28	29	30	31	32	33	34	35	36	37	38	39	40
④	②	④	③	④	②	②	①	①	④	③	③	①	⑤	④	②	④	③	②	⑤
41	42	43	44	45	46	47	48	49	50										
②	②	①	②	①	④	④	⑤	④	④										

01

정답 ②

열차의 길이를 xm라 하자.

$\frac{360+x}{12}=\frac{900+x}{24} \rightarrow x=180$

열차의 길이는 180m이고 속력은 $\frac{360+180}{12}$=45m/s이다.

열차 1량의 길이는 $\frac{180}{10}$=18m이므로 1량이 터널을 완전히 지날 때 걸리는 시간은 $\frac{18}{45}$=0.4초이다.

02

정답 ③

집에서 서점까지의 거리를 $x$km라 하자.

집에서 서점까지 갈 때 걸리는 시간은 $\frac{x}{4}$시간, 서점에서 집으로 되돌아올 때 걸리는 시간은 $\frac{x}{3}$시간이다.

$\frac{x}{4}+\frac{x}{3}=7 \rightarrow 7x=84$

$\therefore x=12$

따라서 집에서 서점까지의 거리는 12km이다.

03

정답 ②

A와 B의 속력을 각각 x, ym/min라고 하자.

$5(x+y)=2{,}000$ … ㉠

$10(x-y)=2{,}000$ … ㉡

㉠, ㉡을 연립하면

$\therefore x=300$

따라서 A의 속력은 300m/min이다.

04

정답 ①

기차의 길이를 xm, 기차의 속력을 ym/s라 하자.

$\frac{x+400}{y}=10 \rightarrow x+400=10y \rightarrow 10y-x=400 \cdots$ ㉠

$\frac{x+800}{y}=18 \rightarrow x+800=18y \rightarrow 18y-x=800 \cdots$ ㉡

㉠, ㉡을 연립하면

$\therefore x=100,\ y=50$

따라서 기차의 길이는 100m이고, 기차의 속력은 50m/s이다.

05

정답 ①

효진이가 걸어서 간 시간을 t분이라고 하면, 자전거를 타고 간 시간은 (30−t)분이다.

$150(30-t)+50t=4{,}000 \rightarrow 100t=500$

$\therefore t=5$

따라서 효진이가 걸어간 시간은 5분이다.

06

정답 ③

A사부터 S사까지의 거리를 $x$km라고 하자.

$\frac{1+1+x}{3}=\frac{5}{3} \rightarrow 1+1+x=5$

$\therefore x=3$

따라서 A사부터 S사까지 거리는 3km이다.

07

정답 ①

지도의 축척이 1 : 50,000이므로, 호텔에서 공원까지 실제 거리는 $10\times50{,}000=500{,}000cm=5$km이다.

따라서 신영이가 호텔에서 출발하여 공원에 도착하는 데까지 걸리는 시간은 $\frac{5}{30}=\frac{1}{6}=10$분이다.

08

정답 ③

열차의 길이가 xm이므로

$\frac{x+4{,}500}{10}=500$ ($\because$ 4.5km=4,500m) $\rightarrow x+4{,}500=5{,}000$

$\therefore x=500$

따라서 열차의 길이는 500m이다.

09

정답 ②

움직인 시간을 x초라고 하면 두 사람이 마주치는 층은 일차 방정식을 통해 계산을 할 수 있다.

$x=15-2x \rightarrow 3x=15$

$\therefore x=5$

따라서 두 사람이 같은 층이 되는 층은 5층이다.

10

정답 ①

혜정이의 나이를 x세라고 하면, 연경이의 나이는 $3x$세이다.
5년 후의 혜정이의 나이는 $(x+5)$세, 연경이의 나이는 $(3x+5)$세이므로,
$(3x+5):(x+5)=7:4 \rightarrow 7(x+5)=4(3x+5) \rightarrow 5x=15$
$\therefore x=3$
따라서 현재 연경이의 나이는 9살, 혜정이의 나이는 3살이다.

11

정답 ④

현재 삼촌의 나이를 x세, 민지의 나이를 y세라 하자.
$x-4=4(y-4) \cdots$ ㉠
$x+3=2(y+3)+7 \cdots$ ㉡
㉠, ㉡을 연립하면
$-7=2y-29$
$\therefore y=11,\ x=32$
따라서 삼촌의 나이는 32세이고 민지의 나이는 11세이므로 삼촌과 민지의 나이 차는 $32-11=21$세이다.

12

정답 ④

A톱니바퀴가 5회전을 하게 되면 총 이동 거리는 반지름 14cm에 대해 5회전 한 거리만큼 움직이게 되는데, C톱니바퀴는 A톱니바퀴의 반지름의 절반이고 맞물린 A톱니바퀴와 총 이동 거리는 같아야 하므로 회전수는 2배가 되어야 한다.
따라서 C바퀴는 1분에 10회전 하게 된다.

13

정답 ②

지난 달 A대리의 휴대폰 요금을 x만 원, B과장의 휴대폰 요금을 y만 원이라 하자.
$x+y=14 \cdots$ ㉠
$0.9x=1.2y \rightarrow 9x=12y \rightarrow 3x-4y=0 \cdots$ ㉡
㉠, ㉡을 연립하면
$\therefore x=8,\ y=6$
즉, B과장의 지난 달 휴대폰 요금은 6만 원이다.
따라서 이번 달 B과장의 휴대폰 요금은 20% 증가했으므로 $1.2\times60{,}000=72{,}000$원이다.

14

정답 ④

할인받기 전 종욱이가 지불할 금액은 $25{,}000\times2+8{,}000\times3=74{,}000$원이고, 통신사 할인과 이벤트 할인을 적용한 금액은 $(25{,}000\times2\times0.85+8{,}000\times3\times0.75)\times0.9=54{,}450$원이다.
따라서 종욱이가 할인받은 금액은 $74{,}000-54{,}450=19{,}550$원이다.

15

정답 ②

원래 가격을 a원이라고 하고 할인된 가격을 계산하면 다음과 같다.
$a\times0.8\times0.9=0.72a$
따라서 총 28% 할인되었다.

PART 1

16

정답 ④

농도가 10%, 6% 설탕물의 양을 각각 xg, yg이라고 하자.

$x+y=300 \cdots$ ㉠

$\frac{0.1x+0.06y+20}{300+20}=0.12 \cdots$ ㉡

㉠, ㉡을 연립하면

$\therefore x=10,\ y=290$

따라서 농도 6% 설탕물의 양은 290g이다.

17

정답 ④

더 넣어야 하는 녹차가루의 양을 xg이라 하자.

$\frac{30+x}{120+30+x}\times 100 \geq 40$

$3,000+100x \geq 6,000+40x$

$60x \geq 3,000$

$\therefore x \geq 50$

따라서 더 넣어야 하는 녹차가루의 양은 최소 50g이다.

18

정답 ②

소금물의 농도를 x%라고 하자.

$\frac{10}{100}\times 100+\frac{25}{100}\times 200=\frac{x}{100}\times(100+200)$

$\therefore x=20$

따라서 10%의 소금물 100g과 25%의 소금물 200g을 섞으면 20%의 소금물이 된다.

19

정답 ③

증발시킬 물의 양을 xg이라고 하자.

$\frac{9}{100}\times 800=\frac{16}{100}\times(800-x) \rightarrow 7,200=12,800-16x$

$\therefore x=350$

따라서 16%의 소금물을 만들기 위해서는 350g을 증발시켜야 한다.

20

정답 ②

더 넣은 물의 양을 xg, 8% 소금물의 양을 yg이라 하면 다음과 같은 관계가 성립한다.

$2x+y=500 \cdots$ ㉠

$\frac{6}{100}x+\frac{8}{100}y=\frac{4}{100}\times 500$

$\rightarrow 3x+4y=1,000 \cdots$ ㉡

㉠, ㉡을 연립하면

$\therefore x=200,\ y=100$

따라서 더 넣은 물의 양과 8% 소금물의 양의 합은 200+100=300g이다.

21

정답 ④

작년 남자 사원 수를 x명, 여자 사원 수를 y명이라고 하자.

$x+y=500$ … ㉠

$0.9x+1.4y=500\times1.08 \rightarrow 0.9x+1.4y=540$ … ㉡

㉠, ㉡을 연립하면

$\therefore x=320,\ y=180$

따라서 작년 남자 사원수는 320명이다.

22

정답 ②

처음 아이들의 수를 x명이라 하자.

i) $8x<17\times10 \rightarrow x<\frac{170}{8}\fallingdotseq21.3$

ii) $9x>17\times10 \rightarrow x>\frac{170}{9}\fallingdotseq18.9$

iii) $8(x+9)<10\times(17+6) \rightarrow 8x<158 \rightarrow x<\frac{158}{8}=19.75$

따라서 처음 아이들의 수는 19명이다.

23

정답 ④

택배상자 무게는 1호 상자 xg, 2호 상자는 yg이므로 택배상자들의 총무게와 저울이 평형을 이루는 상자 개수에 대한 두 방정식을 세우면 다음과 같다.

$6x+7y=960$ … ㉠

$4x+2y=2x+5y \rightarrow 2x=3y \rightarrow 2x-3y=0$ … ㉡

㉠, ㉡을 연립하면 $x=90$, $y=60$이므로 1호 택배상자는 90g, 2호 택배상자는 60g이 된다.

따라서 $x\times y=90\times60=5,400$이다.

24

정답 ③

등산 동아리가 예약한 숙소 방의 개수를 x개라고 하자.

$6x+12=7(x-3)+6 \rightarrow 6x+12=7x-21+6 \rightarrow x=12+15$

$\therefore x=27$

따라서 방의 개수는 27개이다.

25

정답 ④

전체 합격자 수가 280명이므로 남학생 합격자는 $280\times\frac{5}{7}=200$명, 여학생은 $280-200=80$명이다.

불합격한 남학생과 여학생의 수를 각각 $4a$명, $3a$명이라 가정하고, 전체 학생 수에 대한 남녀 비율식을 세우면

$(200+4a):(80+3a)=3:2 \rightarrow (200+4a)\times2=(80+3a)\times3 \rightarrow 400+8a=240+9a$

$\therefore a=160$

따라서 여학생 지원자는 $80+3\times160=560$명이다.

26

정답 ②

양파의 개수를 a개, 감자의 개수는 $(15-a)$개라고 하자.

$700a+1,200\times(15-a)=14,500 \rightarrow 500a=3,500$

$\therefore a=7$

따라서 구입한 양파의 개수는 7개이다.

27

정답 ②

세 자연수 5, 6, 7의 최소공배수를 구하면 210이며, 세 자연수로 나누고 나머지가 모두 2가 되는 가장 작은 수 A는 최소공배수에 2를 더한 212가 된다.

따라서 1,000 이하 자연수 중 212의 배수는 212, 424, 636, 848 총 4개이다.

28

정답 ①

두 수에서 각각 나머지를 빼면 30과 35이며, 이 두 수의 최대공약수는 5이다.

따라서 자연수 B는 5이다.

29

정답 ①

432와 720의 최대공약수는 144이며, 144cm 간격으로 꼭짓점을 제외하고 가로에는 2그루씩, 세로에는 4그루씩 심을 수 있다.

따라서 꼭짓점에 나무가 심어져 있어야 하므로 $(2+4)\times2+4=16$그루가 필요하다.

30

정답 ④

작년 A제품의 판매량을 x개, B제품의 판매량을 y개라고 하자.

작년 두 제품의 총판매량은 $x+y=800$ … ㉠

올해 총판매량은 $1.5x+(3x-70)=800\times1.6 \rightarrow 4.5x=1,350$ … ㉡

㉠, ㉡을 연립하면

$\therefore x=300,\ y=500$

즉, 올해 B제품의 판매량은 $3\times300-70=830$개이다.

따라서 작년 대비 올해 B제품 판매량의 증가율은 $\frac{830-500}{500}\times100=66\%$이다.

31

정답 ③

깃발은 2개이고, 깃발을 5번 들어서 표시할 수 있는 신호의 개수는 $2\times2\times2\times2\times2=32$가지이다. 여기서 5번 모두 흰색 깃발만 사용하거나 검은색 깃발만 사용하는 경우의 수 2가지를 빼면 $32-2=30$가지이다.

32

정답 ③

6개의 숫자로 여섯 자릿수를 만드는 경우는 $6!$가지이다. 그중 1이 3개, 2가 2개씩 중복되므로 $3!\times2!$의 경우가 겹친다.

따라서 가능한 경우의 수는 $\frac{6!}{3!\times2!}=60$가지이다.

33

정답 ①

A가 합격할 확률은 $\frac{1}{3}$이고, B가 합격할 확률은 $\frac{3}{5}$이다.

따라서 A, B 둘 다 합격할 확률은 $\frac{1}{3}\times\frac{3}{5}=\frac{3}{15}=\frac{1}{5}=20\%$이다.

34

정답 ⑤

- 첫 번째 손님이 6장의 쿠폰 중 1장을 받을 경우의 수 : ${}_6C_1=6$가지
- 두 번째 손님이 5장의 쿠폰 중 2장을 받을 경우의 수 : ${}_5C_2=10$가지
- 세 번째 손님이 3장의 쿠폰 중 3장을 받을 경우의 수 : ${}_3C_3=1$가지

따라서 구하는 경우의 수는 $6\times10\times1=60$가지이다.

35

정답 ④

창고를 모두 가득 채웠을 때 보관 가능한 컨테이너의 수는 $10\times10=100$개이다.

- 9개 창고에 10개씩, 1개 창고에 8개를 보관하는 경우의 수 : ${}_{10}C_1=10$가지
- 8개 창고에 10개씩, 2개 창고에 9개씩 보관하는 경우의 수 : ${}_{10}C_2=\frac{10\times9}{2!}=45$가지

따라서 전체 경우의 수는 $10+45=55$가지이다.

36

정답 ②

ㄱ, ㄴ, ㄷ, ㄹ 순으로 칠한다면 가장 면적이 넓은 ㄱ에 4가지를 칠할 수 있고, ㄴ은 ㄱ과 달라야 하므로 3가지, ㄷ은 ㄱ, ㄴ과 달라야 하므로 2가지, ㄹ은 ㄱ, ㄷ과 달라야 하므로 2가지를 칠할 수 있다.

따라서 $4\times3\times2\times2=48$가지이다.

37

정답 ④

집 → 학교 → 도서관 → 학교 순서이므로 경우의 수는 $3\times5\times5=75$가지이다.

38

정답 ③

6개의 점 중 3개를 택하는 경우의 수를 구하면 된다. 단, 밑변의 세 점을 연결할 경우는 삼각형이 되지 않으므로 이 경우는 제외해야 한다.

따라서 ${}_6C_3-1=\frac{6\times5\times4}{3\times2\times1}-1=19$가지이다.

39

정답 ②

5명 중에서 3명을 순서와 관계없이 뽑을 수 있는 경우의 수는 ${}_5C_3$이다.

따라서 ${}_5C_3=\frac{5\times4\times3}{3\times2\times1}=10$가지이다.

40

정답 ⑤

1부터 40까지의 자연수 중 40의 약수(1, 2, 4, 5, 8, 10, 20, 40)의 개수는 8개이고, 3의 배수(3, 6, 9, …, 36, 39)는 13개이다.
따라서 40의 약수 중 3의 배수는 없으므로 구하는 경우의 수는 8+13=21가지이다.

41

정답 ②

- 흰 구슬, 흰 구슬, 검은 구슬 순으로 뽑을 경우 : $\frac{3}{8}\times\frac{2}{7}\times\frac{5}{6}=\frac{5}{56}$
- 흰 구슬, 검은 구슬, 흰 구슬 순으로 뽑을 경우 : $\frac{3}{8}\times\frac{5}{7}\times\frac{2}{6}=\frac{5}{56}$
- 검은 구슬, 흰 구슬, 흰 구슬 순으로 뽑을 경우 : $\frac{5}{8}\times\frac{3}{7}\times\frac{2}{6}=\frac{5}{56}$

따라서 합의 법칙에 의해 $\frac{5}{56}+\frac{5}{56}+\frac{5}{56}=\frac{15}{56}$이다.

42

정답 ②

- 전체 경우의 수 : 6!
- A와 B가 나란히 서 있는 경우의 수 : 5!×2(∵ A와 B의 위치를 바꾸는 경우)

따라서 A와 B가 나란히 서 있을 확률은 $\frac{5!\times 2}{6!}=\frac{1}{3}$이다.

43

정답 ①

두 개의 주사위를 굴려서 나올 수 있는 모든 경우의 수는 6×6=36가지이고, 눈의 합이 2 이하가 되는 경우는 주사위의 눈이 (1, 1)이 나오는 경우이다.

따라서 눈의 합이 2 이하가 나오는 확률은 $\frac{1}{36}$이다.

44

정답 ②

- 국내 여행을 선호하는 남학생 수 : 30−16=14명
- 국내 여행을 선호하는 여학생 수 : 20−14=6명

따라서 국내 여행을 선호하는 학생 수는 14+6=20명이므로 구하는 확률은 $\frac{14}{20}=\frac{7}{10}$이다.

45

정답 ①

- 두 개의 주사위를 던지는 경우의 수 : 6×6=36가지
- 나온 눈의 곱이 홀수인 경우(홀수×홀수)의 수 : 3×3=9가지

따라서 주사위의 눈의 곱이 홀수일 확률은 $\frac{9}{36}=\frac{1}{4}$이다.

46

정답 ④

두 수의 곱이 홀수가 되려면 (홀수)×(홀수)여야 하므로 1에서 10까지 적힌 숫자카드를 임의로 두 장을 동시에 뽑았을 때, 두 장 모두 홀수일 확률을 구해야 한다.

따라서 열 장 중 홀수 카드 두 개를 뽑을 확률은 $\frac{{}_5C_2}{{}_{10}C_2}=\frac{\frac{5\times4}{2\times1}}{\frac{10\times9}{2\times1}}=\frac{5\times4}{10\times9}=\frac{2}{9}$ 이다.

47

정답 ④

A, B 두 주머니에서 검정 공을 뽑을 확률은 전체 확률에서 흰 공만 뽑을 확률을 뺀 것과 같다. 두 주머니에서 흰 공을 뽑을 확률은 $\frac{3}{5}\times\frac{1}{5}=\frac{3}{25}$ 이다.

따라서 A, B 두 주머니에서 한 개의 공을 꺼낼 확률은 $1-\frac{3}{25}=\frac{22}{25}$ 이다.

48

정답 ⑤

세 사람 중 두 사람이 합격할 확률=홍은이만 떨어질 확률+영훈이만 떨어질 확률+성준이만 떨어질 확률

→ $\left(\frac{1}{7}\times\frac{3}{5}\times\frac{1}{2}\right)+\left(\frac{6}{7}\times\frac{2}{5}\times\frac{1}{2}\right)+\left(\frac{6}{7}\times\frac{3}{5}\times\frac{1}{2}\right)=\frac{33}{70}$

$\therefore a=70,\ b=33$

따라서 $a+b=103$이다.

49

정답 ④

- A만 문제를 풀 확률 : $\frac{1}{4}\times\frac{2}{3}\times\frac{1}{2}=\frac{2}{24}$
- B만 문제를 풀 확률 : $\frac{3}{4}\times\frac{1}{3}\times\frac{1}{2}=\frac{3}{24}$
- C만 문제를 풀 확률 : $\frac{3}{4}\times\frac{2}{3}\times\frac{1}{2}=\frac{6}{24}$

따라서 한 사람만 문제를 풀 확률은 $\frac{2}{24}+\frac{3}{24}+\frac{6}{24}=\frac{11}{24}$ 이다.

50

정답 ④

- 두 사원이 1 ~ 9층에 내리는 경우의 수 : $9\times9=81$가지
- A가 1 ~ 9층에 내리는 경우의 수 : 9가지

B는 A가 내리지 않은 층에서 내려야 하므로 B가 내리는 경우의 수는 8가지이다.

따라서 서로 다른 층에 내릴 확률은 $\frac{9\times8}{81}=\frac{8}{9}$ 이다.

02 ▶ 자료해석

01	02	03	04	05	06	07	08	09	10	11	12	13	14	15	16	17	18	19	20
③	②	③	②	②	①	①	②	①	②	⑤	③	④	②	④	⑤	③	③	④	③

01

정답 ③

일반 내용의 스팸 문자는 2022년 하반기 0.12통에서 2023년 상반기에 0.05통으로 감소하였다.

오답분석

① 제시된 자료에 따르면 2023년부터 성인 스팸 문자 수신이 시작되었다.
② 2022년 하반기에는 일반 스팸 문자가, 2023년 상반기에는 대출 스팸 문자가 가장 높은 비중을 차지했다.
④ 해당 기간 동안 대출 관련 스팸 문자가 가장 큰 폭(0.05)으로 증가하였다.
⑤ 전년 동분기 대비 2023년 하반기의 1인당 스팸 문자의 내용별 수신 수의 증가율은 $\frac{0.17-0.15}{0.15}\times100 \fallingdotseq 13.33\%$이므로 옳은 설명이다.

02

정답 ②

㉠ 서울과 경기의 인구수 차이는 2017년에 $10,463-10,173=290$명, 2023년에 $11,787-10,312=1,475$명으로 2023년에 차이가 더 커졌다.
㉢ 광주는 2023년에 22명이 증가하여 가장 많이 증가했다.

오답분석

㉡ 인구가 감소한 지역은 부산, 대구이다.
㉣ 대구는 전년 대비 2019년부터 인구가 감소하다가 2023년에 다시 증가했다.

03

정답 ③

주어진 자료를 바탕으로 매장 수를 정리하면 다음과 같다. 증감표의 부호를 반대로 하여 2023년 매장 수에 대입하면 쉽게 계산이 가능하다.

(단위 : 개)

지역	2020년 매장 수	2021년 매장 수	2022년 매장 수	2023년 매장 수
서울	15	17	19	17
경기	13	15	16	14
인천	14	13	15	10
부산	13	11	7	10

따라서 2020년 매장 수가 두 번째로 많은 지역은 인천이며, 매장 수는 14개이다.

04

정답 ②

5월 10일의 도매가를 x원이라고 하자.

$$\frac{400+500+300+x+400+550+300}{7}=400 \rightarrow x+2,450=2,800$$

$\therefore x=350$

따라서 5월 10일의 도매가는 350원이다.

05

정답 ②

범죄유형별 체포 건수와 발생 건수의 비율이 전년 대비 가장 크게 증가한 것은 모두 2021년 절도죄로 각각 76.0−57.3=18.7%p, 56.3−49.4=6.9%p 증가했다.
따라서 가장 크게 증가한 범죄의 발생 건수 비율과 체포 건수 비율의 증가량 차이는 18.7−6.9=11.8%p이다.

06

정답 ①

2021년 8,610백만 달러에서 2023년 11,635백만 달러로 증가했으므로 증가율은 (11,635−8,610)÷8,610×100≒35.1%이다.

07

정답 ①

- (가)=194−(23+13+111+15)=32
- 1차에서 D사를 선택하고, 2차에서 C사를 선택한 소비자 수는 21명, 1차에서 E사를 선택하고 2차에서 B사를 선택한 소비자 수는 18명이므로 차이는 3이다.

08

정답 ②

여성은 매년 30명씩 증가했으므로 2021년도 여성 신입사원은 260+30=290명이고, 남성 신입사원은 500−290=210명이다.
따라서 남녀 성비는 $\frac{210}{290}\times 100 \fallingdotseq 72.4$이다.

09

정답 ①

절도 발생 건수의 추이를 살펴보면 증가와 감소를 반복하므로 빈칸에는 155,393보다 큰 숫자가 들어가야 한다.

10

정답 ②

100대 기업까지 48.7%이고, 200대 기업까지 54.5%이다. 따라서 101 ~ 200대 기업이 차지하고 있는 비율은 54.5−48.7=5.8%이다.

오답분석

① · ③ 표를 통해 쉽게 확인할 수 있다.
④ 표를 통해 0.2%p 감소했음을 알 수 있다.
⑤ 등락률이 상승과 하락의 경향을 보이므로 올바른 판단이다.

11

정답 ⑤

남성의 경제활동 참가율의 경우는 가장 높았던 때가 74.0%이고 가장 낮았던 때는 72.2%이지만, 여성의 경제활동 참가율의 경우는 가장 높았던 때가 50.8%이고 가장 낮았던 때는 48.1%이므로 2%p 이상 차이가 난다.

12

정답 ③

존속성 기술을 개발하는 업체의 총수는 24개, 와해성 기술을 개발하는 업체의 총수는 23개로 옳다.

오답분석

① 시장견인과 기술추동을 합하여 비율을 계산하면 벤처기업이 $\frac{12}{20}\times 100=60\%$, 대기업이 $\frac{11}{27}\times 100 \fallingdotseq 41\%$이므로 옳지 않다.
② 존속성 기술은 12개, 와해성 기술은 8개로 옳지 않다.

④ 10 : 10의 동일한 비율이므로 옳지 않다.
⑤ 17 : 10으로 시장견인전략을 취하는 비율이 월등히 높으므로 옳지 않다.

13

정답 ④

오답분석

① 2023년 이후 인터넷을 선호하는 구성원 수는 145명이고, 2023년 이전은 100명이라고 하더라도 2023년 이후의 구성원 수가 2023년 이전의 구성원 수를 모두 포함한다고 보기는 어렵다.
② 2023년 전·후로 가장 인기 없는 매체는 신문이다.
③ 2023년 이후에 가장 선호하는 언론매체는 TV이다.
⑤ TV에서 라디오를 선호하게 된 구성원 수는 15명으로, 인터넷에서 라디오를 선호하게 된 구성원 수인 10명보다 많다.

14

정답 ②

오답분석

① 용돈을 받는 남학생과 여학생의 비율은 각각 82.9%, 85.4%이다. 따라서 여학생이 더 높다.
③ 고등학교 전체 인원을 100명이라 한다면 그 중에 용돈을 받는 학생은 약 80.8명이다. 80.8명 중에 용돈을 5만 원 이상 받는 학생의 비율은 40%이므로 80.8×0.4≒32.3명이다.
④ 전체에서 금전출납부의 기록, 미기록 비율은 각각 30%, 70%이므로 기록하는 비율이 더 낮다.
⑤ 용돈을 받지 않는 중학생과 고등학생 비율은 각각 12.4%, 19.2%이므로 용돈을 받지 않는 고등학생 비율이 더 높다.

15

정답 ④

도표에 나타난 프로그램 수입비용을 모두 합하면 380만 불이며, 이 중 영국에서 수입하는 액수는 150만 불이므로 그 비중은 39.5%에 달한다.

16

정답 ⑤

2016년 대비 2021년 노령연금증가율은 (6,862−2,532)÷2,532×100≒171.0%이다.

17

정답 ③

합계 출산율은 2015년 최저치를 기록했다.

오답분석

① 2015년 출생아 수(435천 명)는 2013년 출생아 수(490.5천 명)의 약 0.88배로 감소하였다.
② 합계 출산율이 일정하게 증가하는 추세는 나타나지 않는다.
④ 2020년에 비해 2021년에는 합계 출산율이 0.014명 증가했다.
⑤ 주어진 그래프로 알 수 있는 사실이 아니다.

18

정답 ③

X고등학교가 Y고등학교에 비해 진학률이 낮은 대학은 C대학과 D대학이다.

오답분석

① X고등학교와 Y고등학교의 진학률 1위 대학은 C대학으로 동일하다.
② X고등학교와 Y고등학교의 진학률 5위 대학은 각각 D대학과 B대학으로 다르다.
④ X고등학교와 Y고등학교의 E대학교 진학률 차이는 26−20=6%p이다.
⑤ Y고등학교 대학 진학률 중 가장 높은 대학의 진학률은 41%, 가장 낮은 대학의 진학률은 9%로 그 차이는 32%p이다.

19

정답 ④

제시된 그래프에서 강수량 추이의 격차가 가장 큰 때는 2019년으로, 2018년 강수량의 총합은 1,529.7mm이고, 2019년 강수량의 총합은 1,122.7mm이다.
따라서 전년 대비 강수량의 변화를 구하면 1,529.7−1,122.7=407mm로 가장 변화량이 크다.

오답분석

① 조사기간 내 가을철 평균 강수량을 구하면 1,919.9÷8≒240mm이다.
② 2014년 61.7%, 2015년 59.3%, 2016년 49.4%, 2017년 66.6%, 2018년 50.4%, 2019년 50.5%, 2020년 50.6%, 2021년 40.1%로 2016년과 2021년 여름철 강수량은 전체 강수량의 50%를 넘지 않는다.
③ 강수량이 제일 낮은 해는 2021년이지만 가뭄의 기준이 제시되지 않았으므로 알 수 없다.
⑤ 여름철 강수량이 두 번째로 높았던 해는 2018년이다. 2018년의 가을·겨울철 강수량의 합은 502.6mm이고, 봄철 강수량은 256.5mm이다. 따라서 256.5×2=513mm이므로 봄철 강수량의 2배보다 적다.

20

정답 ③

인구성장률 그래프의 경사가 완만할수록 인구수 변동이 적다.

오답분석

① 인구성장률은 1970년 이후 계속 감소하고 있다.
② 총인구가 감소하려면 인구성장률 그래프가 (−)값을 가져야 하는데 2011년과 2015년에는 (+)값을 갖는다.
④ 그래프를 통해 1990년 인구가 더 적다는 것을 알 수 있다.
⑤ 그래프를 통해 2020년부터 총인구가 감소하는 모습을 보이고 있음을 알 수 있다.

03 ▸ 수추리

01	02	03	04	05	06	07	08	09	10	11	12	13	14	15	16	17	18	19	20
③	②	②	④	②	②	③	①	②	④	③	①	③	②	⑤	④	④	③	⑤	①
21	22	23	24	25															
②	⑤	③	③	①															

01

정답 ③

앞의 항에 ×4, ÷2가 반복되는 수열이다.
따라서 ( )=48÷2=24이다.

02

정답 ②

홀수 항은 ×10, 짝수 항은 $\div 2^0$, $\div 2^1$, $\div 2^2$, …인 수열이다.
따라서 ( )=$256\div 2^2$=64이다.

03

정답 ②

홀수 항은 ÷2, 짝수 항은 ×2가 반복되는 수열이다.
따라서 ( )=13.5÷2=6.75이다.

04

정답 ④

홀수 항은 $+1$, $+2$, $+3$, …, 짝수 항은 -1, -2, -3, …인 수열이다.
따라서 ( )$=29-1=28$이다.

05

정답 ②

홀수 항은 -3, -5, -7, …, 짝수 항은 2^2, 4^2, 6^2, …인 수열이다.
따라서 ( )$=8^2=64$이다.

06

정답 ②

앞의 항에 $\frac{\text{분자}+1}{\text{분모}+1}$을 곱하는 수열이다.

따라서 ( )$=\frac{1}{3}\times\frac{2}{4}=\frac{1}{6}$이다.

07

정답 ③

분자는 -8, 분모는 $+8$씩 반복되는 수열이다.

따라서 ( )$=\frac{58-8}{102+8}=\frac{50}{110}$이다.

08

정답 ①

분자는 $+14$, 분모는 $\times5$씩 반복되는 수열이다.

따라서 ( )$=\frac{16+14}{25\times5}=\frac{30}{125}$이다.

09

정답 ②

앞의 항에 $+2.7$, $\div2$가 반복되는 수열이다.
따라서 ( )$=10.2\div2=5.1$이다.

10

정답 ④

홀수 항은 $\times3$, 짝수 항은 $+\frac{1}{2}$씩 반복되는 수열이다.

따라서 ( )$=9\times3=27$이다.

11

정답 ③

홀수 항은 $+1$, $+2$, $+3$, $+4$, $+5$, …, 짝수 항은 -1, $+1$, -2, $+2$, -3, …인 수열이다.
따라서 ( )$=6-3=3$이다.

12

정답 ①

앞의 항에 $\times\frac{2}{3}$, -1가 반복되는 수열이다.

따라서 ( )$=-\frac{14}{15}-1=-\frac{29}{15}$이다.

13

정답 ③

홀수 항은 $+1^2$, $+2^2$, $+3^2$, … 짝수 항은 -1, -2, -3, …인 수열이다.
따라서 ( )$=68+1^2=69$이다.

14

정답 ②

앞의 항에 $+2$, $+3$, $+5$, $+7$, $+11$, …(소수의 작은 값)이 적용되는 수열이다.
따라서 ( )$=32+13=45$이다.

15

정답 ⑤

홀수 항은 $\times2+1$, 짝수 항은 11^2, 22^2, 33^2, …인 수열이다.
따라서 ( )$=33^2=1,089$이다.

16

정답 ④

홀수 항은 -2, 짝수 항은 $\times3$이 반복되는 수열이다.

따라서 ( )$=\frac{21}{2}\times3=\frac{63}{2}$이다.

17

정답 ④

앞의 항에 5의 제곱수(5^0, 5^1, 5^2, 5^3, 5^4, 5^5, …)를 계속 더하는 수열이다.
따라서 ( )$=38+5^3=163$이다.

18

정답 ③

앞의 항에 $\times10$, $\div4$가 반복되는 수열이다.
따라서 ( )$=156.25\times10=1,562.5$이다.

19

정답 ⑤

앞의 항에 $+\frac{1}{2}$, $-\frac{2}{3}$, $+\frac{3}{4}$, $-\frac{4}{5}$, $+\frac{5}{6}$, …씩 더하는 수열이다.

따라서 ( )$=\frac{13}{12}-\frac{4}{5}=\frac{17}{60}$이다.

20

정답 ①

홀수 항은 $\times\frac{1}{2}$, 짝수 항은 -3.7, -4.2, -4.7, …인 수열이다.

따라서 ($)=1\times\frac{1}{2}=\frac{1}{2}$이다.

21

정답 ②

앞항에 0.1, 0.15, 0.2, 0.25, …씩 더하는 수열이다.
따라서 ($)=1.1+0.3=1.4$이다.

22

정답 ⑤

앞항의 각 자리 숫자를 합한 값을 더하는 수열이다.
따라서 ($)=115+7=122$이다.

23

정답 ③

(앞의 항+8)÷2=(다음 항)인 수열이다.
따라서 ($)=(9.25+8)\div2=8.625$이다.

24

정답 ③

나열된 수를 각각 A, B, C라고 하면
$\underline{A\ B\ C} \rightarrow (A+B)\times2=C$
따라서 ($)=(2+4)\times2=12$이다.

25

정답 ①

나열된 수를 각각 A, B, C라고 하면
$\underline{A\ B\ C} \rightarrow A\times B+2=C$
따라서 ($)=\frac{10-2}{2}=4$이다.

CHAPTER

03 영어능력 적중예상문제

PART 1

01	02	03	04	05	06	07	08	09	10
③	①	②	③	④	②	④	④	①	②
11	12	13	14	15	16	17	18	19	20
②	②	③	①	⑤	③	③	③	①	①
21	22	23	24	25	26	27	28	29	30
③	④	④	③	④	③	④	②	②	②
31	32	33	34	35	36	37	38	39	40
④	①	②	②	④	③	②	⑤	④	②
41	42	43	44	45	46	47	48	49	50
④	②	⑤	④	②	①	②	⑤	②	③

01

정답 ③

제시된 단어의 의미는 '시험'으로, 이와 같은 의미를 가진 단어는 ③이다.

오답분석

① 성격
② 청중
④ 경우
⑤ 사건

02

정답 ①

제시된 단어의 의미는 '보장하다'이며, 이와 비슷한 뜻을 지닌 단어는 ①이다.

오답분석

② 노력, 수고
③ 위험한
④ 확신하는, 확실히 하는
⑤ 비참한

03

정답 ②

제시된 단어의 의미는 '다치게 하다'로, 이와 같은 의미를 가진 단어는 ②이다.

오답분석

① 개선하다
③ 번성하다
④ 나아가게 하다
⑤ 지지하다

04

정답 ③

제시된 단어의 의미는 '보통'으로, 이와 같은 의미를 가진 단어는 ③이다.

오답분석

① 특별히
② 분명히
④ 당연히
⑤ 반드시

05

정답 ④

제시된 단어의 의미는 '성취하다'로, 이와 같은 의미를 가진 단어는 ④이다.

오답분석

① 설립하다
② 개선하다
③ 향상시키다
⑤ 나오다

06

정답 ②

| 어휘 |

• look around : 둘러보다, 이것저것 고려하다

| 해석 |

A : 도와드릴까요?
B : 아니요. <u>그냥 구경 중이에요</u>. 아마도 나중에 도움이 필요할 거예요.
A : 그럼 천천히 둘러보세요. 위층에 더 많은 물건이 있습니다.

오답분석

① 너무 비싸네요.
③ 비용이 얼마나 드나요?
④ 천만예요.
⑤ 할인하는 상품이 뭔가요?

07

정답 ④

| 해석 |

A : 지하철에서 시계를 잃어버렸어.
B : 그것 참 안됐구나. 분실물센터에 확인해 보는 게 어때?
A : 고마워. 그렇게 할게.

오답분석

① 다음에 가자(하자).
② 너는 무엇에 흥미를 느끼니?
③ 우체국까지는 어떻게 가야 하나요?
⑤ 새 시계가 맘에 드니?

08

정답 ④

| 해석 |

A : 오늘 학교에 늦게 가서 너무 미안해.
B : 네가 자주 늦지 않잖아. 나는 네가 충분한 이유를 가지고 있다고 생각해.
A : 열차를 놓쳐서 다음 열차를 20분 동안 기다려야만 했어.
B : 괜찮아.

09

정답 ①

| 해석 |

A : 어서오세요, 손님. 무엇을 도와드릴까요?
B : 네, 아들에게 줄 조그만 망원경을 찾고 있어요.
A : 당신이 원하시는 것이 여기 있어요. 품질이 우수합니다.
B : 좋아보이는군요. 가격은 얼마인가요?
A : 20달러에 판매하고 있습니다.
B : 가격이 적당하군요.

10

정답 ②

- A little knowledge is dangerous : 선무당이 사람 잡는다.

11

정답 ②

예배당의 종소리와 새들이 감미롭게 지저귀는 소리가 울려 퍼지는 평화로운 주변 분위기가 잘 드러나 있으므로 'calm and peaceful(차분하고 평화로운)'이 적절하다.

| 해석 |

그 도시에는 예배 장소들이 몇 개 있었고, 그들의 낮은 종소리가 아침부터 저녁까지 마을에 울려 퍼졌다. 태양은 밝고 기분 좋게 빛났고 공기는 따뜻했다. 시냇물이 물거품을 내며 흘렀고 새들의 감미로운 노래가 도시 저편 들판에서 울려 퍼졌다. 나무들은 이미 잠에서 깨어났고 푸른 하늘이 그들을 감싸고 있었다. 이웃 주변의 모든 것들, 나무들, 하늘, 그리고 태양은 너무도 젊고 친밀해 보여서 영원히 지속될 마법을 깨뜨리려 하지 않았다.

12

정답 ②

전치사 뒤에 올 수 있는 문법적 형태를 묻는 문제이다.

| 어휘 |

- greet : 맞이하다, 인사하다, 환영하다
- without+~ing : ~하지 않고

| 해석 |

그는 나에게 인사도 하지 않은 채 방으로 뛰어 들어왔다.

오답분석

① 뒤에 목적어 'me'가 있으므로 수동태는 올 수 없다.

13

정답 ③

적절한 단어의 형태를 고르는 문법문제이다.
전치사 'on' 뒤에 올 수 있는 형태는 명사 또는 동명사이다. 제시된 보기에는 명사가 없으므로 동명사 'watching'이 빈칸에 들어가야 한다.

| 어휘 |

- spend+시간+on : ~에 시간을 소비하다

| 해석 |

그는 웃긴 비디오를 보는 것에 하루 종일 시간을 소비했다.

오답분석

① watch는 본동사 'spent'가 이미 문장에 포함되어 있으므로 답이 될 수 없다.
② watches는 3인칭 단수형태의 동사이다.
④ watched는 과거형 동사이다.

14

정답 ①

시간을 나타내는 부사절 안에서는 미래시제를 현재시제로 표현한다.

| 해석 |

> 다음 주에 샘이 여기 오면, 제가 돌아와서 그것에 대해 말할게요.

오답분석

② be+~ing는 진행형이다.

15

정답 ⑤

빈칸 앞에서는 토마토 껍질을 벗기는 것이 매우 어렵다고 언급하고 있으나, 뒤에서는 쉬운 방법이 있다고 말하고 있으므로 역접의 연결어인 'However'가 적절하다.

| 어휘 |

- peel : 벗기다
- skin : 표면
- come off : 벗겨지다

| 해석 |

> 토마토 껍질을 벗기기 위해 노력한 적이 있는가? 그것은 매우 어렵다. 그렇지 않은가? 그러나 여기 쉬운 방법이 있다. 토마토를 뜨거운 물에 넣어라, 그러면 껍질이 아주 잘 벗겨진다.

16

정답 ③

미래에 로봇이 사용 가능한 장소로 공장과 병원, 농장, 사무실이 그 예로 나와 있지만 교실에 대한 언급은 어디에도 없다.

오답분석

① factory라는 단어를 사용하여 공장에서 사용될 수 있음을 말하고 있다.

②·④·⑤ 마지막 문장에서 hospital과 farm, office가 언급되어 있다.

| 해석 |

> 미래에는 우리가 많은 장소에서 로봇을 사용할 수 있을지도 모른다. 과학자들은 우리가 공장에서 많은 수의 로봇을 사용할지도 모른다고 예견한다. 우리는 병원, 농장 그리고 사무실에서 또한 그것들을 사용할지도 모른다.

17

정답 ③

두 번째 문장의 'A good way to quit smoking is to exercise, drink more water and food with vitamin.'에서 휴식 취하기는 언급되지 않았다.

| 어휘 |

- quit : 중단하다
- exercise : 운동하다

| 해석 |

> 당신이 담배를 끊고 싶다면, 할 수 있다. 담배를 끊는 데 할 수 있는 좋은 방법으로 운동하기, 껌 씹기, 물 많이 마시기, 비타민이 함유된 음식 섭취하기가 있다. 기억하라, 담배 끊기를 지체하면 할수록 더 힘들어질 것이다.

18

정답 ③

| 어휘 |

- tablets : 알약
- chewed : 씹다
- swallowed : 삼키다
- out of reach : 손이 닿지 않는 곳에

| 해석 |

> - 4시간마다 2알씩 복용하세요.
> - 알약은 씹어 먹거나 물과 함께 삼켜 드실 수 있습니다.
> - 어린이 손에 닿지 않는 곳에 보관하세요.

오답분석

①·⑤ Take 2 tables every 4 hours. → 복용량, 복용 간격

② Tablets can be chewed or swallowed with water. → 복용 방법

④ Keep out of reach of children. → 주의사항

19

정답 ①

보건교사에게 가보는 것이 좋겠다고 했으므로 교사와 학생의 관계가 적절하다.

오답분석

② 의사 – 환자

③ 약사 – 고객

④ 엄마 – 아들

⑤ 점원 – 손님

| 해석 |

> A : 얼굴이 창백해보여. 무슨 일이니?
> B : 복통이 심해요. 너무 아프네요. 토할 것 같아요.
> A : 언제부터 아프기 시작했니?
> B : 1교시 후부터요.
> A : 왜 그러는지 알겠니?
> B : 제가 먹은 무언가 때문인 게 틀림없어요.
> A : 어디 보자. 오, 너 열도 있구나. 보건교사에게 즉시 가보는 게 좋겠다.

20

정답 ①

1인용 객실을 예약한 것에 대한 안내를 받고 있으므로 호텔 직원과 고객의 관계이다.

오답분석

② 선생님 – 학생
③ 목수 – 고객
④ 약사 – 고객
⑤ 엄마 – 아들

| 어휘 |

- make a reservation : 예약을 하다
- book : 예약하다

| 해석 |

> A : 좋은 아침입니다. 무엇을 도와드릴까요?
> B : 예약을 했는데요.
> A : 성함을 알 수 있을까요?
> B : 제 이름은 Glen Williams입니다.
> A : 5월 21일에 1인용 객실 하나를 예약하셨네요. 열쇠 여기 있습니다.

21

정답 ③

flu(독감)나 prescription(처방)을 통해 화자가 의사임을 알 수 있다.

| 해석 |

> "좋아, 한번 보자. 내 생각엔 감기인 것 같구나. 처방전을 써줄게. 네 시간마다 한 티스푼씩 먹으렴. 그리고 다음 주에 연락해. 좋아지길 바랄게."

22

정답 ④

transact(거래하다)와 account(계좌)를 통해 은행의 텔러임을 유추할 수 있다.

| 해석 |

> 고객이 창구에 오면 "안녕하세요."라고 말하는 것이 내가 할 일이다. 그들이 나에게 올 때 나는 대개 "무엇을 도와드릴까요?"라고 묻고, 그들의 계좌에 입금하거나 출금하는 일을 한다.

23

정답 ④

음악을 틀어준다는 언급과 함께 마지막 문장에서 구체적인 음악 프로그램명이 나오고 있으므로 정답이 음악 프로그램 진행자임을 알 수 있다.

| 어휘 |

- try one's best ~ : ~에 최선을 다하다
- share : 공유하다

| 해석 |

> 방문해 주셔서 감사합니다. 저희는 가슴을 울리는 좋은 음악을 틀어 드리기 위해 최선을 다할 것입니다. 저는 당신의 전화를 받고, 이야기를 공유하며 밤 동안 당신과 함께 하기 위해 이곳에 있습니다. 당신은 지금 Light Rock 93.5를 듣고 계십니다.

오답분석

① 글 중간에 전화를 받고 이야기를 공유한다는 언급이 있지만, 프로그램 상의 전화연결을 의미하며 전화교환을 해주는 것은 아니다.

24

정답 ③

'two basic things'가 가리키는 것은 뒤의 문장에 나와 있다. 즉, 안전거리 확보와 좌석벨트(안전벨트) 착용이다.

| 어휘 |

- ignore : 무시하다
- wear seat belts : 좌석벨트(안전벨트)를 착용하다

| 해석 |

> 운전은 재밌다. 그러나 대부분의 운전자들이 두 가지 기본적인 사항을 무시한다. 그들은 앞차와의 안전거리 확보를 잊어버리고, 또한 좌석벨트(안전벨트)를 착용하지 않는다.

25

정답 ④

첫 번째 문장을 통해 알 수 있다.

| 어휘 |

- ension : 연금
- enefits : 보조금

| 해석 |

1960년대 이후로 65세 이상의 미국인들은 그들의 인생을 설계하는 데에 도움을 주는 정부의 프로그램 때문에 더 나은 삶을 살고 있다. 비록 65세 이상의 시민들이 인구의 13%밖에는 차지하지 않고 있지만, 거의 연방 예산의 반이 두 가지 형태로 그들에게 지급되고 있다. 활동으로부터 퇴직한 후에 지불되는 사회 복지 연금과 의료 건강 보조금이다.

26

정답 ③

석면을 제거할 때 공기 중에 석면 가루가 떠다니는 것을 방지하기 위해 물을 뿌리도록 하였다.

| 어휘 |

- asbestos : 석면
- airborne dust : 대기 중 먼지, 분진
- fiber : 섬유
- electrocution : 감전사

| 해석 |

1980년대에는 석면 제거 프로젝트가 많았다. 정부는 건물에서 석면이 함유된 자재들을 제거 하는 방법에 대한 모든 세부 사항들을 서술하는 수백 페이지에 달하는 일련의 규칙들을 출간했다. 노동자들이 마스크를 쓰는 것과 대기 중의 분진을 줄이기 위해 석면이 젖은 상태이어야 한다고 요구하는 것과 같은 규칙들 대부분은 사람들이 석면 섬유를 들이마시는 것을 막기 위해 만들어진 것이다. 사람들은 이러한 규칙을 따르는 것과 석면 섬유를 들이마시는 것을 피하는 것에 너무 주의를 기울인 나머지 물(석면이 젖은 상태에 있도록 하는)과 전기(조명과 장비의 필요로 인한)가 혼합될 때 무엇이 일어나는지를 잊었다. 따라서 이러한 장소에서 일어나는 피해의 주된 원인은 감전사였다.

27

정답 ④

| 해석 |

(B) 악수하는 습관은 고대로까지 거슬러 올라간다.
(A) 길에서 누군가를 만났을 때 당신이 어떤 무기도 지니지 않았음을 보여주기 위해 손을 내미는 것이 상례였다.
(C) 이것이 점차 악수로 발전한 것이었다.

28

정답 ②

'the'는 이미 언급되었거나 쉽게 알 수 있는 사람・사물 앞에 붙이는 관사로, 대화나 글에서 처음으로 언급될 때는 나올 수 없다. 'he' 또한 앞에 언급되었거나 이미 정체가 알려진 남자나 동물을 가리키는 대명사이므로 이야기의 처음에 등장할 수 없다. 따라서 (A), (D), (E)는 처음에서 제외한다. 맥락상 (A)의 주어인 'He'는 (C)에서 주어로 나온 'lion'을 의미하므로 (C) 다음에는 (A)가 온다. 그 후에는 여우가 동굴에 들어가지 않는 행동을 보이고 (B), 사자가 이에 대하여 여우에게 물어보는 (E), 여우가 대답하는 (D) 내용이 순서대로 이어진다.

| 어휘 |

- pretend : ~인 체하다
- ruse : 계략, 책략
- one by one : 하나하나씩, 차례대로
- pay respects : 경의를 표하다, 문안을 가다
- track : 길, 자국

| 해석 |

(C) 사자는 늙고 쇠약해졌다.
(A) 그는 아픈 척을 했는데, 이는 다른 동물로 하여금 문안을 오게 하려는 계략이었다. 그러면 그는 손쉽게 그들을 차례대로 먹을 수 있었다.
(B) 한 여우도 왔는데, 그는 동굴 밖에서 사자에게 인사하였다.
(E) 사자는 여우에게 왜 안으로 들어오지 않느냐고 물었다.
(D) 여우는 "왜냐하면 안으로 들어간 자국은 보이는데, 밖으로 나온 자국은 없기 때문이에요."라고 대답했다.

29

정답 ②

제시된 문장은 인구 폭발이 야기하는 문제를 지적하는 내용으로 문제점을 구체적으로 제시하는 (C), 문제점을 걱정하는 (A), 그래서 점점 더 많은 문제와 직면하게 된다는 결론의 (B) 순서가 적절하다.

| 해석 |

인구 폭발은 많은 문제를 야기한다.
(C) 그것들 중 하나는 세상의 모든 이들에게 공급할 충분한 식량과 관련이 있다.
(A) 또한, 이 염려는 그들 모두, 특히 나이 든 사람들에 대한 적절한 의학적 보살핌과 관련이 있다.
(B) 따라서 우리는 점점 더 많은 문제와 직면하게 된다.

PART 1

30

정답 ②

| 어휘 |

- recommend : 추천하다
- museum : 박물관

| 해석 |

저는 한국 역사에 관심이 있습니다. 어떤 곳을 추천해 주실래요?
(B) 저는 한국 역사박물관을 추천해 드리겠습니다.
(C) 그거 좋은 생각이네요. 여긴 월요일마다 문을 여나요?
(A) 아니요, 여긴 매주 월요일에 문을 닫습니다.

31

정답 ④

청개구리는 엄마 개구리가 죽고 나서야 과거에 지은 잘못을 후회하였다. 따라서 글의 주제로는 '불효하면 부모가 돌아가신 후에 후회한다.'가 적절하다.

| 어휘 |

- bury : 묻다, 매장하다
- perverse : 비뚤어진, 심술궂은
- repent : 후회하다, 뉘우치다
- misdeed : 나쁜 짓, 범죄
- grave : 무덤

| 해석 |

옛날에 엄마의 말을 전혀 듣지 않는 청개구리가 살았다. 엄마 개구리는 늙어서 결국 병이 들었다. 엄마가 아들에게 말했다. "내가 죽거든 산에 말고 강가에 묻어다오." 이렇게 말한 것은 그녀가 아들 개구리의 심술궂은 행동 방식을 잘 알고 있었기 때문이었다.
엄마 개구리가 죽었을 때, 과거에 지은 모든 죄를 후회하면서 청개구리는 엄마를 강가에 묻었다. 청개구리는 비가 올 때마다 엄마의 무덤이 떠내려갈까 봐 걱정을 했다.

32

정답 ①

두 번째 문장 'We need more guards'에서 답을 찾을 수 있다.

| 어휘 |

- escape : 벗어나다, 탈출하다
- guard : 경비원
- run away : 도망가다, 달아나다
- provide : 제공하다

| 해석 |

우리는 동물원에서 사자가 탈출했다는 소식을 듣고 놀랐다. 우리는 동물들이 달아나는 것을 막기 위한 더 많은 경비원들이 필요하다. 다시 한 번 말하지만 공공의 안전을 제공하기 위해서 더 많은 경비원이 필요하다.

33

정답 ②

제시문은 전화예절에 대해 말하고 있으므로 'How to speak over the telephone(전화를 통해서 어떻게 말해야 하는가)'가 적절하다.

| 어휘 |

- daily : 매일의
- manner : 예절
- necessary : 필요한
- polite : 예의바른, 정중한

| 해석 |

전화는 우리의 일상생활의 큰 부분을 차지하게 되었다. 전화로 분명하게 이야기하는 것은 좋은 예절이다. 당신이 소리를 지를 필요는 없다. 당신은 이야기를 나누고 있는 사람에게 정중해야 한다.

34

정답 ②

두 번째 문장의 'traditional classrooms hold many advantages(전통 학교가 많은 장점을 가지고 있다)'를 통해, 'Benefits of Traditional Schools'이 본문의 주제임을 알 수 있다.

| 어휘 |

- in spite of : ~에도 불구하고
- hold : 가지고 있다
- first of all : 우선(다른 무엇보다 먼저)
- relate to : ~와 관계가 있다
- one another : 서로
- face to face : 서로 얼굴을 맞대고
- take part in : ~에 참여하다

| 해석 |

사이버 학교가 언젠간 전통 학교들을 대체할 것인가? 전통 학교의 문제점들에도 불구하고, 전통의 교실들은 온라인상의 학급보다 많은 장점들을 가지고 있다.
우선, 전통 교실들은 학생들이 서로 얼굴을 맞대고 관계를 맺을 수 있는 장소이다. 키보드는 절대 따뜻한 악수를 대신할 수 없고, 모니터는 학생들의 미소를 대신할 수 없다. 또한 전통 학교에서 학생들은 컴퓨터를 통해서는 불가능한 운동, 동아리, 페스티벌 등에 참여할 수 있다.

35

정답 ④

| 어휘 |

- breakfast : 아침 식사
- teenagers : 10대
- researcher : 연구자

| 해석 |

아침 식사를 하는 것은 10대들의 학습에 매우 좋은 것이다. 많은 연구자는 아침을 먹지 않는 학생들보다 먹는 학생들이 학습 활동을 더 잘한다는 연구를 발표해왔다.

36

정답 ③

Jane과 Mary는 어머니에게 편지를 쓴 것이 아니고, 선물을 준 숙모에게 감사의 편지를 쓸 것이라는 것을 본문에서 알 수 있다.

| 어휘 |

- living room : 거실
- aunt : (외)숙모, 이모, 고모
- immediately : 즉시, 당장

| 해석 |

어느 일요일 아침, Jane과 그녀의 여동생 Mary는 거실에서 크리스마스에 대해 이야기하고 있었다. 그때 그들의 어머니가 상자 하나를 가지고 방으로 들어왔다. 그것은 매우 큰 상자였다.
"이 상자는 서울에 계신 너희 숙모한테서 온 선물이란다."하고 그녀는 말했다. 거기에는 2개의 예쁜 한국 인형이 들어 있었다. Mary는 "우리는 정말 행복해!"하고 외쳤다. 그들의 어머니는 Jane과 Mary에게 "즉시 그녀에게 편지를 쓰도록 하렴."이라고 말했다.

37

정답 ②

| 해석 |

파라 극장
알버트가(街) 50번지
영화 : 간디
영화 상영시간 : 오후 4시 30분, 7시, 9시 30분
관람료 : 어른 10달러, 학생 6달러

38

정답 ⑤

마지막 문장에서 'No children allowed(어린이는 허용되지 않는다).'라고 제시되어 있다.

| 어휘 |

- available : 가능한
- at once : 한번에, 한 때
- allowed : 허락되는, 허용되는

| 해석 |

공중 목욕탕
열탕과 냉탕, 사우나, 운동실, 독서실 있음. 무료 수건 있음. 한번에 450명 이용 가능함. 여탕은 오후 10시까지만 이용 가능함. 어린이 이용 불가.

39

정답 ④

Joni의 조랑말은 너무 작아 Joni는 비가 와서 불어난 하천에 쓸려 내려갈 위기에 처해 있는 상황이다. 따라서 Joni는 무척 '겁이 나' 있을 것이라 추측할 수 있다.

| 해석 |

Joni는 자신의 언니들과 승마를 하러 갔다. 그녀의 조랑말은 언니 말들의 절반 크기라서 언니들에게 보조를 맞추느라 힘들었다. 큰 말들을 탄 언니들은 가장 깊은 부분에서 하천을 건너는 것이 재미있다고 생각했다. 그들은 Joni의 작은 조랑말이 조금 더 깊이 빠지는 것을 결코 알아차리지 못한 것처럼 보였다. 그 주 초에 비가 와서 하천은 갈색이고 물이 불었다. 자신의 조랑말이 하천의 한가운데로 걸어 들어가면서, Joni는 소용돌이치는 강물이 자신의 조랑말 다리를 세차게 흘러 돌아가는 것을 응시하며 창백해졌다. 그녀의 심장은 빨리 뛰기 시작했고, 입은 말라갔다.

40

정답 ②

주어진 문장은 '그러나 체스를 잘한다는 것이 지능의 실제 척도는 아니다.'라는 의미이므로, 체스 게임을 예로 들어 컴퓨터가 사람보다 똑똑하다는 내용의 마지막에 들어가야 한다.

| 해석 |

컴퓨터가 사람보다 더 똑똑하다고 생각하는가? 체스 게임의 경우, (체스의) 말의 움직임에 관해서는 컴퓨터가 인간의 뇌보다 더 많은 양의 정보를 저장하고 다룰 수 있다는 것이 입증되었다. 그러나 체스를 잘한다는 것이 '지능'의 실제 척도는 아니다. 사실, 컴퓨터가 매우 형편없이 못하는 다른 보드 게임들이 있다. 예를 들어, 복잡한 보드 게임 Go에서는, 최첨단 컴퓨터조차도 초보자를 이길 수 없다. 포커와 같은 복잡한 카드 게임도 마찬

가지인데, 컴퓨터가 포커를 잘하지 못하는 이유는 게임을 하는 사람처럼 허세를 부릴 (또는 심지어 속임수를 쓸) 수 없기 때문이다. 포커나 Go를 잘하기 위해서는, 직관이나 창의성 같은 다른 것들이 필요하다.

41

정답 ④

좋아하는 여자에게 자신의 감정을 표현해도 될지 고민된다고 상담하는 글이다.

| 어휘 |

- Mrs. : ~여사, ~부인
- boyfriend : 남자친구
- seems to : ~인 것 같다

| 해석 |

김여사님께
우리 반에 제가 좋아하는 여자아이가 있어요. 나는 그녀의 남자친구가 되고 싶은데 그녀는 다른 남자아이를 좋아하는 것 같아요. 제가 그녀에게 제 감정을 말해야 할까요? 제가 무엇을 해야 하는지 알려주세요.

42

정답 ②

| 어휘 |

- volunteer : 자원봉사자
- activity : 활동, 행사

| 해석 |

우리 사회 봉사단은 여러분들을 위해 많은 좋은 활동들을 벌이고 있다. 이러한 활동들은 여러분들이 다른 사람들을 돕도록 기회를 준다. 우리는 당신이 우리와 함께 하기를 바란다.

43

정답 ⑤

'Could you be more flexible with your service?'라고 요청하는 바를 직접적으로 언급하고 있다. 여기서 'service'가 의미하는 바는 육아 서비스이다.

| 해석 |

저는 지난 7년 동안 직장 여성으로 일해 왔습니다. 첫째 딸을 출산한 후 2년 동안, 제가 일하면서 동시에 그 아이를 돌보는 것이 참으로 힘들었습니다. 그래서 저는 귀하께서 제공하는 육아 서비스가 얼마나 필요한지 알고 있습니다. 그리고 저는 그 서비스에 정말 고마움을 느끼기도 합니다. 하지만 저는 귀하께서 고려해 주셨으면 하는 것이 한 가지 있습니다. 현재 베이비시터가 제 둘째 딸을 오전 9시에서 오후 5시까지 8시간 동안 돌보고 있습니다. 제게는 그 서비스의 이용 시간이 오전 8시에서 오후 4시까지 된다면 한층 더 유용할 것입니다. (육아) 서비스를 더 탄력적으로 운영해주실 수 있겠습니까? 그러면 참으로 감사하겠습니다.

44

정답 ④

글쓴이는 의료검사 결과 처리에 대해 자신의 남편의 예를 들어 고발하고 있다.

| 어휘 |

- opportunity : 기회
- respect : 명성
- check-up : 건강검진

| 해석 |

나는 이번 기회를 이용하여 병원에서 받는 검사와 X-ray에 대해 이야기를 하려고 한다. 단지 통보를 받지 못했다고 해서 사람들이 모든 것이 괜찮다고 생각해서 안 된다. 환자에게 알리지 않고 검사 보고서가 철해져 보관될 가능성도 있다. 작년에 내 남편은 아주 명성 있는 대학병원에서 내과 레지던트로부터 "이상이 나타나면" 남편에게 전화를 할 것이라는 말을 들었다. 남편은 아무 연락을 듣지 못했고 그는 모든 것이 괜찮다고 생각했다. 지난주 그는 매년 하는 정기 검진을 받았다. 의사가 물었다. "당신은 왜 세포 변화를 발견한 걸 알리지 않았죠?" 물론 대답은 "나는 그것에 대해 몰랐습니다."였다.

45

정답 ②

제시문은 2000년 시드니 올림픽에서 정식 종목으로 채택된 태권도를 이야기하고 있다.

| 어휘 |

- Olympic : 올림픽 경기(의)
- flag : 깃발
- lighting : 점화
- flame : 불꽃
- in the end : 마침내, 결국
- dove : 비둘기
- be held : 개최되다

| 해석 |

태권도는 2000년 올림픽 공식 종목이 되었다. 경기는 시드니 시내에 있는 State Sports Center에서 열렸다. 8개의 금메달이 수여될 예정이었다. 각 나라는 여자 2명, 남자 2명씩 4명의 선수만 보낼 수 있었다. 태권도는 전신 접촉 종목이기 때문에 선수들은 경기장에 들어가기 전에 보호 장비를 착용해야 했다. 시드니 올림픽에서 한국은 이 새로운 정식 종목에서 3개의 금메달을 획득했다.

46

정답 ①

같은 행동을 통해 하나됨을 보여 주려는 인간의 잠재 의식이 사람들을 비슷하게 걷게 했고, 무의식적으로 상사의 버릇이나 행동을 따라하게 하는 이유라고 제시하는 글이므로, 글의 제목으로는 'Why People Mimic Others(왜 사람들은 다른 사람들을 모방하는가)'가 가장 적절하다.

| 해석 |

동물학자이자 인간 행동 (분야)의 전문가인 Desmond Morris는 사람들이 서로 비슷하게 걷기 시작한 이유가 그들이 동료들에게 동의하고 있고 그들과 조화를 이루고 있다는 것을 그 동료들에게 보여 주기 위한 잠재 의식적 욕구를 지니고 있기 때문이라고 말한다. 이것은 또한 '우리는 함께 있고, 하나처럼 행동하고 있다.'는 점을 다른 사람에게 전하는 신호이기도 하다. 다른 연구는 우리가 다른 사람들과 같은 방향으로 다리를 꼬는 것처럼, 동료, 특히 윗사람의 (무의식적인) 버릇을 취하기도 한다는 점을 밝히고 있다. 한 예로 회의 중에 상사가 자기 코를 문지르면, 회의석에 있는 다른 사람들이 무의식적으로 그를 따라하는 것을 종종 보게 된다.

오답분석

② 당신의 건강을 위해 걸어라
③ 상관을 대하는 훌륭한 예절
④ 좋은 동료 관계가 주는 이점들
⑤ 인간과 동물 간의 차이점들

47

정답 ②

'come back up to the surface slowly and don't hold your breath'는 '천천히 수면 위로 올라와서 숨을 참지 말아라.'이므로 'scuba diving'이 가장 적절하다.

| 해석 |

A : 기억하세요, 천천히 수면 위로 올라와서 숨을 참지 마세요.
B : 알겠습니다, 너무 빨리 올라오면 어떻게 되나요?
A : 폐가 아플 거예요. 시도하지 마세요. 그것은 매우 고통스러울 수 있어요.

오답분석

① 자동차 운전
③ 등산
④ 승마
⑤ 스키

48

정답 ⑤

본문은 Kim의 인생에 영향을 끼친 많은 여자들에 대해 이야기하고 있다. 하지만 마지막 문장인 'But no woman was so vital to his life and work as his spouse(하지만 그의 인생과 일에 있어서 그의 아내만큼 영향력 있는 여성은 없었다).'을 통해 '아내'가 그의 일생에 가장 중요한 사람임을 알 수 있다.

| 어휘 |

- critics : 비평가들
- fate : 운명
- after all : 결국에는, 어쨌든
- carpenter : 목수
- vital : 필수적인, 중요한

| 해석 |

Kim의 인생을 생각해볼 때, 비평가들은 Kim의 운명이 근본적으로 여자들에 의해 결정되었다는 것을 놀랍지 않게 발견한다. 어쨌든 그의 할머니는 그의 장애의 원인이 된다. 그의 아버지가 그를 목수로 만들려고 할 때 그의 어머니는 그로 하여금 미술을 하게끔 해서 장애를 가진 아들이 자활할 수 있게끔 했다. 하지만 그의 인생과 일에 있어서 그의 아내만큼 영향력 있는 여성은 없었다.

[49~50]

| 어휘 |

- common : 흔한, 공동의
- technique : 기법
- repeat : 반복하다
- imagine : 상상하다
- consumer : 소비자

| 해석 |

흔한 광고 기법 중의 하나가 바로 상품의 이름을 반복하는 것이다. 상품의 이름을 반복하는 것은 판매를 증가시킬 수도 있다. 예를 들어, 당신이 샴푸를 쇼핑하러 가는데 어떤 걸 살지 결정하지 않은 상황을 상상해 보라. 당신 마음속에 가장 먼저 떠오르는 샴푸는 당신이 최근에 많이 들었던 이름을 가진 샴푸이다. 따라서 이름을 반복하는 것은 물건을 구매하는 소비자들로 이어질 수 있다.

49

정답 ②

앞뒤 문맥상 '따라서(Therefore)'가 들어가는 것이 적절하다.

50

정답 ③

본문에서는 '제품의 이름(The product name)'을 '반복(Repeating)'하는 광고 기법의 효과에 대해 이야기하고 있다.

CHAPTER

04 지각능력 적중예상문제

01	02	03	04	05	06	07	08	09	10	11	12	13	14	15	16	17	18	19	20
②	⑤	③	⑤	①	⑤	④	⑤	②	④	①	①	①	②	③	①	②	④	①	⑤
21	22	23	24	25	26	27	28	29	30										
⑤	①	⑤	④	④	②	④	②	①	③										

01

정답 ②

film	face	film	fast	farm	fall	fail	face	fast	fall	face	farm
fast	fail	fall	face	film	fast	farm	fella	film	film	fall	fail
face	film	farm	fella	fail	face	fast	farm	fella	fail	fast	film
fail	fall	fella	farm	face	film	fall	fella	face	fella	farm	farm

02

정답 ⑤

기차	가치	갸챠	기챠	기차	가쟈	갸챠	가치	기차	기챠	거챠	가챠
갸챠	가쟈	기차	갸챠	거차	거챠	가챠	거챠	가쟈	기차	가치	기챠
가챠	가치	가쟈	거챠	가챠	가치	거챠	가치	갸챠	가치	갸챠	기차
기챠	거챠	갸챠	기차	가쟈	갸챠	기챠	거챠	가챠	가쟈	기차	가치

03

정답 ③

2489	5892	8291	4980	2842	5021	5984	1298	8951	3983	9591	5428
5248	5147	1039	7906	9023	5832	5328	1023	8492	6839	7168	9692
7178	1983	9572	5928	4726	9401	5248	5248	4557	4895	1902	5791
4789	9109	7591	8914	9827	2790	9194	3562	8752	7524	6751	1248

04

정답 ⑤

㉮	①	㉮	㉺	⑪	⑫	㉺	㉱	㉯	㉴	ⓙ	㉵
㉟	㉵	㉶	ⓞ	㉶	㉱	㉯	㉳	⑭	㉸	㉷	ⓢ
㉲	ⓢ	㊵	㉹	㉱	㉵	㉝	㉰	㉸	㉴	⑥	㉻
㉵	㉰	ⓢ	㉰	㉸	㉕	⑫	⑫	㉸	ⓒ	㉵	ⓢ

05

◎☆<u>▽</u>◆☆♤◑♠ – ○★<u>▽</u>■★♠◐♣

정답 ①

06

<u>C</u>V<u>NU</u>T<u>QERL</u> – <u>C</u>B<u>NU</u>K<u>QERL</u>

정답 ⑤

07

A<u>ii</u>o<u>X</u>T<u>V</u>c<u>p</u> – A<u>II</u>o<u>x</u>T<u>v</u>c<u>b</u>

정답 ④

08

<u>㉍</u>㉅<u>㉋㉻㉮</u>㉊㉋<u>㉥</u> – <u>㉈</u>㉅<u>㉂㉳㉠</u>㉊㉋<u>㉳</u>

정답 ⑤

09

정답 ②

家	價	可	羅	裸	螺	多	茶	喇	馬	麻	社
事	**思**	亞	自	兒	車	者	次	借	加	他	波
河	打	字	韓	産	**塞**	水	需	難	志	只	足
存	**培**	伯	卞	絇	刻	釜	負	愷	价	芷	**裳**

10

정답 ④

�	탈	밥	션	탐	폭	콕	헐	달	합	한	번
한	랄	발	뱌	팝	턴	핝	뽑	**선**	팝	협	곡
팔	혹	곰	독	견	랄	퍌	팍	**톡**	변	밤	갈
콕	합	**편**	던	할	폅	헙	신	촉	날	함	팝

11

정답 ①

1457	4841	**3895**	8643	3098	4751	6898	5785	6980	4617	6853	6893
1579	5875	3752	4753	4679	3686	**5873**	8498	8742	3573	3702	6692
3792	9293	8274	7261	6309	9014	3927	**6582**	2817	5902	4785	7389
3873	5789	5738	**8936**	4787	2981	2795	8633	4862	9592	5983	5722

12

정답 ①

제시된 문자열 같음

13

정답 ①

제시된 문자열 같음

14

정답 ②

9840<u>6</u>19834590<u>6</u>148075<u>6</u>343<u>6</u>145<u>6</u>234

15

정답 ③

82058<u>3</u>05898678 2<u>3</u>2078<u>3</u>4085<u>3</u>9898<u>3</u>25<u>3</u>

16

정답 ①

제시된 도형을 시계 반대 방향으로 90° 회전한 것이다.

17

정답 ②

제시된 도형을 시계 방향으로 90° 회전한 것이다.

18

정답 ④

제시된 도형을 180° 회전한 것이다.

19

정답 ①

제시된 도형을 시계 반대 방향으로 90° 회전한 것이다.

20

정답 ⑤

제시된 도형을 180° 회전한 것이다.

21

정답 ⑤

22

정답 ①

23

정답 ⑤

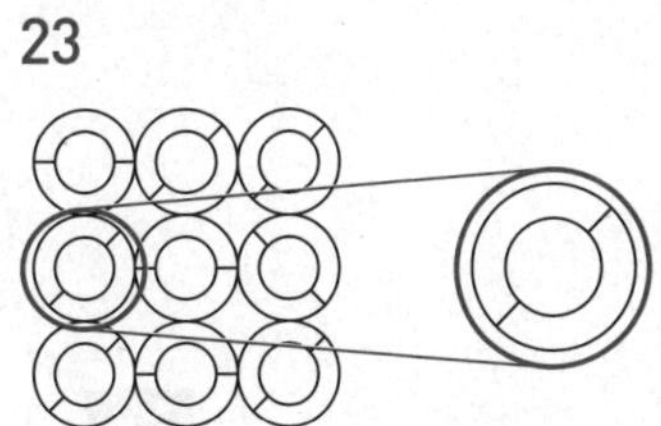

24

정답 ④

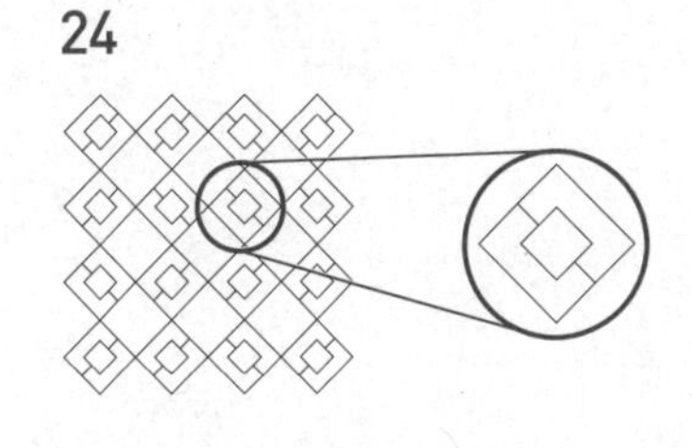

25

정답 ④

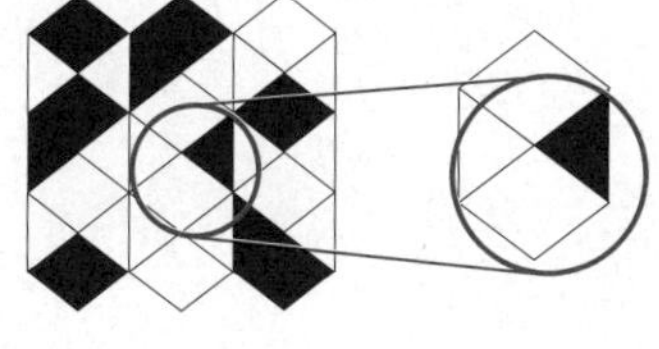

26

정답 ②

규칙은 가로로 적용된다.
첫 번째 도형을 수평으로 반을 잘랐을 때의 위쪽 도형이 두 번째 도형이고, 두 번째 도형을 시계 방향으로 90° 회전했을 때의 도형이 세 번째 도형이다.

27

정답 ④

규칙은 세로로 적용된다.
첫 번째 도형과 두 번째 도형의 색칠된 부분을 합친 도형이 세 번째 도형이다.

28

정답 ②

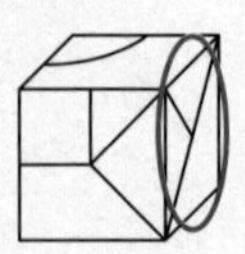

29

정답 ①

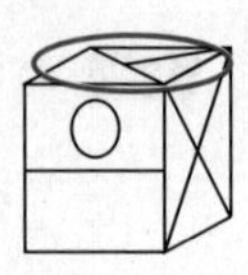

30

정답 ③

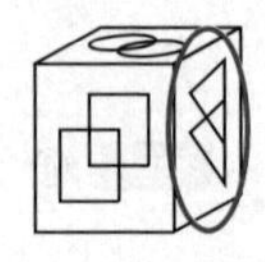

PART

2

최종점검 모의고사

제1회 최종점검 모의고사

01	02	03	04	05	06	07	08	09	10	11	12	13	14	15	16	17	18	19	20
②	④	②	②	⑤	②	②	④	②	①	②	③	①	③	②	④	④	④	①	④
21	22	23	24	25	26	27	28	29	30	31	32	33	34	35	36	37	38	39	40
①	④	⑤	④	②	④	③	④	③	②	④	②	③	⑤	④	③	⑤	⑤	②	④

01

정답 ②

제시된 단어는 직업과 재료물의 관계이다.
'바리스타'는 '커피콩'으로 커피를 만들고, '목수'는 '나무'로 집이나 물건 등을 만든다.

02

정답 ④

제시된 단어는 유의 관계이다.
'경력'의 유의어는 '이력'이고, '해결'의 유의어는 '타개'이다.

03

정답 ②

제시된 단어는 물체와 원동력의 관계이다.
'돛단배'는 '바람'의 힘으로 움직이고, '전등'은 '전기'의 힘으로 빛을 낸다.

04

정답 ②

주어진 조건에 따라 머리가 긴 순서대로 나열하면 '슬기 – 민경 – 경애 – 정서 – 수영'이 된다. 따라서 슬기의 머리가 가장 긴 것을 알 수 있다. 또한 경애가 단발머리인지는 주어진 조건만으로 알 수 없다.

05

정답 ⑤

닭고기<돼지고기
닭고기<소고기<오리고기<생선

- A : 태민이가 돼지고기보다 오리고기를 좋아하는지는 알 수 없다.
- B : 생선보다 돼지고기를 더 좋아할 가능성도 있기 때문에 생선을 가장 좋아하는지는 알 수 없다.

06

정답 ②

제시문은 사회의 변화 속도를 따라가지 못하는 언어의 변화 속도에 대해 문제를 제기하며 구체적 예시와 함께 이를 시정할 것을 촉구하고 있다. 따라서 (나) 사회의 변화 속도를 따라가지 못하고 있는 언어의 실정 – (라) 성별을 구분하는 문법적 요소가 없는 우리말 – (가) 성별을 구분하여 사용하는 단어들의 예시 – (다) 언어의 남녀 차별에 대한 시정노력 촉구 순으로 나열되어야 한다.

07

정답 ②

빈칸의 내용 때문에 불꽃의 색을 분리시키는 분석법을 창안해 냈으므로, 불꽃의 색이 여럿 겹쳐 보이는 게 문제였음을 추측할 수 있다.

08

정답 ④

마지막 문단에서 정약용은 청렴을 지키는 것의 효과로 첫째, '다른 사람에게 긍정적 효과를 미친다.', 둘째, '목민관 자신에게도 좋은 결과를 가져다준다.'고 하였으므로 ④는 글의 내용으로 적절하다.

오답분석

① 두 번째 문단에서, '정약용은 청렴을 당위 차원에서 주장하는 기존의 학자들과 달리 행위자 자신에게 실질적 이익이 된다는 점을 들어 설득하고자 한다.'고 설명하고 있다.
② 두 번째 문단에서, '정약용은 "지자(知者)는 인(仁)을 이롭게 여긴다."라는 공자의 말을 빌려 "지혜로운 자는 청렴함을 이롭게 여긴다."라고 하였으므로 공자의 뜻을 계승한 것이 아니라 공자의 말을 빌려 청렴의 중요성을 강조한 것이다.
③ 두 번째 문단에서, '지혜롭고 욕심이 큰 사람은 청렴을 택하지만 지혜가 짧고 욕심이 작은 사람은 탐욕을 택한다.'라고 하였으므로 청렴한 사람은 욕심이 크기 때문에 탐욕에 빠지지 않는다는 설명이 적절하다.
⑤ 첫 번째 문단에서, '이황과 이이는 청렴을 사회 규율이자 개인 처세의 지침으로 강조하였다.'라고 하였으므로 이황과 이이는 청렴을 사회 규율로 보았다는 것을 알 수 있다.

09

정답 ②

첫 번째 문단에서는 높아지는 의료보장제도의 필요성에 대해 언급하고 있으며, 두 번째 문단과 세 번째 문단에서는 의료보장제도의 개념에 대하여 이야기하고 있다. 마지막 문단에서는 이러한 의료보장제도의 유형으로 의료보험 방식과 국가보건서비스 방식에 대해 설명하고 있다. 따라서 글의 주제로 가장 적절한 것은 각 문단의 중심 내용을 포괄할 수 있는 ②이다.

10

정답 ①

지문에서는 조상형 동물의 몸집이 커지면서 호흡의 필요성에 따라 아가미가 생겨났고, 호흡계 일부가 변형된 허파는 식도 아래쪽으로 생성되었으며, 이후 폐어 단계에서 척추동물로 진화하면서 호흡계와 소화계가 겹친 부위가 분리되기 시작하여 결국 하나의 교차점을 남기면서 인간의 음식물로 인한 질식 현상과 같은 단점을 남겼다고 설명하고 있다. 또한 마지막 문장에서 이러한 과정이 '당시에는 최선의 선택'이었다고 하였으므로, 진화가 순간순간에 필요한 대응일 뿐 최상의 결과를 내는 과정이 아님을 알 수 있다.

11

정답 ②

n을 자연수라고 하면 n항$\times 3-(n+1)$항이 $(n+2)$항인 수열이다.
따라서 ( )$=-23\times 3-74=-143$이다.

12

정답 ③

앞의 항에 $\times 3$, -6이 번갈아 가며 적용되는 수열이다.
따라서 ( )$=0\times 3=0$이다.

13

정답 ①

홀수 항에는 2를 곱하고, 짝수 항에는 3을 곱하는 수열이다.
따라서 ( )$=4\times 2=8$이다.

PART 2

14

정답 ③

현재 민수의 나이를 x세라고 하면, 현재 아버지의 나이는 $(x+29)$세이다.

$2(x+12)+9=(x+29)+12$

$\therefore x=8$

따라서 현재 민수의 나이는 8세이다.

15

정답 ②

용질이 녹아있는 용액의 농도는 다음과 같이 구한다.

$$(\text{농도})=\frac{(\text{용질의 양})}{(\text{용액의 양})}\times 100$$

농도는 25%이고, 코코아 분말이 녹아있는 코코아 용액은 700mL이므로 코코아 분말의 양은 $700\times 0.25=175$g이다.
따라서 코코아 분말은 175g이 들어있음을 알 수 있다.

16

정답 ④

원가를 A라 가정한다. 좌변은 원가에 이윤을 붙인 정가에 할인율을 적용한 것을 나타내며, 우변은 원가 대비 이윤을 나타낸 것이다.

$1.2\text{A}\times(0.9)=\text{A}+2,000 \rightarrow 1.08\text{A}=\text{A}+2,000$

$\therefore \text{A}=25,000$

따라서 제품의 원가는 25,000원이다.

17

정답 ④

아버지의 자리가 결정되면 그 맞은편은 어머니 자리로 고정된다. 어머니와 아버지의 자리가 고정되므로 아버지의 자리를 고정 후 남은 4자리는 어떻게 앉아도 같아지는 경우가 생기지 않는다.
따라서 자리에 앉는 경우의 수는 $4!=24$가지이다.

18

정답 ④

정상가로 A, B, C과자를 2봉지씩 구매할 수 있는 금액은 $(1,500+1,200+2,000)\times 2=4,700\times 2=9,400$원이다. 이 금액으로 A, B, C과자를 할인된 가격으로 2봉지씩 구매하고 남은 금액은 $9,400-\{(1,500+1,200)\times 0.8+2,000\times 0.6\}\times 2=9,400-3,360\times 2=9,400-6,720=2,680$원이다.

따라서 남은 금액으로 A과자를 $\frac{2,680}{1,500\times 0.8}\fallingdotseq 2$봉지 더 구매할 수 있다.

19

정답 ①

2021년 프랑스의 자국 영화 점유율은 한국보다 높다.

오답분석

② 표를 통해 쉽게 확인할 수 있다.
③ 2020년 대비 2023년 자국 영화 점유율이 하락한 국가는 한국, 영국, 독일, 프랑스, 스페인이고, 이 중 한국이 4.3%p 하락으로, 가장 많이 하락한 국가이다.
④ 일본, 독일, 스페인, 호주, 미국이 해당하므로 절반이 넘는다.
⑤ 2022년을 제외하고 프랑스, 영국, 독일, 스페인 순서로 자국 영화 점유율이 높다.

20

정답 ④

흡연자 A씨가 금연프로그램에 참여하면서 진료 및 상담 비용과 금연보조제(니코틴패치) 구매에 지불해야 하는 부담금은 지원금을 제외한 나머지이다.

따라서 A씨가 부담하는 금액은 총 $30,000\times0.1\times6+12,000\times0.25\times3=18,000+9,000=27,000$원이다.

21

정답 ①

제시된 단어의 의미는 '참을성'이며, 이와 같은 뜻을 지닌 단어는 ①이다.

오답분석

② 충실한, 충성스러운
③ 적절한, 제대로 된, 올바른
④ 엄격한
⑤ 폐지하다

22

정답 ④

'경쟁력 있는'을 뜻하는 단어는 ④이다.

오답분석

① 익숙한, 평상시의
② 조성하다, 발전시키다
③ 경작하다, 재배하다
⑤ 능숙한

23

정답 ⑤

부정어+비교급이 최상급의 의미를 갖는 구문이다. more가 있으므로 as 대신 than이 와야 한다.

| 해석 |

주의 깊게 관찰하는 것은 과학자가 갖추어야 할 가장 중요한 특성이다.

24

정답 ④

인간이 공장, 집을 짓고 차, 옷 등을 만들어 자신들의 세계를 건설했지만, 그 세계의 주인이 아니라 오히려 그 세계를 위한 도구로 전락하고 말았다는 내용이므로 글의 주제로는 '자신이 만든 생산물에 종속된 인간'이 가장 적절하다.

| 해석 |

인간은 자신의 세계를 건설했다. 즉, 공장과 집을 지었고, 차와 옷을 생산하며, 곡식과 과일, 기타 등등을 재배한다. 그러나 인간은 더 이상 자신들이 만든 세계의 진짜 주인이 아니다. 반대로, 이러한 인간이 만들어 낸 세계가 인간의 주인이 되었고, 그 앞에 인간은 머리를 조아리고, 최선을 다해서 그 세계를 만족시키려고 한다. 그의 손으로 만든 작품이 그의 주인이 된 것이다. 그는 이기심에 눈이 먼 듯 보이지만, 실제로는 자신의 손으로 만든 바로 그 기계를 위한 도구가 되었다.

25

정답 ②

업무상 아무리 애를 써도 약속이 깨질 수 있고, 약속이 깨졌을 때는 먼저 사과를 하고 잘못된 것을 인정하고 고객이 원하는 것을 찾으려고 노력하라는 내용이므로, 이 글은 업무상 약속 불이행 시 대처하는 방법을 조언하려고 쓴 글임을 알 수 있다.

| 어휘 |

- strive to : ~하려고 애쓰다
- faith : 믿음, 신뢰
- inevitable : 피할 수 없는
- point out : 지적하다
- apologize : 사과하다
- blame : 비난하다

| 해석 |

때로는 굳건한 믿음 속에 한 약속도 지켜질 수 없을 때가 있다. 비록 실수가 없도록 노력한다고 할지라도, 문제가 발생하는 것은 피할 수 없다. 당신과 함께하는 고객의 경험에 영향을 미치는 모든 것을 당신이 통제할 수 있는 것은 아니다. 그 서비스 약속이 깨질 때 당신은 어떻게 해야 하는가? 약속이 깨졌음을 알게 되거나 약속이 깨졌음을 지적받았을 때, 가장 먼저 해야 할 일은 사과하는 것이다. 자신과 회사와 또는 고객을 비난하면서 시간을 낭비하지 말라. 무언가가 잘못되었다는 사실을 인정하고 즉시 고객이 필요로 하는 것이 무엇인지를 찾아라.

26

정답 ④

말이 여러 번 짧게 숙면을 취하고 포식자들을 경계해야 하는 습성 때문에 우리는 말이 자는 모습을 거의 볼 수가 없는 것이지 말이 숙면을 취하지 않는 것은 아니다.

| 어휘 |

- predator : 포식자

| 해석 |

나는 조용히 서 있는 말들을 자주 보았고 가끔은 몇 마리가 함께 서 있는 것도 보았다. 나는 항상 그들이 자고 있는 것으로 생각했다. 그러나 지금은 그들이 결코 자고 있던 것이 아니라 졸고 있었던 것을 알고 있다. 과학자들은 사람과 말을 포함한 많은 동물들의 수면을 연구해왔다. 그들은 몸의 외부에서 측정될 수 있는 전기신호를 기록한다. 이러한 신호들은 뇌 안에서 무슨 일이 일어나는지를 차례차례 보여준다. 과학자들은 말이 옆으로 누워있을 때만 말의 뇌가 완전한 수면의 패턴을 만들어낸다는 것을 알아냈다. 말은 이렇게 여러 번 짧은 시간동안 잠을 자고 각각의 시간은 30분밖에 되지 않는다. 야생에서 말은 사자나 다른 큰고양이과의 포식자들을 경계해야 한다. 그래서 그들이 잠깐 자는 것으로 깊은 수면을 취하는 법을 습득한 것으로 이해할 수 있다. 그리고 그것은 우리가 말들이 정말로 자는 것을 좀처럼 볼 수 없는지에 대한 이유일지도 모른다.

27

정답 ③

글의 전반부에서 젊은 사람들은 일반적인 기술을 갖고 있기 때문에 다양한 곳에 기술을 사용할 수 있으므로 새로운 직업을 찾기 쉽다는 내용이 나오고, 그 다음 나이가 많은 일꾼들의 경우에는 정반대로 특별한(전문적인) 기술을 갖고 있기 때문에 새로운 직장을 찾는 것에 어려움이 있다는 내용이 나온다. 따라서 보기의 문장은 반대로 나이가 많은 일꾼들에 대한 이야기를 시작하고 있으므로, 젊은 일꾼들에 대한 이야기가 끝나는 ③에 들어가는 것이 적절하다.

| 어휘 |

- specific : 특별한
- currently : 현재의
- put ~ to use : ~을 이용하다
- have trouble ~ing : ~하는 데 어려움을 겪다
- be inclined to : ~하는 경향이 있다
- drain : 고갈시키다, 배수하다

| 해석 |

더 젊은 일꾼들은 더 일반적인 기술을 갖고 있는 경향이 있고 그들의 기술이 가장 잘 이용되어야 할 곳에 대하여 확신이 덜하다. 그래서 그들은 정기적으로 직장을 옮기는 경향이 있다. 그러나 그들이 오래된 직장을 떠날 때, 그들은 새로운 직장을 찾는 데 어려움이 거의 없다. 정반대로 나이가 더 많은 일꾼들은 보통 그들이 현재 고용된 산업 또는 회사에 아주 한정된 기술을 더 많이 가지고 있다. 그들은 이미 그들의 최선의 고용 선택권을 안다. 그리고 직장을 옮기지 않는 경향이 있다. 그러나 그들이 정말 직장을 떠날 때 그들의 정확한 기술과 잘 어울리는 자리를 찾는 것이 대개 어렵고 시간 낭비이다. 그래서 젊은 일꾼에게 성가신 일인 실직은 노련한 일꾼에게 하나의 위협이고 재정적으로 고갈되는 경험일 수 있다.

28

정답 ④

적절한 음식의 선택과 관련한 본문의 내용과 식성이 까다로운 사람이 건강하다는 ④의 문장은 전체적인 흐름상 어울리지 않는다.

| 해석 |

적절한 음식을 선택하면 여러분은 건강하게 보일 수 있고, 건강하다고 느낄 수도 있다. ① 여러분은 건강과 보기 좋은 외모를 더욱 오래 유지할 수 있다. ② 그러나 어떤 음식이 여러분에게 적절한지 결정하는 것이 쉽지만은 않다. ③ 사람들의 식사 기준은 각각 매우 다르다. (④ 식성이 까다로운 사람은 매우 건강하다.) ⑤ 어떤 사람들은 과일과 야채를 많이 먹어야 한다고 하고, 어떤 사람들은 지방을 너무 많이 섭취하는 것은 피해야만 한다고 강조한다. 심지어 의학 전문가조차도 항상 동의하지는 않지만 요즘 사람들이 모두 동의하는 듯한 것이 하나 있는데, 생선을 많이 먹는 것이 좋다는 것이다.

29

정답 ③

'I learned to look on the bright side of things(나는 좋은 점을 보는 것을 배웠다).', 'He also taught me that I should be honest(그는 또한 나에게 정직해야 한다고 가르쳐 주셨다).', 'My mother taught me to work hard(나의 어머니는 열심히 일하라고 가르쳐 주셨다).', 'She tried to teach me that happiness comes from doing my best(그녀는 나에게 최선을 다하는 것으로부터 행복이 온다는 것을 가르쳐 주려고 노력했다).'에서 알 수 있듯이 ③ 소질을 계발하라는 내용은 제시되어 있지 않다.

| 어휘 |

- influence : 영향
- doing my best : 최선을 다하다
- honest : 정직한

| 해석 |

나의 부모님은 나에게 좋은 영향을 주셨다. 나의 어머니는 열심히 일하라고 가르치셨다. 그녀는 나에게 최선을 다하는 것에서부터 행복이 온다는 것을 가르쳐 주려고 노력했다. 나의 아버지로부터 나는 좋은 점을 보는 것을 배웠다. 그는 또한 나에게 정직해야 한다고 가르쳐 주셨다.

30

정답 ②

마지막 문장인 'Here are some various recipes for tomatoes.'를 통해 바로 뒤에 '토마토의 요리법'이 나온다는 것을 알 수 있다.

| 해석 |

오늘날, 토마토는 세계에서 가장 흔한 음식 중 하나이다. 토마토는 단독으로 제공되기도 하고 피자와 스파게티 등 당신이 선호하는 음식과 함께 제공되기도 한다. 여기 다양한 토마토 요리법이 있다.

31

정답 ④

XQ	XG	XL	XD	XE	XV	XI	XO	XG	XX	X0	X7
XO	X0	X8	XD	XQ	XV	XE	XD	XX	XG	XL	XD
XL	XE	XD	XG	XO	XA	Xo	XQ	XC	XC	XD	XK
XK	XG	XQ	XD	Xo	XO	XG	XK	XL	XA	XT	X5

32

정답 ②

ODQ	OSB	OQT	OVN	OHH	OMA	OUW	OMJ	OUT	OLA	OTE	OVN
OTJ	OYU	OMP	OWU	OOU	OPW	OKR	OSE	OMK	OSS	OUG	OBL
OVN	OUW	OWU	OPW	OUT	OSE	OHH	OMP	ODQ	OVN	OMK	OKR
OYU	OTJ	OSB	OTE	OHL	OQT	OOU	OBL	OSS	OLA	OMA	OMJ

33

정답 ③

Kn	KH	HV	kL	PO	yU	Gd	FI	Mc	LA	KR	II
Bv	TE	KF	oK	Qv	Ip	Vu	kA	Wd	KM	IL	OE
LA	II	IL	PO	KM	TE	kA	KH	OE	yU	oK	Mc
KF	Vu	Gd	Bv	HV	IL	Kn	Wd	kL	KR	FI	Ip

34

정답 ⑤

자각	촉각	매각	소각	기각	내각	후각	감각	둔각	망각	각각	엇각
기각	내각	청각	조각	갑각	해각	종각	자각	주각	간각	매각	시각
망각	지각	갑각	엇각	주각	촉각	매각	청각	부각	내각	조각	기각
대각	후각	촉각	자각	후각	망각	조각	내각	기각	촉각	청각	감각

35

정답 ④

(n)	(f)	(e)	(h)	(g)	(v)	(i)	(q)	(a)	(g)	(d)	(n)
(v)	(g)	(i)	(w)	(d)	(k)	(e)	(h)	(k)	(f)	(q)	(h)
(d)	(b)	(v)	(f)	(q)	(g)	(f)	(n)	(i)	(h)	(k)	(f)
(e)	(h)	(n)	(g)	(i)	(e)	(h)	(g)	(d)	(z)	(v)	(e)

36

정답 ③

별도의 회전 없이 도형의 형태가 일치함을 확인할 수 있다.

37

정답 ⑤

규칙은 가로로 적용된다.
첫 번째 도형을 좌우로 펼치면 두 번째 도형이 되고, 두 번째 도형을 상하로 펼치면 세 번째 도형이 된다.

38

정답 ⑤

규칙은 가로로 적용된다.
순서에 따라 도형이 오른쪽으로 한 칸씩 움직인다.

39

정답 ②

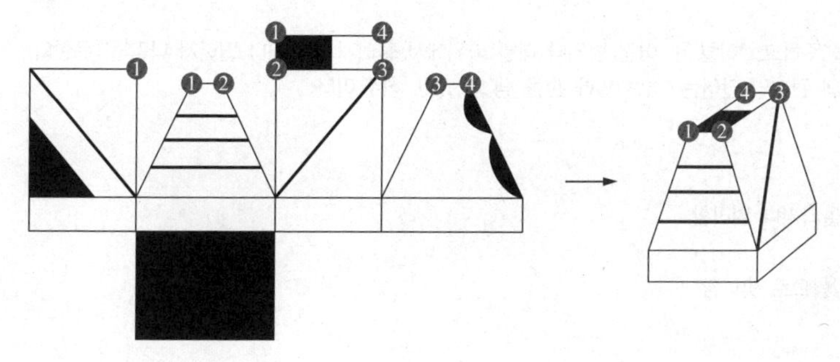

40

정답 ④

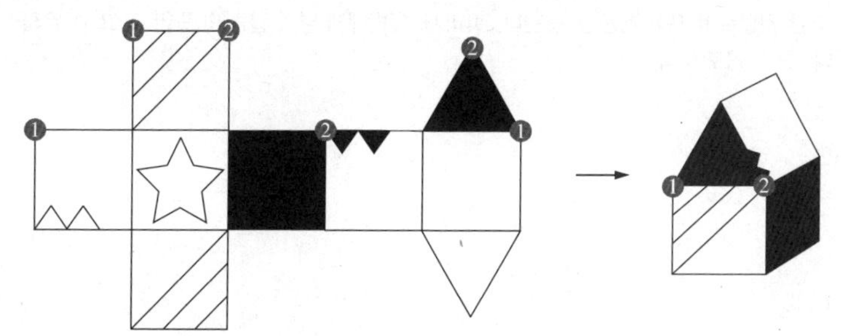

제2회 최종점검 모의고사

01	02	03	04	05	06	07	08	09	10	11	12	13	14	15	16	17	18	19	20
③	②	①	①	①	③	②	⑤	①	②	②	④	②	②	①	④	⑤	①	④	③
21	22	23	24	25	26	27	28	29	30	31	32	33	34	35	36	37	38	39	40
③	①	④	④	④	④	③	④	③	④	⑤	③	③	①	②	②	④	③	②	②

01

정답 ③

제시된 단어는 반의 관계이다.

'참여'는 '어떤 일에 끼어들어 관계함'을 뜻하고, '이탈'은 '어떤 범위나 대열 따위에서 떨어져 나오거나 떨어져 나감'을 뜻한다. 따라서 '일을 끝냄'의 뜻인 '종결'과 반의 관계인 단어는 '어떤 일에 손을 댐'의 뜻인 '착수'이다.

오답분석

① 귀결 : 어떤 결말이나 결과에 이름
② 소외 : 어떤 무리에서 기피하여 따돌리거나 멀리함
④ 단락 : 일이 어느 정도 다 된 끝
⑤ 탈선 : 말이나 행동 따위가 나쁜 방향으로 빗나감

02

정답 ②

제시된 단어는 유의 관계이다.

'치환'은 '바꾸어 놓음'을 뜻하고, '대치'는 '다른 것으로 바꾸어 놓음'을 뜻한다. 따라서 '일반에게 널리 알림'의 뜻인 '포고'와 유의 관계인 단어는 '일반 대중에게 널리 알림'의 뜻인 '공포'이다.

오답분석

① 국면 : 어떤 일이 벌어진 장면이나 형편
③ 전위 : 위치가 변함
④ 극명 : 속속들이 똑똑하게 밝힘
⑤ 은닉 : 남의 물건이나 범죄인을 감춤

03

정답 ①

'놀이동산에 가면 팝콘을 먹지 않겠다.'의 대우는 '팝콘을 먹으면 놀이동산에 가지 않겠다.'이므로 이를 연결하면 '영화관에 가면 놀이동산에 가지 않겠다.'가 성립한다.

04

정답 ①

주어진 명제를 정리하면 다음과 같다.

- A : 단거리 경주에 출전한다.
- B : 장거리 경주에 출전한다.
- C : 농구 경기에 출전한다.
- D : 배구 경기에 출전한다.

A → B, B → ~C, C → D로 대우는 각각 ~B → ~A, C → ~B, ~D → ~C이다. C → ~B → ~A에 따라 C → ~A가 성립한다. 따라서 '농구 경기에 출전한 사람은 단거리 경주에 출전하지 않는다.'는 참이 된다.

05

정답 ①

주어진 명제를 정리하면 다음과 같다.
- A : 독감에 걸리다.
- B : 열이 난다.
- C : 독감 바이러스가 발견된다.
- D : 기침을 한다.

A → B, ~C → ~B, ~A → ~D로 대우는 각각 ~B → ~A, B → C, D → A이다. D → A → B → C에 따라 D → C가 성립한다. 따라서 '기침을 하면 독감 바이러스가 발견된다.'는 참이 된다.

PART 2

06

정답 ③

㉡ 가문소설은 17세기 후반에 등장했고, 양난 이후의 사회적 배경을 반영하는 작품이다.
㉢ 17세기 전반에 있었던 전쟁으로 인해 벌열들의 입지가 흔들리고 권위가 위축되며 이에 대한 반작용으로 가부장적인 질서를 강화하는 이데올로기가 등장했다. 가문 소설은 그러한 맥락에서 나타났다.

오답분석

㉠ 가문소설을 쓴 여성 작가가 존재했지만, 그들이 사대부 가문의 여성인지는 제시문에 명확하게 나타나지 않는다.
㉣ 제시문에 따르면 가문소설의 구성이 당시의 시대 배경과 관련이 있다고 나오므로, 가문소설은 당시의 시대적 상황을 반영하고 있다고 할 수 있다.

07

정답 ②

제시문의 마지막 문단에서 '말이란 결국 생각의 일부분을 주워 담는 작은 그릇'이며, '말을 통하지 않고는 생각을 전달할 수가 없는 것'이라고 하며 말은 생각을 전달하기 위한 수단임을 주장하고 있다.

08

정답 ⑤

도요타 자동차는 소비자의 관점이 아닌 생산자의 관점에서 문제를 해결하려다 소비자들의 신뢰를 잃게 됐다. 따라서 기업은 생산자가 아닌 소비자의 관점에서 문제를 해결하기 위해 노력해야 한다.

09

정답 ①

제시된 논증의 결론은 '커피(카페인) 섭취 → 수면장애'이다. 그렇기 때문에 김사원의 의견대로 수면장애로 내원한 사람들 중에 커피를 마시지 않는 사람이 있다는 사실은 제시된 논증의 결론과 상반된 사례이기 때문에 이 논증의 결론은 약화된다.

오답분석

- 이대리 : 무(無)카페인과 관련된 근거는 논증에 아무런 영향을 미치지 않는다.
- 안사원 : 발작 현상이 공포감과 무관하다는 사실은 카페인으로 인해 발작이 나타날 수 있다는 논증의 결론에 아무런 영향을 미치지 않는다.

10

정답 ②

오답분석

① 제시문에서 힘의 반대 방향으로 오목하게 들어갈 경우 효과적으로 견딜 수 있다는 것을 알 수 있다.
③·⑤ 제시문에서 원기둥 모양의 캔이 재료를 가장 적게 사용할 수 있다는 것을 알 수 있다.
④ 갈비뼈는 외부를 향해 오목한 모양이므로 외부로부터의 충격에 효과적으로 견딜 수 있다.

11

정답 ②

앞의 항에 $\times(-4)$가 적용되는 수열이다.
따라서 (　)$=(-68)\times(-4)=272$이다.

12

정답 ④

앞의 항에 $+7$, $+13$, $+19$, $+25$, …인 수열이다.
따라서 (　)$=106+37=143$이다.

13

정답 ②

앞의 항에 2×3^n을 더해 다음 항을 구하는 수열이다(n은 앞의 항의 순서이다). 즉, 더해지는 값이 $+6$, $+18$, $+54$, $+162$, … 인 수열이다.
따라서 (　)$=-76-6=-82$이다.

14

정답 ②

i) 흰 공이 나오고 앞면이 3번 나올 확률 : $\frac{3}{5}\times\left(\frac{1}{2}\right)^3=\frac{3}{40}$

ii) 검은 공이 나오고 앞면이 3번 나올 확률 : $\frac{2}{5}\times4\times\left(\frac{1}{2}\right)^4=\frac{1}{10}$

$\therefore\ \frac{3}{40}+\frac{1}{10}=\frac{7}{40}$

15

정답 ①

정리함의 세로 길이를 a라고 할 때, 부피와의 관계식은 다음과 같다.
$28\times a\times(27-a)=5,040 \rightarrow -a^2+27a=180 \rightarrow (a-12)(a-15)=0$
따라서 a는 12cm 또는 15cm이며, 높이가 세로 길이보다 길다고 하였으므로 세로는 12cm임을 알 수 있다.

16

정답 ④

$\frac{10\times2+30\times5+20\times3.5}{10+30+20}=\frac{240}{60}=4$

따라서 전체 평점은 4점이다.

17

정답 ⑤

사진별로 개수에 따른 총 용량을 구하면 다음과 같다.

• 반명함 : 150×8,000=1,200,000KB
• 신분증 : 180×6,000=1,080,000KB
• 여권 : 200×7,500=1,500,000KB
• 단체사진 : 250×5,000=1,250,000KB

사진 용량 단위 KB를 MB로 전환하면

• 반명함 : 1,200,000÷1,000=1,200MB
• 신분증 : 1,080,000÷1,000=1,080MB
• 여권 : 1,500,000÷1,000=1,500MB
• 단체사진 : 1,250,000÷1,000=1,250MB

따라서 모든 사진의 총 용량을 더하면 1,200+1,080+1,500+1,250=5,030MB이고, 5,030MB는 5.03GB이므로 필요한 USB 용량은 5GB이다.

18

정답 ①

내일 날씨가 화창하고 사흘 뒤 비가 올 모든 경우는 다음과 같다.

내일	모레	사흘 뒤
화창	화창	비
화창	비	비

• 첫 번째 경우의 확률 : 0.25×0.30=0.075
• 두 번째 경우의 확률 : 0.30×0.15=0.045

따라서 주어진 사건의 확률은 0.075+0.045=0.12=12%이다.

19

정답 ④

5개월 동안 평균 외식비가 12만 원 이상 ~ 13만 원 이하일 때, 총 외식비는 12×5=60만 원 이상 ~ 13×5=65만 원 이하가 된다.
1월부터 4월까지 지출한 외식비는 110,000+180,000+50,000+120,000=460,000원이다.
따라서 A씨가 5월에 최대로 사용할 수 있는 외식비는 650,000−460,000=190,000원이다.

20

정답 ③

A사원이 만약 $50m^3$의 물을 사용했을 경우 수도요금은 기본료를 제외하고 30×300+20×500=19,000원이다. 즉, 총 요금인 17,000원보다 많으므로 사용한 수도량은 $30m^3$ 초과 ~ $50m^3$ 이하이다.
$30m^3$을 초과한 양을 xm^3라고 하면 다음과 같다.

$2,000+30\times300+x\times500=17,000 \rightarrow 500x=17,000-11,000$

$\therefore x=\frac{6,000}{500}=12$

따라서 A사원이 한 달 동안 사용한 수도량은 $30+12=42m^3$이다.

21

정답 ③

legal과 illegal은 각각 '합법의', '불법의'라는 뜻을 가진 반의 관계이고 나머지는 다 유의 관계이다.

오답분석

① 부서지다 – 파괴하다
② 의류 – 옷
④ 쓰다 – 적용하다
⑤ 입다 – 걸치다

22

정답 ①

앞으로 발생할 수 있는 일에 대한 가정법 미래구문이다. 가정법 미래시제가 쓰인 문장에서는 주절에서 직설법 표현이 자주 쓰이는데 여기서도 must be가 그러하다. 주어가 milk임에도 동사가 test로 동사원형인 것을 보아 빈칸에 조동사가 쓰였을 것을 파악할 수 있고, if가 생략되어 should가 앞으로 나온 'Should+주어+동사' 형태의 문장임을 알 수 있다.

| 어휘 |

- test positive : 양성 반응을 보이다
- antibiotic : 항생제, 항생 물질
- truckload : 트럭 한 대 분량의 화물
- discard : 버리다

| 해석 |

만약 우유 처리 공장에 유조트럭이 도착했을 때 우유가 항생 물질에 양성 반응을 보인다면, 연방법에 따라 전체 트럭에 실린 것(우유)은 폐기되어야 한다.

23

정답 ④

간접의문문은 '의문사+주어+동사' 순이다.

| 해석 |

A : 너의 솔직한 의견을 말해줘.
B : 그래 좋아, 그것에 대한 내 생각을 알려줄게.

24

정답 ④

겨울 스포츠를 좋아한다고 얘기한 A에 대해, B의 질투난다는 반응은 어색하다.

| 해석 |

A : 나는 겨울 스포츠가 좋아.
B : 네가 질투나.

오답분석

① A : 나 다음 달에 중국에 갈 거야.
B : 중국 어디?
② A : 나 좋은 소식이 있어.
B : 그게 뭔데?
③ A : 브라질행 여행에서 내게 와인 좀 가져다줘.
B : 물론이지!
⑤ A : 한 번 더 먹어도 될까?
B : 좋을 대로!

25

정답 ④

| 해석 |

A : 나는 몸이 좋지 않은 것 같아.
B : 난 네가 있어서 행복해.

오답분석

① A : 유감스럽지만 나는 가야 해.
B : 하지만 아직 밤이 이른걸.
② A : 빨간 드레스를 입으니 정말 멋져 보인다.
B : 고마워. 너무 과찬이야.
③ A : 계란은 어떻게 해 드릴까요?
B : 스크램블드에그(휘저어 부친 계란 프라이)로 부탁드려요.
⑤ A : 탑승권 좀 보여주시겠어요?
B : 네, 여기 있어요.

26

정답 ④

인간은 각자가 다른 과거의 경험을 갖고 있고, 그것이 어떤 동일한 경험에 대해 서로 다른 의미를 부여하도록 영향을 끼친다는 내용이므로, 글의 요지로 '과거의 경험에 따라 동일한 상황을 다르게 인식한다.'가 가장 적절하다.

| 어휘 |

- affect : 영향을 미치다
- aspect : 국면, 양상, 관점
- perception : 지각, 인식
- pointless : 무의미한, 적절하지 못한
- meaningful : 의미심장한
- sensation : 마음, 기분, 감각
- attribute A to B : A의 원인을 B에 귀착시키다

| 해석 |

인간의 의사소통에서 가장 중요한 측면들 가운데 한 가지는 과거의 경험들이 여러분의 행동에 영향을 끼치기 마련이라는 것이다. 여러분이 친구와 어떤 일에 대해 의논하기 시작할 때조차, 여러분은 인식의 차이가 존재한다는 것을 곧 발견할 것이다. 여러분이 지루하다고 생각하는 것을 여러분의 친구들은 재미있다고 생각할지 모른다. 여러분이 무의미하다고 생각하는 것을 그들은 의미 있게 생각할 수도 있다. 여러분이 받아들이는 메시지는 여러분 각자에게 같을지도 모른다. 그러나 각자 고유의 인성과 배경을 갖고 있기 때문에 다양한 감정과 기분을 느끼게 된다. 여러분은 각자 그 일에 서로 다른 배경을 가져와, 결과적으로 공유한 경험에 다른 의미를 부여한다.

27

정답 ③

그의 우화는 교훈이나 가르침이 있는 짧은 이야기라고 하였으므로 적절하지 않다.

| 어휘 |

- fable : 우화, 꾸며낸 이야기
- moral : 교훈
- lesson : 학과, 수업, 교훈, 가르침
- tale(=story) : 이야기
- become known as : ~로 유명해지다
- famous : 유명한, 훌륭한

| 해석 |

이솝은 기원전 약 620년부터 560년까지 그리스에 살았던 사람이다. 그는 여러 동물들에 관한 우화를 들려주었다. 우화는 교훈이나 가르침이 있는 짧은 이야기이다. 이솝이 죽은 후에 많은 다른 사람들이 그의 이야기를 들려주었고 새 이야기를 덧붙이기도 했다. 이 이야기들이 이솝 우화로 알려지게 되었다. 이것은 세상에서 가장 유명한 우화이다. 비록 이솝 우화가 주로 동물에 관한 이야기이긴 하지만, 그것은 인간에게 잘 사는 법을 가르쳐 준다.

28

정답 ④

제시된 글에는 운영 기간, 개설 과목, 신청 방법에 대한 내용이 순서대로 나와 있으며, 폐강 조건에 대한 언급은 찾아볼 수 없다.

| 어휘 |

- run : 운영하다, 제공하다
- course : 수업
- offer : 제안하다
- register : 등록하다

| 해석 |

우리 방과 후 프로그램은 3월 19일부터 6월 29일까지 운영될 거예요. 영어, 생물학, 한국사를 포함한 수업들이 개설될 겁니다. 여러분은 3월 16일에 학교 홈페이지에서 등록할 수 있어요.

29

정답 ③

우리가 너무 많이 음식을 낭비하는 것에 대한 해결책들에 대해 열거하고 있으므로, 글의 주제로 ③이 가장 적절하다.

| 어휘 |

- waste : 낭비하다
- grocery : 식료품
- order : 주문하다
- throw away : 버리다
- appearance : (겉)모습

| 해석 |

우리는 너무 많은 음식을 낭비하고 있다. 이 문제에 대한 해결책들이 있다. 당신이 식료품을 사러 갈 때, 목록을 만들어 꼭 필요한 것만 사라. 당신이 음식을 주문할 때, 먹을 것만 주문해라. 우리는 단순히 보기에 만족스럽지 않다고 해서 과일이나 채소를 버려서는 안 된다.

30

정답 ④

제시된 글에서 Taylor 교수는 아버지의 지위가 현대 생활에 영향을 받았다고 하며, 아버지가 그 어느 때보다 아이들과 멀어졌다고 주장하고 있다. 또한 세상이 너무 빨리 변하고 있기 때문에 아이들이 아버지에게서 세상을 배우는 것보다 자신의 방에서 문을 닫고 인터넷을 통해 세상을 배운다며 아버지의 역할을 재정의하는 것이 어렵다고 주장하고 있으므로 글의 제목으로는 '아버지의 위기 : 자녀를 위해 무엇을 할 수 있는가?'가 가장 적절하다.

| 어휘 |

- emulate : 모방하다
- inherit : 물려받다
- redefine : 재정립하다
- obvious : 분명한, 명백한

| 해석 |

"무엇이 아이들을 위한 것인가?"를 쓴 Taylor 교수는 아버지의 지위가 현대 생활의 영향을 받았다고 믿는다. "아버지는 그 어느 때보다 아이들에게서 멀어졌습니다."라고 그는 말한다. "과거에는 아이들이 아버지의 일과 지혜를 모방하면서 바라보았으나, 지금은 아버지들이 아이들에게 물려줄 것이 하나도 없습니다. 세상은 너무 빨리 변하고 있으며, 아이들은 아버지의 발 앞에 앉아 세상 이야기를 듣는 대신, 자기 방에 틀어박혀 인터넷 상에서 세상을 먼저 알게 됩니다. 아버지의 역할을 재정립하는 것은 어렵습니다. 그에겐 해야 할 일이 분명하지 않습니다."

31

정답 ⑤

♤	◀	♠	◁	⊙	♣	▣	◐	◀	♡	♧	⊙
◈	**¶**	♧	♡	♥	▷	♠	**¶**	♤	▶	♥	◁
▶	▷	♣	◈	♭	**¶**	♡	♠	**¶**	◈	▷	♣
♧	♥	**¶**	▣	▶	♭	◁	⊙	◀	▣	◐	♤

32

정답 ③

znl	pjr	vnh	prk	cpx	pri	cdy	quo	tmd	ygz	zbj	dbl
prj	hkz	abz	djt	zxu	yry	anx	dbl	zbd	zbj	zhs	hsc
bmp	fwr	pdj	dbl	znb	gjk	jyh	sfu	dbl	jfx	**prj**	azb
ovf	znl	pkl	pri	pkz	**prj**	znl	agj	jkl	jyp	tws	dbl

33

정답 ③

1390	4652	8206	5237	**1349**	6701	6598	4126	1592	3321	1502	6597
5319	4139	4962	9612	5029	5962	8532	2340	9150	6484	2139	1259
5622	**1349**	1592	1494	4126	9612	1390	5029	2698	**1349**	1096	1962
1693	6098	5030	9053	1390	5029	5319	8420	4196	5029	8863	3297

34

정답 ①

Ⓕ	Ⓖ	Ⓒ	Ⓕ	Ⓓ	Ⓜ	Ⓔ	Ⓙ	Ⓖ	Ⓔ	**Ⓗ**	Ⓓ
Ⓠ	Ⓘ	Ⓓ	Ⓔ	Ⓐ	Ⓕ	Ⓒ	**Ⓨ**	Ⓜ	Ⓛ	Ⓘ	Ⓕ
Ⓓ	Ⓒ	Ⓐ	Ⓖ	Ⓛ	Ⓘ	Ⓖ	Ⓐ	Ⓕ	Ⓐ	Ⓜ	Ⓒ
Ⓐ	Ⓔ	Ⓙ	**Ⓚ**	Ⓜ	Ⓔ	Ⓛ	Ⓘ	Ⓓ	Ⓙ	Ⓒ	Ⓙ

35

정답 ②

춌	춂	췰	춂	춊	칛	춊	**촒**	츢	쵫	춂	츢
쵫	촣	췗	춱	칛	칠	춱	췗	촣	칛	췰	춂
츢	췰	츢	춌	쵫	**췕**	췰	칠	춂	춊	춱	쵫
춳	춊	칛	춂	촣	춊	췗	촣	춌	쵫	춊	**촕**

36

정답 ②

별도의 회전 없이 도형의 형태가 일치함을 확인할 수 있다.

37

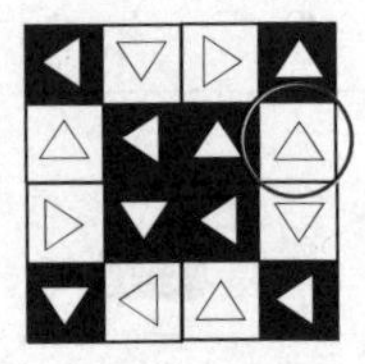

38

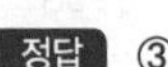

39

정답 ②

규칙은 가로로 적용된다.

첫 번째 도형과 두 번째 도형의 색이 칠해진 부분의 합이 세 번째 도형이 된다.

40

정답 ②

규칙은 가로로 적용된다.

첫 번째 도형을 색 반전시킨 도형이 두 번째 도형이고, 두 번째 도형을 y축 대칭시킨 도형이 세 번째 도형이다.

제3회 최종점검 모의고사

01	02	03	04	05	06	07	08	09	10	11	12	13	14	15	16	17	18	19	20
⑤	④	②	③	②	③	⑤	①	①	③	④	①	④	④	⑤	④	③	④	④	④
21	22	23	24	25	26	27	28	29	30	31	32	33	34	35	36	37	38	39	40
①	③	④	③	①	④	④	①	④	②	③	③	②	③	⑤	④	③	④	④	③

PART 2

01

정답 ⑤

제시된 단어는 반의 관계이다.

'이단'은 '전통이나 권위에 반항하는 주장이나 이론'을 뜻하고, '정통'은 '바른 계통'을 뜻한다. 따라서 '다른 것을 본뜨거나 본받음'의 뜻인 '모방'과 반의 관계인 단어는 '어떤 방안, 물건 따위를 처음으로 생각하여 냄'의 뜻인 '창안'이다.

오답분석

① 사설 : 신문이나 잡지에서, 글쓴이의 주장이나 의견을 써내는 논설
② 종가 : 족보로 보아, 한 문중에서 맏이로만 이어 온 큰집
③ 모의 : 실제의 것을 흉내 내어 그대로 해 봄
④ 답습 : 예로부터 해 오던 방식이나 수법을 좇아 그대로 행함

02

정답 ④

제시된 단어는 유의 관계이다.

'위임'은 '어떤 일을 책임 지워 맡김'을 뜻하고, '의뢰'는 '남에게 부탁함'을 뜻한다. 따라서 '지식수준이 낮거나 인습에 젖은 사람을 가르쳐서 깨우침'의 뜻인 '계몽'과 유의 관계인 단어는 '사람의 지혜가 열려 새로운 사상, 문물, 제도 따위를 가지게 됨'의 뜻인 '개화'이다.

오답분석

① 대리 : 남을 대신하여 일을 처리함
② 주문 : 다른 사람에게 어떤 일을 하도록 요구하거나 부탁함
③ 효시 : 어떤 사물이나 현상이 시작되어 나온 맨 처음을 비유적으로 이르는 말
⑤ 미개 : 사회가 발전되지 않고 문화 수준이 낮은 상태

03

정답 ②

제시된 단어는 유의 관계이다.

'준거'와 '표준'은 '사물의 정도나 성격 따위를 알기 위한 근거나 기준'을 뜻한다. 따라서 '어떤 것이 남긴 표시나 자리'의 뜻을 가진 '자취'와 유의 관계인 단어는 '어떤 현상이나 실체가 없어졌거나 지나간 뒤에 남은 자국이나 자취'의 뜻인 '흔적'이다.

오답분석

① 척도 : 가하거나 측정할 때 의거할 기준
③ 주관 : 어떤 일을 책임을 지고 맡아 관리함
④ 반영 : 다른 것에 영향을 받아 어떤 현상이 나타남
⑤ 보증 : 어떤 사물이나 사람에 대하여 책임지고 틀림이 없음을 증명함

04

정답 ③

C사원은 10개의 도장에서 2개의 도장이 모자라므로 현재 8개의 도장을 모았으며, A사원은 C사원보다 1개의 도장이 적으므로 현재 7개의 도장을 모은 것을 알 수 있다. 또한 B사원은 A사원보다 2개 적은 5개의 도장을 모았으며, D사원은 무료 음료 한 잔을 포함하여 3잔을 주문하였으므로 10개의 도장을 모은 쿠폰을 반납하고, 새로운 쿠폰에 2개의 도장을 받았음을 추론할 수 있다. 따라서 D사원보다 6개의 도장을 더 모은 E사원은 8개의 도장을 받아 C사원의 도장 개수와 동일함을 알 수 있다.

05

정답 ②

조건에 따라 A, B, C, D의 사무실 위치를 정리하면 다음과 같다.

구분	2층	3층	4층	5층
경우1	부장	B과장	대리	A부장
경우2	B과장	대리	부장	A부장
경우3	B과장	부장	대리	A부장

B가 과장이므로 대리가 아닌 A는 부장의 직책을 가진다.

오답분석

① A부장 외의 또 다른 부장은 2층, 3층 또는 4층에 근무한다.
③ 대리는 3층 또는 4층에 근무한다.
④ B는 2층 또는 3층에 근무한다.
⑤ C의 직책은 알 수 없다.

06

정답 ③

16세기 말 그레고리력이 도입되기 전 프랑스 사람들은 3월 25일부터 4월 1일까지 일주일 동안 축제를 벌였다.

오답분석

① 만우절이 프랑스에서 기원했다는 이야기는 많은 기원설 중의 하나일 뿐, 정확한 기원은 알려지지 않았다.
② 프랑스는 16세기 말 그레고리력을 받아들이면서 달력을 새롭게 개정하였다.
④ 프랑스에서는 만우절에 놀림감이 된 사람들을 '4월의 물고기'라고 불렀다.
⑤ 프랑스의 관습이 18세기에 이르러 영국으로 전해지면서 영국의 만우절이 생겨났다.

07

정답 ⑤

제시문은 투표 이론 중 합리적 선택 모델에 대해 말하고 있다. 합리적 선택 모델은 유권자들이 개인의 목적을 위해 투표를 한다고 본다. 따라서 투표 행위가 사회적인 배경을 무시할 수 없다는 반박을 제시할 수 있다.

오답분석

①·②·③·④ 제시문의 내용과 일치하므로 주장에 부합한다.

08

정답 ①

제시문은 고전 범주화 이론에 바탕을 두고 있는 성분 분석 이론이 단어의 의미를 충분히 설명하지 못한다는 것을 말하고 있다. 따라서 제시문의 주제는 고전 범주화 이론의 한계이다.

오답분석

②·③·⑤ '새'가 계속 언급되는 것은 고전적인 성분 분석의 예로써 언급되는 것이기 때문에 주제가 될 수 없다.
④ 성분 분석 이론의 바탕은 고전 범주화 이론이고, 이는 너무 포괄적이기 때문에 글의 주제가 될 수 없다.

09

정답 ①

앞부분에서 위기 상황을 제시해 놓았고, 뒷부분에서는 인류의 각성을 촉구하는 내용을 다루고 있다. 앞뒤의 내용을 논리적으로 자연스럽게 연결시키기 위해서는 각성의 당위성을 이끌어내는 데 필요한 전제가 들어가야 하므로 빈칸에는 ①이 적절하다.

10

정답 ③

제시문을 요약하면 다음과 같다.

- 얼굴을 맞대고 하는 접촉이 매체를 통한 접촉보다 결정적인 영향력을 미친다.
- 새 어형이 전파되는 것은 매체를 통해서보다 사람과의 직접적인 접촉에 의해서라는 것이 더 일반적인 견해이다.
- 매체를 통한 것보다 자주 접촉하는 사람들을 통해 언어 변화가 진전된다는 사실은 언어 변화의 여러 면을 바로 이해하는 핵심적인 내용이라 해도 좋을 것이다.

따라서 빈칸에는 직접 접촉과 간접 접촉에 따라 영향력에 차이가 있다는 내용이 오는 것이 적절하다.

11

정답 ④

앞의 항에 $+7$, -16를 번갈아 가며 적용하는 수열이다.

따라서 ( )$=49-16=33$이다.

12

정답 ①

'(앞의 항)-9'인 수열이다.

따라서 ( )$=22-9=13$이다.

13

정답 ④

n을 자연수라고 할 때, n항의 값은 '$(n+11)\times(n+12)$'인 수열이다.

따라서 ( )$=(2+11)\times(2+12)=13\times14=182$이다.

14

정답 ④

오염물질의 양은 $\frac{14}{100}\times50=7$g이므로 깨끗한 물을 xg 더 넣어 오염농도를 10%로 만드는 것을 식으로 나타내면 다음과 같다.

$\frac{7}{50+x}\times100=10 \rightarrow 700=10\times(50+x)$

$\therefore x=20$

따라서 깨끗한 물을 20g 더 넣어야 한다.

15

정답 ⑤

기차는 다리에 진입하여 완전히 벗어날 때까지 다리의 길이인 800m에 기차의 길이 100m를 더한 총 900m(0.9km)를 36초(0.01시간) 동안 이동했다.

따라서 (속력)$=\frac{(\text{거리})}{(\text{시간})}$이므로 기차의 속력은 $\frac{0.9}{0.01}=90$km/h이다.

PART 2

16

정답 ④

(열차가 이동한 거리)=(열차의 길이)+(터널의 길이)이다.

열차의 길이와 속력을 각각 xm, ym/s라 하면

$x+50=10y$ … ㉠

$x+200=25y$ … ㉡

㉠과 ㉡을 연립하면

$-150=-15y \rightarrow y=10$

$\therefore x=50$

17

정답 ③

테니스 동아리 인원을 x명이라고 하여 사용료에 관한 방정식을 구하면 다음과 같다.

$5{,}500x-3{,}000=5{,}200x+300 \rightarrow 300x=3{,}300 \rightarrow x=11$

따라서 인원은 11명이며, 사용료는 $5{,}200\times11+300=57{,}500$원이다.

18

정답 ④

개선 전 부품 1단위 생산 시 투입비용은 총 40,000원이었다. 생산 비용 감소율이 30%이므로 개선 후 총비용은 28,000원이어야 한다.

따라서 ⓐ+ⓑ의 값으로 적절한 것은 $28{,}000-18{,}000=10{,}000$원이다.

19

정답 ④

2023년도에 세 번째로 많은 생산을 했던 분야는 일반기계 분야이므로, 일반기계 분야의 2021년도에서 2022년도의 변화율은 $\frac{4{,}020-4{,}370}{4{,}370}\times100 \fallingdotseq -8\%$로 약 8% 감소하였다.

20

정답 ④

매월 갑, 을 팀의 총득점과 병, 정 팀의 총득점이 같다.

따라서 빈칸에 들어갈 적절한 수는 $1{,}156+2000-1{,}658=1{,}498$이다.

21

정답 ①

제시된 단어의 의미는 '줄이다'로, 이와 반대되는 의미를 가진 단어는 '늘리다'인 ①이다.

오답분석

② 나타나다
③ 소모하다
④ 충전하다
⑤ 구입하다

22

정답 ③

제시된 단어의 의미는 '합의'로, 이와 같은 의미를 가진 단어는 '해결'인 ③이다.

오답분석

① 영구적인
② 유명한
④ 저명한
⑤ 파산한

23

정답 ④

관계대명사 뒤에 know와 damages처럼 동사 2개가 나란히 있는 경우 삽입절이 들어가 있음을 파악해야 한다. we know가 삽입절이며, damages의 주어는 things이므로 복수 동사인 damage로 고쳐야 한다.

| 해석 |

때때로 병드는 것을 막기 위해 당신이 스스로 할 수 있는 게 아무것도 없다. 그러나 만약 당신이 건강한 인생을 이끌어 간다면, 당신은 아마 더 빨리 좋아질 수 있을 것이다. 우리는 담배를 피우거나 과음을 하거나, 해로운 약을 복용하는 것 같이 우리가 알고 있는, 몸을 손상시키는 행동들을 모두 피할 수 있다.

오답분석

① '~하기 위해서'라는 의미로 to 부정사가 올바르게 사용되었다.
② very가 아닌 much로 비교급이 적절하게 쓰였다.
③ avoid는 동명사를 목적어로 취하는 동사이므로 doing이 온다.
⑤ 앞에 smoking, drinking과 함께 or로 taking이 묶였고, 형태가 올바르다.

24

정답 ③

| 해석 |

A : Jessica가 여기 왜 왔어?
B : 네가 자신의 파티에 와줘서 감사하다고 말하더군.

25

정답 ①

| 어휘 |

• take : (시간이) 걸리다.

| 해석 |

A : 은행까지 얼마나 걸립니까?
B : 걸어서 6분 정도 걸립니다.

26

정답 ④

5번째 줄에 나오는 'Therefore' 이하가 필자의 주장에 해당하는 내용이다. 'it is necessary to televise trials to increase the chance of a fair trial'을 통해 필자는 재판의 공정성을 높이기 위해 재판 과정을 중계해야 한다고 주장하고 있음을 알 수 있다.

| 어휘 |

- distorted : 비뚤어진, 왜곡된
- sentence : 판결, 선고, 처벌
- trial : 재판
- televise : TV 중계하다
- coverage : 보도 (범위), 취재 (범위)
- aware of : 깨닫는
- crucial : 결정적인, 중대한
- potential : 잠재적인

| 해석 |

미국에서 어떤 사람들은 TV 매체가 일부 재판관들로 하여금 그들이 다른 상황에서 내렸을 판결보다 더 엄한 처벌을 선고하도록 이끌면서, 왜곡된 재판 상황을 만들어 낼 것이라고 주장한다. 그러나 재판을 TV로 중계하는 것과 관련된 몇 가지 이점들이 있다. 그것은 재판 과정을 대중들에게 교육시키는 역할을 할 것이다. 그것은 또한 어떤 주어진 사건에서 정확히 어떤 일이 벌어지는지에 대해 완전하고 정확한 보도를 해 줄 것이다. 그렇기 때문에, 공정한 재판의 가능성을 증진시키기 위해 재판을 TV로 중계할 필요가 있다. 그리고 만약 재판이 중계된다면, 많은 청중들이 그 사건에 대해 알게 될 것이고, 방송이 되지 않았다면 그 사건을 몰랐을 중요한 목격자가 그 사건에서 잠재적인 역할을 할 수도 있다.

27

정답 ④

A가 한국의 탈춤은 한국의 혼을 나타낸다고 하였으므로 ④가 적절하다.

| 해석 |

A : 한국 탈춤꾼들을 보는 것은 대단히 즐겁습니다.
B : 오, 정말인가요? 그들을 보는 것은 즐겁죠, 그렇지 않나요?
A : 그렇습니다. 그 춤들은 정말로 한국의 혼을 나타내요.
B : 맞습니다.

28

정답 ①

제시문에서는 근무시간 자유선택제를 설명하고 있다. 따라서 글을 쓴 목적으로는 '근무시간 자유선택제를 정의하기 위하여'가 가장 적절하다.

| 해석 |

점점 늘어나는 대체 업무 방식 가운데 근무시간 자유선택제가 있다. 근무시간 자유선택제는 근로자들이 개인의 필요에 맞추기 위해 업무 시간을 조정하는 것을 허용한다. 주당 총 근무시간은 같지만 매일의 스케줄은 표준 근무시간과 다르다. 근무시간 자유선택제는 또한 4일을 10시간씩 일하거나 짧게 6일을 근무하는 것처럼 근무일수의 변화를 의미하기도 한다. 근무시간 자유선택제로 일하는 근로자들은 직업 소개인, 손해사정사, 우체국 직원, 데이터 입력 운영자를 포함한다.

오답분석

③ 제시문에서 설명하고 있는 alternative work style은 flextime 하나뿐이므로 대체 업무 방식들을 논의하기 위한 글이 아니다.

29

정답 ④

제시문은 뮤지컬 지킬 앤 하이드를 소개하고 있다. 글의 내용은 누가 이 뮤지컬의 작곡과 작사를 맡았으며, 얼마나 오래, 그리고 자주 공연되었는지와 수상기록을 포함하고 있다.

| 해석 |

뮤지컬 '지킬 앤 하이드'는 사랑과 광기에 대한 놀라운 줄거리를 갖고 있다. Robert Louis Stevenson이 쓴 '지킬박사와 하이드씨'라는 전 세계적으로 유명한 소설이 이 뮤지컬의 원작이다. Frank Wildhorn이 음악을 작곡했고, Leslie Bricusse가 작사를 한 이 뮤지컬은 스타 극장에서 기록을 경신했다. 이 뮤지컬은 4년 이상 지속되었고, 1,500회 이상 공연되었다. 오늘날 이 뮤지컬은 전 세계를 돌며 공연하고 있고, 관객들을 황홀하게 만들고 있다. 이 쇼는 드라마 데스크 어워즈에서 최우수 뮤지컬 세트 디자인 상과 최우수 뮤지컬 남우주연상을 수상했다. 이 쇼의 주제가인 "지금 이 순간"은 전 세계적으로 인기와 인정을 받았으며, 올림픽에서 공연되었다. 이 쇼는 "새로운 인생을 시작해", "당신 같은 사람", 그리고 "당신이 나를 받아준다면" 같은 유명한 노래들을 포함하고 있다.

30

정답 ②

'luck break', 'hugging and dancing' 등의 표현으로 미루어 보아 'I'의 심경으로 가장 적절한 것은 'excited and happy'이다.

| 해석 |

우리 중 누가 말을 했는지 확실치 않지만, Montague씨가 바로 다음날에 오디션을 받게 해 주겠노라고 동의한 것으로 보아, 그 말은 꽤나 설득력이 있었나 보다. 우리는 그것을 믿을 수가 없었다. 우리는 충격을 받았다. 그날을 위한 예행연습이 끝났다. Jean의 지하실에서 환호성을 지르고, 부둥켜안고, 춤을 추고 난 다음, 나는 우리의 "행운"에 관해 엄마에게 말하려고 단숨에 집으로 달려갔다. 엄마는 아주 기뻐하며, 모든 일이 순조롭게 진행될 수 있도록 하기 위한 것만큼이나 응원하기 위해서 우리와 함께 오디션에 가겠다고 고집했다. 나는 성탄절 전야의 어린 아이와 같은 기분을 느꼈다. 그날 밤 나는 잠을 한 시간도 못 잤다. 그것이 아마도 그 다음날이 꿈처럼 보인 이유였을 것이다.

31

정답 ③

0.75	0.24	0.58	0.18	0.67	0.51	0.53	0.82	0.62	0.53	0.82	0.58
0.18	0.48	0.11	0.53	0.49	0.58	0.82	0.38	0.53	0.58	0.64	0.82
0.51	0.85	0.28	0.56	0.48	0.38	0.68	0.18	0.26	0.49	0.45	0.27
0.58	0.61	0.79	0.98	0.82	0.71	0.49	0.58	0.48	0.28	0.14	0.53

32

정답 ③

탹	컹	펑	켱	탹	컹	헝	팽	탱	켱
팽	탱	헝	탱	텅	펄	캥	행	헝	떰
켱	형	평	평	행	떰	팽	펑	평	헝
펄	탹	켱	텅	평	켱	탹	펑	컹	펄

33

정답 ②

TI	TL	II	FL	RI	QL	DI	JL	CI	TL	TI	AI
SL	ZI	VL	OT	UL	GI	TT	XL	WI	YL	RL	JL
AI	QI	AT	EI	BL	ZT	XI	QT	PL	KI	AL	TY
XT	QL	ZI	UY	SI	CT	BI	DL	TI	GL	IL	LT

34

정답 ③

で	あ	び	ぶ	う	ぬ	め	よ	え	わ	か	ゎ
ぢ	と	お	つ	せ	ろ	へ	い	の	べ	ぴ	と
つ	わ	で	め	え	お	ぶ	ぢ	ゎ	せ	べ	の
び	う	か	ろ	あ	ぢ	い	び	え	ぬ	よ	へ

35

정답 ⑤

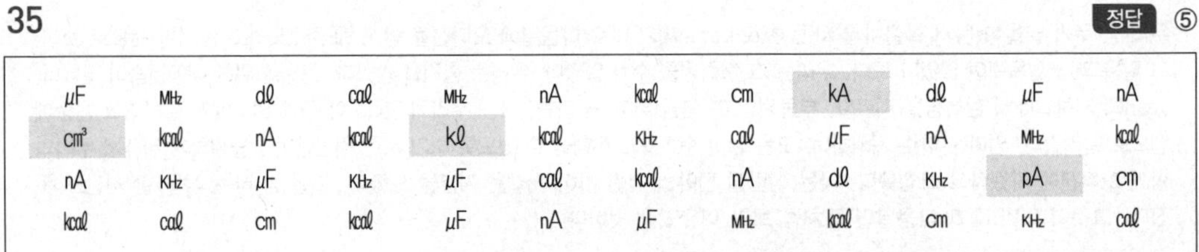

μF	MHz	dℓ	cal	MHz	nA	kcal	cm	kA	dℓ	μF	nA
cm³	kcal	nA	kcal	kℓ	kcal	KHz	cal	μF	nA	MHz	kcal
nA	KHz	μF	KHz	μF	cal	kcal	nA	dℓ	KHz	pA	cm
kcal	cal	cm	kcal	μF	nA	μF	MHz	kcal	cm	KHz	cal

36

정답 ④

제시된 도형을 시계 반대 방향으로 90° 회전한 것이다.

37

정답 ③

38

정답 ④

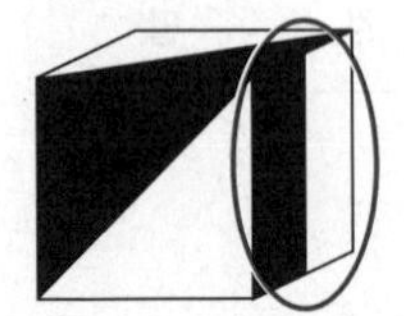

39

정답 ④

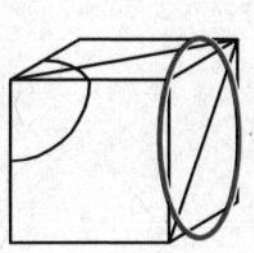

40

정답 ③

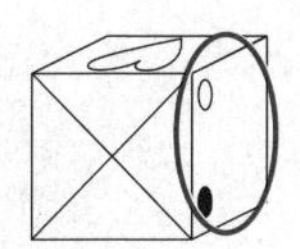

PART 2

꿈을 계속 간직하고 있으면 반드시 실현할 때가 온다.

– 괴테 –

※ 절취선을 따라 분리하여 실제 시험과 같이 사용하면 더욱 효과적입니다.

SK이노베이션 생산직/기술직/교육 · 훈련생 필기시험 답안지

고사장

성 명

수 험 번 호						
⓪	⓪	⓪	⓪	⓪	⓪	⓪
①	①	①	①	①	①	①
②	②	②	②	②	②	②
③	③	③	③	③	③	③
④	④	④	④	④	④	④
⑤	⑤	⑤	⑤	⑤	⑤	⑤
⑥	⑥	⑥	⑥	⑥	⑥	⑥
⑦	⑦	⑦	⑦	⑦	⑦	⑦
⑧	⑧	⑧	⑧	⑧	⑧	⑧
⑨	⑨	⑨	⑨	⑨	⑨	⑨

감독위원 확인
(인)

문번	1	2	3	4	5	문번	1	2	3	4	5	문번	1	2	3	4	5
1	①	②	③	④	⑤	21	①	②	③	④	⑤	41	①	②	③	④	⑤
2	①	②	③	④	⑤	22	①	②	③	④	⑤	42	①	②	③	④	⑤
3	①	②	③	④	⑤	23	①	②	③	④	⑤	43	①	②	③	④	⑤
4	①	②	③	④	⑤	24	①	②	③	④	⑤	44	①	②	③	④	⑤
5	①	②	③	④	⑤	25	①	②	③	④	⑤	45	①	②	③	④	⑤
6	①	②	③	④	⑤	26	①	②	③	④	⑤	46	①	②	③	④	⑤
7	①	②	③	④	⑤	27	①	②	③	④	⑤	47	①	②	③	④	⑤
8	①	②	③	④	⑤	28	①	②	③	④	⑤	48	①	②	③	④	⑤
9	①	②	③	④	⑤	29	①	②	③	④	⑤	49	①	②	③	④	⑤
10	①	②	③	④	⑤	30	①	②	③	④	⑤	50	①	②	③	④	⑤
11	①	②	③	④	⑤	31	①	②	③	④	⑤						
12	①	②	③	④	⑤	32	①	②	③	④	⑤						
13	①	②	③	④	⑤	33	①	②	③	④	⑤						
14	①	②	③	④	⑤	34	①	②	③	④	⑤						
15	①	②	③	④	⑤	35	①	②	③	④	⑤						
16	①	②	③	④	⑤	36	①	②	③	④	⑤						
17	①	②	③	④	⑤	37	①	②	③	④	⑤						
18	①	②	③	④	⑤	38	①	②	③	④	⑤						
19	①	②	③	④	⑤	39	①	②	③	④	⑤						
20	①	②	③	④	⑤	40	①	②	③	④	⑤						

※ 절취선을 따라 분리하여 실제 시험과 같이 사용하면 더욱 효과적입니다.

SK이노베이션 생산직/기술직/교육 · 훈련생 필기시험 답안지

고사장

성 명

수 험 번 호						
⓪	⓪	⓪	⓪	⓪	⓪	⓪
①	①	①	①	①	①	①
②	②	②	②	②	②	②
③	③	③	③	③	③	③
④	④	④	④	④	④	④
⑤	⑤	⑤	⑤	⑤	⑤	⑤
⑥	⑥	⑥	⑥	⑥	⑥	⑥
⑦	⑦	⑦	⑦	⑦	⑦	⑦
⑧	⑧	⑧	⑧	⑧	⑧	⑧
⑨	⑨	⑨	⑨	⑨	⑨	⑨

감독위원 확인
인

문번	1	2	3	4	5	문번	1	2	3	4	5	문번	1	2	3	4	5
1	①	②	③	④	⑤	21	①	②	③	④	⑤	41	①	②	③	④	⑤
2	①	②	③	④	⑤	22	①	②	③	④	⑤	42	①	②	③	④	⑤
3	①	②	③	④	⑤	23	①	②	③	④	⑤	43	①	②	③	④	⑤
4	①	②	③	④	⑤	24	①	②	③	④	⑤	44	①	②	③	④	⑤
5	①	②	③	④	⑤	25	①	②	③	④	⑤	45	①	②	③	④	⑤
6	①	②	③	④	⑤	26	①	②	③	④	⑤	46	①	②	③	④	⑤
7	①	②	③	④	⑤	27	①	②	③	④	⑤	47	①	②	③	④	⑤
8	①	②	③	④	⑤	28	①	②	③	④	⑤	48	①	②	③	④	⑤
9	①	②	③	④	⑤	29	①	②	③	④	⑤	49	①	②	③	④	⑤
10	①	②	③	④	⑤	30	①	②	③	④	⑤	50	①	②	③	④	⑤
11	①	②	③	④	⑤	31	①	②	③	④	⑤						
12	①	②	③	④	⑤	32	①	②	③	④	⑤						
13	①	②	③	④	⑤	33	①	②	③	④	⑤						
14	①	②	③	④	⑤	34	①	②	③	④	⑤						
15	①	②	③	④	⑤	35	①	②	③	④	⑤						
16	①	②	③	④	⑤	36	①	②	③	④	⑤						
17	①	②	③	④	⑤	37	①	②	③	④	⑤						
18	①	②	③	④	⑤	38	①	②	③	④	⑤						
19	①	②	③	④	⑤	39	①	②	③	④	⑤						
20	①	②	③	④	⑤	40	①	②	③	④	⑤						

※ 절취선을 따라 분리하여 실제 시험과 같이 사용하면 더욱 효과적입니다.

SK이노베이션 생산직/기술직/교육 · 훈련생 필기시험 답안지

고사장

성 명

수 험 번 호						
⓪	⓪	⓪	⓪	⓪	⓪	⓪
①	①	①	①	①	①	①
②	②	②	②	②	②	②
③	③	③	③	③	③	③
④	④	④	④	④	④	④
⑤	⑤	⑤	⑤	⑤	⑤	⑤
⑥	⑥	⑥	⑥	⑥	⑥	⑥
⑦	⑦	⑦	⑦	⑦	⑦	⑦
⑧	⑧	⑧	⑧	⑧	⑧	⑧
⑨	⑨	⑨	⑨	⑨	⑨	⑨

감독위원 확인
㉑

문번	1	2	3	4	5	문번	1	2	3	4	5	문번	1	2	3	4	5
1	①	②	③	④	⑤	21	①	②	③	④	⑤	41	①	②	③	④	⑤
2	①	②	③	④	⑤	22	①	②	③	④	⑤	42	①	②	③	④	⑤
3	①	②	③	④	⑤	23	①	②	③	④	⑤	43	①	②	③	④	⑤
4	①	②	③	④	⑤	24	①	②	③	④	⑤	44	①	②	③	④	⑤
5	①	②	③	④	⑤	25	①	②	③	④	⑤	45	①	②	③	④	⑤
6	①	②	③	④	⑤	26	①	②	③	④	⑤	46	①	②	③	④	⑤
7	①	②	③	④	⑤	27	①	②	③	④	⑤	47	①	②	③	④	⑤
8	①	②	③	④	⑤	28	①	②	③	④	⑤	48	①	②	③	④	⑤
9	①	②	③	④	⑤	29	①	②	③	④	⑤	49	①	②	③	④	⑤
10	①	②	③	④	⑤	30	①	②	③	④	⑤	50	①	②	③	④	⑤
11	①	②	③	④	⑤	31	①	②	③	④	⑤						
12	①	②	③	④	⑤	32	①	②	③	④	⑤						
13	①	②	③	④	⑤	33	①	②	③	④	⑤						
14	①	②	③	④	⑤	34	①	②	③	④	⑤						
15	①	②	③	④	⑤	35	①	②	③	④	⑤						
16	①	②	③	④	⑤	36	①	②	③	④	⑤						
17	①	②	③	④	⑤	37	①	②	③	④	⑤						
18	①	②	③	④	⑤	38	①	②	③	④	⑤						
19	①	②	③	④	⑤	39	①	②	③	④	⑤						
20	①	②	③	④	⑤	40	①	②	③	④	⑤						

※ 절취선을 따라 분리하여 실제 시험과 같이 사용하면 더욱 효과적입니다.

SK이노베이션 생산직/기술직/교육 · 훈련생 필기시험 답안지

고사장

성 명

수 험 번 호						
⓪	⓪	⓪	⓪	⓪	⓪	⓪
①	①	①	①	①	①	①
②	②	②	②	②	②	②
③	③	③	③	③	③	③
④	④	④	④	④	④	④
⑤	⑤	⑤	⑤	⑤	⑤	⑤
⑥	⑥	⑥	⑥	⑥	⑥	⑥
⑦	⑦	⑦	⑦	⑦	⑦	⑦
⑧	⑧	⑧	⑧	⑧	⑧	⑧
⑨	⑨	⑨	⑨	⑨	⑨	⑨

감독위원 확인
㉶

문번	1	2	3	4	5	문번	1	2	3	4	5	문번	1	2	3	4	5
1	①	②	③	④	⑤	21	①	②	③	④	⑤	41	①	②	③	④	⑤
2	①	②	③	④	⑤	22	①	②	③	④	⑤	42	①	②	③	④	⑤
3	①	②	③	④	⑤	23	①	②	③	④	⑤	43	①	②	③	④	⑤
4	①	②	③	④	⑤	24	①	②	③	④	⑤	44	①	②	③	④	⑤
5	①	②	③	④	⑤	25	①	②	③	④	⑤	45	①	②	③	④	⑤
6	①	②	③	④	⑤	26	①	②	③	④	⑤	46	①	②	③	④	⑤
7	①	②	③	④	⑤	27	①	②	③	④	⑤	47	①	②	③	④	⑤
8	①	②	③	④	⑤	28	①	②	③	④	⑤	48	①	②	③	④	⑤
9	①	②	③	④	⑤	29	①	②	③	④	⑤	49	①	②	③	④	⑤
10	①	②	③	④	⑤	30	①	②	③	④	⑤	50	①	②	③	④	⑤
11	①	②	③	④	⑤	31	①	②	③	④	⑤						
12	①	②	③	④	⑤	32	①	②	③	④	⑤						
13	①	②	③	④	⑤	33	①	②	③	④	⑤						
14	①	②	③	④	⑤	34	①	②	③	④	⑤						
15	①	②	③	④	⑤	35	①	②	③	④	⑤						
16	①	②	③	④	⑤	36	①	②	③	④	⑤						
17	①	②	③	④	⑤	37	①	②	③	④	⑤						
18	①	②	③	④	⑤	38	①	②	③	④	⑤						
19	①	②	③	④	⑤	39	①	②	③	④	⑤						
20	①	②	③	④	⑤	40	①	②	③	④	⑤						

※ 절취선을 따라 분리하여 실제 시험과 같이 사용하면 더욱 효과적입니다.

SK이노베이션 생산직/기술직/교육 · 훈련생 필기시험 답안지

고사장

성 명

수험번호						
⓪	⓪	⓪	⓪	⓪	⓪	⓪
①	①	①	①	①	①	①
②	②	②	②	②	②	②
③	③	③	③	③	③	③
④	④	④	④	④	④	④
⑤	⑤	⑤	⑤	⑤	⑤	⑤
⑥	⑥	⑥	⑥	⑥	⑥	⑥
⑦	⑦	⑦	⑦	⑦	⑦	⑦
⑧	⑧	⑧	⑧	⑧	⑧	⑧
⑨	⑨	⑨	⑨	⑨	⑨	⑨

감독위원 확인
㊞ 인

문번	1	2	3	4	5	문번	1	2	3	4	5	문번	1	2	3	4	5
1	①	②	③	④	⑤	21	①	②	③	④	⑤	41	①	②	③	④	⑤
2	①	②	③	④	⑤	22	①	②	③	④	⑤	42	①	②	③	④	⑤
3	①	②	③	④	⑤	23	①	②	③	④	⑤	43	①	②	③	④	⑤
4	①	②	③	④	⑤	24	①	②	③	④	⑤	44	①	②	③	④	⑤
5	①	②	③	④	⑤	25	①	②	③	④	⑤	45	①	②	③	④	⑤
6	①	②	③	④	⑤	26	①	②	③	④	⑤	46	①	②	③	④	⑤
7	①	②	③	④	⑤	27	①	②	③	④	⑤	47	①	②	③	④	⑤
8	①	②	③	④	⑤	28	①	②	③	④	⑤	48	①	②	③	④	⑤
9	①	②	③	④	⑤	29	①	②	③	④	⑤	49	①	②	③	④	⑤
10	①	②	③	④	⑤	30	①	②	③	④	⑤	50	①	②	③	④	⑤
11	①	②	③	④	⑤	31	①	②	③	④	⑤						
12	①	②	③	④	⑤	32	①	②	③	④	⑤						
13	①	②	③	④	⑤	33	①	②	③	④	⑤						
14	①	②	③	④	⑤	34	①	②	③	④	⑤						
15	①	②	③	④	⑤	35	①	②	③	④	⑤						
16	①	②	③	④	⑤	36	①	②	③	④	⑤						
17	①	②	③	④	⑤	37	①	②	③	④	⑤						
18	①	②	③	④	⑤	38	①	②	③	④	⑤						
19	①	②	③	④	⑤	39	①	②	③	④	⑤						
20	①	②	③	④	⑤	40	①	②	③	④	⑤						

※ 절취선을 따라 분리하여 실제 시험과 같이 사용하면 더욱 효과적입니다.

SK이노베이션 생산직/기술직/교육·훈련생 필기시험 답안지

고사장

성 명

수 험 번 호						
⓪	⓪	⓪	⓪	⓪	⓪	⓪
①	①	①	①	①	①	①
②	②	②	②	②	②	②
③	③	③	③	③	③	③
④	④	④	④	④	④	④
⑤	⑤	⑤	⑤	⑤	⑤	⑤
⑥	⑥	⑥	⑥	⑥	⑥	⑥
⑦	⑦	⑦	⑦	⑦	⑦	⑦
⑧	⑧	⑧	⑧	⑧	⑧	⑧
⑨	⑨	⑨	⑨	⑨	⑨	⑨

감독위원 확인
인

문번	1	2	3	4	5	문번	1	2	3	4	5	문번	1	2	3	4	5
1	①	②	③	④	⑤	21	①	②	③	④	⑤	41	①	②	③	④	⑤
2	①	②	③	④	⑤	22	①	②	③	④	⑤	42	①	②	③	④	⑤
3	①	②	③	④	⑤	23	①	②	③	④	⑤	43	①	②	③	④	⑤
4	①	②	③	④	⑤	24	①	②	③	④	⑤	44	①	②	③	④	⑤
5	①	②	③	④	⑤	25	①	②	③	④	⑤	45	①	②	③	④	⑤
6	①	②	③	④	⑤	26	①	②	③	④	⑤	46	①	②	③	④	⑤
7	①	②	③	④	⑤	27	①	②	③	④	⑤	47	①	②	③	④	⑤
8	①	②	③	④	⑤	28	①	②	③	④	⑤	48	①	②	③	④	⑤
9	①	②	③	④	⑤	29	①	②	③	④	⑤	49	①	②	③	④	⑤
10	①	②	③	④	⑤	30	①	②	③	④	⑤	50	①	②	③	④	⑤
11	①	②	③	④	⑤	31	①	②	③	④	⑤						
12	①	②	③	④	⑤	32	①	②	③	④	⑤						
13	①	②	③	④	⑤	33	①	②	③	④	⑤						
14	①	②	③	④	⑤	34	①	②	③	④	⑤						
15	①	②	③	④	⑤	35	①	②	③	④	⑤						
16	①	②	③	④	⑤	36	①	②	③	④	⑤						
17	①	②	③	④	⑤	37	①	②	③	④	⑤						
18	①	②	③	④	⑤	38	①	②	③	④	⑤						
19	①	②	③	④	⑤	39	①	②	③	④	⑤						
20	①	②	③	④	⑤	40	①	②	③	④	⑤						

※ 절취선을 따라 분리하여 실제 시험과 같이 사용하면 더욱 효과적입니다.

SK이노베이션 생산직/기술직/교육 · 훈련생 필기시험 답안지

고사장

성 명

수 험 번 호						
⓪	⓪	⓪	⓪	⓪	⓪	⓪
①	①	①	①	①	①	①
②	②	②	②	②	②	②
③	③	③	③	③	③	③
④	④	④	④	④	④	④
⑤	⑤	⑤	⑤	⑤	⑤	⑤
⑥	⑥	⑥	⑥	⑥	⑥	⑥
⑦	⑦	⑦	⑦	⑦	⑦	⑦
⑧	⑧	⑧	⑧	⑧	⑧	⑧
⑨	⑨	⑨	⑨	⑨	⑨	⑨

감독위원 확인
㊞

문번	1	2	3	4	5	문번	1	2	3	4	5	문번	1	2	3	4	5
1	①	②	③	④	⑤	21	①	②	③	④	⑤	41	①	②	③	④	⑤
2	①	②	③	④	⑤	22	①	②	③	④	⑤	42	①	②	③	④	⑤
3	①	②	③	④	⑤	23	①	②	③	④	⑤	43	①	②	③	④	⑤
4	①	②	③	④	⑤	24	①	②	③	④	⑤	44	①	②	③	④	⑤
5	①	②	③	④	⑤	25	①	②	③	④	⑤	45	①	②	③	④	⑤
6	①	②	③	④	⑤	26	①	②	③	④	⑤	46	①	②	③	④	⑤
7	①	②	③	④	⑤	27	①	②	③	④	⑤	47	①	②	③	④	⑤
8	①	②	③	④	⑤	28	①	②	③	④	⑤	48	①	②	③	④	⑤
9	①	②	③	④	⑤	29	①	②	③	④	⑤	49	①	②	③	④	⑤
10	①	②	③	④	⑤	30	①	②	③	④	⑤	50	①	②	③	④	⑤
11	①	②	③	④	⑤	31	①	②	③	④	⑤						
12	①	②	③	④	⑤	32	①	②	③	④	⑤						
13	①	②	③	④	⑤	33	①	②	③	④	⑤						
14	①	②	③	④	⑤	34	①	②	③	④	⑤						
15	①	②	③	④	⑤	35	①	②	③	④	⑤						
16	①	②	③	④	⑤	36	①	②	③	④	⑤						
17	①	②	③	④	⑤	37	①	②	③	④	⑤						
18	①	②	③	④	⑤	38	①	②	③	④	⑤						
19	①	②	③	④	⑤	39	①	②	③	④	⑤						
20	①	②	③	④	⑤	40	①	②	③	④	⑤						

※ 절취선을 따라 분리하여 실제 시험과 같이 사용하면 더욱 효과적입니다.

SK이노베이션 생산직/기술직/교육·훈련생 필기시험 답안지

고사장

성 명

수 험 번 호						
⓪	⓪	⓪	⓪	⓪	⓪	⓪
①	①	①	①	①	①	①
②	②	②	②	②	②	②
③	③	③	③	③	③	③
④	④	④	④	④	④	④
⑤	⑤	⑤	⑤	⑤	⑤	⑤
⑥	⑥	⑥	⑥	⑥	⑥	⑥
⑦	⑦	⑦	⑦	⑦	⑦	⑦
⑧	⑧	⑧	⑧	⑧	⑧	⑧
⑨	⑨	⑨	⑨	⑨	⑨	⑨

감독위원 확인
㊞ 인

문번	1	2	3	4	5	문번	1	2	3	4	5	문번	1	2	3	4	5
1	①	②	③	④	⑤	21	①	②	③	④	⑤	41	①	②	③	④	⑤
2	①	②	③	④	⑤	22	①	②	③	④	⑤	42	①	②	③	④	⑤
3	①	②	③	④	⑤	23	①	②	③	④	⑤	43	①	②	③	④	⑤
4	①	②	③	④	⑤	24	①	②	③	④	⑤	44	①	②	③	④	⑤
5	①	②	③	④	⑤	25	①	②	③	④	⑤	45	①	②	③	④	⑤
6	①	②	③	④	⑤	26	①	②	③	④	⑤	46	①	②	③	④	⑤
7	①	②	③	④	⑤	27	①	②	③	④	⑤	47	①	②	③	④	⑤
8	①	②	③	④	⑤	28	①	②	③	④	⑤	48	①	②	③	④	⑤
9	①	②	③	④	⑤	29	①	②	③	④	⑤	49	①	②	③	④	⑤
10	①	②	③	④	⑤	30	①	②	③	④	⑤	50	①	②	③	④	⑤
11	①	②	③	④	⑤	31	①	②	③	④	⑤						
12	①	②	③	④	⑤	32	①	②	③	④	⑤						
13	①	②	③	④	⑤	33	①	②	③	④	⑤						
14	①	②	③	④	⑤	34	①	②	③	④	⑤						
15	①	②	③	④	⑤	35	①	②	③	④	⑤						
16	①	②	③	④	⑤	36	①	②	③	④	⑤						
17	①	②	③	④	⑤	37	①	②	③	④	⑤						
18	①	②	③	④	⑤	38	①	②	③	④	⑤						
19	①	②	③	④	⑤	39	①	②	③	④	⑤						
20	①	②	③	④	⑤	40	①	②	③	④	⑤						

2024 최신판 SD에듀 All-New SK이노베이션 생산직/기술직/교육·훈련생 온라인 필기시험 4개년 기출 + 모의고사 5회 + 무료생산직특강

개정6판1쇄 발행	2024년 03월 20일 (인쇄 2024년 01월 08일)
초 판 발 행	2018년 07월 20일 (인쇄 2018년 06월 28일)
발 행 인	박영일
책 임 편 집	이해욱
편 저	SDC(Sidae Data Center)
편 집 진 행	이근희 · 허선
표지디자인	김지수
편집디자인	김지수 · 남수영
발 행 처	(주)시대고시기획
출 판 등 록	제10-1521호
주 소	서울시 마포구 큰우물로 75 [도화동 538 성지 B/D] 9F
전 화	1600-3600
팩 스	02-701-8823
홈 페 이 지	www.sdedu.co.kr
I S B N	979-11-383-6220-7 (13320)
정 가	24,000원

SK 이노베이션

SK에너지 · SK지오센트릭 · SK엔무브

생산직 / 기술직 / 교육·훈련생

정답 및 해설

고졸 / 전문대졸 취업 기초부터 합격까지! 취업의 문을 여는 Master Key!

• SK 생산직

• SK하이닉스 Operator / Maintenance

• SK이노베이션

• GSAT 5급

• GS칼텍스 생산기술직

• PAT 포스코 그룹 생산기술직 / 직업훈련생

※도서의 이미지 및 구성은 변동될 수 있습니다.